Agir en fonctionnaire de l'État
et de façon éthique et responsable

Jean-Louis Auduc
Ancien directeur adjoint de l'IUFM de l'académie de Créteil /UPEC (Université Paris-Est Créteil).

hachette
SUPÉRIEUR

Couverture : Alain Vambacas
Maquette intérieure : Soft Office
Composition / Mise en pages : Christelle Defretin

ISBN : 978-2-01-171275-2

www.hachette-education.com

Table des matières

INTRODUCTION

Au moment où la formation initiale des enseignants est balkanisée, fragmentée selon les universités et leurs différents masters disciplinaires, les académies ou les départements, il est relativement important que l'enseignant sache qu'il rentre, en devenant professeur des lycées et collèges des établissements d'enseignement public, dans un **service public d'éducation**, porteur d'une histoire, de valeurs, chargé par l'État de missions précises.

Cette épreuve est la seule dans les actuels concours qui peut donner au futur enseignant le **sentiment commun d'appartenance** à un métier exercé dans le cadre d'un service public.

C'est ce qu'indique très précisément la compétence 1 figurant dans l'arrêté du 12 mai 2010 (JO du 18 juillet 2010) publiant la liste des dix compétences que *« les professeurs, les documentalistes, les conseillers principaux d'éducation doivent maîtriser pour l'exercice de leur métier. »*

Cette compétence 1 : « Agir en fonctionnaire de l'État et de façon éthique et responsable » a d'ailleurs donné son nom à l'épreuve des concours présentée ici.

« Tout professeur contribue à la formation sociale et civique des élèves. En tant qu'agent public, il fait preuve de conscience professionnelle et suit des principes déontologiques : il respecte et fait respecter la personne de chaque élève, il est attentif au projet de chacun ; il respecte et fait respecter la liberté d'opinion ; il est attentif à développer une attitude d'objectivité ; il connaît et fait respecter les principes de la laïcité, notamment la neutralité ; il veille à la confidentialité de certaines informations concernant les élèves et leurs familles. Il exerce sa liberté et sa responsabilité pédagogiques dans le cadre des obligations réglementaires et des textes officiels ; il connaît les droits des fonctionnaires et en respecte les devoirs. L'éthique et la responsabilité du professeur fondent son exemplarité et son autorité dans la classe et dans l'établissement. »

Source : compétence 1 de l'arrêté du 12 mai 2010.

Cette épreuve s'inscrit donc dans les textes publiés depuis une vingtaine d'années sur le métier d'enseignant du second degré qui inscrivent celui-ci non seulement dans le cadre d'une discipline enseignée dans une classe, mais également dans le cadre d'un établissement avec des caractéristiques propres, situé sur un territoire.

La circulaire du 23 mai 1997 (BO n°29 du 29 mai 1997) concernant **les missions du professeur exerçant en collège, en lycée d'enseignement général et technologique ou en lycée professionnel** avait déjà précisé ces éléments :

« Aujourd'hui, l'enseignant doit exercer sa responsabilité dans le système éducatif au fonctionnement duquel il contribue, dans sa classe où il construit des situations d'enseignement, dans un établissement scolaire dont il est un des acteurs. Travailler ensemble autrement, afin que fonctionnent efficacement les établissements, passe par la claire conscience de ce qu'est aujourd'hui le métier de chacun : enseigner, c'est exercer dans des établissements scolaires aux caractéristiques fort variables, selon le public accueilli, l'implantation, la taille et les formations offertes. La mission est tout à la fois d'instruire les jeunes, de contribuer à leur éducation et à leur insertion sociale et professionnelle, de les aider à construire leur autonomie et à élaborer un projet personnel.
Pour exercer son métier à part entière au sein d'une équipe et ne pas être un simple exécutant, l'enseignant doit connaître le fonctionnement général du système éducatif et son évolution. Il doit contribuer à animer des actions de partenariat entre l'établissement et son environnement économique, social et culturel afin d'y puiser ressources et appui pour son enseignement avec la volonté d'identifier les spécificités des apports de ces partenaires. Il agit dans le cadre du projet d'établissement qu'il contribue à élaborer avec l'ensemble des personnels et des membres de la communauté éducative. »

Source : circulaire du 23 mai 1997, *Bulletin officiel* n°29 du 29 mai 1997.

Dans un ouvrage écrit à la même période, je précisais :

« Pleinement concepteur, soucieux de replacer ces interventions forcement émiettées dans un cadre général, l'enseignant doit aussi avoir le souci de mesurer la pertinence et l'efficacité de sa pratique, de confronter ses démarches avec celles de ses collègues. Être conscient du caractère laïque du service public de l'enseignement, c'est avant tout faire que tous les élèves, quelles que soient leurs origines sociales, culturelles ou religieuses, puissent y être accueillis. C'est également ne s'interdire l'étude, avec les élèves, d'aucun champ du savoir afin qu'ils puissent, grâce aux connaissances et aux méthodes qui leur sont transmises, exercer librement leurs choix. »

Source : Jean-Louis Auduc, *Travailler en équipe en collège et en lycée*, CRDP de Créteil, 1998, p. 146.

1 Les critiques faites à cette épreuve

Une pétition contre cette épreuve a été publiée en juin 2010 à l'initiative d'un certain nombre d'enseignants-chercheurs, notamment de philosophie.
Ils critiquaient essentiellement le fait que, selon eux, une telle épreuve dans les concours de recrutement du second degré se traduirait non pas par une formation des enseignants à leur métier, mais par un formatage au service de choix politiques, contraire à la liberté pédagogique des enseignants.
Cet argument serait recevable si cette épreuve visait à imposer une option pédagogique parmi toutes celles possibles ou à contraindre les enseignants à abandonner leur liberté pédagogique.
Le contenu de l'épreuve montre que ce n'est pas heureusement la voie choisie et que pour une fois les concours enseignants vont, certes faiblement mais un peu, s'aligner sur les autres concours de la fonction publique.

Trop longtemps, les concours de recrutement des enseignants du second degré ont trop été tournés vers l'amont, c'est-à-dire vers la formation universitaire reçue, et ne comprenaient pas d'épreuves tournées vers l'aval, c'est-à-dire, vers le métier que leurs candidats souhaitent exercer.
Une telle situation n'est plus possible. Nous ne sommes plus à une époque où les enseignants des collèges et des lycées s'adressaient à un public d'élèves tout à fait choisi, très limité, très cultivé. Aujourd'hui avec la massification des établissements scolaires, les groupes d'élèves sont très hétérogènes, les collèges et les lycées sont très différents les uns des autres.
Le futur enseignant a donc intérêt à avoir réfléchi aux conditions d'exercice de son futur métier dès le moment du concours.
La quasi-absence de formation durant l'année de stage, après la réussite au concours, est aujourd'hui indéfendable.

Mais, critiquer l'actuel processus de « mastérisation » ne peut vouloir signifier le retour pur et simple de ce qui existait auparavant et qui a montré ses graves insuffisances.
Ainsi, est-il normal que jusqu'à aujourd'hui ce soit pour les enseignants du second degré la place obtenue au concours, et elle exclusivement, qui donne leur première note pédagogique indépendamment de toute prise en compte de l'année de stagiaire ?

La formation doit cesser **d'être successive**, mais doit s'inscrire dans un processus progressif de professionnalisation, débouchant sur une véritable année de stage en alternance, c'est-à-dire, autour d'un mi-temps terrain/ mi-temps dans la structure de formation.

La question essentielle est de construire une formation initiale permettant d'armer des jeunes enseignants pour entrer dans un métier de plus en plus difficile car il est nécessaire :

- de maîtriser les savoirs à enseigner et de pouvoir comprendre les difficultés d'apprentissage des élèves, leurs différentes manières de vivre l'école, l'irruption des difficultés sociales dans l'école…,
- d'apprendre à « faire classe », à enchaîner les multiples micro-décisions qu'il faut prendre à chaud à tout moment de la journée, à gérer sa propre activité sans trop s'user prématurément, à gagner en sécurité personnelle…,
- de travailler collectivement pour pouvoir ensemble s'attaquer aux difficultés du métier et à sa pénibilité, mesurer l'importance du travail d'équipe pour faire vivre l'école, assumer les relations avec les familles et les « partenaires » avec le recul nécessaire…

Avant de présenter les contenus précis de cette compétence professionnelle, figurant en numéro un dans la liste des dix compétences, il est utile de savoir que le texte de l'arrêté du 12 mai 2010, qui reprend pour l'essentiel l'arrêté publié le 19 décembre portant cahier des charges de la formation des maîtres en Institut universitaire de formation des maîtres qu'il abroge (voir la fiche n°1), précise que : « *les compétences professionnelles à acquérir au cours de la formation mettent en jeu des* ***connaissances****, des* ***capacités*** *à les mettre en œuvre et des* ***attitudes*** *professionnelles. Déclinées en fonction du métier exercé, (professeurs, conseillers principaux d'éducation), elles sont toutes, à un titre ou à un autre, également indispensables.* »

C'est pourquoi il est utile de rappeler ces **dix compétences professionnelles** :

- Agir en fonctionnaire de l'État et de façon éthique et responsable
- Maîtriser la langue française pour enseigner et communiquer
- Maîtriser les disciplines et avoir une bonne culture générale
- Concevoir et mettre en œuvre son enseignement
- Organiser le travail de la classe
- Prendre en compte la diversité des élèves
- Évaluer les élèves
- Maîtriser les technologies de l'information et de la communication
- Travailler en équipe et coopérer avec les parents et les partenaires de l'école
- Se former et innover

2 Quelles sont les connaissances, capacités, attitudes retenues pour la compétence « Agir en fonctionnaire de l'État et de façon éthique et responsable » ?

A CONNAISSANCES

Le professeur connaît :

- les valeurs de la République et les textes qui les fondent : liberté, égalité, fraternité ; laïcité ; refus de toutes les discriminations ; mixité ; égalité entre les hommes et les femmes ;
- les institutions (État et collectivités territoriales) qui définissent et mettent en œuvre la politique éducative de la nation ;
- les mécanismes économiques et les règles qui organisent le monde du travail et de l'entreprise ;
- la politique éducative de la France, les grands traits de son histoire et ses enjeux actuels (stratégiques, politiques, économiques, sociaux), en comparaison avec d'autres pays européens ;
- les grands principes du droit de la fonction publique et du Code de l'éducation : les lois et textes réglementaires en relation avec la profession exercée, les textes relatifs à la sécurité des élèves (obligation de surveillance par exemple) et à la sûreté (obligation de signalement par exemple) ;
- le système éducatif, ses acteurs et les dispositifs spécifiques (éducation prioritaire, etc.) ;
- la convention internationale des droits de l'enfant ;
- ses droits et recours face à une situation de menace ou de violence ;
- l'organisation administrative et budgétaire des écoles et des établissements publics locaux d'enseignement ;
- les règles de fonctionnement de l'école ou de l'établissement (règlement intérieur, aspects budgétaires et juridiques) ;
- les caractéristiques et les indicateurs de l'école ou de l'établissement d'exercice ;
- le projet de l'école ou de l'établissement d'exercice ;
- le rôle des différents conseils (conseil d'école, conseil des maîtres, conseil de cycle, d'une part, conseil d'administration, conseil pédagogique, conseil de classe, conseil de discipline, d'autre part).

B CAPACITÉS

Le professeur est capable :

- d'utiliser ses connaissances sur l'évolution et le fonctionnement du service public de l'Éducation nationale pour recourir aux ressources offertes ;
- de se situer dans la hiérarchie de l'institution scolaire ;
- de participer à la vie de l'école ou de l'établissement ;
- de repérer les signes traduisant les difficultés spécifiques des élèves dans le domaine de la santé, des comportements à risques, de la grande pauvreté ou de la maltraitance ;
- de contribuer, en coopérant avec des partenaires internes ou externes à l'institution, à la résolution des difficultés spécifiques des élèves ;
- de se faire respecter et d'utiliser la sanction avec discernement et dans le respect du droit.

C ATTITUDES

Agir de façon éthique et responsable conduit le professeur :

- à faire comprendre et partager les valeurs de la République ;
- à intégrer, dans l'exercice de sa fonction, ses connaissances sur les institutions, sur l'État (son organisation et son budget), sur ses devoirs de fonctionnaire ;
- à respecter dans sa pratique quotidienne les règles de déontologie liées à l'exercice du métier de professeur dans le cadre du service public de l'Éducation nationale ;
- à respecter les élèves et leurs parents ;
- à respecter et faire respecter le règlement intérieur, les chartes d'usage des ressources et des espaces communs ;
- à respecter, à sensibiliser et faire respecter les droits et devoirs en matière d'usage du numérique dans la société de l'information ;
- à collaborer à la réalisation d'actions de partenariat engagées entre l'établissement et son environnement économique, social et culturel ;
- à prendre en compte la dimension civique de son enseignement.

Avant de présenter précisément l'épreuve orale, son contenu, son organisation, il faut clarifier ce que signifient les différents termes figurant dans la compétence 1 et définir ce que peut signifier « l'éducation ».

3 Qu'est-ce que l'éducation, l'enseignement ?

« Les sciences humaines et notamment l'anthropologie, comme de son côté la philosophie, nous permettent aujourd'hui de privilégier une vision de l'humanité fondée non plus sur une improbable « nature humaine » mais sur son opposé, la culture. L'homme n'est pas le seul être capable d'agressivité ou d'affectivité, mais il est le seul qui naît, vit et meurt dans un « monde » qui le précède et qu'il lègue, en héritage, à ses enfants ; un monde fait de mythes et de religions, de rites et de coutumes, de chants et d'œuvres d'art, de techniques et de pensée scientifique, de lois et d'institutions qu'il a lui-même créés. Dans cette conception, la tâche de l'éducation est donc, et dans le même mouvement de succession des générations, la transmission de la culture et la « préservation du monde». Dans les sociétés démocratiques qui sont les nôtres, cette « préservation » prend la forme d'un enrichissement permanent, d'un retour critique sur le passé et d'un développement de la création. »

Source : texte extrait de la brochure « *Recommandations pour un établissement scolaire mobilisé contre la violence* », ministère de l'Éducation nationale, 2001.

« Être responsable, ce peut être répondre de ses faits, de ses actes, de ses erreurs, de ses fautes, au plan moral comme au plan matériel. Ce peut-être aussi porter le poids des choses ou accepter les obligations liées à une charge. Être enseignant, c'est exercer des responsabilités vis-à-vis des élèves, des familles, de ses collègues, de l'établissement, de l'Éducation nationale. Le professeur exerce des responsabilités dans le cadre de sa participation au service public d'éducation et de l'autonomie pédagogique dont il dispose au sein d'une équipe éducative, dans le respect des règles et notamment des programmes nationaux.»

Source : Jean-Louis Auduc, Jean-Louis Nembrini « *Les enseignants de la responsabilisation à l'exercice des responsabilités* », revue de l'AFAE 2005, n°1, pages 143 à 149.

A AGIR

L'enseignement ne doit pas être un **métier solitaire**, mais devenir de plus en plus un **métier solidaire** s'exerçant en équipe de classe, de discipline.
Être enseignant, c'est **prendre en permanence des milliers de petites décisions** en toute autonomie, en toute responsabilité.
Pour donner les possibilités à l'enseignant d'**oser**, d'être un concepteur qui s'assume comme décideur, il faut que l'enseignant se trouve **en situation de confiance** vis-à-vis de sa hiérarchie.

S'il ne l'est pas, il ne sera pas mis en situation de faire des choix dictés par la particularité du moment et du public concerné. Il risque de n'être qu'un répétiteur.
Permettre à l'enseignant de s'assumer comme décideur, donc de prendre des risques, c'est lui reconnaître la possibilité d'un droit à l'erreur, notamment dans ses premières années de carrière. C'est une des conditions pour une véritable expérimentation innovante évaluable.
Pour oser prendre des risques en établissement scolaire, il faut que l'institution au niveau local, rectoral ou national vous offre des sécurités.
Il faut pouvoir, à certains moments, expérimenter et se tromper en se sentant en sécurité, en confiance pour mieux améliorer ses pratiques dans l'intérêt des élèves.
Devenir enseignant, c'est se placer face à des responsabilités morales, éducatives, pédagogiques, administratives, juridiques.

La **légitimité d'un enseignant** « *tient d'une part, à un niveau de savoir scientifique validé par l'université, et, d'autre part, à sa qualité de fonctionnaire porteur des valeurs du service public d'éducation.* »

Comprendre les enjeux de l'évaluation des élèves dans toutes ses dimensions est extrêmement important pour l'enseignant, afin de favoriser la motivation des jeunes.
Il faut travailler l'évaluation dans toutes ses dimensions : diagnostique, formative, sommative.

Il s'agit pour l'enseignant de pouvoir prendre en compte chaque élève tel qu'il est et de ne pas l'identifier, ni le réduire à ce qu'il est, à sa situation, à ses actes, à ses appartenances, ou à l'état présent des ses compétences.

Prendre en compte le **collectif de la classe** et les rythmes et les démarches de chaque élève, c'est construire un enseignement pour tous et pour chacun, c'est travailler à valoriser le possible de chacun…

La question de l'autorité

D'une part, le professeur sait ce que l'élève ne sait pas encore : sur les savoirs, **il fait autorité**. Il est aussi le représentant de l'institution et le garant dans la classe de la loi commune : il représente l'autorité. Mais, d'autre part, en tant que professionnel au conseil d'administration ou dans d'autres instances par exemple, en tant que citoyen dès qu'il s'agit de droits civils ou d'obligations civiques, et surtout en tant qu'homme et que femme dès qu'il s'adresse à la personne de l'élève, le professeur se trouve dans une position de stricte égalité avec les jeunes dont il a la charge. Cette relation n'est plus alors fondée sur l'autorité, mais sur un autre principe universel : **le respect de la dignité de l'autre**, et plus largement le respect de l'égale dignité de tous les êtres humains.

B AGIR EN FONCTIONNAIRE DE L'ÉTAT

Devenir fonctionnaire du service public d'enseignement, c'est passer dans l'exercice de son métier, c'est passer de la situation d'une **personne privée** à un **personnage** (construit grâce à ses connaissances et à ses compétences), **public** (exerçant une responsabilité), **professionnel** (recruté sur ses aptitudes et formé), en **posture** (construite) **d'autorité** (légitimée par sa fonction).

On pourrait, pour expliciter ce changement, construire un tableau des « **10 P** » :

Devenu Fonctionnaire de l'État	Situation antérieure
Personnage	Personne
Public	Privée
Professionnel	Personnelle
en Posture	en Position
de Pouvoir légitime	de Puissance

C AGIR DE FAÇON ÉTHIQUE

La notion d'éthique mérité d'être précisée.
Si l'on prend la définition du dictionnaire *Le Robert*, l'éthique, c'est « *la science de la morale, l'art de diriger la conduite, ce qui concerne la morale* ».

Quant à « la morale », dans le même dictionnaire, elle est « *la science du bien et du mal ; la théorie de l'action humaine en tant qu'elle est soumise au devoir et a pour but le bien.* »

Aucune société civilisée ne peut survivre sans se fonder sur un certain nombre de repères éthiques communs, avec notamment l'affirmation de quelques valeurs essentielles (par exemple : liberté, justice, respect de l'autre personne, etc.), ni sans se fonder un certain nombre d'interdits et un certain nombre d'exigences couramment admis, telle les discriminations attentatoires à la liberté et au respect de l'autre.
Si les repères éthiques communs s'effacent, le monde commun se fragmente, la violence privée devient l'ultime arbitre.
Il ne revient pas à l'école publique de former à une morale particulière. Sa tâche consiste à développer ce qu'on pourrait appeler une culture éthique et peut notamment se caractériser par les approches suivantes :

- Apprendre à discerner, à côté des critères notamment techniques, scientifiques, économiques, etc., un enjeu éthique impliquant une appréciation de valeur.
- Apprendre à situer le jugement personnel de valeur comme expression de la dignité inhérente à toute personne humaine et à sa liberté.

S'interroger sur sa tenue

L'enseignant dans la classe devient, qu'il le veuille ou non, un modèle pour tous les élèves qui lui sont confiés avec tous les devoirs, les obligations et la responsabilité que cela suppose. Cela implique d'éviter des tenues qui pourraient paraître provocantes ou incongrues. Une salle de classe n'est pas une place ou une salle de bal. Elle n'est pas non plus similaire aux gradins d'un stade où peuvent se comprendre des tenues de « supporters ».

- apprendre à se positionner soi-même par rapport à des valeurs essentielles et reconnaître le droit d'expression d'autrui ;
- apprendre la nécessité d'assumer les engagements découlant des options éthiques.

Idéalement, un enseignant est porteur d'une éthique professionnelle, d'une éthique de la responsabilité. Elle guide son action dans la classe en liant justesse et justice dans ses actes, en particulier dans ses pratiques d'évaluation, qui le place en situation de conjuguer sa liberté pédagogique avec le respect des orientations du projet de l'établissement conçu en cohérence avec la politique de l'institution.

C'est au nom de cette **éthique professionnelle** que l'enseignant peut se sentir capable de prendre des risques pour adapter son enseignement aux réalités du terrain, pour mettre les élèves en situation d'apprentissage, et pour leur permettre de construire leur réussite. Cette responsabilité, assumée devant les élèves et leurs familles, le professeur l'exerce en choisissant sa pédagogie et ses procédures d'évaluation.

Il faut permettre à l'enseignant de penser la politique de l'établissement tout en gardant à l'esprit la politique nationale de l'institution à laquelle il appartient : le service public de l'Éducation nationale, qui doit assurer une même qualité d'enseignement sur tout le territoire, dans le respect de programmes et de règlements nationaux.

L'**éthique**, c'est également :

- l'absence d'écart entre le faire et le dire,
- le respect du droit écrit et non des « coutumes »,
- la cohérence de tous les adultes d'un établissement autour d'un même projet, des mêmes valeurs et des mêmes seuils de tolérance.

D ÊTRE RESPONSABLE

L'enseignant ne doit pas être un simple exécutant. Pleinement responsable, il est donc capable de répondre à bon escient aux diverses situations se produisant dans l'établissement et particulièrement dans la classe. Il doit mettre en cohérence les valeurs de la République et ses pratiques pédagogiques. Il doit savoir prendre des responsabilités dans le cadre institutionnel et savoir gérer son autonomie pédagogique.

Exercer ses responsabilités d'enseignant peut impliquer une collaboration avec les autres personnels de l'établissement ou extérieurs à l'établissement, non par substitution, mais par souci d'additionner les compétences.
Cette responsabilité s'élargit à toute l'équipe des enseignants de la classe dans le cadre de la fonction de **professeur principal**.

Exercer ses responsabilités, ce n'est donc pas supporter tout seul « *toute la misère du monde* », c'est profiter de l'apport professionnel des ressources humaines susceptibles d'apporter leur soutien à la réalisation d'objectifs que l'on s'est fixés dans le contexte d'un établissement.

Le travail collectif a pour but en effet de permettre à l'enseignant de mieux assumer ses responsabilités. Il ne s'agit pas pour lui de les aliéner en se réfugiant dans un anonymat qui pourrait lui apparaître plus confortable. Être en capacité d'assumer personnellement les décisions que l'on prend individuellement ou au sein d'un groupe est un des enjeux majeurs de la posture enseignante.

4 Présentation de l'épreuve orale : « Agir en fonctionnaire de l'État et de façon éthique et responsable »

A PRÉSENTATION

L'arrêté du 28 décembre 2009 paru au *Journal officiel* du 6 janvier 2010 fixant « *les sections et les modalités d'organisation des concours du certificat d'aptitude au professorat du second degré* » comporte en annexe la présentation des différentes épreuves d'admissibilité et d'admission des divers CAPES.

La rédaction suivante de l'épreuve d'admission « Agir en fonctionnaire de l'État et de façon éthique et responsable », figure dans ce texte pour toutes les disciplines sauf l'histoire-géographie :

> *« Seconde partie : interrogation portant sur la compétence « Agir en fonctionnaire de l'État et de façon éthique et responsable ». (Présentation : dix minutes ; entretien avec le jury : dix minutes.)*

→

> *Le candidat répond pendant dix minutes à une question, à partir d'un document inclus dans le dossier qui lui a été remis au début de l'épreuve, question pour laquelle il a préparé les éléments de réponse durant le temps de préparation de l'épreuve. La question et le document portent sur les thématiques regroupées autour des connaissances, des capacités et des attitudes définies, pour la compétence désignée ci-dessus, dans le point 3 « les compétences professionnelles des maîtres » de l'annexe de l'arrêté du 19 décembre 2006. L'exposé se poursuit par un entretien avec le jury pendant dix minutes. »*
>
> Source : arrêté du 28 décembre 2009 paru au *Journal officiel* du 6 janvier 2010.

Pour le CAPES d'histoire-géographie, on trouve la rédaction suivante :

> *« Seconde partie : étude d'un document portant sur la compétence « Agir en fonctionnaire de l'État et de façon éthique et responsable ». (Présentation : dix minutes maximum ; entretien avec le jury : dix minutes maximum.)*
> *Le candidat répond pendant dix minutes à une question, à partir d'un document joint au dossier qui lui a été remis au début de l'épreuve, question pour laquelle il a préparé les éléments de réponse durant le temps de préparation de l'épreuve. La question et le document portent sur les thématiques regroupées autour des connaissances, des capacités et des attitudes définies, pour la compétence désignée ci-dessus, dans le point 3 « les compétences professionnelles des maîtres » de l'annexe de l'arrêté du 19 décembre 2006. »*
>
> Source : arrêté du 28 décembre 2009 paru au *Journal officiel* du 6 janvier 2010.

L'épreuve se présente donc comme la présentation d'une situation susceptible d'intervenir dans un lycée ou collège, accompagnée ou non d'un document (le document est obligatoire pour le CAPES d'histoire-géographie).

Chacune des situations ou chacun des documents illustrent une ou plusieurs des phrases concernant les connaissances, capacités et attitudes de la compétence n°1 : Agir en fonctionnaire de l'État et de façon éthique et responsable.

Pour vous aider à préparer cette épreuve orale, nous vous proposons dans cet ouvrage, outre une présentation et une explication des différentes *thématiques* de la compétence professionnelle n°1, une approche des droits individuels et collectifs du fonctionnaire.

Trois parties en composent l'essentiel :

■ Une **présentation** succincte du fonctionnement et de l'organisation à la rentrée 2010 **du système éducatif français**. Le système éducatif français est un système en perpétuelle évolution. Depuis 1975, il n'y a pas eu une année sans modification des programmes, de l'organisation, du fonctionnement d'un des niveaux de notre système éducatif.

- **62 fiches**, chacune concernant un thème particulier en relation avec l'exercice du métier d'enseignant dans les lycées et les collèges. Elles abordent des questions en relation avec l'établissement, la classe, les programmes scolaires, les élèves, les personnels, les activités complémentaires dans et hors de l'établissement scolaire...
- Une troisième partie avec **20 sujets types** comportant chacun trois ou quatre pages et 40 questions de concours. Pour chaque sujet, il y a le thème à traiter, les références concernées dans l'arrêté du 12 mai 2010, la présentation de la situation, le document lié et les questions proposées, enfin les pistes utiles pour l'exposé du candidat et l'entretien avec le jury.

B LES DROITS INDIVIDUELS ET COLLECTIFS DU FONCTIONNAIRE

Un fonctionnaire, salarié de l'État, a des obligations et des droits.
« *Aucune distinction ne peut être faite entre les fonctionnaires en raison de leurs opinions politiques, syndicales, philosophiques et religieuses, de leur sexe, de leur état de santé, de leur handicap ou de leur appartenance ethnique* » (chapitre II, article 6 de la loi n°83-634 du 13 juillet 1983).
Depuis 1946, le statut de la fonction publique prévoit que « *nul ne peut avoir la qualité de fonctionnaire s'il ne possède pas la nationalité française* ».
La loi de juillet 1991 élargit l'accès à la fonction publique aux ressortissants des États membres de l'Union européenne, donc des 27 États concernés, et de l'Espace économique européen qui inclut notamment la Suisse et la Norvège.
Le fonctionnaire doit également disposer de ses droits civiques, ne pas avoir de mentions portées sur le bulletin n°2 du casier judiciaire, incompatible avec l'exercice des fonctions. Il doit aussi être en position régulière au regard du code du service national (avoir été présent à la JAPD, journée d'appel de préparation à la défense) et avoir une bonne aptitude physique, sauf s'il est recruté sur un emploi dit « réservé », dont peuvent bénéficier les adultes en situation de handicap.

1. Le statut réglementaire

La carrière de fonctionnaire est régie par un statut fixé par des lois et des règlements :

- Loi du 13 juillet 1983 portant droits et obligations des fonctionnaires.
- Loi du 11 janvier 1984 portant dispositions statutaires à la fonction publique d'État.

Des statuts fixent les textes pour les différents corps, ainsi pour :

- les professeurs des écoles, le décret du 1er août 1990 modifié ;
- les professeurs agrégés, le décret du 4 juillet 1972 modifié ;
- les professeurs certifiés, le décret du 4 juillet 1972 modifié ;
- les professeurs d'éducation physique et sportive, le décret du 4 août 1980 modifié ;
- les professeurs de lycée professionnel, le décret du 6 novembre 1992 modifié ;
- les conseillers principaux d'éducation, le décret du 12 août 1972 modifié.

Des informations relatives à tous ces textes figurent dans le Recueil des lois et règlements (RLR) et sont disponibles sur le site Internet : www.legifrance.gouv.fr.

Un fonctionnaire **titulaire** est nommé dans un emploi permanent et titularisé dans un grade.
Un fonctionnaire **stagiaire** est nommé dans un emploi permanent et non encore titularisé.
Un fonctionnaire est dans une situation statutaire et réglementaire. Le grade permet au fonctionnaire d'exercer l'un des emplois qui lui correspondent. En cas de suppression d'emploi, de poste, le fonctionnaire est nommé sur un autre emploi.

2. Les obligations

Obligation d'impartialité, de neutralité et de laïcité

L'obligation d'impartialité et de neutralité impose un comportement dicté uniquement par l'intérêt du service public.
Les personnels de l'Éducation nationale participent au service public d'éducation qui s'attache à transmettre les valeurs de la République, notamment l'idéal laïque qui exclut toute discrimination de sexe, de culture et de religion.

> *« Le service public de l'enseignement est laïque. Ce principe de laïcité est l'un des aspects du principe plus général de la laïcité de la République. Ce principe doit s'imposer à l'école avec une force particulière. Rien n'est plus vulnérable qu'une conscience d'enfant. Les scrupules à l'égard de la conscience des élèves doivent amplifier, s'agissant des enseignants, les exigences ordinaires de la neutralité du service public et du devoir de réserve de ses agents.*
> *L'école publique ne privilégie aucune doctrine. Elle ne s'interdit l'étude d'aucun champ du savoir. Guidée par l'esprit de libre examen, elle a pour devoir de transmettre à l'élève les connaissances et les méthodes lui permettant d'exercer librement ses choix. L'école publique respecte de façon absolue la liberté de conscience des élèves.*

→

Ces rappels comportent des conséquences directes sur les contenus et les méthodes d'enseignement et définissent l'exercice de la fonction enseignante.
En conséquence, dans l'exercice de leurs fonctions, les enseignants, du fait de l'exemple qu'ils donnent explicitement ou implicitement à leurs élèves, doivent impérativement éviter toute marque distinctive de nature philosophique, religieuse ou politique qui porte atteinte à la liberté de conscience des enfants ainsi qu'au rôle éducatif reconnu aux familles. L'enseignant qui contreviendrait à cette règle commettrait une faute grave. À raison du trouble apporté au fonctionnement de l'établissement, il serait susceptible d'être immédiatement suspendu dans l'attente d'une action disciplinaire. »

Source : circulaire du 12 décembre 1989.

C'est en fonction de ces différents textes que des enseignantes « porteuses de voile » ont vu leur exclusion validée par le Conseil d'État.

■ Obligation de signalement

Tout fonctionnaire ayant connaissance, dans l'exercice de ses fonctions, d'un délit ou d'un crime doit en aviser sans délai le Procureur de la République. Cette obligation a été notamment rappelée dans une circulaire concernant les violences sexuelles (circulaire du 26 août 1997, BO hors série N°5 du 4 septembre 1997).

■ Obligation professionnelle

Obligation d'assurer son service :

- obligation de rejoindre son poste,
- obligation d'assurer la totalité des charges qui relèvent de sa mission,
- obligation d'assurer l'exercice continu de ses fonctions (obligation de ponctualité et d'assiduité notamment), telles qu'elles sont définies par les textes réglementaires du ministère de l'Éducation nationale comme activités d'enseignement, établissement et communication de notes et d'appréciations, participation aux jurys des examens et concours, participation aux conseils de classe, aux réunions parents-professeurs, à des actions de formation.

Obligation de respecter certaines règles en assurant son service :

- obligation d'accomplir de façon satisfaisante les missions confiées,
- obligation d'assurer ses missions conformément aux instructions données par le supérieur hiérarchique, sauf dans le cas où l'ordre donné serait manifestement illégal et de nature à compromettre gravement l'intérêt public,
- obligation de faire preuve de discrétion professionnelle pour tous les faits et informations ou documents de caractère personnel dont l'agent a connaissance de par l'exercice de ses fonctions,

- obligation de surveillance, de prudence et de vigilance pendant le temps scolaire, les sorties et voyages collectifs d'élèves, lors de la pratique d'activités physiques,
- obligation de respect des règles de sécurité des locaux et notamment des équipements d'ateliers.

■ Obligation de consacrer l'intégralité de son activité professionnelle

Des autorisations de cumul d'emplois et de rémunérations peuvent être accordées par les services gestionnaires du rectorat.
Tous les fonctionnaires peuvent être sanctionnés si tout ou partie de leurs obligations n'est pas assuré.
Le pouvoir disciplinaire appartient à l'autorité qui gère la carrière des enseignants. Pour les professeurs du second degré, il s'agit du recteur (pour les professeurs des écoles, c'est l'inspecteur d'académie).
Avant la mise en œuvre de la procédure disciplinaire, l'autorité hiérarchique peut décider la *suspension* de l'enseignant incriminé. Celle-ci peut être de quatre mois à plein traitement avant la décision disciplinaire.
Les sanctions encourues par un enseignant peuvent être :

- un blâme ou un avertissement (sans réunion obligatoire de la CAP siégeant en qualité de conseil de discipline) ;
- l'abaissement d'échelon, le déplacement d'office, l'exclusion temporaire pour une durée maximale de quinze jours (pour toutes ces peines et pour les suivantes, il y a consultation obligatoire du conseil de discipline) ;
- la rétrogradation, l'exclusion pour une durée de six mois à deux ans ;
- la mise à la retraite d'office, la révocation.

3. Les droits

Les fonctionnaires bénéficient de droits fondamentaux, comme notamment la liberté d'opinion, la garantie de l'emploi, le droit syndical et le droit de grève, l'égalité d'accès des femmes et des hommes aux emplois, la protection juridique de la part de l'administration.
Aucune distinction entre les fonctionnaires ne peut être faite en raison de leurs opinions, de leurs origines, de leur orientation sexuelle, de leur santé, de leur handicap ou de leur appartenance supposée ou non à une ethnie.
Ils bénéficient également d'une protection juridique et d'une protection contre tout harcèlement sexuel ou moral.

■ Faire une requête par la voie hiérarchique : lorsqu'un enseignant a une requête individuelle à effectuer concernant sa situation, son emploi, sa carrière, ou tout autre domaine administratif, il doit l'effectuer par voie hiérarchique.
Un courrier individuel adressé à une direction du ministère par un enseignant de lycée sera remis au chef d'établissement qui le signera pour indiquer qu'il en a

pris connaissance, ce qui se traduit par la formule « *sous couvert du chef d'établissement* », puis par le recteur qui fera de même avant qu'il ne parvienne au ministère. Un courrier individuel adressé à un inspecteur d'académie doit, de la même manière, être vu et signé par le chef d'établissement avant de parvenir à l'inspecteur d'académie, directeur des services départementaux de l'Éducation nationale. En revanche, sur un problème pédagogique, un enseignant peut écrire **directement** à un inspecteur général de sa discipline, sans avoir besoin d'écrire « *sous couvert du chef d'établissement* ».

Droit syndical

Les fonctionnaires peuvent librement créer des organisations syndicales, y adhérer et y exercer des mandats (article 8 de la loi du 13 juillet 1983). Les fonctionnaires ont droit à l'heure d'information syndicale et l'assistance à des stages de formation syndicale.

Droit de participer aux décisions concernant son métier

Les fonctionnaires de l'Éducation nationale sont électeurs et éligibles au conseil d'administration de leur établissement. Ils élisent leurs représentants ou peuvent être élus aux commissions administratives paritaires départementales (CAPD), ou académiques (CAPA) et aux commissions administratives paritaires nationales (CAPN).

Ces commissions, notamment consultées sur les questions relatives aux mutations et à l'avancement, comprennent, en nombre égal, des représentants de l'administration désignés par l'autorité concernée et des représentants des personnels élus sur des listes présentées par les organisations syndicales. Elles peuvent siéger comme conseil de discipline donnant, en cas de faute grave, un avis sur la sanction à prendre.

Droit à la protection de la part de l'administration

Les fonctionnaires bénéficient dans l'exercice de leurs fonctions, d'une protection organisée de la part de l'administration dont il dépend.

En cas de mise en cause personnelle ou de dommages subis par l'agent, il appartient aux autorités académiques concernées de prendre les dispositions nécessaires pour assurer la protection de l'agent.

Une protection juridique est accordée aux fonctionnaires pour ne pas les laisser sans défense face à des menaces ou à des attaques. Cette protection doit permettre au fonctionnaire d'assurer ses missions d'intérêt général.

L'atteinte, l'agression, ou les dommages matériels dont a été victime un fonctionnaire, notamment enseignant, peuvent avoir été commis pendant la durée de service, sur son lieu de travail ou à ses abords immédiats, comme en dehors du temps et du lieu de service.

C'est par exemple à l'enseignant, si l'agression a eu lieu à l'extérieur de l'établissement scolaire, d'établir un lien de causalité entre les faits et sa fonction.

Un enseignant victime d'une agression caractérisée (violences physiques, violences verbales ou écrites), d'une atteinte à ses biens (par exemple, dégradations sur son véhicule) doit le plus rapidement possible informer son chef d'établissement et demander le bénéfice de la protection du fonctionnaire par voie hiérarchique au recteur, en rapportant les faits avec le maximum de précisions. Dès qu'un enseignant est agressé, il peut lui-même porter plainte afin d'obtenir des dommages et intérêts.
Parallèlement, l'administration peut s'associer à la plainte pour soutenir son agent.

L'administration, dans le cadre de la protection de ses personnels, est en droit de répondre aux menaces, violences, injures ou diffamations par tout moyen qu'elle jugera approprié : communiqué à la presse, lettre de soutien, témoignages lors d'un procès...

■ Droit à la communication du dossier

Chaque fonctionnaire a le droit de consulter son dossier administratif et d'avoir connaissance de ses notes et appréciations.

■ Droit à une carrière

- L'avancement tout au long de la carrière avec le passage de différents échelons et l'existence pour chaque catégorie d'un hors classe.
- Les possibilités de changement de carrière, notamment en devenant chef d'établissement ou membre des corps d'inspection.

■ Les situations administratives

Il y a diverses situations administratives possibles pour un enseignant, notamment : l'activité à temps partiel, la mise à disposition, le détachement, la disponibilité, le congé de formation professionnelle...

1 PRÉSENTATION DU SYSTÈME ÉDUCATIF FRANÇAIS

1. Les chiffres de l'éducation
2. Les grands principes du système éducatif français
3. L'organisation administrative
4. Le collège
5. Le lycée
6. L'évaluation du système éducatif

1 Les chiffres de l'éducation

■ Il y a en 2010 **14 955 200 élèves et étudiants** accueillis dans les écoles, collèges et lycées publics et privés, dans les structures post-bac et à l'université, en France métropolitaine et dans les DOM :

- 6 647 100 écoliers dont 13,2 % dans le privé,
- 3 107 200 collégiens dont 21,6 % dans le privé,
- 1 431 300 lycéens généraux et technologiques dont 21 % dans le privé,
- 694 300 lycéens professionnels dont 21,5 % dans le privé,
- 98 900 dans l'enseignement adapté (SEGPA) dont 5,5 % dans le privé.
- 443 600 jeunes sont en **apprentissage** dans les CFA (centres de formation d'apprentis),
- 226 700 jeunes sont scolarisés dans des établissements dépendant d'autres ministères que l'Éducation nationale (Agriculture, Défense, Santé...),
- 2 316 100 jeunes étudient dans des établissements et structures dépendant de l'enseignement supérieur.

■ **1 228 367** personnels travaillent dans les écoles, collèges, lycées publics et privés et dans les universités, en dépendant du ministère de l'Éducation nationale ou du ministère de l'Enseignement supérieur.
Ce nombre représente une baisse de 42 000 postes par rapport à 2007, due à des transferts de personnels vers des collectivités territoriales et des suppressions de postes.
On compte en 2008 **972 571 enseignants** dont :

- 364 315 dans le premier degré public et privé,
- 523 246 dans le second degré public et privé.

■ **Écoles, collèges, lycées** :

- 54280 écoles (48 975 publiques, 5 305 privées),
- 7 017 collèges dont 1 756 privés,
- 1 653 lycées professionnels dont 663 privés,
- 2 627 lycées généraux, technologiques ou polyvalents, dont 1 056 privés.

La dépense publique représente 4 990 € par élève du primaire, 7 990 € par élève de collège, 10 310 € par élève de section générale de lycée, 10 370 € par élève de lycée professionnel, 13 310 € par étudiant de BTS, 14 250 € par étudiant de classe préparatoire, 9 150 € par étudiant d'IUT.

La taxe d'apprentissage reçue en 2008 par élève par les établissements y ouvrant droit (ayant des formations techniques) est très inégalitaire :

	Public	Privé
Collège	130 €	416 €
EREA (établissement régional d'enseignement adapté)	191 €	-
Lycées professionnels	122 €	307 €
Lycées technologiques ou polyvalents	135 €	336 €

Source : Repères et références statistiques sur les enseignements, la formation et la recherche. Édition 2010.

2 Les grands principes du système éducatif français

A LA GRATUITÉ

Le principe de la gratuité de l'enseignement primaire public a été établi par la loi Jules Ferry du 16 juin 1881. La gratuité a été étendue à l'enseignement secondaire par la loi du 31 mai 1933.

B LA LAÏCITÉ

L'enseignement public est laïc depuis les lois du 28 mars 1882 et du 30 octobre 1886. Ces lois instaurent la laïcité des personnels et des programmes : pas d'instruction religieuse, interdiction du prosélytisme.

C L'OBLIGATION SCOLAIRE

Depuis les lois de Jules Ferry (1881-1882), l'enseignement est obligatoire. Cette obligation s'applique à partir de 6 ans pour tous les enfants français ou étrangers résidant en France. Au départ, la scolarisation était obligatoire jusqu'à l'âge de 13 ans, puis 14 ans à partir de 1936. En janvier 1959, la scolarité a été prolongée jusqu'à l'âge de 16 ans révolus.
L'article L.122-2 du Code de l'éducation prévoit que « *tout élève qui, à l'issue de la scolarité obligatoire n'a pas atteint un niveau de formation reconnu doit pouvoir poursuivre des études afin d'atteindre un tel niveau. Tout mineur non émancipé dispose du droit de poursuivre sa scolarité au-delà de l'âge de seize ans.* »

D NAPOLÉON ET JULES FERRY

Avec Napoléon en 1808, se construit une des caractéristiques du système éducatif français : au lieu de commencer de bas en haut, l'État commence par le haut : le secondaire, le lycée, le baccalauréat. Ce n'est que soixante-quinze ans plus tard que Jules Ferry fait de l'école primaire une affaire d'État, mais il conserve le modèle napoléonien pour le secondaire et l'organisation administrative de l'Éducation nationale (rectorats, inspections académiques, inspection générale...).

Les différences de culture, d'organisation, de statuts, les ruptures entre le primaire et le secondaire trouvent pour la plupart leur origine dans cette histoire singulière de notre système éducatif où les structures nées de Napoléon et celles nées de Jules Ferry n'ont jamais totalement fusionné. On en voit une trace dans la dénomination des classes : cours préparatoire, cours élémentaire, cours moyen pour le primaire ; 6e avant le baccalauréat, 5e, 4e, 3e avant le baccalauréat... pour le collège, puis pour le lycée.

3 L'organisation administrative

A L'ÉDUCATION NATIONALE

Le ministère chargé de l'Éducation nationale est responsable de la mise en œuvre des décisions du gouvernement en matière d'éducation. Il peut ne compter qu'un seul ministère ou plusieurs ministères avec des répartitions diverses (enseignement scolaire, enseignement professionnel,...), ou un certain nombre de secrétaires d'État.

À la rentrée 2010, il y a un ministre de l'Éducation et un ministre de l'Enseignement supérieur.

L'administration centrale du ministère comprend outre les inspections générales, le cabinet du ministre, un secrétaire général et un certain nombre de directions. Parmi ces directions, on trouve la direction générale des enseignements scolaires (DGESCO), la direction des personnels enseignants (DPE), la direction des ressources humaines (DRH), la direction de l'évaluation, de la prospective et de la performance (DEPP).

Le pilotage de l'Éducation nationale, comme celui des autres ministères, s'organise par la mise en place d'objectifs finalisés dans des programmes déclinés en actions, accompagnés d'indicateurs de performance. Il est régi depuis 2001 par la loi organique relative aux lois de finances (LOLF).

Les services déconcentrés de l'Éducation nationale (voir fiche n° 3) sont :

- Les **académies** (30, dont 26 en France métropolitaine) : dans chacune d'entre elles, le ministre est représenté par un recteur, chancelier des universités. La carte des académies recouvre le découpage des régions, sauf dans trois cas :

La région Île-de-France qui a 3 académies (Paris, Créteil, Versailles), la région Rhône-Alpes qui a deux académies (Lyon, Grenoble), la région Provence-Alpes-Côte d'Azur qui a deux académies (Nice, Marseille).

- Les **inspections académiques** : au niveau départemental, le recteur est représenté par un inspecteur d'académie qui siège à l'inspection académique située au chef-lieu du département, qui a compétence sur les écoles primaires et les collèges.
- Les **circonscriptions** : les départements pour le premier degré sont divisés en circonscriptions comportant une ou plusieurs communes. Les inspecteurs de l'Éducation nationale (IEN) sont chargés de ces circonscriptions.

Au Conseil Supérieur de l'Éducation Nationale du 30 juin 2011, le ministre de l'Éducation nationale a présenté un projet de décret applicable au 1er janvier 2012 faisant du recteur « la seule autorité compétente dans l'académie », faisant disparaître les Inspecteurs d'académie-Directeurs des services départementaux de l'Éducation nationale qui deviendraient des « directeurs académiques ».

B LES CORPS D'INSPECTION

1. Les corps nationaux

L'**inspection générale de l'Éducation nationale** (IGEN) et l'**inspection générale de l'administration de l'Éducation nationale et de la recherche** (IGAENR) ont vocation à évaluer le fonctionnement du système éducatif : la première essentiellement dans le domaine pédagogique, la seconde dans le domaine de la gestion. Ces deux inspections établissent un rapport annuel publié à la Documentation française.

2. Les corps régionaux

- Les **inspecteurs d'académie-inspecteurs pédagogiques régionaux** (IA-IPR) peuvent être disciplinaires (histoire-géographie, mathématiques) et participent à la formation et à l'inspection des enseignants des collèges et des lycées. Ils peuvent être « établissements et vie scolaire » chargés de l'évaluation des conseillers principaux d'éducation (CE), des documentalistes et des chefs d'établissement. Des IA-IPR peuvent être chargés de fonctions administratives : IA-IPR, directeurs ou directeurs – adjoints des services départementaux de l'Éducation nationale.
- Les **inspecteurs de l'Éducation nationale** (IEN) peuvent avoir diverses compétences :
  - IEN ayant en responsabilité l'ensemble des écoles maternelles et élémentaires d'une circonscription.
  - IEN chargés des questions relatives à l'orientation des élèves et au bon fonctionnement des centres d'information et d'orientation (CIO).

- IEN exerçant un rôle d'évaluation pour l'enseignement professionnel et les personnels y travaillant.

L'**IFE (Institut Français d'Éducation)** ex INRP (Institut National de la Recherche Pédagogique). En 2010-2011, l'INRP, qui menait des recherches dans le domaine éducatif et publiait différentes revues, a été absorbé par l'École Nationale Supérieure de Lyon. Il en est devenu une composante sous le nom d'IFE. Il a conservé des instances de gestion propres (directeur, conseil de gouvernance…) et n'assure plus la mission muséographique de l'ancien INRP.
Le **médiateur de l'éducation nationale** : pour apaiser les malentendus et les conflits entre parents et Éducation nationale, entre enseignants et administration nationale, un médiateur national et des médiateurs existant dans chaque académie, ont été créés en décembre 1998.

C LES GRANDS ÉTABLISSEMENTS PUBLICS

- **Le CNED** (centre national d'enseignement à distance) dispense un enseignement à distance pour tous les niveaux de formation initiale et continue.
- **L'INRP** (institut national de la recherche pédagogique) mène des recherches dans le domaine éducatif qu'il publie dans différentes revues dont il assure la rédaction.
- **L'ONISEP** (office national d'information sur les enseignements et les professions) édite et diffuse des brochures sur les filières d'études, reçues par tous les élèves aux différents paliers d'orientation.
- **Le SCEREN-CNDP** (services culture, éditions, ressources pour l'Éducation nationale – centre national de documentation pédagogique) pilote un réseau de diffusion de documents pédagogiques qui comprend notamment 31 CRDP (centre régional de documentation pédagogique), 85 CDDP (centre départemental de documentation pédagogique). Le CLEMI (centre de liaison des moyens d'information) qui organise notamment chaque année, « la semaine de presse à l'école » est un service associé au CNDP.

D LES ORGANISMES CONSULTATIFS NATIONAUX

- Le **Haut conseil de l'éducation**.

> *« Le Haut conseil de l'éducation émet un avis et peut formuler des propositions à la demande du ministre chargé de l'éducation nationale sur les questions relatives à la pédagogie, aux programmes, aux modes d'évaluation des connaissances des élèves, à l'organisation et aux résultats du système éducatif et à la formation des enseignants. Ses avis et propositions sont rendus publics.*
> *Le Haut conseil de l'éducation remet chaque année au président de la République un rapport qui est rendu public, des résultats obtenus par le système éducatif. »*
>
> Source : Articles L.230-2 et L.230-3 du Code de l'éducation.

■ Le **Conseil supérieur de l'éducation** (CSE) est composé de représentants des personnels, des usagers, des collectivités territoriales, du monde du travail. Il est chargé de donner un avis sur tout texte concernant l'Éducation nationale.

E DÉCENTRALISATION ET DÉCONCENTRATION

Il ne faut pas confondre **décentralisation et déconcentration**.

■ La **décentralisation** consiste à déléguer des pouvoirs et des compétences auparavant dévolus à l'État à des assemblées élues ayant un budget et un exécutif propres : conseils municipaux pour les communes, conseils généraux pour les départements, conseils régionaux pour les régions (voir pour l'Éducation nationale la fiche n° 5).

■ La **déconcentration** est un transfert de compétences du niveau ministériel à un autre niveau des services de l'État. Elle vise à éviter que les décisions ne soient prises exclusivement à Paris, mais qu'elles puissent l'être au plus près des demandes et des besoins du terrain.

F L'ÉTABLISSEMENT PUBLIC LOCAL D'ENSEIGNEMENT

Un collège, ou un lycée, est depuis la loi du 22 juillet 1983 un **établissement public local d'enseignement (EPLE)** ; il est administré par un conseil d'administration sous la responsabilité d'un chef d'établissement (voir les fiches n° 11, 12, 13, 20).
La fonction de chef d'établissement (principal en collège, proviseur en lycée) a un double aspect : il est à la fois le **représentant de l'État**, chargé, par délégation du recteur, de veiller à l'application des textes, programmes et règlements nationaux, et également **l'exécutif du conseil d'administration** chargé de mettre en œuvre les décisions prises.
L'EPLE est un établissement **autonome et responsable**.
La question du développement de l'**autonomie** des établissements scolaires, de leur adaptation à leur environnement territorial, est actuellement posée et les questions sont nombreuses :
S'agit-il de renforcer le rôle du chef d'établissement sur les affectations de son personnel, sur la notation, sur la gestion financière de l'établissement ? L'expérimentation des collèges et lycées « CLAIR » en 2010-2011 va dans ce sens. S'agit-il de simplifier les mécanismes de contrôle des établissements ? S'agit-il de permettre à l'établissement autonome d'innover, de pouvoir adapter une partie des programmes nationaux ?

Sous la présidence du chef d'établissement, le **conseil d'administration** (CA) se réunit au moins trois fois par an. Sa composition est la suivante :

1. Pour les lycées et les collèges de plus de 600 élèves

■ Dix membres représentant l'administration de l'établissement et les collectivités locales :

- Administration : chef d'établissement, adjoint, gestionnaire, CPE (s'ils sont plusieurs, le plus ancien), le directeur de la SEGPA ou le chef de travaux s'ils existent dans l'établissement.
- Élus locaux : un représentant de la collectivité locale concernée (région pour les lycées, département pour les collèges), deux représentants de la commune siège de l'établissement, un représentant du groupement de communes concerné.
- Personnalités : une personnalité (ou deux si l'administration a moins de cinq membres) désignée par le CA sur proposition du chef d'établissement.

■ Dix représentants du personnel (élus en octobre de chaque année au scrutin de liste à la proportionnelle) :

- Personnels d'enseignement et d'éducation, sept représentants.
- Personnels ATOSS, trois représentants.

■ Dix représentants des usagers :

- En **collège** : sept représentants des parents élus en octobre de chaque année, au scrutin de listes à la proportionnelle, et trois représentants des élèves élus par l'assemblée des délégués des élèves de chaque classe.
- En **lycée** : cinq représentants des parents élus en octobre de chaque année au scrutin de listes à la proportionnelle et cinq représentants des élèves. Selon la circulaire du 20 août 2010, parue au BO n° 30 du 26 août 2010, quatre délégués des élèves au CA sont élus par l'ensemble des délégués de classe et un est élu par l'ensemble des membres lycéens du CVL (conseil de la vie lycéenne) qui assume en même temps que sa présence au CA, les fonctions de vice-président du CVL pour une durée d'un an.

2. Pour les collèges de moins de 600 élèves

■ Huit membres représentant l'administration de l'établissement et les collectivités locales.

■ Huit représentants du personnel (élus en octobre de chaque année au scrutin de liste à la proportionnelle) : six personnels d'enseignement et d'éducation et deux personnels ATOSS.

■ Huit représentants des usagers : six représentants des parents élus au scrutin de liste à la proportionnelle et deux élèves élus.

Parmi ses compétences les plus importantes, le **conseil d'administration** fixe les principes de la mise en œuvre de l'autonomie pédagogique et éducative de l'établissement dans le cadre de la dotation horaire globale, vote le budget de l'établissement et son règlement intérieur.

Un lieu important dans l'établissement :
le centre de documentation et d'information (CDI)

Les CDI sont les héritiers des bibliothèques de lycée. Avec l'arrivée massive des technologies de l'information et de la communication (TIC), ils se sont transformés en médiathèques.
Le CDI est le lieu où tout élève peut venir consulter des ouvrages, découvrir les ressources des multimédias et apprendre avec l'aide du professeur documentaliste à maîtriser la multiplicité des sources d'information.
Les professeurs documentalistes ont notamment dans leurs missions :
- *d'initier et de former des élèves à la recherche documentaire ;*
- *de gérer le centre de ressources documentaires multimédia ;*
- *de participer à l'ouverture de l'établissement sur l'extérieur ;*
- *de lier leurs activités à l'action de l'établissement, notamment dans le cadre du projet d'établissement.*

G POURQUOI LE SOCLE COMMUN DES CONNAISSANCES ET DES COMPÉTENCES ?

La décision de mettre en œuvre un socle commun de connaissances et de compétences prises en 2005 a été prise à partir d'un diagnostic de notre système éducatif reposant sur quatre éléments présentés ci-après dans les parties H, I, J, K. Le socle commun doit marier excellence et démocratisation pour tous.
La mission de l'école est double : permettre de dégager les élites nécessaires au pays en évitant qu'il ne s'agisse de la simple reproduction des classes sociales intellectuelles et possédantes et donner à toute la classe d'âge les moyens de s'approprier les compétences nécessaires à la femme, l'homme de demain.
L'école peine à réaliser cette tâche puisque 140 000 jeunes environ, (essentiellement des garçons) sortent chaque année du système scolaire sans diplôme, ni qualification.
Il est donc nécessaire de bien voir que les programmes sont ainsi définis comme possédant « **deux cercles concentriques** » :

- celui du socle déterminant les **compétences fondamentales** qui doivent être normalement possédées par tous les jeunes : « *Il est important de s'assurer qu'à la sortie du collège, à un moment où nombre d'élèves n'auront plus que peu ou pas d'occasions de recevoir un enseignement généraliste, chacun d'entre eux possède, de façon convenable, les bases de l'éducation* » ;
- celui des programmes dont le contenu s'adresse à « *tous les élèves qui poursuivront leurs études jusqu'au baccalauréat ou au-delà* ».

Marier ces deux objectifs implique de développer la différenciation pédagogique dans les pratiques de toutes les classes de l'école élémentaire et du collège.

Le socle commun doit être non pas un simple plancher, mais une planche d'appel, un tremplin.

H L'ÉTAT DES LIEUX DU SYSTÈME ÉDUCATIF FRANÇAIS

Notre système éducatif se caractérise par :

- 50 % d'élèves en réussite,
- 15 % d'élèves en grand échec,
- 35 % d'élèves en difficulté, voire en souffrance, ayant redoublé et souvent jugés comme « moyens ».

C'est pour ces 35 % qu'il est important de construire des évaluations qui permettent à l'élève et à sa famille de comprendre comment ils se situent.
Or, il est très important que l'évaluation qui suit l'élève dans ses apprentissages trouve tout son sens aux yeux de l'élève et de sa famille.
Comment assurer une transition compréhensible par les familles de l'évaluation chiffrée à l'évaluation par compétences ?
Sans doute, **en ciblant clairement** le public qui peut très vite en tirer un profit immédiat :

- Pour des élèves notés 16/20 et au-dessus, l'évaluation par compétence n'a pas une pertinence immédiate, puisque globalement tout est acquis.
- Pour des élèves notés 5/20 et en-dessous, c'est au préalable le diagnostic des manques et des erreurs qui est fondamental pour aider l'élève et sa famille, notamment dans le cadre d'un PPRE.
- Pour des élèves notés entre 8 et 12/20, dès la rentrée, on peut montrer à l'élève et à sa famille l'intérêt de l'approche par compétences :
    - pour sortir du « culte » de la moyenne,
    - pour mieux mettre l'accent sur les besoins de l'élève,
    - pour mieux définir les aides à y apporter,
    - pour que les parents puissent mieux épauler l'action des enseignants.

I QUE NOUS DISENT LES ÉVALUATIONS INTERNATIONALES ?

L'enquête PISA (programme international sur les acquis des élèves) est une enquête menée dans trente pays auprès des élèves de 15 ans. La France a une position moyenne due essentiellement aux non réponses des élèves français pour certaines questions.
Le bilan tiré par l'inspection générale en 2004 pour la France est le suivant :

« Nous avons été étonnés du pourcentage de non réponse, surtout pour les questions ouvertes qui nécessitent des réponses longues faisant appel à une expérience personnelle. Lorsqu'ils ne savent pas, les élèves français préfèrent ne pas répondre, et ce dans une proportion beaucoup plus forte que dans d'autres pays, où les élèves répondent, au risque de se tromper. Nous pouvons nous demander si ***l'enseignement français ne stigmatise pas trop l'erreur****, alors qu'elle est révélatrice et fait partie du processus d'apprentissage.*
Nous nous interrogeons également sur la réticence de nos élèves à écrire des textes longs faisant appel à l'argumentation et nous nous demandons si cette compétence est assez développée au collège. (...)
Les évaluations internationales, de type PISA, ont révélé la proportion anormalement forte de jeunes français ne répondant pas aux questions posées. Une des causes serait la prudence valorisée dans nos classes. À force de s'entendre répondre : « on ne parle pas pour ne rien dire » et « réfléchis avant de parler », l'élève peu sûr de lui préfèrera se taire plutôt que de s'exposer à un jugement négatif. »

Source : rapport IGEN, juillet 2005.

L'enquête PISA 2006 consacrée aux sciences a montré que l'échec des jeunes français à cette évaluation ne concernait pas leurs connaissances, mais leurs possibilités de décrire les démarches scientifiques, c'est-à-dire **de réinvestir leurs connaissances dans des compétences**.

« Dans la catégorie des « connaissances à propos de la science », les scores placent la France significativement au-dessus de la moyenne de l'OCDE... Dans la compétence vérifiant la capacité à utiliser les connaissances qui conviennent dans une situation donnée, les résultats des élèves français se situent significativement en dessous de la moyenne de l'OCDE... Les élèves français sont compétents lorsqu'il s'agit d'une restitution directe de connaissances, mais ils ont des difficultés à les mobiliser pour expliquer des phénomènes de manière scientifique dans des situations de la vie courante non évoquées en classe... Des difficultés peuvent également apparaître lorsqu'il s'agit de cerner les attendus d'une question. En France, l'évaluateur attend la réponse juste, il ne demande pas la « meilleure » réponse, or cela se produit quelques fois dans PISA. Les élèves français sont habitués à choisir le juste et éliminer le faux. »

Source : note d'information DEP/MEN n°07.42, décembre 2007.

J LES ENJEUX DE LA CONTINUITÉ PÉDAGOGIQUE

Les programmes du primaire comme du collège doivent s'articuler avec :

- les grilles de références, parcours **détaillé** des compétences, capacités, attitudes liées aux piliers du socle commun publiés sur le site Eduscol,
- les programmes disciplinaires présentant des progressions annuelles et outil pour le suivi progressif des élèves,

- les livrets de compétences attestant l'acquisition de compétences aux différents paliers d'évaluation du socle commun.

Mettre en place une évaluation par compétences implique non seulement un travail en équipe, mais surtout la mise en place d'un **vrai climat de confiance entre enseignants**.

La mise en place de cette confiance réciproque entre enseignants d'une même classe, entre enseignants de niveaux différents.

Ce climat de confiance remplacerait le climat de défiance qu'évoque le rapport de l'inspection générale ci-dessous.

> *« Il est fréquent, entre école et collège, entre collège et lycée, que les maîtres de niveau supérieur affichent une* ***défiance ouverte*** *par rapport aux avis des maîtres du niveau inférieur et les ignorent, cela même quand existe une cité scolaire qui devrait permettre des transmissions plus faciles. (...) Il est légitime de se demander si cette réticence à ce qu'existent et transitent des traces des scolarités individuelles ne serait pas d'abord l'écho d'un* ***manque de confiance*** *d'une profession en elle-même. »*
>
> Source : rapport de l'inspection générale, 2005.

La mise en place d'un vrai parcours primaire-collège implique donc une véritable **continuité pédagogique** entre l'école primaire et le collège.

K LA SÉPARATION DE PLUS EN PLUS FAIBLE ENTRE DISCIPLINES GÉNÉRALES ET DISCIPLINES PROFESSIONNELLES

Les compétences transversales, comme l'esprit d'initiative, l'autonomie, la créativité, ne peuvent être soumises à aucun champ disciplinaire. Ce sont aujourd'hui des compétences professionnalisantes comme l'est, quel que soit le métier visé, la maîtrise de la langue écrite et orale.

D'autres compétences qu'on peut appeler globales comme « *lire et utiliser différents langages, en particulier les images (textes, tableaux, graphiques, schémas, etc.)* ou bien « *communiquer et travailler en équipe* », ou « *savoir observer, questionner, formuler une hypothèse et la valider* » doivent nécessiter une réflexion d'ensemble de l'équipe pédagogique.

Ces domaines sont typiquement ceux pour lesquels la **confiance mutuelle** entre tous les enseignants de l'équipe pédagogique de la classe est fondamentale.

On ne peut pas en effet exclure l'idée qu'une discipline participe à la construction d'une compétence, mais que sa validation se fasse dans le cadre d'une autre discipline.

Par exemple, dans le pilier 1 « *Maîtrise de la langue française* », on trouve dans les compétences « DIRE » :

- prendre la parole en public en s'adaptant à la situation de communication,
- participer à un dialogue ou un débat, prendre en compte les propos des autres, expliquer son point de vue, rester dans le propos de l'échange,
- rendre compte d'un travail individuel et collectif.

Ces compétences peuvent avoir été préparées en français, et être validées pour partie à l'occasion d'un exposé en Histoire-géographie ou Sciences de la vie et de la terre.

4 Le collège

A L'ORGANISATION PÉDAGOGIQUE DU COLLÈGE

Elle est fondée sur trois cycles :

- la classe de 6e, qui constitue le cycle d'observation et d'adaptation à l'enseignement secondaire,
- les classes de 5e et 4e, qui forment le cycle central du collège,
- la classe de 3e, qui est le cycle d'orientation.

Le collège est devenu « **unique** » par la **loi HABY de 1975**.

Depuis plus de trente ans, le collège « unique » placé entre l'école primaire et le lycée, où les matières sont enseignées par des « professeurs de lycée et collège », fait débat.

En septembre 2010, le Haut conseil de l'éducation (HCE) (voir page 28) a publié un rapport sur le collège.

« La question du collège est aujourd'hui encore source de profonds clivages et d'incessants débats entre les partisans du « collège unique » et ses adversaires. Après des décennies de débats, il est urgent de dépasser cette opposition, pour se concentrer sur l'objectif assigné au système éducatif par la loi du 23 avril 2005 : assurer à chaque élève la maîtrise du socle commun à la fin de la scolarité obligatoire, objectif dont la France est encore très éloignée pour une part importante de ses élèves. (...)
La loi de 1975 instituant le « collège unique » est à l'origine d'acquis majeurs : la démocratisation de l'enseignement, l'organisation du système éducatif, la prise en compte de la difficulté scolaire par de multiples dispositifs. Mais le « collège unique », en raison des disparités importantes entre établissements, de l'existence déguisée de filières et de stratégies de contournement bénéficiant aux familles les mieux informées, n'a d'unique que le nom. »

Source : HCE dans son rapport annuel intitulé *« Le collège, bilan des résultats de l'école 2010 »*, remis au président de la République vendredi 1er octobre 2010.

Selon le Haut Conseil, « *non seulement le collège ne parvient pas à réduire les inégalités scolaires d'origine sociale, mais il aurait même tendance à les accroître.* » En outre, le HCE fait état d'un « *malaise enseignant* », confirmé par « *95 % des enseignants de collège (hors réseaux ambition réussite) : 72 % d'entre eux se déclarent affectés par ce malaise, un chiffre en augmentation de 14 points depuis la précédente enquête de 2005* ». Ce malaise serait dû à l'hétérogénéité des classes, et à la multiplication des problèmes de vie scolaire.

Ainsi s'interroge-t-il : « *Comment mettre le collège sur la bonne voie ? L'exemple des pays étrangers fournit des leçons et des pistes instructives* », poursuit le Haut conseil. « *Les pays qui ont maintenu un système de filières, tel qu'il en existait en France avant 1975, n'obtiennent pas les meilleurs résultats en termes de performances et d'équité.* »

En revanche, « *les pays dont le système éducatif fonctionne le mieux partagent au moins trois caractéristiques : ils sont parvenus à définir pour leur école un objectif clair faisant l'objet d'un large consensus parmi la population ; ils ont su mettre en place une formation des maîtres visant à développer des pratiques éducatives qui favorisent la réussite de chaque élève ; ils ont en général octroyé à leurs établissements scolaires des marges d'autonomie rendant possible une organisation souple.* »

Le HCE formule ainsi **trois recommandations** :

- **Passer du collège unique à l'école du socle commun.** Pour « *garantir à tous les élèves la maîtrise du socle commun de connaissances et de compétences à la fin de la scolarité obligatoire (loi du 23 avril 2005), le HCE propose que « les exigences du socle soient enfin prises en compte dans les programmes de toutes les disciplines » et que « soit introduit pour tous les élèves, de la sixième à la troisième, un enseignement de culture manuelle et technologique permettant de valoriser des aptitudes différentes* ». Le Haut conseil plaide également pour que « *soit renforcée la continuité entre l'école primaire et le collège en fusionnant les programmes actuels de la loi organique relative aux lois de finance (Lolf) « Enseignement scolaire public du premier degré » et « Enseignement scolaire public du second degré » en un programme unique : « Enseignement scolaire public du socle commun », pour éviter que la répartition des moyens ne privilégie systématiquement le lycée au détriment du collège et pour faciliter le travail du Parlement dans son examen de la mise en œuvre du socle commun.* »

- **Des pratiques pédagogiques pour faire réussir tous les élèves.**

> *« La réussite de l'école du socle commun dépendra pour une large part de la formation que recevront les enseignants et de leur capacité à mettre en œuvre des pratiques pédagogiques permettant de faire réussir tous les élèves ». À cet effet, le Haut conseil de l'éducation demande « que les universités, en liaison avec les rectorats, offrent systématiquement aux étudiants qui se destinent aux métiers de l'enseignement des stages dès la première année de master, afin que les futurs*

→

candidats aux concours de recrutement soient très tôt confrontés à la réalité et aux exigences du métier d'enseignant ». Il plaide pour « que le service des enseignants ne soit plus uniquement défini par un nombre d'heures hebdomadaires d'enseignement devant les élèves, mais redéfini de manière à prendre en compte la diversité de leurs missions (cours, travail d'équipe, aide au travail, tutorat...), ce qui pourrait conduire à un allongement de leur présence dans l'établissement ».

Source : HCE dans son rapport annuel intitulé « *Le collège, bilan des résultats de l'école 2010* », remis au président de la République vendredi 1er octobre 2010.

Le HCE préconise également que « *la direction générale des enseignements scolaires (DGESCO) dote rapidement les enseignants des outils leur permettant de faire acquérir et d'évaluer régulièrement et précisément chacune des compétences du socle commun* ».

■ **Donner plus d'autonomie aux principaux de collèges.** Le HCE recommande que « *pour chaque collège, un budget rassemblant l'ensemble des charges de fonctionnement soit établi et communiqué à ses responsables* », « *que tous les collèges puissent disposer d'une certaine latitude dans la répartition des moyens qui leur sont attribués, cette marge de manœuvre devant représenter au moins 10 % de leur dotation* ».
Il plaide en outre pour « *que la mesure permettant aux principaux de collèges d'émettre un avis sur l'affectation d'un enseignant dans leur établissement, récemment accordée aux établissements les plus difficiles [les 105 établissements du programme CLAIR], fasse l'objet d'une expérimentation beaucoup plus large* » ; « *que soit mise en œuvre une nouvelle organisation du collège devant permettre aux élèves de bénéficier d'une prise en charge éducative continue depuis leur arrivée au collège le matin jusqu'à leur départ en fin d'après-midi, ce qui suppose des conditions matérielles d'accueil adéquates et une présence plus forte d'adultes pour encadrer les élèves* ».

B L'ORGANISATION ACTUELLE DU COLLÈGE

Dix heures annuelles de vie de classe sont prévues dans chacune des classes du collège pour permettre notamment aux professeurs principaux d'évoquer avec les élèves des problèmes qui peuvent se poser dans la classe ou pour préparer les réunions des conseils de classe : « *Les heures de vie de classe contribuent par le dialogue et le débat argumenté à la recherche de solutions collectives dans le respect de chacun* » (circulaire de la rentrée 2004).
Les programmes du collège sont en voie de modification.
De nouveaux programmes sont rentrés en vigueur en sixième à la rentrée 2009.
Ils rentrent en vigueur en cinquième à la rentrée 2010. À la rentrée 2011, la classe de quatrième est concernée et en 2012, la classe de troisième.
Ces programmes s'articulent avec le socle commun de connaissances et de compétences qui sera évalué en fin de troisième dans le cadre du diplôme national du brevet (DNB) (voir la fiche n° 29).

1. Le cycle d'adaptation : la sixième

Lors des réunions pour le passage CM2-6e, les documents suivants sont remis aux enseignants de la classe de 6e ainsi qu'aux parents sous forme de livret scolaire de fin d'école élémentaire.
Le livret scolaire remis aux parents en fin d'école élémentaire publié dans le BO n°45 du 27 novembre 2008 « *Mise en œuvre du livret scolaire* » comprend **quatre parties** :

- Les documents périodiques en usage dans l'école dont un bilan des acquisitions de l'école maternelle réalisé en fin de grande section.
- Les résultats des évaluations nationales de CE1 et de CM2 en français et mathématiques.
- Les attestations de maîtrise des connaissances et compétences remplies en fin de cycle 2 et de cycle 3 avec l'attestation « premier secours », l'attestation « sécurité routière ».
- Les propositions faites par le conseil des maîtres et les décisions prises sur les conditions dans lesquelles se poursuit la scolarité.

La priorité en classe de 6e est donnée à la compréhension de la langue et des mots et à l'acquisition de bonnes méthodes de travail.

> *« Dans les classes de sixième, chaque collège dispose d'une dotation horaire calculée sur la base d'au moins 28 heures hebdomadaires par division pour l'organisation des enseignements (...) ainsi que pour l'aide aux élèves et l'accompagnement de leur travail personnel que ces enseignements impliquent à raison de deux heures. Un complément de dotation peut être attribué aux établissements pour le traitement des difficultés scolaires importantes. L'horaire des élèves est fixé à 25 heures. »*
>
> Source : arrêté du 30 novembre 2001, *Bulletin officiel* n°1 du 3 janvier 2002.

2. Le cycle central : cinquième et quatrième

> *« Dans le cycle central, chaque collège dispose d'une dotation horaire globale de 25 h 30 hebdomadaires par division de cinquième et de 28 h 30 hebdomadaires par division de quatrième pour l'organisation des enseignements obligatoires, incluant les itinéraires de découverte. Un complément de dotation peut être attribué aux établissements pour le traitement de difficultés scolaires importantes. (...) Cette dotation en heures d'enseignement est distincte de l'horaire élève fixé pour les enseignements obligatoires à 25 heures hebdomadaires en classe de cinquième et à 28 heures en classe de quatrième. »*
>
> Source : arrêté du 6 avril 2006, *Bulletin officiel* n°18 du 4 mai 2006.

La classe de quatrième est le moment du démarrage de la deuxième langue vivante.

Les itinéraires de découverte peuvent permettre l'association de plusieurs disciplines. Ils sont un atout pour l'enseignement de l'histoire des arts, pour l'éducation à l'environnement et au développement durable et pour l'évaluation des compétences dans le cadre du socle commun de connaissances et de compétences.
Tous les collèges ne pratiquent pas les itinéraires de découverte mis en place en 2002 et 2003, car la circulaire de rentrée 2004 a précisé que les deux heures dévolues aux itinéraires de découverte ne sont pas obligatoires : « *Il est possible de substituer aux itinéraires de découverte, d'autres modalités d'aide aux élèves en considérant que les moyens dévolus aux itinéraires de découverte sont mis à la disposition des équipes pédagogiques pour l'usage qui leur semblera le plus utile aux élèves.* »

3. Le cycle d'orientation : la troisième

La classe de troisième est une classe d'orientation et elle connaît une certaine diversification des enseignements, au travers notamment des enseignements de « *Découverte professionnelle* ».
La mise en place de la classe de troisième diversifiée a eu lieu en 2005-2006.
« *Les enseignements du cycle d'orientation du collège sont constitués d'enseignements obligatoires et d'enseignements facultatifs. Chaque élève peut également participer aux diverses activités éducatives facultatives proposées par l'établissement. Dans le cadre des enseignements facultatifs, les élèves peuvent suivre un enseignement de trois heures, soit de langue vivante étrangère ou régionale, soit de latin, soit de grec, soit de* **découverte professionnelle**. »

Le module de découverte professionnelle de trois heures ou de six heures

« En complément des contenus enseignés dans le cadre des différentes disciplines et de l'éducation à l'orientation, le module de découverte professionnelle vise à offrir aux élèves une ouverture plus grande sur le monde professionnel et à les aider à poursuivre leur réflexion sur le projet d'orientation.
Ce module peut être porté à six heures pour les élèves en grande difficulté. (...) Il vise à mieux préparer l'accès à une formation qualifiante au moins de niveau V. Dans ce cas, les élèves ne suivent pas, l'enseignement obligatoire de langue vivante 2. »

Le module de **découverte professionnelle de six heures** concerne plus particulièrement un public d'élèves volontaires, prêts à se mobiliser autour d'un projet de poursuite de formation à l'issue de la classe de 3e. Il vise à réduire le nombre d'élèves sans qualification (65 000 élèves sortant sans aucune qualification auxquels s'ajoutent 70 000 jeunes arrivant au niveau d'un diplôme : CAP, BEP, Bac professionnel, technologique ou général, mais ne l'obtenant pas). L'échec et le « décrochage scolaire » sont de plus en plus l'indication d'une marginalisation sociale. Le taux de chômage des diplômés du supérieur est inférieur à 8 % alors qu'il atteint 39 % pour les jeunes ne possédant aucun diplôme.

> « En 2005, moins de 6 % des jeunes ont arrêté pour la première fois de se former après une classe de collège ou une première année ou une première année de CAP ou de BEP contre plus de 35 % dans les années soixante. Les abandons après une classe de seconde ou de première générale ou technologique sont actuellement le fait de 2 % des jeunes. Ainsi, au total, ce sont moins de 8 % des jeunes qui interrompent leurs études avant la dernière année de préparation d'un diplôme du second cycle. »
>
> Source : *ministère de l'Éducation*, n° 17 octobre 2007.

La classe de troisième préparatoire aux formations professionnelles

La troisième « prépa pro » , mise en place et expérimentée à la rentrée 2012 par la circulaire n°2011-128 du 26 août 2011 (BO n°31 du 1er septembre 2011) est proposée à des élèves volontaires prêts à se remobiliser autour d'un projet de formation dans les voies professionnelles.

L'emploi du temps comporte :

- **24 heures d'horaires attribués par discipline**
- **8 heures (horaires indicatifs hebdomadaires) pouvant être globalisées en 72 heures annualisées d'accompagnement personnalisé** « *permettant une aide à l'acquisition du socle commun et au suivi de l'élève* » et **216 heures annualisées de séquences de découverte professionnelle**

La classe de troisième prépa pro vise, selon la circulaire de mise en œuvre, à « *proposer une globalisation d'une partie des horaires et un renforcement des activités relatives à la découverte de métiers et des formations , afin de permettre aux équipes pédagogiques la création de projets adaptés aux besoins des élèves…* »

Ces classes implantées de préférence en lycée professionnel ont vocation à partir de la rentrée 2012 à se substituer aux classes de troisième à module découverte professionnelle de 6 heures.

4. Les sections européennes

En collège, à partir de la classe de 6e pour les langues vivantes 1 et à partir de la 4e pour les langues vivantes 2, **des sections européennes** peuvent être organisées. Les élèves inscrits en sections européennes bénéficient de deux heures d'enseignement supplémentaires en LV1 ou en LV2.

Le but de ces sections est de permettre aux élèves qui les fréquentent une meilleure maîtrise d'une langue vivante et la connaissance d'autres cultures.

« *Les développements de la construction européenne, l'ouverture internationale croissante des économies, la multiplication des échanges culturels, élèvent désormais au rang d'impérieuse nécessité la maîtrise d'une ou plusieurs langues vivantes et rendent souhaitable la formation du plus grand nombre d'élèves à un niveau proche du bilinguisme, assortie d'une connaissance approfondie de la culture des pays étrangers ; (…) Les sections européennes ont vocation à organiser des actions culturelles en langue étrangère et dynamiser les échanges internationaux de l'établissement (échanges de classe,*

projets pédagogiques communs, contacts avec les enseignants des pays partenaires. »
(Circulaire du 19 août 1992, BO n° 33 du 3 septembre 1992.)

Dans le cadre des sections européennes, tout ou partie des heures de cours de certaines disciplines comme l'histoire-géographie, les SVT, les mathématiques, etc., peuvent être effectuées dans la langue vivante renforcée de la section européenne. L'enseignant de la discipline concernée doit, pour ce faire, avoir obtenu une certification DNL (Discipline non linguistique) qui lui permet de postuler dans les sections européennes.

5. Le diplôme national du brevet (DNB) (voir la fiche n°29)

6. L'orientation des élèves (voir les fiches n°36 et n°39)

Aider le jeune à construire son projet personnel est une des missions du système éducatif et de ses personnels. L'orientation doit devenir un processus continu de concertation pour que le jeune élabore son orientation au lieu de la subir.
Aux différents paliers, les familles émettent des vœux ; le conseil de classe y répond en faisant des propositions. En cas de désaccord, les familles peuvent être reçues par le chef d'établissement qui prend la décision définitive. Si le désaccord persiste, les familles peuvent faire appel devant une commission d'appel.

■ À l'issue de **la classe de sixième et de la classe de quatrième**, qui sont des fins de cycle, le conseil de classe propose soit le passage dans la classe supérieure, soit le redoublement.
En cas de désaccord persistant, notamment si le chef d'établissement qui prend en dernier ressort la décision confirme la proposition du conseil de classe, la famille peut faire appel de la décision devant la **commission d'appel**.

■ À l'issue de **la classe de cinquième**, qui n'est pas une fin de cycle, le passage en classe supérieure est la règle et le redoublement ne peut être qu'une proposition du conseil de classe ou du chef d'établissement. Le redoublement ne peut intervenir qu'avec un accord écrit de la famille.

■ À l'issue de **la classe de troisième**, et à partir des souhaits de la famille, le conseil de classe propose :

- soit une admission en seconde générale et technologique en vue d'une poursuite d'études dans la voie technologique ou générale ;
- soit une admission en seconde professionnelle en vue d'une poursuite d'études dans la voie professionnelle ;
- soit le redoublement.

Il y a donc proposition du conseil de classe, décision du chef d'établissement, possibilité d'appel pour les familles.

■ À l'issue de **la classe de seconde générale et technologique**, à partir des souhaits des familles, le conseil de classe propose l'admission dans le cycle terminal de l'une des voies générale ou technologique, ou le redoublement. Il peut également proposer une réorientation en voie professionnelle avec le suivi de certains stages. La famille a toujours une possibilité d'appel après la décision du chef d'établissement.

■ À l'issue de **la classe de première professionnelle, générale et technologique**, qui n'est pas une fin de cycle, le passage en classe supérieure est la règle et le redoublement ne peut être qu'une proposition du conseil de classe ou du chef d'établissement. Le redoublement ne peut intervenir qu'avec un accord écrit de la famille.

5 Le lycée

Une réforme du lycée est mise en place entre la rentrée 2010 et la rentrée 2012.

Calendrier de la réforme

- *Rentrée 2010 : nouvelle seconde générale et technologique.*
- *Rentrée 2011 : nouvelles premières ES, L, S et STI2D/STL.*
- *Rentrée 2012 : nouvelles terminales ES, L, S, STI2D/STL et premières technologiques.*

« En l'espace d'une génération, le lycée a ouvert grand ses portes. Il a contribué à élever le niveau de qualification d'un nombre croissant de jeunes français : aujourd'hui, 66 % d'une classe d'âge obtient le baccalauréat contre moins de 26 % en 1980.

Mais force est de constater qu'il n'a pas atteint tous ses objectifs. Deux réalités pour s'en convaincre : chaque année, plus de 50 000 jeunes quittent définitivement le lycée sans le baccalauréat et un étudiant sur deux échoue en première année universitaire.

Conformément à l'ambition tracée par le président de la République, nous réformons aujourd'hui le lycée général et technologique, après avoir réformé le lycée professionnel. Nous voulons qu'il tienne à nouveau toutes ses promesses. Un lycée qui réussit, c'est un lycée qui fait réussir chaque élève, c'est un lycée qui offre à chacun une perspective d'avenir.

Le lycée que nous voulons, c'est un lycée qui refuse tous les fatalismes, un lycée qui tire vers le haut tous les élèves, un lycée qui permet aux plus méritants d'atteindre l'excellence.

Pour atteindre cette ambition, j'ai fixé trois objectifs majeurs à la réforme du lycée général et technologique : une orientation plus personnelle, progressive et continue, un accompagnement personnalisé tout au long de la scolarité, une ouverture plus grande du lycée sur son époque.

→

Ces orientations sont le fruit d'un dialogue continu avec l'ensemble des acteurs du lycée. Elles ont été approuvées par le Conseil supérieur de l'éducation le 10 décembre dernier. Leur mise en œuvre repose désormais sur un ensemble de mesures concrètes qui vont entrer en vigueur dès la rentrée de septembre 2010 pour la classe de seconde et que je vous présente dans ce document.
Le lycée de demain, le lycée au service de la réussite de chacun, nous le bâtissons ensemble. Je compte donc sur l'engagement de chacun d'entre vous parce qu'il en va de l'avenir de notre jeunesse, de toute notre jeunesse. »

Source : Luc Chatel, ministre de l'Éducation nationale lors de la présentation en février 2010 de la réforme du lycée.

A La seconde

1. La seconde devient une vraie classe de détermination

- La classe de seconde conçue comme une vraie « classe de détermination » et l'instauration d'un tronc commun en première facilitent les corrections de trajectoire : l'orientation au lycée devient progressive et réversible.
- L'enseignement de langue vivante 2 (LV2) est intégré au tronc commun de la classe de seconde, ouvrant ainsi sur toutes les orientations possibles.
- Pour favoriser la découverte de nouvelles disciplines, deux enseignements d'exploration de 1 h 30 hebdomadaire sont proposés au lieu d'un seul aujourd'hui. Dans certaines disciplines, le volume horaire actuel est néanmoins maintenu (LV3, langues anciennes, arts du cirque…).
- À l'entrée en seconde, l'élève choisit ses deux enseignements d'exploration, dont au moins un parmi les enseignements suivants dans le champ de l'économie : principes fondamentaux de l'économie et de la gestion ou sciences économiques et sociales.

2. Une réorientation facilitée et plus ouverte en première

- Afin de faciliter la réorientation entre les différentes séries au cours ou à la fin de l'année, les enseignements communs en classe de première sont portés à environ 60 % de l'emploi du temps des élèves.
- Tous les lycéens de première générale suivent le même enseignement en français, en histoire-géographie, en langues vivantes (LV1 et LV2), en éducation civique, juridique et sociale (ECJS) et en éducation physique et sportive (EPS).
- Le lycéen qui change de série en cours ou en fin de première doit uniquement acquérir les connaissances des matières propres à la série qu'il rejoint.

Des **stages « passerelles »** pour permettre les corrections de trajectoire et des stages de remise à niveau pour éviter les redoublements sont mis en place.

- Des stages de remise à niveau sont proposés par le conseil de classe pour éviter le redoublement. Ils ont lieu durant l'année ou les vacances scolaires.
- En première, la création de stages « passerelles » permet les corrections de trajectoire. Ces stages s'adressent aussi bien aux lycéens de la voie générale que de la voie technologique qui désirent changer de voie ou de série.
- Ces stages sont proposés aux lycéens et sont assurés par des enseignants volontaires.

La réforme assure un rééquilibrage entre la voie générale et la voie technologique et entre les séries de la voie générale. L'objectif est de diversifier les voies d'excellence.

Le rééquilibrage entre les différentes voies

- Les voies générale et technologique sont maintenues.
- Classe de détermination, la seconde devient un moment privilégié pour mieux découvrir toutes les voies et séries.
- En première, les objectifs des enseignements généraux des voies générale et technologique sont rapprochés.
- Les séries STI et STL sont modernisées à la rentrée 2011. Plus polyvalentes, elles offrent de plus larges débouchés vers l'enseignement supérieur et doivent mieux y préparer.
- L'apprentissage d'une LV2 y est obligatoire.
- Par ailleurs, la série STI2D est conçue autour de quatre thématiques (énergie et développement durable, innovation technologique et éco-conception, système d'information et numérique, architecture et construction).
- Quant à la série STL, elle est consacrée aux sciences appliquées en laboratoire (biotechnologies, physique, chimie, etc.).

Le rééquilibrage entre les différentes séries

- Les séries ES, L et S sont maintenues.
- La série L est revalorisée avec de nouveaux enseignements de droit et de grands enjeux du monde contemporain. L'apprentissage des langues étrangères y est renforcé, notamment avec la mise en place d'enseignements de littérature étrangère en langue étrangère.
- En terminale, le nouveau programme d'histoire-géographie des séries ES et L met l'accent sur les méthodes de travail de l'enseignement supérieur.
- La série S est enrichie d'un nouvel enseignement intitulé informatique et sciences du numérique. Sa vocation scientifique est réaffirmée par le renforcement de l'horaire de mathématiques en classe de terminale.

Une orientation plus juste

L'organisation des parcours scolaires doit offrir à chaque élève, sans distinction, la possibilité d'aller au plus loin de ses capacités. Les mesures nouvelles complètent les actions existantes (entretiens personnalisés d'orientation, orientation active...). Elles offrent un cadre à la poursuite des actions engagées au collège au titre du parcours de découverte des métiers et des formations. L'objectif est de passer d'une orientation subie à une orientation éclairée et réversible.

Un tutorat, dès la classe de seconde, pour accompagner l'élève dans ses choix d'orientation

■ Un tutorat est proposé à tous les élèves dès la classe de seconde.

■ Le tutorat est assuré par les enseignants, dont les documentalistes, ou les CPE volontaires.

■ Chaque tuteur suit un même petit groupe d'élèves, de la seconde à la terminale.

■ Le tuteur aide l'élève dans ses choix sans se substituer au professeur principal ni au conseiller d'orientation-psychologue.

3. Information et accompagnement des élèves

■ De la seconde à la terminale, dans le cadre des deux heures hebdomadaires d'accompagnement personnalisé, chaque élève dispose aussi d'un temps consacré à l'élaboration de son projet d'orientation.

■ Tous les élèves sont encouragés à effectuer des stages en entreprise de courte durée.

■ Des forums de l'emploi sont organisés dans chaque établissement.

■ Les plateformes multimédias de l'ONISEP sont généralisées pour offrir une information interactive et géolocalisée.

La mise en place, de la seconde à la terminale, d'un accompagnement personnalisé de deux heures hebdomadaires est une mesure essentielle de la réforme. L'accompagnement personnalisé soutient l'élève dans la réussite de sa scolarité et l'aide à gagner en autonomie.

L'accompagnement personnalisé répond aux besoins de chaque lycéen

■ Selon les besoins et les aspirations des élèves, l'accompagnement personnalisé se donne les objectifs suivants :

- apporter un soutien aux élèves qui rencontrent des difficultés, dans les disciplines comme dans les méthodes,
- permettre aux élèves d'approfondir leurs connaissances,
- donner aux élèves des méthodes qui faciliteront leur transition vers l'enseignement supérieur, accompagner le projet d'orientation,
- entreprendre des travaux interdisciplinaires.

■ L'orientation fait partie intégrante de l'accompagnement personnalisé.

L'accompagnement personnalisé est réalisé par les enseignants

■ L'équipe pédagogique en charge de l'accompagnement personnalisé définit son projet d'utilisation des deux heures hebdomadaires en fonction des besoins de chaque élève.

■ Ce sont les enseignants qui assurent l'accompagnement personnalisé, sur l'horaire professeur.

Ce nouveau temps pédagogique est distinct des heures de cours

Les deux heures d'accompagnement personnalisé sont intégrées dans l'horaire élève actuel pour ne pas alourdir l'emploi du temps des lycéens.

4. Plus de responsabilités dans le cadre national

Pour mettre en œuvre l'accompagnement personnalisé et répondre aux besoins de chaque élève, la réforme donne des marges de manœuvre aux établissements en garantissant un « volume d'heures-professeurs ».

Le cadre national fixe les heures-élèves et garantit le volume d'heures-professeurs

■ Les heures actuellement affectées aux dédoublements par discipline sont globalisées.

■ Elles permettent la constitution de groupes à effectif réduit en fonction des besoins des élèves, à l'exception de la demi-heure d'ECJS qui n'est pas concernée par cette globalisation.

■ Les TPE (travaux personnels encadrés) en classe de première sont maintenus à l'identique et évalués au baccalauréat.

Les équipes pédagogiques mettent en œuvre l'accompagnement personnalisé au sein de chaque établissement

■ Les équipes pédagogiques, au contact des élèves, sont les mieux à même de structurer une offre pédagogique qui prend en compte les besoins de chacun.
Le projet d'accompagnement personnalisé est élaboré en lien avec le conseil pédagogique, avant d'être présenté par le proviseur au conseil d'administration.

■ Les objectifs et le cadre général de l'accompagnement personnalisé sont définis nationalement.

■ L'accompagnement personnalisé n'a pas nécessairement une forme hebdomadaire. L'équipe pédagogique peut prévoir un autre cadre.

5. Un lycée qui favorise l'apprentissage des langues vivantes

Les enseignements sont dispensés par groupes de compétences

■ De la seconde à la terminale, les enseignements de langues vivantes sont dispensés en groupes de compétences afin de permettre un meilleur apprentissage.

- Les programmes et les horaires sont désormais communs aux différentes séries de la voie générale.
- Les horaires de LV1-LV2 sont globalisés pour faciliter la constitution des groupes de compétences.

L'enseignement en langue étrangère est largement développé

- Chaque fois que cela est possible, l'enseignement d'une discipline générale (histoire-géographie, sciences, etc.) est proposé en langue étrangère aux lycéens.
- Les compétences en langue étrangère des enseignants des disciplines non linguistiques (DNL) sont mieux reconnues.
- L'utilisation généralisée des TICE permet un meilleur apprentissage oral des langues étrangères.

La série L renforce ses débouchés professionnels à l'international

- Le lycéen renforce sa culture générale grâce à l'introduction d'un enseignement de littérature étrangère en langue étrangère.
- Cette discipline complète l'enseignement commun à toutes les séries en LV1 et LV2.
- Les élèves qui le souhaitent apprennent trois langues vivantes.

Chaque établissement noue au moins un partenariat avec un établissement étranger

- Chaque élève a désormais un correspondant étranger avec lequel il peut échanger.
- Les partenariats entre établissements facilitent les séjours linguistiques qui sont pris en compte dans le cursus de l'élève.

La mise en place d'un « référent culture »

- Pour mieux combattre les inégalités et élargir l'horizon des élèves, le lycée favorise un accès plus large à la culture pour tous les lycéens.
- Dans chaque lycée, un professeur volontaire devient « référent culture ». Il est chargé d'animer la vie culturelle au sein de l'établissement et d'assurer le développement de partenariats avec des structures culturelles et des artistes, en France et à l'étranger.

La généralisation des partenariats

- Pour développer l'accès à la culture, les partenariats entre les lycées et les établissements culturels sont généralisés.
- Ces partenariats et la mise à disposition d'une information culturelle mise à jour contribuent à une fréquentation accrue des lieux culturels par les lycéens.

La vie culturelle au sein des lycées est dynamisée

■ Un enseignement transversal d'histoire des arts, porté par toutes les disciplines, est introduit à tous les niveaux du lycée, à l'occasion de la réécriture des programmes.

■ Une plateforme de vidéos à la demande permet de diffuser, au sein même de l'établissement, les grandes œuvres du patrimoine cinématographique.

■ Des séances de cinéma sont organisées dans tous les lycées, plusieurs fois par mois, en fin de journée.

■ Ces séances contribuent à l'éducation à l'image et à la transmission d'une culture cinématographique commune.

■ Les lycéens sont pleinement associés au choix de la programmation, participent à la préparation des séances et animent les débats de l'après-projection.

■ Ils disposent d'outils pédagogiques adaptés pour les aider à réaliser ce projet.

Pour mieux préparer la transition vers les études supérieures et la vie professionnelle, le lycée favorise la responsabilisation des lycéens.

La représentativité des lycéens est améliorée

■ Les textes relatifs aux différentes formes d'expression des lycéens (journal du lycée, réunions, association…) sont modernisés.

■ Les délégués lycéens bénéficient d'une formation pour être mieux à même d'accomplir leurs missions et disposent d'un guide de l'élu.

■ Pour gagner en efficacité, la place et le rôle des différents conseils sont redéfinis. Ainsi, le conseil des délégués de la vie lycéenne est composé de dix membres élus par l'ensemble des élèves pour deux ans au scrutin plurinominal à un tour et renouvelé chaque année par moitié.

6. La nouvelle classe de seconde

Le nouvel aménagement des temps pédagogiques en seconde

TOTAL : 28 h 30 • Enseignements obligatoires

Les principales nouveautés de la seconde

■ La création d'un accompagnement personnalisé de 2 h hebdomadaires. Grâce à l'accompagnement personnalisé, l'élève bénéficie d'un soutien individualisé, perfectionne ses méthodes de travail et gagne en autonomie.

■ L'introduction de 2 enseignements d'exploration de 1 h 30 hebdomadaire chacun dont au moins un enseignement d'économie (principes fondamentaux de l'économie et de la gestion ou sciences économiques et socialesGrâce à ces enseignements d'exploration, le lycéen choisit et expérimente de nouvelles disciplines : la seconde devient une véritable classe de détermination.

■ La mise en œuvre de stages de remise à niveau pour les élèves volontaires afin d'éviter les redoublements.
Ces stages se déroulent au cours de l'année scolaire ou pendant les vacances.

■ Un tutorat pour l'orientation proposé à tous les élèves pour les conseiller et les guider dans leurs choix d'orientation.

■ Des groupes de compétences constitués au profit des élèves pour améliorer l'apprentissage des langues.

■ En plus des enseignements d'exploration, les élèves peuvent choisir un enseignement facultatif.
Une **enveloppe « d'heures-professeurs » de 10 h 30** pour chaque classe de seconde est à la disposition de chaque établissement, qui pourra créer ces groupes à effectif réduit en fonction des besoins. C'est le conseil pédagogique (voir la fiche n° 13) qui donne son avis sur l'utilisation des « heures-professeurs » globalisées. Les propositions de répartition sont ensuite soumises par le chef d'établissement à l'approbation du conseil d'administration.

La grille horaire de la nouvelle classe de seconde

Enseignements communs	Horaires par élève
Français	4 heures
Histoire-géographie	3 heures
Langue vivante 1, Langue vivante 2	5 heures 30
Mathématiques	4 heures
Physique-chimie	3 heures
Sciences de la vie et de la Terre (SVT)	1 heure 30
Éducation physique et sportive	2 heures
Éducation civique, juridique et sociale	30 minutes
Accompagnement personnalisé	**2 heures**
Enseignements d'exploration	2 x 1 heure 30
Horaire total	28 heures 30
Horaire pour les groupes à effectif réduit	10 heures 30

En outre, les lycéens peuvent bénéficier d'un enseignement facultatif de 3 heures ainsi que d'un atelier artistique.
La seconde devient une vraie classe de détermination grâce à deux enseignements d'exploration au choix 2 x 1 h 30 hebdomadaire (ou 2 x 54 h annuelles).

Un premier enseignement choisi par l'élève parmi les enseignements d'économie

1 h 30 hebdomadaire — au choix

→ Principes fondamentaux de l'économie et de la gestion
→ Sciences économiques et sociales

+

Un second enseignement choisi par l'élève parmi les autres enseignements ou l'enseignement d'économie non pris en choix 1

1 h 30 hebdomadaire — au choix

→ Enseignement d'économie non pris en choix 1
→ Création et activités artistiques
→ Création et innovation technologiques
→ Santé et social
→ Biotechnologies
→ Sciences et laboratoire
→ Littérature et société
→ Sciences de l'ingénieur
→ Méthodes et pratiques scientifiques

Exemple 1 : Sciences économiques et sociales + Sciences de l'ingénieur
Exemple 2 : Principes fondamentaux de l'économie et de la gestion
Sciences économiques et sociales

Les élèves qui le souhaitent peuvent choisir deux enseignements technologiques en plus de l'enseignement d'économie.

B LA NOUVELLE CLASSE DE PREMIÈRE GÉNÉRALE

La nouvelle classe de première générale est plus générale pour faciliter les corrections de trajectoire. Et le nouvel aménagement des temps pédagogiques prend appui sur un ensemble d'enseignements communs.

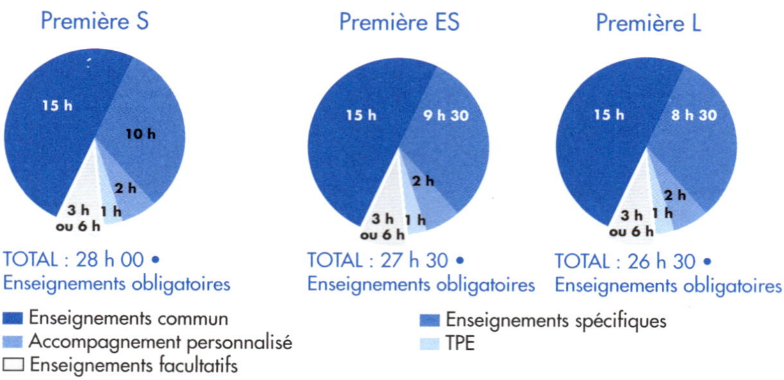

Les principales nouveautés de la première

■ La constitution d'un ensemble d'enseignements communs (français, langues vivantes, histoire-géographie, EPS, ECJS) représentant 60 % de l'emploi du temps. Cette mesure, renforcée par les stages « passerelles », permet les corrections de trajectoire.

- Le rapprochement des enseignements généraux de la voie technologique et de la voie générale.
- Deux heures hebdomadaires d'accompagnement personnalisé au cours duquel l'élève définit un projet d'orientation, approfondit un travail personnel ou bénéficie d'un soutien.
- La possibilité de constituer des classes réunissant des élèves de différentes séries, en particulier pour les groupes de compétences en langues.
- La mise en œuvre de stages de remise à niveau pour les élèves volontaires souhaitant éviter le redoublement. Ces stages se déroulent au cours de l'année scolaire ou pendant les vacances.
- Un tutorat pour l'orientation proposé à tous les élèves pour les conseiller.
- Des groupes de compétences constitués au profit des élèves pour améliorer l'apprentissage des langues.

Grille horaire des enseignements obligatoires : un moment clé pour mûrir son choix d'orientation

Enseignements communs	Horaires élève en première scientifique	Horaires élève en première économique et sociale	Horaires élève en première littéraire
Français	4 heures	4 heures	4 heures
Histoire-géographie	4 heures	4 heures	4 heures
Langue vivante 1 et 2	4 heures 30	4 heures 30	4 heures 30
Éducation physique et sportive	2 heures	2 heures	2 heures
Éducation civique, juridique et sociale	30 minutes	30 minutes	30 minutes
Total enseignements communs	15 heures	15 heures	15 heures

La grille horaire de la nouvelle classe de première générale – Enseignements spécifiques

Enseignements spécifiques	Horaires élève en première scientifique	Horaires élève en première économique et sociale	Horaires élève en première littéraire
Mathématiques	4 heures	3 heures	
Sciences [dans la série S, physique (3h) + SVT (3h) ou sciences de l'ingénieur (7h)]	6 heures	1 heure 30	1 heure 30
Sciences économiques et sociales		5 heures	

La grille horaire de la nouvelle classe de première générale – Enseignements spécifiques			
Enseignements spécifiques	Horaires élève en première scientifique	Horaires élève en première économique et sociale	Horaires élève en première littéraire
Littérature			2 heures
Littérature étrangère en langue étrangère			2 heures
Pour la série L, un enseignement obligatoire à choisir : arts (5h), arts du cirque (8h), mathématiques, LV3, approfondissements en LV1 ou LV2, langues de l'Antiquité			3 heures
Total enseignements spécifiques	10 heures	9 heures 30	8 heures 30

La grille horaire de la nouvelle classe de première générale – Accompagnement personnalisé			
Accompagnement personnalisé	Horaires élève en première scientifique	Horaires élève en première économique et sociale	Horaires élève en première littéraire
Aide personnalisée, approfondissement, autonomie, acquisition de méthodes, aide à l'orientation	2 heures	2 heures	2 heures

La grille horaire de la nouvelle classe de première générale - Travaux personnels encadrés			
TPE : Travaux personnels encadrés	Horaires élèves en première scientifique	Horaires élève en première économique et sociale	Horaires élève en première littéraire
Travaux personnels encadrés	1 heure	1 heure	1 heure

Horaire total élève

- Première scientifique : 28 h (9 h pour les groupes à effectif réduit).
- Première économique et social : 27 h 30 (7 h pour les groupes à effectif réduit).
- Première littéraire : 26 h 30 (7 h pour les groupes à effectif réduit).

En outre, les lycéens peuvent bénéficier d'un ou de deux enseignements facultatifs (soit un maximum de 6 heures) ainsi que d'un atelier artistique.

Ⓒ LA TERMINALE

1. La nouvelle terminale générale

Terminale S | Terminale ES | Terminale L

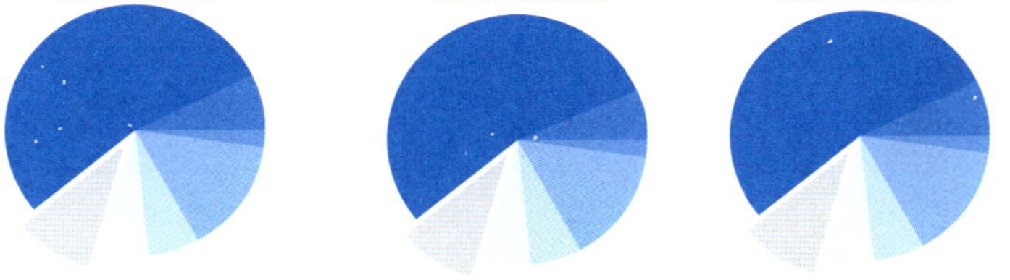

TOTAL : 28 h • Enseignements obligatoires | TOTAL : 27 h • Enseignements obligatoires | TOTAL : 28 h • Enseignements obligatoires

■ Enseignements spécifiques ■ Enseignements de spécialité au choix
Enseignements communs ■ ECJS ■ LV1 et LV2 ■ EPS
□ Accompagnement personnalisé □ Enseignements facultatifs

Les principales nouveautés de la terminale

- Un choix élargi d'enseignements de spécialité pour les séries de la voie générale.
- La définition d'un projet d'orientation sur le temps de l'accompagnement personnalisé.
- La mise en place de 2 heures hebdomadaires d'accompagnement personnalisé prenant appui sur les enseignements spécifiques de la série.
- Un tutorat pour l'orientation proposé à tous les élèves pour les conseiller et les guider dans leurs choix d'orientation.
- Des groupes de compétences constitués au profit des élèves pour améliorer l'apprentissage des langues.

La grille horaire de la nouvelle classe terminale générale Enseignements généraux (enseignements spécifiques)			
Enseignements généraux Enseignements spécifiques	Horaires élève en terminale scientifique	Horaires élève en terminale économique et sociale	Horaires élève en terminale littéraire
Philosophie	3 heures	4 heures	8 heures
Histoire-géographie (en option pour la série S)	2 heures	4 heures	4 heures
Mathématiques	6 heures	4 heures	
Physique-chimie	5 heures		

La grille horaire de la nouvelle classe terminale générale Enseignements généraux (enseignements spécifiques)			
Enseignements généraux Enseignements spécifiques	**Horaires élève en terminale scientifique**	**Horaires élève en terminale économique et sociale**	**Horaires élève en terminale littéraire**
Sciences de la vie et de la Terre (ou sciences de l'ingénieur – 8 h)	3 heures 30		
Sciences économiques et sociales		5 heures	
Littérature			2 heures
Littérature étrangère en langue étrangère			1 heure 30

La grille horaire de la nouvelle classe terminale générale Enseignements généraux (enseignements communs)			
Enseignements généraux Enseignements communs	**Horaires élève en terminale scientifique**	**Horaires élève en terminale économique et sociale**	**Horaires élève en terminale littéraire**
Langue vivante 1 et 2	4 heures	4 heures	4 heures
Éducation physique et sportive	2 heures	2 heures	2 heures
Éducation civique, juridique et sociale	30 minutes	30 minutes	30 minutes

Total enseignements

- Terminale scientifique : 24 heures.
- Terminale économique et sociale : 23 heures 30.
- Terminale littéraire : 22 heures.

La grille horaire de la nouvelle classe terminale générale Enseignements de spécialité au choix			
Enseignements de spécialité au choix	**Horaires élève en terminale scientifique**	**Horaires élève en terminale économique et sociale**	**Horaires élève en terminale littéraire**
Pour la série L : arts (5h), arts du cirque (8h), mathématiques (4h), LV3, approfondissement en LV1 ou LV2, langues de l'Antiquité ou droit et grands enjeux du monde contemporain			3 heures

La grille horaire de la nouvelle classe terminale générale Enseignements de spécialité au choix			
Enseignements de spécialité au choix	Horaires élève en terminale scientifique	Horaires élève en terminale économique et sociale	Horaires élève en terminale littéraire
Pour la série ES : mathématiques,sciences sociales et politiques ou économie approfondie		1 heure 30	
Pour la série S : mathématiques, physique-chimie, sciences de la vie et de la Terre, informatique et sciences du numérique	2 heures		

La grille horaire de la nouvelle classe terminale générale Accompagnement personnalisé			
Accompagnement personnalisé	Horaires élève en terminale scientifique	Horaires élève en terminale économique et sociale	Horaires élève en terminale littéraire
Aide personnalisée, approfondissement, autonomie, etc., en prenant appui sur les disciplines caractéristiques de la série	2 heures	2 heures	2 heures

Horaire total élève

- Terminale scientifique : 28 heures (horaire pour les groupes à effectif réduit : 10 heures).
- Terminale économique et sociale : 27 heures (horaire pour les groupes à effectif réduit : 6 heures).
- Terminale littéraire : 27 heures (horaire pour les groupes à effectif réduit : 6 heures).

En outre, les lycéens peuvent bénéficier d'un ou de deux enseignements facultatifs (soit un maximum de 6 heures) ainsi que d'un atelier artistique.

Les enseignements de spécialité proposés en classe terminale

Chaque élève choisit un enseignement parmi ceux proposés dans sa série :

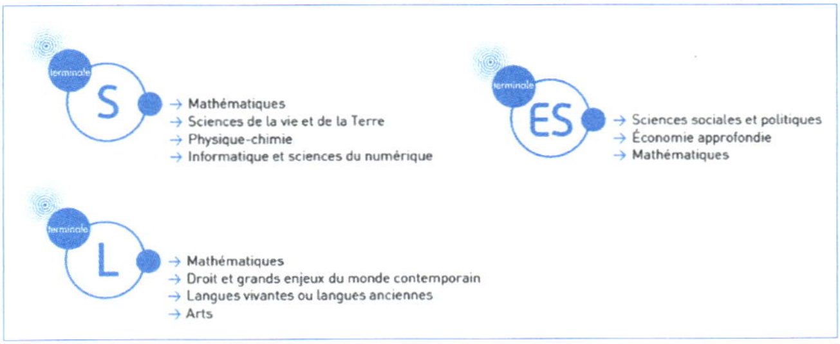

Le cycle terminal, des innovations pour revaloriser l'ensemble des séries

- **En histoire-géographie**, un programme commun à toutes les séries en seconde et en première qui va jusqu'à nos jours. En terminale L et ES un enseignement hebdomadaire de quatre heures plus orienté vers les méthodes et les « outils ».
- **En série L**, un enseignement de 3 heures hebdomadaires de droit et de grands enjeux du monde contemporain.
- **En terminale ES**, un enseignement au choix de 1 heure 30 hebdomadaire d'économie approfondie ou de sciences sociales et politiques.
- **En série S**, un enseignement de 2 heures hebdomadaires d'informatique et sciences du numérique.
- **Et dans la voie technologique**, la refonte des séries STI et STL, qui seront davantage polyvalentes et mieux tournées vers l'enseignement supérieur.

GLOSSAIRE

Accompagnement personnalisé
C'est un temps d'enseignement intégré à l'emploi du temps des élèves qui s'organise autour de trois activités principales : soutien, approfondissement et aide à l'orientation.

Conseil pédagogique
Composé principalement d'enseignants, il a pour mission de favoriser la concertation pédagogique des actions menées au sein du lycée. Il formule notamment des propositions sur la mise en œuvre de l'accompagnement personnalisé et la constitution des groupes à effectif réduit.

Enseignements communs (« tronc commun »)
Enseignements obligatoires communs à tous les élèves.

Enseignements de spécialité
Ils font partie des enseignements spécifiques en classe terminale pour chaque série (mathématiques, physique-chimie, sciences de la vie et de la Terre, informatique et sciences du numérique en série S). Ils préparent la poursuite d'études dans l'enseignement supérieur.

Enseignements d'exploration
Enseignements obligatoires nouvellement créés en classe de seconde, d'une durée d'une heure et demie par semaine (sauf exception), soit 54 heures annuelles. Ils visent à faire découvrir de nouvelles disciplines ainsi que les études supérieures et les domaines professionnels vers lesquels elles ouvrent.

Enseignements facultatifs
Enseignements choisis par les élèves en plus des enseignements obligatoires. Par exemple, le latin ou le grec en série S.

Enseignements obligatoires
Ils comprennent les enseignements communs (« tronc commun »), les enseignements d'exploration en classe de seconde et les enseignements spécifiques.

→

Enseignements spécifiques
Enseignements obligatoires propres à chaque série en classes de première et de terminale. Ils peuvent être communs à tous les élèves de la série (sciences économiques et sociales en série ES) ou choisis parmi une liste propre à chaque série (arts, LV3, mathématiques, etc. en première L, enseignements de spécialité en terminale).

Groupes à effectif réduit
Proposés de la seconde à la terminale, ils permettent une mise en œuvre adaptée de tout ou partie d'un enseignement (travaux pratiques en sciences, travaux dirigés, séances en laboratoire de langue ou salle informatique, etc.).

Groupes de compétences
Ils permettent de regrouper les lycéens selon leurs besoins en langues vivantes.

Référent culture
C'est un professeur volontaire chargé d'animer la vie culturelle au sein du lycée et de nouer des partenariats avec les structures culturelles.

Stages de remise à niveau
Ce sont des stages destinés à éviter le redoublement. Organisés au cours de l'année ou pendant les vacances, ils sont proposés aux élèves sur la base du volontariat et sur avis du conseil de classe.

Stages passerelles
Ce sont des stages destinés à donner aux élèves les compléments nécessaires pour changer d'orientation. Ils portent notamment sur les contenus et les méthodes spécifiques à la série que l'élève souhaite rejoindre. D'une durée équivalente à deux semaines, ils sont organisés pendant l'année scolaire ou les vacances.

TPE
Les travaux personnels encadrés permettent aux élèves de mener un travail collectif et pluridisciplinaire. Ils sont évalués au baccalauréat en fin de première (voir fiche n°24).

Tutorat
Il est proposé à chaque élève dès la classe de seconde pour l'aider dans son parcours de formation et d'orientation.

Pour le baccalauréat, des épreuves anticipées se dérouleront en fin de première et concerneront outre le français, les matières qui ne seront plus obligatoires en terminale, par exemple, les mathématiques pour les élèves de terminale L, l'histoire-géographie pour les élèves de terminale S. Pour cette dernière matière, qui ne sera donc qu'en option en terminale S, il y a eu au moment de la présentation de la réforme, un certain nombre de protestations d'historiens.

2. Les formations technologiques

Le baccalauréat technologique associe cultures générale et technologique. Il se prépare en deux ans dans un lycée après une classe de seconde générale et

technologique. Deux baccalauréats technologiques - hôtellerie et techniques de la musique et de la danse - se préparent en 3 ans après la classe de troisième. Le bac technologique prépare davantage, aujourd'hui, à la poursuite d'études qu'à l'emploi immédiat. La grande majorité de ces bacheliers se dirigent vers l'enseignement supérieur, essentiellement vers des études de techniciens supérieurs (BTS et DUT) bien adaptées à leur formation technologique de base et éventuellement vers des licences professionnelles et au-delà.
Une réforme de la voie technologique a été mise en œuvre à partir de la rentrée 2011. Elle a pour objectif de mieux distinguer la voie technologique des voies générale et professionnelle et mieux préparer les lycéens à poursuivre des études supérieures, par exemple vers les métiers d'ingénieur et de technicien supérieur.

Cette réforme a consisté en :

- La création de la série « sciences et technologies du design et des arts appliqués » (STD2A), qui remplace la spécialité « arts appliqués » de la série STI ;
- la création de la série « sciences et technologies de l'industrie et du développement durable » (STI2D), qui remplace la série STI, hors spécialité « arts appliqués » ;
- l'organisation, les horaires et les dispositions relatives à l'orientation pour le cycle terminal de ces deux séries et de la série «sciences et technologies de laboratoire» (STL) rénovée

Le calendrier de la mise en place de cette réforme est le suivant :

Rentrée 2011
Nouvelles premières de STI2D, STL et STD2A
Rentrée 2012
Nouvelles terminales de STI2D, STL et STD2A, nouvelle première STMG

- **Série Sciences et technologies de la gestion (STG/STMG)**

La série Sciences et technologies de la gestion (STG) propose quatre spécialités : communication et gestion des ressources humaines, comptabilité et finance d'entreprise, gestion des systèmes d'information, mercatique.
Cette série repose sur un équilibre entre un pôle d'enseignement général, un pôle d'enseignement technologique de spécialité, et un pôle économique, droit et management des organisations.
Après le bac : les bacheliers STG peuvent envisager des poursuites d'études variées : BTS et DUT, dans la suite logique de leur bac, mais aussi classes préparatoires, écoles de commerce, études comptables et financières, cursus universitaire.

« **La nouvelle série «sciences et technologies de l'industrie et du développement durable » (STI2D)** compte 4 spécialités dont la dénomination vise à une meilleure compréhension par les familles et les acteurs de l'école que les quinze précédentes telles génie optique ou génie mécanique :

- innovation technologique et éco-conception ;
- systèmes d'information et numérique ;
- énergies et environnement ;
- architecture et construction.

Dans le but de « casser » l'image parfois négative des formations technologiques, 4 classes de 1re STI2D ont été implantés dans les lycées parisiens Louis-Le-Grand (paris 5e), Janson-de-Sailly (Paris 16e) , Chaptal (Paris 8e) et Paul-Valéry (Paris 12e).

Il s'agit avec cette rénovation également d'accroître les poursuites d'études de cette voie qui était en 2010 de trois bacheliers sur cinq choisissant de poursuivre des études en brevet de technicien supérieur (BTS) et un sur six en diplôme universitaire de technologie (DUT).

Le baccalauréat sciences et technologies de laboratoire (STL)

La nouvelle série STL compte 2 spécialités :

- biotechnologies ;
- sciences physiques et chimiques en laboratoire.

Après le bac : le bac STL permet de poursuivre des études supérieures technologiques, notamment en BTS ou DUT, dans le prolongement de la spécialité, avec la possibilité de préparer ensuite une licence professionnelle. En perspective, des débouchés dans les laboratoires et les industries de nombreux secteurs (chimie, pharmacie, agroalimentaire, environnement, santé, énergie, etc.).

Des parcours plus fluides

L'organisation des enseignements permet une spécialisation progressive.

Des enseignements sont communs aux 2 nouvelles séries STI2D et STL :

- français, histoire-géographie, langues vivantes 1 et 2, éducation physique et sportive ;
- mathématiques et sciences physiques, sauf pour la terminale STL spécialité biotechnologies.

Des enseignements technologiques transversaux permettent aux élèves d'acquérir des connaissances technologiques communes à toutes les spécialités. Ils sont plus importants en classe de première qu'en classe terminale.

Chaque série propose aussi des enseignements technologiques spécifiques qui permettent un approfondissement des connaissances dans la spécialité choisie.

En plus des enseignements, tous les élèves bénéficient de 2 heures d'accompagnement personnalisé par semaine. »

Le baccalauréat sciences et technologies de la santé et du social (ST2S)

Les matières dominantes sont la biologie humaine, la connaissance psychologique des individus et des groupes,

Après le bac :

- Les écoles de soins infirmiers, d'assistants de service social, d'éducateurs, sont parmi les plus accessibles. Les concours d'accès à certaines écoles paramédicales (kiné, manipulateur en électroradiologie…) sont accessibles également mais demandent un bon niveau en biologie, mais aussi en mathématiques et sciences physiques.
- Parmi les autres formations susceptibles d'accueillir les bacheliers ST2S, le BTS économie sociale familiale, le BTS services et prestations des secteurs sanitaire et social, le BTS diététique, le DUT carrières sociales.
- Les élèves motivées qui possèdent un bon dossier peuvent bénéficier d'une année de mise à niveau avant de s'engager dans un cursus scientifique.

Deux à quatre ans d'études supérieures sont nécessaires pour exercer une profession paramédicale ou sociale. Mais ces professions sont souvent difficiles d'accès. Un certain nombre de bacheliers ST2S entrent en BTS dans les secteurs de l'économie sociale et familiale, du secrétariat, ou en DUT carrières sociales.

■ Le baccalauréat sciences et technologies de l'agronomie et du vivant (STAV)

Le bac STAV se prépare en lycée agricole et il comporte quatre spécialités : agronomie - alimentation - environnement - territoires.

Après le bac : le bac STAV permet de poursuivre des études supérieures, notamment un brevet de technicien supérieur agricole.

■ Le baccalauréat technique de la musique et de la danse (TMD)

Ce baccalauréat se prépare uniquement après une seconde spécifique. Deux options au choix : instrument ou danse.

Après le bac : la majorité des bacheliers TMD continuent leurs études dans le domaine artistique. Ils entrent principalement au conservatoire et/ou à l'université pour préparer la licence arts. En perspective, des débouchés dans les domaines de la musique, de la danse, dans l'enseignement ou dans l'animation culturelle.

■ Le baccalauréat hôtellerie

Ce baccalauréat se prépare uniquement après une seconde spécifique. L'objectif est de former des professionnels de l'hôtellerie polyvalents (restauration, accueil, hébergement).

Après le bac : les bacheliers hôtellerie peuvent entrer directement dans la vie professionnelle en tant que cuisinier, serveur, employé de réception, ou poursuivre des études supérieures, notamment les brevets de technicien supérieur (BTS) hôtellerie-restauration, animation et gestion touristiques locales ou ventes et productions touristiques.

3. Les formations professionnelles

13 4225 élèves ont passé un bac professionnel en 2008. 77 %, soit 103 311 élèves, l'ont réussi. En 2009, la réussite au bac pro a fait un bond de 10 points avec

un taux de succès de 87,1 % dû à l'introduction dans ce baccalauréat d'une épreuve orale de rattrapage à l'image de ce qui existait dans les autres filières du baccalauréat.
Les bacheliers professionnels représentent 20 % de l'ensemble des bacheliers. À l'instar des baccalauréats généraux et technologiques, le baccalauréat professionnel se prépare dorénavant en trois ans à l'issue de la classe de troisième.

Cette réforme, expérimentée de 2007 à 2009 (en 2008, un quart des élèves rentrant en LP ont suivi un cursus de baccalauréat professionnel en trois ans) :

- Une certification intermédiaire : un diplôme de niveau V (CAP BEP) pourra être validé au cours du cursus du baccalauréat professionnel en fin de première.
- Un dispositif d'accompagnement personnalisé de 2 h 30 hebdomadaires en moyenne permet d'apporter des réponses adaptées aux besoins des élèves.

CAP et BEP

- *Il existe près de 250 CAP qui définissent une qualification professionnelle correspondant à un métier précis. Le CAP se prépare en lycée professionnel ou en apprentissage.*
- *Le BEP atteste une qualification pour plusieurs activités relevant d'un même secteur industriel. Alors que le CAP apporte un savoir faire particulier, le BEP donne des compétences plus transversales.*
- *Ainsi on a un BEP hôtellerie-restauration et des CAP cuisine, restaurant et hébergement.*

La question de l'avenir des BEP se pose avec le développement du bac professionnel en trois ans.

Les différents textes régissant cette rénovation de la voie professionnelle ont été publiés au *Journal Officiel* du 11 février 2009 et au *Bulletin officiel* de l'Éducation nationale. Il y a quatre décrets : organisation de voie professionnelle, bac pro, BEP et CAP ; douze arrêtés : huit consacrés aux programmes, les autres concernant les horaires de formation, les champs professionnels en seconde, les voies d'orientation, l'oral de rattrapage.
Deux circulaires complètent l'ensemble ; l'une sur la mise en œuvre à la rentrée 2009, l'autre sur l'organisation de l'épreuve de contrôle au baccalauréat professionnel.

Cette mise en œuvre du bac pro en trois ans s'est accompagnée :

- **d'une offre renforcée en CAP** pour les élèves qui souhaitent rentrer rapidement dans la vie active ou qui n'ont pas le profil pour suivre avec succès un baccalauréat professionnel.
- **du développement de passerelles entre les différentes voies de formation** : des élèves de seconde générale et technologique peuvent rejoindre une première professionnelle, des élèves de seconde ou de première professionnelle peuvent rejoindre une première technologique, des élèves de seconde professionnelle

peuvent également rejoindre une dernière année de CAP et à l'issue du CAP, une poursuite d'études en première professionnelle est possible.

- **d'une personnalisation de l'accompagnement des élèves** : un temps de 2 h 30 en moyenne par semaine est inscrit dans l'emploi du temps des élèves du cursus menant au baccalauréat professionnel en trois ans. Ce temps est destiné à répondre aux besoins spécifiques de chaque élève de baccalauréat professionnel : soutien scolaire, approfondissement disciplinaire, travail sur l'orientation ou préparation de l'entrée dans la vie active.

Le bilan de la première année de mise en place de la réforme montre que face à la suppression des BEP et la pression sociale de certaines familles, l'arrivée d'élèves en CAP a augmenté beaucoup plus que prévu, ce qui risque d'aller à contre-courant des objectifs de la réforme, à savoir, l'augmentation du nombre d'élèves jusqu'au niveau du bac. Il apparaît donc nécessaire de prévoir le développement de véritables passerelles entre les CAP et les bacs professionnels.

L'enseignement agricole

Dépendant du ministère de l'Agriculture, il existe des lycées agricoles qui préparent notamment aux métiers de l'agriculture, de l'agro-alimentaire, de l'horticulture, de l'environnement et de l'écologie. Les établissements agricoles ont diversifié leur recrutement, puisque le pourcentage de fils d'agriculteurs représente aujourd'hui moins de 30 % de leurs élèves contre plus de 60 % il y a dix ans.

D LES BACCALAURÉATS

Il existe **trois types de baccalauréat**, correspondant **aux trois voies des études** au lycée : baccalauréats général, technologique, professionnel.
À l'intérieur de chaque baccalauréat existent des « séries », exemples : série ES (économique et sociale) pour le baccalauréat général, série STI2D (sciences et technologies industrielles) pour le baccalauréat technologique (voir p. 58), etc.

Chiffres clés

• Cet examen national comprend neuf à dix épreuves obligatoires, écrites et orales, ainsi que des épreuves facultatives.
• La proportion de bacheliers sur une génération est passée de 3 % en 1945, à 25 % en 1975, pour atteindre 65,9 % en 2009 et le chiffre record de 71,6% en 2011.
À la session 2011, 661 000 candidats se sont présentés à l'examen du baccalauréat en France métropolitaine et dans les DOM et 566 000 d'entre eux ont été reçus soit un taux de réussite de 85,6%. Les reçus au baccalauréat professionnel sont au nombre de 154 000 (une augmentation de 37000) et dépassent pour la première fois le nombre de reçus au bac technologique : 129 000.

→

Un bachelier sur deux l'est aujourd'hui dans une filière professionnelle ou technologique.
Sur 100 bacheliers ayant obtenu le baccalauréat à la session 2011, 50 ont un bac général, 22,7 un bac technologique et 27,3 un bac professionnel. En 1995, les proportions étaient les suivantes : 58 pour le bac général, 28 pour le bac technologique et 14 pour le bac professionnel.

1. L'organisation du baccalauréat

L'organisation du baccalauréat nécessite de longs mois de préparation. Surveillance, répartition des élèves dans les salles, conservation des sujets, gestion des copies et des notes mobilisent l'Éducation nationale.

Planning du baccalauréat

Les sujets sont distribués aux candidats au mois de juin. Ils sont l'aboutissement d'un processus qui a débuté plus d'un an auparavant.

■ Mai

Le ministère répartit l'élaboration des sujets pour la session de l'année suivante entre les académies. Cette répartition concerne les sujets « normaux » et de secours des sessions ordinaires et de remplacement de la métropole, des DOM-TOM et des différents groupements de pays étrangers. En philosophie par exemple, plus d'une centaine de sujets sont élaborés par différentes académies.

■ Juin

Dans chaque académie, les divisions d'examen mettent en place des commissions d'élaboration et de choix de sujets dont la présidence est confiée conjointement à un inspecteur général de l'Éducation nationale et à un universitaire.

■ Septembre-Décembre

Chaque commission élabore plusieurs sujets : l'inspecteur général ou son représentant, l'inspecteur pédagogique régional ou l'inspecteur de l'Éducation nationale veillent au respect des instructions réglementaires et assurent, le cas échéant, la coordination entre les commissions d'une même discipline.

■ Décembre-Janvier

Chaque sujet est soumis séparément à deux professeurs (n'ayant pas participé aux travaux de la commission) chargés de les traiter dans un temps inférieur à celui donné aux candidats. Ces enseignants, les « professeurs d'essai », doivent donner leur avis sur la faisabilité et l'intérêt du sujet et repérer d'éventuelles erreurs.

■ Janvier-Février

Les sujets sont modifiés, si nécessaire, pour tenir compte de l'avis des professeurs d'essai. Pour chaque sujet, les deux co-présidents préparent et remettent un dossier au recteur, composé :
- *d'un sujet rédigé dans sa forme définitive,*
- *de rapports des professeurs d'essai,*

→

Suite

• d'un rapport des co-présidents attestant de la conformité du sujet à la réglementation en vigueur et proposant une destination pour le sujet (normal ou secours, métropole ou centre étranger).

■ Mars

Le recteur procède au choix définitif des sujets et à leur affectation. Le «bon à tirer» des sujets est signé par l'inspecteur général et l'universitaire présidents de chaque commission.

■ Avril-Mai

L'académie responsable de l'élaboration d'un sujet l'adresse, sous forme de maquette ou en nombre, à l'ensemble des autres académies, s'il s'agit d'un sujet destiné à la métropole ou à l'académie de rattachement des centres étrangers ou des COM. Les sujets sont ensuite imprimés ou transcrits en braille dans chaque rectorat ou à l'Imprimerie nationale, mis sous pli, conditionnés en cartons et stockés.

■ Juin

Quelques jours avant les épreuves, les sujets sont acheminés vers les centres d'examen et stockés dans le coffre du proviseur jusqu'à l'heure de l'épreuve.

2. L'histoire du baccalauréat

Un décret-loi organique a créé le baccalauréat le 17 mars 1808. Ce diplôme sanctionne la fin des études secondaires et ouvre l'accès à l'enseignement supérieur. Il est le premier grade universitaire. Les candidats doivent être âgés d'au moins 16 ans et l'examen ne comporte que des épreuves orales portant sur des auteurs grecs et latins, sur la rhétorique, l'histoire, la géographie et la philosophie. Les premiers bacheliers sont au nombre de 31 en 1808.
Ce diplôme va se démocratiser au fil du temps : en 1880, à peine 1 % d'une classe d'âge obtient le baccalauréat, proportion qui s'élève à 65,9 % en 2009.
Les évolutions du baccalauréat : de 1930 à 1948, le nombre de candidats reçu à l'examen double, passant de 15 000 à 30 000. Il atteint 150 000 en 1973, 250 000 en 1985, 470 000 en 1998 et 540 000 en 2009.

Pourcentage d'une classe d'âge obtenant le baccalauréat

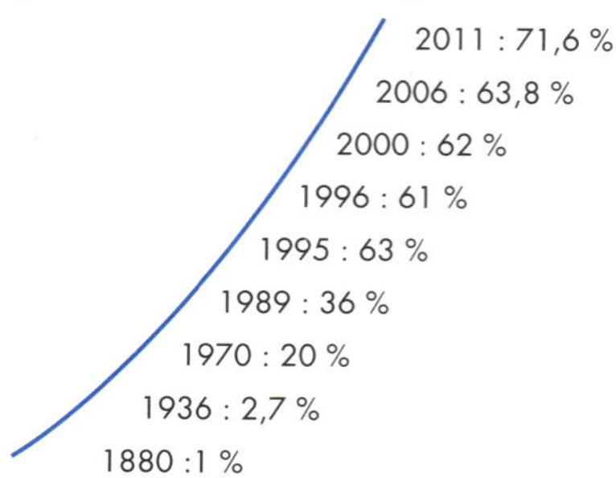

En 1993, les nouvelles séries du baccalauréat général sont instituées : ES (économique et social), L (littéraire), S (scientifique).
Ces trois bacs généraux visent la poursuite d'études supérieures (universités, grandes écoles, instituts universitaires de technologie).
Créé en 1968, le baccalauréat technologique associe une formation générale à une formation technologique. Il implique la poursuite d'études (BTS, DUT, écoles spécialisées). Il existe huit bacs technologiques.
Le baccalauréat professionnel a vu le jour en 1985. Créés en étroite relation avec les milieux professionnels, les bacs professionnels répondent à la demande des entreprises en techniciens d'atelier, employés ou ouvriers hautement qualifiés. Leur objectif est prioritairement l'entrée dans la vie active, même s'ils permettent dans certains cas la poursuite d'études.

Quelques dates clés

17 mars 1808 : *création du baccalauréat.*
1821 : *création d'un baccalauréat ès-sciences.*
1830 : *introduction de la première épreuve écrite (composition française ou traduction d'un auteur classique).*
1853 : *introduction d'une épreuve de langue vivante.*
1874 : *le baccalauréat ès-lettres est scindé en deux séries d'épreuves à passer à une année d'intervalle (origine des deux parties).*
1902 : *le grade de bachelier confère les mêmes droits, quels que soient la nature, le nombre des séries ou les mentions, option philosophie et option mathématiques élémentaires.*
1927 : *trois séries pour la première partie (A latin-grec, A' latin-langue vivante, B langues vivantes).*
1946 : *apparition de sept séries de première partie (quatre classiques, deux modernes, une technique).*

3. Deux groupes d'épreuves

■ **Les épreuves du premier groupe** comprennent :
- **des épreuves anticipées,** passées à la fin de l'année de première,
- **des épreuves terminales**, passées à la fin de l'année de terminale.
- À l'issue des épreuves du premier groupe :
- les candidats ayant obtenu une moyenne de 10/20 ou plus sont déclarés admis,
- les candidats ayant obtenu une moyenne au moins égale à 8/20 et inférieure à 10/20 sont autorisés à se présenter aux épreuves du second groupe,
- les candidats ayant obtenu une moyenne inférieure à 8/20 sont ajournés.

- **Les épreuves du second groupe, également appelées « oraux de rattrapage »**

Les candidats ayant obtenu, à l'issue des épreuves du premier groupe, une moyenne au moins égale à 8/20 et inférieure à 10/20, sont autorisés à passer les épreuves orales du second groupe.
Ces candidats passent deux épreuves orales dans deux matières choisies parmi celles qui ont fait l'objet d'épreuves écrites du premier groupe, y compris le français depuis la session 2002. La meilleure note obtenue (à l'épreuve du premier ou du second groupe) est prise en compte par le jury. Le candidat est reçu au baccalauréat s'il obtient, à l'issue de ces oraux, une moyenne de 10/20 ou plus à l'ensemble des épreuves.
Un certificat de fin d'études secondaires (CFES) est délivré aux candidats ajournés à l'issue des épreuves du second groupe.

4. Les trois mentions

Les mentions ne sont attribuées qu'aux candidats obtenant le baccalauréat à l'issue du premier groupe d'épreuves, en fonction de la moyenne obtenue :

- mention assez bien (AB) : moyenne égale ou supérieure à 12/20 et inférieure à 14/20,
- mention bien (B) : moyenne égale ou supérieure à 14/20, et inférieure à 16/20,
- mention très bien (TB) : moyenne égale ou supérieure à 16/20,

Ces mentions concernent également le diplôme national du brevet (DNB).

6 L'évaluation du système éducatif

A LES OUTILS D'ÉVALUATION

1. Comment évaluer les lycées ?

Est-ce qu'un bon lycée est caractérisé exclusivement par le pourcentage de reçus au baccalauréat ?
Depuis dix-sept ans, le ministère de l'Éducation nationale publie les « performances » de chaque lycée. Il donne, établissement par établissement, les chances de sortir bachelier lorsqu'on entre en seconde, c'est-à-dire de ne pas être réorienté ailleurs, et la « *valeur ajoutée* » de chacun.

Cette valeur est la différence, en positif ou en négatif, entre le pourcentage de bacheliers et celui qu'on attend de lui, compte tenu des origines sociales des élèves, de leur âge et de leurs notes.
Sur les 2 311 lycées généraux et technologiques évalués, 1 005 ont une valeur ajoutée positive. Par exemple, le lycée Henri IV à Paris est dans ce classement 1 085 e. Et il y a deux lycées de Seine Saint-Denis parmi les vingt lycées français les plus performants.
Ces établissements performants sont caractérisés par sept points :

- Stabilité et cohésion des équipes. Ainsi dans le lycée de Seine Saint-Denis le plus performant, 80 % des professeurs ont plus de cinq ans d'ancienneté.
- Attention portée aux élèves.
- Haut niveau d'exigence.
- Pratiques de différentes formes d'accompagnement ou de soutien : ateliers de méthodologie, d'écriture,...
- Moyens supplémentaires permettant la mise en place d'options d'histoire des arts, de cinéma, de théâtre...
- Ouverture aux parents.
- Pilotage effectif de l'établissement par le chef d'établissement.

2. Quels indicateurs ?

Le ministère de l'Éducation nationale a introduit un certain nombre de critères permettant d'attribuer des moyens supplémentaires aux établissements en raison des difficultés qu'ils peuvent rencontrer sur le terrain.
Parmi ces critères, on peut citer :

- le taux d'élèves issus de catégories socioprofessionnelles défavorisées ;
- le taux d'élèves boursiers au troisième taux ;
- le taux d'élèves dont les parents sont d'origine étrangère ;
- le taux d'élèves en retard scolaire de plus de deux ans à l'entrée en 6e ;
- le pourcentage d'élèves ayant des résultats inférieurs à la moyenne nationale de 20 points et plus aux évaluations en CM2 ;
- le pourcentage d'élèves dont les parents bénéficient du RSA.

D'autres critères peuvent être interrogés pour faire le diagnostic d'un établissement :

- le pourcentage de demi-pensionnaires, un critère très pertinent pour connaître la situation sociale réelle des familles ;
- le pourcentage d'élèves « évitant » l'établissement en étant scolarisés dans d'autres établissements ;

- le taux de stabilité des équipes pédagogiques en regardant, chaque année, le pourcentage d'enseignants qui demandent leur mutation ;
- la situation de l'établissement, en prenant en compte son enclavement, les moyens de transport qui le desservent, son ouverture sur le quartier ou un environnement plus large ;
- la taille de l'établissement, etc.

B L'APPRENTISSAGE

En dix ans on a assisté à un accroissement du nombre d'apprentis, mais avec des différences importantes selon les niveaux : diminution du pourcentage d'apprentis au niveau CAP ou BEP et accroissement continuel de l'apprentissage au niveau Bac + 2, Bac + 3, Bac + 5.
Plus de 100 000 jeunes suivent en 2009 une formation en apprentissage post-baccalauréat dont plus de 40 000 en licence professionnelle. Les formations en « licence professionnelle » et en « master » se sont multipliées.
Il faut d'ailleurs noter que si les femmes sont peu représentées dans les formations en apprentissage au niveau baccalauréat, elles sont majoritaires dans l'apprentissage dès que l'on dépasse le niveau bac + 2.

Se former par l'apprentissage, c'est choisir une voie de formation pour acquérir une qualification professionnelle sanctionnée par un diplôme professionnel ou par certains titres à finalité professionnelle.

1. L'apprentissage, pour quoi faire ?

Les centres de formation d'apprentis (CFA) dispensent une formation générale, technologique et pratique. **En contact étroit avec le monde professionnel**, ils sont le lieu privilégié d'une pédagogie spécifique à l'apprentissage de chaque métier.
Fondé sur le **transfert de compétences par les tuteurs et les maîtres d'apprentissage**, le CFA offre aux jeunes un itinéraire concret pour acquérir à la fois connaissance théorique et aptitude pratique pour maîtriser un métier, pour comprendre l'entreprise, acquérir les savoir-faire indispensables et ainsi accroître leurs aptitudes à être plus rapidement intégrés dans les entreprises. C'est déjà un contrat de travail.

2. Qui peut et comment devenir apprenti dans un CFA ?

L'apprentissage est une formation en alternance : il associe une formation chez un employeur et des enseignements dispensés dans un centre de formation d'apprentis (CFA).

- Pour devenir apprenti, il faut être **âgé de 16 à 25 ans** au début du contrat d'apprentissage et **être reconnu apte à l'exercice du métier lors de la visite médicale d'embauche**.
- **Les plus de 25 ans** peuvent entrer en apprentissage sous certaines conditions, en particulier pour les jeunes handicapés.
- **Les jeunes de 15 ans** peuvent entrer en préapprentissage pour découvrir les métiers par une formation en alternance d'une année scolaire en lycée professionnel ou en centre de formation d'apprentis (CFA).

L'apprentissage précoce

Fin juin 2011, a été votée la loi « pour le développement de l'alternance et la sécurisation des parcours professionnels » *défendue notamment par le député Gérard Cherpion qui prévoyait qu'à partir de la rentrée 2011 :* « les jeunes âgés d'au moins 15 ans au cours de l'année civile pourront souscrire un contrat d'apprentissage, s'ils justifient avoir accompli la scolarité du premier cycle de l'enseignement secondaire ». *Autrement dit, un jeune de 14 ans qui fêterait son 15e anniversaire durant l'année de signature du contrat pourra entrer en apprentissage, à condition d'avoir terminé sa 3e. Ce dispositif aura-t-il plus de succès que « l'apprentissage junior » lancé en 2006 pour permettre aux jeunes de partir en apprentissage à partir de 14 ans ? Cette mesure avait été suspendue dès 2007 faute de propositions des entreprises qui préféraient développer l'apprentissage au-delà du Bac.*
On peut douter du succès de cette mesure lorsqu'on lit dans Le Monde *du 30 juin 2011 les réactions du monde patronal :* « Nous ne sommes pas demandeurs de l'apprentissage à 14 ans » confirme Alain Griset, président de l'assemblée permanente des chambres de métiers et de l'artisanat. Même son de cloche au MEDEF et à la Fédération française du bâtiment, secteur qui emploie 200 000 jeunes en alternance.

3. Quelles sont les démarches ?

- **Première démarche : rechercher une entreprise d'accueil**
  - Se présenter ou poser sa candidature dans des entreprises que l'on connaît ou que l'on a repérées dans les annuaires,
  - s'adresser aux chambres de métiers et aux chambres de commerce et d'industrie,
  - contacter les syndicats professionnels du métier envisagé,
  - se renseigner auprès de Pôle emploi,
  - consulter les sites internet mis en place par les conseils régionaux,
  - s'adresser au CFA dans lequel on envisage de s'inscrire.
- **Deuxième démarche : rechercher un centre de formation d'apprentis (CFA)**

Pour cela, on peut :
  - consulter la liste des CFA établie par les services des conseils régionaux,
  - s'informer auprès des centres d'information et d'orientation,

- s'adresser au service académique de l'inspection de l'apprentissage (SAIA),
- consulter le site internet de l'ONISEP.

Parfois l'ordre des démarches est inversé : on peut trouver d'abord le CFA et celui-ci peut aider à trouver l'entreprise. Mais, dans tous les cas, c'est seulement si l'on a signé le contrat d'apprentissage que l'on sera accepté au CFA.

4. Quels diplômes et quels secteurs professionnels ?

L'apprentissage permet de préparer :

- **un diplôme professionnel de l'enseignement secondaire** : certificat d'aptitude professionnelle (CAP), brevet d'études professionnelles (BEP), baccalauréat professionnel, brevet professionnel, brevet de technicien ;
- **un diplôme de l'enseignement supérieur** : brevet de technicien supérieur (BTS), diplôme universitaire de technologie (DUT), diplômes d'ingénieur, d'école supérieure de commerce, etc. ;
- un **titre à finalité professionnelle enregistré au répertoire national des certifications professionnelles**.

Grâce à des contrats successifs, l'apprentissage permet d'accéder à tous les niveaux de qualification professionnelle du second degré ou du supérieur.
L'apprentissage prépare :

- aux métiers de l'alimentation, du commerce de détail, du bâtiment et des travaux publics ;
- à des métiers qui relèvent de tous les autres secteurs d'activité : hôtellerie-tourisme, services à la personne, secteur automobile, électronique, etc.

5. Comment se déroule la formation dans un CFA ?

L'apprentissage est une formation en alternance : il associe une formation chez un employeur et des enseignements dispensés dans un centre de formation d'apprentis.
Le temps de formation dans un CFA est d'**au moins 400 heures par an** :

- **800 heures pour le** CAP en deux ans ;
- **1 850 heures pour le baccalauréat professionnel** en trois ans.

Ce temps est plus court que celui des formations dispensées dans les lycées professionnels ou technologiques mais il ne faut pas oublier que le **temps passé en entreprise est aussi un temps de formation**. Le CFA dispense les enseignements nécessaires pour préparer le diplôme prévu au contrat : les programmes de formation et les épreuves d'examen sont identiques pour élèves et apprentis préparant les mêmes diplômes.
Au CFA, **l'apprenti n'est pas un élève**. Il garde son statut de salarié et la période au CFA est donc rémunérée comme temps de travail. Il **suit les enseignements**

prévus dans les programmes et les règlements d'examen : français, mathématiques, éducation artistique, éducation physique et sportive, Prévention Santé Environnement, technologie et pratiques professionnelles, etc. La formation de l'apprenti s'effectue également au sein de l'entreprise pour laquelle il travaille. L'apprenti est placé sous la responsabilité d'un maître d'apprentissage choisi en fonction de ses connaissances professionnelles. Le maître d'apprentissage accompagne l'apprenti tout au long de sa formation pour lui transmettre ses connaissances et savoir-faire. Il est en relation avec le centre d'apprentissage. Dans les deux mois qui suivent l'entrée en apprentissage, un entretien est prévu entre l'apprenti, le formateur du CFA, le maître d'apprentissage et, si nécessaire, les parents de l'apprenti afin de faire une première évaluation du déroulement de la formation.

6. Statut, contrat et rémunération de l'apprenti

L'apprenti possède le statut de salarié d'entreprise, les droits de tous les salariés et est soumis aux mêmes obligations. Le contrat d'apprentissage est un contrat de travail qui lie un employeur et un apprenti. Ce dernier travaille pour l'employeur et pour cela il perçoit un salaire. Il est donc soumis aux règles du code du travail et aux conventions collectives.

■ **Le statut d'apprenti** : il possède le statut de **salarié d'entreprise**, les droits de tous les salariés et est soumis aux mêmes obligations.

La **couverture sociale** de l'apprenti étudiant des métiers est similaire à celle des autres salariés dès 16 ans : affiliation au régime général de la sécurité sociale, congés payés, congés de maternité, droits ouverts à la retraite et aux allocations de chômage, etc.

■ **Le contrat d'apprentissage** : il est un **contrat de travail à durée déterminée** signé entre un jeune de 16 à 25 ans et l'entreprise d'accueil, **pour une durée de six mois à trois ans**, selon le diplôme préparé. La durée du contrat peut être de quatre ans pour les apprentis handicapés.

Le contrat d'apprentissage est un contrat de travail qui lie un employeur et un apprenti. L'apprenti travaille pour l'employeur et pour cela il perçoit un salaire. Il est donc soumis aux règles du code du travail et aux conventions collectives. Il bénéficie des dispositions applicables à l'ensemble des salariés et des dispositions particulières applicables aux jeunes travailleurs. Le contrat comporte obligatoirement une formation qui est donnée à la fois en entreprise et dans un centre de formation d'apprentis.

Tout au long de sa formation, l'apprenti perçoit un **salaire correspondant à un pourcentage du SMIC** déterminé en fonction de son âge et de sa progression dans le cycle de formation.

C LA LIAISON LYCÉE/ENSEIGNEMENT SUPÉRIEUR

À la fin du lycée, la grande majorité des jeunes poursuit des études dans le supérieur (plus de 85 %). Deux filières sont alors possibles :

- **Les filières sélectives** sur dossier remis au printemps de l'année de terminale ; le résultat est connu avant le baccalauréat qui devient nécessaire, mais pas suffisant. Le dossier est décisif pour les BTS, IUT, classes préparatoires.
- **Les filières non sélectives** : c'est le cas des filières universitaires avec préinscription au printemps et sectorisation des universités. Le baccalauréat est suffisant pour l'inscription.

Le jeune doit être attentif aux filières qu'il souhaite suivre, en sachant que le BTS et l'IUT donnent souvent une double chance :

- un diplôme à Bac + 2 permettant une bonne insertion dans le monde du travail ;
- une possibilité de poursuite d'études vers la licence et le master dans le cadre du processus LMD et des crédits obtenus en suivant une formation BTS ou DUT.

On ne peut plus donc aujourd'hui parler de filières courtes ou de filières longues ; les jeunes passant par les IUT ou les BTS suivent souvent des études plus longues que ceux entrant à l'université juste après le baccalauréat.

Selon *Repères et références statistiques sur les enseignements, la formation et la recherche* (édition 2010), le choix des bacheliers se portent plus vers les filières sélectives et vers les écoles de commerce, paramédicales, etc.que vers les premiers cycles de l'université. Si l'on regarde le devenir des bacheliers 2008, on s'aperçoit que ceux qui s'inscrivent en premier cycle universitaire ne représentent plus que trois bacheliers sur dix, contre quatre sur dix en 1996.
Même pour les bacheliers généraux, le pourcentage d'inscrits en premier cycle universitaire est passé à 46 % au lieu de 56 % dix ans avant.

- **Pour les bacheliers généraux 2008 (95 % de poursuite d'études) :**
  - filières sélectives (classes préparatoires, IUT, BTS, écoles de commerce, paramédicales, artistiques…) : **49 %**
  - filières non sélectives (premier cycle universitaire) : **46 %**
- **Pour l'ensemble des bacheliers 2008 (85 % de poursuite d'études) :**
  - filières sélectives (classes préparatoires, IUT, BTS, écoles de commerce, paramédicales, artistiques…) : **54 %**
  - filières non sélectives (premier cycle universitaire) : **31 %**

D LE SYSTÈME ÉDUCATIF FRANÇAIS ET LES COMPARAISONS INTERNATIONALES

1. L'état des lieux

- Chaque année aujourd'hui, 65,9 % des élèves de terminale deviennent bacheliers : 35,5 % dans une série générale ; 16 % dans une série technologique ; 14,4 % dans une série professionnelle.
- 56 % des jeunes accèdent à l'enseignement supérieur.
- 43,4 % obtiennent un diplôme universitaire (16,1 % un diplôme à Bac + 2, 27,3 % à un diplôme égal ou supérieur à Bac + 3). 49,1 % des filles sortent avec un diplôme du supérieur contre seulement 37,9 % des garçons. La différence se fait sur l'obtention d'un diplôme Bac + 3 et au-delà : 33 % des filles ; 22 % des garçons.
- Le Gouvernement a fixé l'objectif d'atteindre en 2010 **50 % d'une classe d'âge obtenant la licence**, ce qui signifie une poursuite d'études vers la licence des jeunes obtenant en 2006 un diplôme bac + 2. La licence professionnelle, déjà obtenue en 2009 par plus de 40 000 étudiants, doit y contribuer.

2. Où en sont les élèves français dans les évaluations internationales ?

Selon l'évaluation internationale PISA, l'évolution des performances des élèves français à 15 ans entre 2000 et 2006, donc entre deux populations dont la première a été scolarisée au collège entre 1995 et 2000 et la seconde entre 2001 et 2006, est alarmante.
Grossièrement, en mathématiques et en compréhension de l'écrit, la performance moyenne et la performance des meilleurs élèves est stable pour les pays de l'OCDE pris ensemble, tandis que, en France, la performance des meilleurs baisses de 10 points et la performance moyenne baisse de 20 points (sur une échelle de moyenne 500 et d'écart-type 100). Plus grave, pour les pays de l'OCDE pris ensemble, le score des plus faibles s'améliore de 20 points tandis qu'il baisse en France de 30 points. Une part de cette évolution s'explique par celle des élèves de CM2 : les collèges recevaient en 2002 des élèves moins bien formés qu'en 1995.

3. Quelques explications possibles à éliminer

La situation sociale ne s'est pas dégradée. Entre le milieu des périodes de scolarisation primaire des élèves des CM2 1987 et 2007 (1983 et 2003) d'une part et le milieu des périodes de scolarisation des élèves de PISA 2000 et PISA 2007 d'autre part (1996 et 2002), le revenu moyen des Français a augmenté, le chômage a plutôt baissé et les inégalités sociales, contrairement à la légende, n'ont commencé à augmenter qu'en 2002. Ajoutons que la proportion d'élèves issus de l'immigration, pour autant que ces élèves soient plus difficiles à enseigner que les autres, n'a pas évolué de façon significative.

- Les ressources de l'école n'ont pas baissé. Entre 1980 et 2004, la dépense moyenne par élève dans le premier degré est passée, en monnaie constante, de 2 600 € à 4 600 €. Une des raisons de cette augmentation est, il faut bien le rappeler, l'élévation du niveau de formation et du salaire des enseignants du primaire. Invoquer la baisse des ressources pour expliquer cette évolution ne tient donc pas, non plus d'ailleurs que pour expliquer la baisse des scores de PISA (la dépense par élève du second degré a, elle aussi, augmenté, quoique faiblement, entre 1996 et 2002).

- L'école primaire est ouverte à tous depuis Jules Ferry. Entre 1996 et 2003, les collèges avaient depuis longtemps cessé de s'ouvrir à davantage d'élèves, mais au contraire la période 2002/2006 fut celle où les ministres (Ferry, Fillon, Robien) avaient décidé d'offrir aux plus faibles collégiens la « possibilité » d'un apprentissage à 14 ans.
- Sauf pour l'orthographe, ces évolutions ne sont pas la poursuite d'un processus ancien de dégradation.

4. Que faut-il incriminer ?

Les comparaisons internationales suggèrent une explication développée par Denis Meuret, professeur à l'université de Bourgogne (IREDU).

« Au cours des années 90, les pays non-latins de l'OCDE ont avancé rapidement vers des formes diverses de dispositifs évaluant les progressions des élèves dans chaque école et permettant à l'autorité responsable d'en tirer les conséquences, en général sous forme d'autonomie supplémentaire pour les écoles où ces progressions sont satisfaisantes et de mise sous tutelle de celles où elles sont insuffisantes, ceci en terme d'efficacité (progressions moyennes) ou d'équité (progression des plus faibles, écart de progressions entre catégories d'élèves).
À l'inverse, en France, les formes traditionnelles de régulation de l'enseignement, comme l'inspection des enseignants, se sont affaiblies, tandis que ces formes nouvelles n'ont pas été mises en place. D'où une plus grande latitude laissée aux enseignants, non pas de ne rien faire, mais de poursuivre d'autres objectifs que ceux que mesurent les évaluations dans les disciplines fondamentales. »

Source : Denis Meuret,
Gouverner l'école, une comparaison France/États-Unis, PUF.

5. L'école française : un des meilleurs systèmes éducatifs du monde pour la moitié des élèves... pour les autres, un des plus mauvais des pays développés

50 % des élèves français sont dits « à l'heure ou en avance », c'est-à-dire qu'ils n'ont redoublé ni à l'école, ni au collège.
Globalement, le programme international pour le suivi des acquis des élèves (PISA) place nos élèves de 15 ans dans la moyenne des pays comparables, derrière les pays scandinaves, le Japon ou la Corée mais devant les États-Unis, l'Allemagne, l'Italie ou l'Espagne. Mais si l'on isole les 50 % qui n'ont pas redoublé (qui sont majoritairement en seconde générale ou technologique), ils « *atteignent un niveau de performances très élevé, supérieur à la moyenne de tous les autres pays et comparable avec les meilleurs élèves des pays les plus performants* ».
Inutile d'ajouter que si le système est si performant pour une moitié, il est très faible pour l'autre. Le tiers qui n'a redoublé qu'une fois (donc en troisième) obtient des résultats médiocres. Ils deviennent catastrophiques pour les 15 % qui ont redoublé plusieurs fois.
Le redoublement apparaît comme la plaie principale du système éducatif français, qui en détient le record parmi les pays développés. Si l'on ajoute le lycée général et technologique, plus de la moitié des élèves redoublent. Le redoublement est d'autant plus néfaste qu'il est précoce.

6. Les objectifs de Lisbonne

Les pays de l'Union européenne ont fixé à Lisbonne en 2002 des **objectifs** pour le système éducatif :

■ **Obtention d'un diplôme du second cycle de l'enseignement secondaire**
83 % des jeunes français âgés de 20 à 24 ans l'ont obtenu ; la moyenne des pays de l'Union européenne est à **78 %** et l'objectif fixé par l'UE pour 2010 est de **85 %**.

■ **Sorties «précoces » du système éducatif sans diplôme**
Elle concernent **13 %** des jeunes français (**19 %** des garçons) ; la moyenne des pays de l'UE est de 15 % et l'objectif fixé par l'UE pour 2010 est de **10 %**.

■ **Faibles compétences en lecture**
18 % des élèves français sont concernés ; la moyenne des pays de l'UE est de 20 % et l'objectif fixé par l'UE pour 2010 est de 16 %.

7. Le niveau baisse-t-il ?

Régulièrement, il est d'usage d'indiquer que le niveau des élèves baisse. Cette antienne est aussi vieille que le système éducatif et doit donc être relativisée. Ainsi, en 1902, alors que le pourcentage des bacheliers par rapport à la classe d'âge s'élève au chiffre « énorme » de 1 %, on peut lire :

« *Conçu pour une élite, l'enseignement secondaire est donc inadapté à* **cette masse** *qui nous vient précisément de milieux sociaux, de familles dans lesquelles on n'a jamais possédé ou jamais ouvert un livre, en dehors de quelques ouvrages d'actualité.* » (*L'enseignement du français.* Imprimerie Nationale, 1909).
Les articles de presse abondent également à cette époque, caractérisée par **la faiblesse du niveau des élèves en français** : « *les élèves ne sont plus capables d'écrire, faute de n'avoir plus fait assez de latin, et ils ne comprennent pas ce qu'ils lisent* ».
Même le comité des Forges, l'ancêtre du MEDEF, s'y met : « *les ingénieurs sont devenus incapables d'utiliser leurs connaissances techniques et de présenter leurs idées dans des rapports clairs et bien rédigés* » (Revue Universitaire, 1911, page 58).
En 1947, le niveau baisse avec 3 % de bacheliers (22 fois moins qu'en 2010), il baisse encore plus ! « *Tout serait simple si le bachot remplissait encore sa fonction. Mais, submergé sous le nombre des candidats qui s'est accru prodigieusement, le baccalauréat a vu son niveau baisser d'une façon constante, au point qu'il ne suffit pas actuellement à qualifier pour l'enseignement supérieur* » (*Le Monde*, Gilbert Gadoffre, 16 mai 1947).

E L'ENSEIGNEMENT PRIVÉ SOUS CONTRAT

À côté de l'enseignement public, il existe un enseignement privé très majoritairement catholique qui scolarise autour de 20 % des élèves.
Depuis la loi Debré du 31 décembre 1959, les établissements privés qui le souhaitent, la quasi-totalité d'entre eux, sont liés par un **contrat d'association avec l'État**.
Les établissements privés sous contrat suivent les programmes et les règles générales appliquées dans l'enseignement public en matière d'horaires. L'État rémunère les enseignants et prend en charge les dépenses de fonctionnement des classes sous la forme d'une contribution forfaitaire versée par élève et par an, calculée selon les mêmes critères que pour les classes correspondantes de l'enseignement public, c'est le **forfait d'externat**.

Les corps d'inspection de l'enseignement public contrôlent également les enseignants des établissements sous contrat.
L'établissement privé sous contrat catholique (98 % des établissements privés sous contrat) est géré par une association, l'OGEC.
Son chef d'établissement est :

- nommé par une autorité de tutelle, soit diocésaine dépendant de l'évêque (directeur diocésain), soit congréganiste si l'établissement dépend d'une congrégation ;
- lié par un contrat de travail signé par le président de l'OGEC ;
- signataire avec le président de l'OGEC du contrat d'association avec l'État.

2 L'ORGANISATION ET LE FONCTIONNEMENT DU SYSTÈME ÉDUCATIF FRANÇAIS (62 fiches)

31 Les périodes de formation en entreprise

32 Les règles de la propriété littéraire et artistique dans les établissements scolaires

33 La scolarisation des élèves en situation de handicap

34 La scolarisation des enfants étrangers et des gens du voyage

35 L'aide personnalisée

36 L'orientation des élèves

37 L'égalité garçons-filles dans le système éducatif

38 Les élèves « à besoins éducatifs particuliers »

39 Le conseiller d'orientation psychologue (COP) et les centres d'information et d'orientation (CIO)

40 L'éducation à la santé des élèves

41 Les obligations de laïcité des élèves

42 Le décrochage et l'absentéisme scolaires

43 Que faire face aux conduites « déviantes » d'élèves ?

44 La responsabilité progressive des jeunes tout au long du cursus scolaire

45 La maltraitance dont peuvent être victimes les élèves

46 La surveillance des élèves en collège et en lycée

47 La lutte contre la violence à l'école

48 Les procédures disciplinaires pour les élèves

49 Qu'appelle-t-on l'accompagnement éducatif ?

50 Les dispositifs territoriaux fonctionnant autour de l'établissement

51 Les partenariats entre l'établissement scolaire et son environnement économique, social et culturel

52 L'ouverture de l'école : les associations complémentaires de l'enseignement public et « l'école ouverte »

53 Les droits et libertés des lycéens

54 Les sorties scolaires

55 Les différents programmes d'échanges internationaux, notamment européens

56 Les cantines

57 La gestion de la carrière des personnels enseignants

58 Les obligations de laïcité des personnels

59 Les responsabilités supplémentaires de l'enseignant

60 La liberté pédagogique de l'enseignant

61 L'inspection des enseignants

62 Les principes déontologiques exigés de tout fonctionnaire

FICHE 1

La hiérarchie des textes réglementaires

A QUELLE EST LA HIÉRARCHIE DES TEXTES RÉGLEMENTAIRES CONCERNANT LE SERVICE PUBLIC ?

Il existe une hiérarchie des différents textes réglementaires tous publiés au *Journal Officiel*, qui paraît chaque jour, et au *Bulletin officiel* de l'Éducation nationale (BOEN) à parution hebdomadaire, disponible sur le site du ministère de l'Éducation nationale et consacré aux textes concernant l'Éducation nationale. La hiérarchie des textes est la suivante :

- Les **traités internationaux**, les **traités ou lois de l'Union européenne** ratifiés par la France.
- Les **lois**, votées par le Parlement et promulguées au *Journal Officiel*.
- Les **décrets** pris en application des différents articles d'une loi et, le plus souvent, soumis à l'appréciation du Conseil d'État.
- Les **arrêtés**, pris en application des décrets qui concernent notamment des textes devant être périodiquement revus (programmes scolaires ; organisation des concours de recrutement ; calendrier scolaire,…).
- Les **circulaires**, qui précisent le contenu des lois, décrets et arrêtés. Certaines circulaires d'application peuvent être interministérielles.
- Les **notes de service** pouvant être prises par telle ou telle direction du ministère ; par exemple, la note de service annuelle concernant les mutations des personnels enseignants.

De façon générale, dans le domaine du droit administratif, une disposition figurant dans un texte quelconque ne peut prévaloir sur une disposition contraire figurant dans un texte de **statut hiérarchique supérieur**. Par exemple, une circulaire doit être conforme au décret ou à la loi auxquels elle fait référence.
À chaque parution d'un texte réglementaire, figurent en introduction les textes à statut hiérarchique supérieur en application desquels ce texte est rédigé.
Ainsi la circulaire n° 2000-106 du 11 juillet 2000 concernant « *Le règlement intérieur dans les établissements scolaires* » comporte en référence : la loi n° 89-486 du 10 juillet 1989 et le décret n° 85-924 du 30 août 1985 modifié.
L'indication « modifié » pour un décret signifie que le décret original (ici, celui du 30 août 1985 concernant l'organisation des établissements publics locaux d'enseignement) a fait l'objet de plusieurs modifications à la suite de différentes lois.
Si l'on étudie l'arrêté du 28 décembre 2009 « *fixant les sections et les modalités d'organisation des concours du certificat d'aptitude au professorat du second degré* »,

signé par le ministre de l'Éducation nationale et le ministre du Budget, des comptes publics, de la fonction publique et de la réforme de l'État, on voit que sont cités en référence lors de sa publication au *Journal officiel* du 6 janvier 2010, trois décrets et un arrêté :

> *« Le ministre du budget, des comptes publics, de la fonction publique et de la réforme de l'État et le ministre de l'éducation nationale, porte-parole du Gouvernement,*
> *Vu le décret n° 72-581 du 4 juillet 1972 modifié relatif au statut particulier des professeurs certifiés ;*
> *Vu le décret n° 2002-766 du 3 mai 2002 relatif aux modalités de désignation, par l'administration, dans la fonction publique de l'État, des membres des jurys et des comités de sélection et de ses représentants au sein des organismes consultatifs ;*
> *Vu le décret n° 2004-1105 du 19 octobre 2004 relatif à l'ouverture des procédures de recrutement dans la fonction publique de l'État ;*
> *Vu l'arrêté du 19 décembre 2006 portant cahier des charges de la formation des maîtres en institut universitaire de formation des maîtres, arrêtent. »*
>
> Source : *Journal officiel*, 6 janvier 2010.

Preuve de l'évolution des textes réglementaires, le dernier paragraphe est devenu (sur www.legifrance.gouv.fr, à la date du 20 septembre 2010) : « *vu l'arrêté du 12 mai 2010 portant définition des compétences à acquérir par les professeurs, documentalistes et conseillers principaux d'éducation pour l'exercice de leur métier* ». Il s'est donc substitué à l'arrêté du 19 décembre 2006 et indique dans son article : « *L'arrêté du 19 décembre 2006 portant cahier des charges de la formation des maîtres en institut universitaire de formation des maîtres est abrogé.* »

- Les lois sont rassemblées dans le Code de l'éducation (partie législative) qui comprend neuf chapitres. Ainsi, la loi du 15 mars 2004 sur la laïcité est devenue l'article L.145-5-1 du Code de l'éducation.
- Les décrets sont rassemblés dans la partie réglementaire du Code de l'éducation ou les différents articles commencent par la lettre R.
- Les circulaires, arrêtés, décrets ou lois concernant l'Éducation nationale sont obligatoirement présentés pour avis au **Conseil supérieur de l'éducation**.

B LE CONSEIL SUPÉRIEUR DE L'ÉDUCATION

Composé de représentants des personnels, des usagers, des collectivités locales, du monde du travail, il est chargé de donner un avis sur tout texte concernant l'Éducation nationale.

> *« Le Conseil supérieur de l'éducation est obligatoirement consulté et peut donner son avis sur toutes les questions d'intérêt national concernant l'enseignement ou l'éducation quel que soit le département ministériel intéressé. Il donne des avis sur les objectifs et le fonctionnement du service public de l'éducation. »*
>
> Source : article L.231-1 du Code de l'éducation.

> *« Le Conseil supérieur de l'éducation est présidé par le ministre chargé de l'éducation ou son représentant et composé de représentants des enseignants, des enseignants-chercheurs, des autres personnels, des parents d'élèves, des étudiants, des élèves des lycées, des collectivités territoriales, des associations périscolaires et familiales, des grands intérêts éducatifs, économiques, sociaux et culturels. Il comprend une section permanente et des formations spécialisées ».*
>
> Source : article L.231-2 du Code de l'éducation.

Le Conseil supérieur de l'éducation est donc un organisme **consultatif**. Il donne obligatoirement un avis sur les textes en votant pour ou contre ceux-ci ou en les amendant. Mais le ministre n'a aucune obligation de suivre ses avis et ses votes.

Mots liés **Code de l'éducation, règlement intérieur.**

FICHE 2 Le Code de l'éducation

A QU'EST-CE QUE LE CODE DE L'ÉDUCATION ?

Le Code de l'éducation rassemble depuis 2000 tous les textes de lois et les différents décrets relatifs à l'éducation. Il traite des grands principes de l'éducation, de l'administration de l'éducation et de l'organisation des enseignements scolaires.

B UN CODE EN DEUX PARTIES

La codification du droit de l'éducation qui traite des aspects législatifs du droit de l'éducation, englobe depuis les trois décrets du 13 juillet 2004, les textes réglementaires relatifs aux principes généraux de l'éducation et à l'administration de l'éducation.

1. Partie législative

Le Code de l'éducation, dans sa partie législative, regroupe l'ensemble des lois en vigueur dans le domaine de l'éducation. Publié au *Journal Officiel* en juin 2000, il a force de loi et sert de référence à toute révision législative.
Neuf livres composent la partie législative :

- Les grands principes de l'éducation.
- L'administration de l'éducation.
- L'organisation des enseignements scolaires.
- Les établissements d'enseignement scolaire.
- La vie scolaire.
- L'organisation des enseignements supérieurs.
- Les établissements d'enseignement supérieur.
- La vie universitaire.
- Les personnels de l'éducation.

Le premier article du Code de l'éducation

« L'éducation est la première priorité nationale. Le service public de l'Éducation nationale est conçu et organisé en fonction des élèves et des étudiants. Il contribue à l'égalité des chances.
Outre la transmission des connaissances, la nation fixe comme mission première à l'école de faire partager aux élèves les valeurs de la République.
Dans l'exercice de leurs fonctions, les personnels mettent en œuvre ces valeurs.
Le droit à l'éducation est garanti à chacun, afin de lui permettre de développer sa personnalité, d'élever son niveau de formation initiale et continue, de s'insérer dans la vie sociale et professionnelle, d'exercer sa citoyenneté.
Pour garantir ce droit dans le respect de l'égalité des chances, des aides sont attribuées aux élèves et aux étudiants selon leurs ressources et leurs mérites. La répartition des moyens du service public de l'Éducation tient compte des différences de situation, notamment en matière économique et sociale.
Elle a pour but de renforcer l'encadrement des élèves dans les écoles et établissements d'enseignement situés dans des zones d'environnement social défavorisé et des zones d'habitat dispersé, et de permettre de façon générale aux élèves en difficulté, quelle qu'en soit l'origine, en particulier de santé, de bénéficier d'actions de soutien individualisé.
L'acquisition d'une culture générale et d'une qualification reconnue est assurée à tous les jeunes, quelle que soit leur origine sociale, culturelle ou géographique. »

Les grands principes de l'éducation
Livre Ier : Principes généraux de l'éducation

- Titre Ier : Le droit à l'éducation

Chapitre Ier : Dispositions générales (Articles L111-1 à L111-5)
Chapitre II : Dispositions particulières aux enfants et adolescents handicapés (Articles L112-1 à L112-5)
Chapitre III : Dispositions particulières aux enfants d'âge préscolaire (Article L113-1)

- Titre II : Objectifs et missions du service public de l'enseignement

Chapitre Ier : Dispositions générales (Articles L121-1 à L121-7)
Chapitre II : Objectifs et missions de l'enseignement scolaire (Articles L122-1-1 à L122-7)
Chapitre III : Objectifs et missions de l'enseignement supérieur (Articles L123-1 à L123-9)

- Titre III : L'obligation scolaire, la gratuité et l'accueil des élèves des écoles maternelles et élémentaires

Chapitre Ier : L'obligation scolaire (Articles L131-1 à L131-12)
Chapitre II : La gratuité de l'enseignement scolaire public (Articles L132-1 à L132-2)
Chapitre III : L'accueil des élèves des écoles maternelles et élémentaires (Article L133-1)

- Titre IV : La laïcité de l'enseignement public

Chapitre unique (Articles L141-1 à L141-6)

- Titre V : La liberté de l'enseignement

Chapitre unique (Articles L151-1 à L151-6)

2. Partie « réglementaire »

Les livres I et II de la partie réglementaire du Code de l'éducation ont été instaurés en 2004.
Le Livre III a été instauré par décret en mai 2006.
Le Code de l'éducation comportant neuf livres, sa partie réglementaire devrait au final en compter autant. Actuellement, la partie réglementaire du Code traite :

- des grands principes de l'éducation,
- de l'administration de l'éducation,
- de l'organisation des enseignements scolaires.

Mots liés **Hiérarchie des textes réglementaires.**

FICHE 3 Quelles sont les responsabilités d'une circonscription, d'une inspection académique, d'un rectorat ?

A LA CIRCONSCRIPTION

La circonscription est un découpage administratif à l'intérieur d'un département. Un département comme le Val-de-Marne comporte une vingtaine de circonscriptions qui peuvent compter plus de 70 écoles primaires.
Elle est dirigée par un **inspecteur de l'Éducation nationale (IEN)**.
L'IEN est le supérieur hiérarchique direct des enseignants des écoles, ce que n'est pas le directeur d'école, et cela tant qu'il n'y aura pas un changement de statut des écoles pour les rapprocher du statut des établissements de second degré. Un projet existe en ce sens : la mise en place d'EPEP (établissement public d'enseignement primaire) sur le modèle des EPLE.
L'IEN a pour mission de conseiller, d'inspecter, de noter les personnels des écoles maternelles et élémentaires de sa circonscription, tout en veillant au respect des programmes nationaux. Il donne son avis sur le projet d'école adopté par le conseil d'école avant de le transmettre à l'inspection académique. Il a également un avis à donner sur tout projet de modification des rythmes scolaires dans une école de sa circonscription ainsi que sur les dispositifs mis en œuvre sur la liaison CM2–6ᵉ.
Assisté par un ou plusieurs conseillers pédagogiques auprès de l'inspecteur de l'Éducation nationale (CPAIEN), il organise et anime la formation continue des enseignants placés sous sa responsabilité.

Il a été prévu qu'en janvier 2012 le recteur devienne « la seule autorité compétente dans l'académie » et que les Inspecteurs d'académie-Directeurs des services départementaux de l'Éducation nationale deviennent des « directeurs académiques ». Cette disposition suscite le débat : un recteur et un inspecteur d'académie, tous deux héritiers du décret-loi de mars 1808 de Napoléon Iᵉʳ ne sont pas dans la même position réglementaire.
Nommé en conseil des ministres, le recteur est le représentant du ministre dans son académie et peut voir sa mission terminée sans préavis. De son côté, un inspecteur d'académie – directeur des services départementaux de l'Éducation nationale (IA-DSDEN) est un Inspecteur pédagogique régional – Inspecteur d'académie (IPR-IA) recruté par concours.

B L'INSPECTION ACADÉMIQUE

Dans la préfecture de chaque département, on trouve une inspection académique. Celle-ci est dirigée par l'inspecteur d'académie-directeur des services départementaux de l'Éducation nationale (IA-DSDEN).
L'inspecteur d'académie est chargé de fonctions administratives, de même que ses deux adjoints (inspecteurs d'académie-adjoints) qui l'assistent.
Il est placé sous l'autorité du recteur pour exercer ses responsabilités d'organisation, de gestion et d'animation dans un département.
Un inspecteur d'académie est un inspecteur pédagogique régional-inspecteur d'académie (IPR-IA). Il débute généralement comme IA-adjoint dans un département, puis est nommé IA dans un autre département pour trois ans en moyenne et se voit alors nommer dans un autre département...
L'IA prend, par délégation du recteur, les décisions concernant l'organisation, le fonctionnement, les contrôles administratifs et financiers des écoles et des collèges, la répartition entre établissements des emplois de direction, d'éducation, de documentation, d'enseignement et de surveillance, la structure pédagogique des écoles et des collèges.

Concernant les opérations de construction et de reconstruction des collèges, l'IA a pour interlocuteur le préfet du département, qui est le représentant de l'État dans le département et le président du Conseil général.

L'inspection académique est organisée en divers services : financier, gestion du personnel, etc., auxquels s'ajoutent des cellules pédagogiques qui peuvent travailler dans le domaine de la prévention de la violence, les conduites à risque des élèves et un groupe d'éducation prioritaire chargé du suivi des actions menées dans les établissements concernés.
Il y a aussi un comité technique paritaire départemental (CTPD) comprenant des représentants de l'administration et des personnels pour le premier degré.

À l'inspection académique siège **le conseil départemental de l'Éducation nationale (CDEN)**. Il est composé de trente membres :

- dix représentants des élus locaux ;
- dix représentants des personnels désignés par les organisations syndicales représentatives du personnel ;
- dix représentants des usagers : parents d'élèves, syndicats de salariés et d'employeurs, représentants des associations intervenant dans les écoles.

Le CDEN est notamment consulté sur le réseau des écoles, les transports scolaires, les éventuelles fermetures de collèges, le programme prévisionnel de reconstruction des collèges, les subventions de fonctionnement du département aux collèges.

C LE RECTORAT

Le rectorat est le siège du **recteur**. Il est situé à la préfecture de la région, sauf lorsque les académies ne recouvrent pas le découpage régional (voir pages 26 et 27).

Nommé en Conseil des ministres, le recteur est le représentant du ministre dans son académie. Jusqu'en 2010, il était choisi parmi des universitaires, généralement des anciens présidents d'université. Depuis un décret du 29 juillet 2010 (paru au JO du 30 juillet 2010), il peut être également choisi pour 20 % des postes parmi les secrétaires généraux et les directeurs d'administration centrale des différents ministères existant.

En 1967, Alain Peyrefitte, ministre, déclarait : « *la fonction rectorale n'est pas une carrière, mais une mission.* »

Nommé en Conseil des ministres, le recteur peut voir sa mission terminée sans préavis du jour au lendemain par un autre conseil des ministres. C'est pourquoi à chaque changement de majorité politique, on assiste à ce qu'on appelle « la valse des recteurs ».

Le recteur a compétence dans son académie pour l'organisation du système éducatif, les cursus scolaires, la gestion des personnels du second degré. Il est également chancelier des universités. Il est donc **responsable de l'organisation du fonctionnement de l'enseignement dans son académie**.

Auprès du recteur fonctionne un certain nombre de services concernant notamment la gestion, la formation initiale et continue des personnels de lycée et de collège.

Il y a aussi un comité technique paritaire académique (CTPA) comprenant des représentants de l'administration et des personnels pour le second degré.

Au rectorat siège **le conseil académique de l'Éducation nationale (CAEN)**.

Le CAEN est composé d'un tiers d'élus locaux, d'un tiers de représentants des personnels, d'un tiers de représentants des usagers.

Le CAEN est notamment consulté pour l'élaboration et le contenu du schéma prévisionnel des formations de second degré, le programme prévisionnel des investissements en lycée, les subventions de fonctionnement aux lycées, les orientations concernant la formation des adultes, les schémas de développement de l'enseignement supérieur.

FICHE 4

La politique d'éducation prioritaire

Quels dispositifs régissent la politique **d'éducation prioritaire** ?

A LES ZONES D'ÉDUCATIONS PRIORITAIRES (ZEP)

Les zones d'éducation prioritaire (ZEP) ont été créées en 1982.

- En 2005, **707 zones d'éducation prioritaires** existent en France. 877 collèges sont en ZEP. Cela représente 444 049 collégiens, soit 17 % des effectifs du service public.
- Si l'on totalise les collèges de ZEP et ceux classés en REP (réseau d'éducation prioritaire), leur nombre est de 1 100.
- Près des deux tiers des élèves de collège ZEP (64 %) ont des parents ouvriers ou inactifs, alors qu'ils ne sont que 38 % hors ZEP.
- Dans les collèges ZEP, il y a en moyenne 22,2 élèves par classe (24,5 en moyenne pour les autres établissements) et leur dotation horaire globale est supérieure en moyenne de 10 % par rapport aux autres établissements.
- Un quart des enseignants des collèges ZEP ont moins de trente ans (contre 1% dans les autres établissements).
- À la fin de la classe de troisième, 25,7 % des élèves de ZEP ne maîtrisent pas ou mal les compétences requises par les programmes et 15,2 % les maîtrisent bien ou très bien (ailleurs, les chiffres sont respectivement de 15 % et 25,1 %).

Tous les personnels des établissements classés « éducation prioritaire » ont une indemnité « éducation prioritaire » annuelle d'environ 1 160 euros.
Ces établissements reçoivent également des dotations en moyens et en postes supérieurs aux autres établissements.

Depuis quelques années, le nombre d'établissements classés ZEP n'a pas bougé, mais les choix politiques et les efforts en moyens ont été ciblés sur un nombre plus restreint d'établissements, choisis parmi les établissements ZEP, mais portant une autre appellation : les RAR.

B LES RÉSEAUX AMBITION RÉUSSITE (RAR)

Le 8 février 2006, **249 collèges** ont été classés « ambition réussite ». Ils sont en 2010 (BO n° 41 du 11 novembre 2010) au nombre de 253. Ces 253 établissements forment 253 réseaux ambition réussite avec les 1600 écoles de leur secteur.

Ces 253 collèges appartiennent à toutes les académies de France, mais leur nombre est très variable suivant les académies :

- 21 à Créteil, 26 à Aix-Marseille, 1 en Corse, à Grenoble ou à Limoges…
- 43 collèges classés RAR sont dans les départements d'Outre-mer.
- 18 collèges, dont 15 dans les DOM, sont entrés dans le dispositif « ambition réussite » alors qu'ils n'étaient pas en ZEP.
- Une quinzaine d'établissements privés sous contrat, essentiellement situés à Marseille ou dans l'académie de Versailles, complètent cette liste (en 2005, il n'y avait que quelques écoles, deux collèges et un lycée professionnel tous situés à Marseille, qui étaient classés ZEP dans l'enseignement privé sous contrat).

Il reste donc en ZEP, hors ambition réussite, 742 collèges. Ils appartiennent à des **réseaux de réussite scolaire (RRS)** gérés au niveau académique.
Il y a donc les **RAR (réseaux ambition réussite)** et les RRS **(réseaux de réussite scolaire)**.

Les critères qui ont présidé au choix des collèges ambition réussite sont sociaux et scolaires :

- le pourcentage d'enfants issus de familles défavorisés dépassant les 66 %,
- le pourcentage d'élèves ayant des résultats plus faibles de 20 points en dessous de la moyenne nationale aux évaluations de 6e,
- le pourcentage d'élèves avec un retard scolaire de deux ans à l'entrée en 6e dépassant les 10 %,
- le pourcentage d'élèves dont les parents bénéficient du RMI (RSA),
- le pourcentage d'élèves boursiers au troisième taux,
- le pourcentage d'élèves issus de parents non-francophones.

1. Les contrats de réussite des collèges « ambition réussite »

Dans chaque réseau « ambition réussite » (RAR), un **comité exécutif** a été mis en place. Ce comité réunit le principal, son adjoint et les directeurs d'école du secteur. Il permet de préparer, d'harmoniser, de réguler les mesures destinées à faire vivre le réseau et rend compte de son action au conseil d'administration et aux conseils d'école concernés.
Le coordonnateur ZEP est le secrétaire de ce comité exécutif ; il prépare les décisions et les met en œuvre.

Chaque comité exécutif a signé **un contrat de 4 ou 5 ans** avec l'inspecteur d'académie définissant les expérimentations proposées et les objectifs poursuivis.
Le but de ce contrat est de « *faciliter la continuité des parcours entre l'école primaire et le collège, de renforcer le suivi des élèves, notamment ceux qui ont bénéficié de projet personnalisé de réussite éducative et d'assurer les liaisons avec les partenaires extérieurs.* »

Chaque collège de RAR s'est vu attribuer des moyens supplémentaires à partir de la rentrée 2006 :

- 1 000 postes d'enseignants (en moyenne 4 par établissements) qui ont une charge d'enseignant à temps partiel et qui, en plus, participent à l'accompagnement des enseignants débutants, au suivi d'élèves en difficulté et veillent à une meilleure articulation primaire/collège. 25 % de ces postes en collège ont été pourvus par des enseignants du premier degré.
- Des moyens supplémentaires en assistants pédagogiques, en infirmières.
- L'accompagnement et le tutorat des élèves par des étudiants.
- L'accroissement des bourses au mérite pour les élèves.

2. Les CLAIR (collèges et lycées pour l'ambition, l'innovation et la réussite)

Les 105 établissements concentrant dans leurs indicateurs le plus de difficultés sont rentrés dans le programme CLAIR, qui a démarré à la rentrée 2010. Ces établissements se caractérisent par un certain nombre d'innovations et d'expérimentations :

- Dans le champ de la pédagogie, avec le recours à des expérimentations de programmes, d'organisation des classes, de rythmes scolaires différents…
- Dans le cadre de la vie scolaire, avec la désignation pour chaque niveau de la sixième à la seconde d'un **préfet des études** qui sera membre de l'équipe de direction. Le préfet des études en charge d'un niveau est le responsable pédagogique et éducatif du niveau de classe qui lui est confié. Selon la circulaire du 7 juillet 2010, le préfet des études peut-être un enseignant ou un CPE et, « *afin de favoriser l'accompagnement des parcours scolaires, il peut suivre une cohorte d'élèves d'une année sur l'autre* ».
- Pour le recrutement des personnels. Dans les établissements du programme CLAIR, la nomination des nouveaux enseignants et des différents personnels de l'établissement n'obéira pas au mouvement traditionnel d'affectation des enseignants. « *Le recrutement des personnels enseignants, d'éducation, administratifs et de santé sera effectué sur proposition des chefs d'établissements après publication de postes à profil pour l'ensemble des disciplines et des fonctions.* »

3. Les écoles et établissements scolaires pour l'ambition, l'innovation et la réussite (Programme ECLAIR)

Depuis la rentrée 2011, il n'y a plus de réseau « ambition réussite » (RAR), mais des établissements participant au programme ECLAIR qui reprend les principes des établissements CLAIR (voir ci-dessus).

Les établissements concernés dont la liste a été publiée dans le Bulletin officiel de l'Éducation Nationale n° 27 du 7 juillet 2011 sont au nombre de 2 441 pour toute la France : 2 116 écoles ; 297 collèges (soit 46 de plus que les collèges RAR) ; 28 lycées. Les deux académies qui comptent le plus d'établissements ECLAIR sont Lille (288) et Créteil (275). Celles qui en comptent le moins sont Grenoble (10) et Dijon (12).

4. Les internats d'excellence

Les internats d'excellence ont été annoncés dans le cadre du plan 2008 **Dynamique Espoir Banlieues**.
Il s'agit de proposer aux « *jeunes méritants* » des établissements situés dans des quartiers défavorisés des conditions de réussite d'études qui « *contribuent à développer leur ambition scolaire* ».
Le premier internat d'excellence a ouvert en Seine-et-Marne en 2009. Onze sont ouverts en 2010-2011, ils accueillent au total 6 280 élèves.

Ces internats d'excellence ont fait l'objet d'un certain nombre de critiques comme celles de Jacques Attali qui déclare en septembre 2010 : « *notre conception de l'excellence est extraordinairement anachronique. Ce qui compte en France ce sont les premiers, les meilleurs. Même les internats d'excellence ne consistent qu'à permettre à une petite minorité de répondre à cette définition anachronique de l'excellence.* »

FICHE 5 Les compétences partagées entre l'État et les diverses collectivités territoriales

Quelles sont les **compétences partagées entre l'État et les diverses collectivités territoriales** ?

> *« L'éducation est un service public national, dont l'organisation et le fonctionnement sont assurés par l'État, sous réserve des compétences attribuées par le présent Code aux collectivités territoriales pour les associer au développement de ce service public.*
> *L'État assume, dans le cadre de ses compétences, des missions qui comprennent :*
> *1º La définition des voies de formation, la fixation des programmes nationaux, l'organisation et le contenu des enseignements ;*
> *2º La définition et la délivrance des diplômes nationaux et la collation des grades et titres universitaires ;*
> *3º Le recrutement et la gestion des personnels qui relèvent de sa responsabilité ;*
> *4º La répartition des moyens qu'il consacre à l'éducation, afin d'assurer en particulier l'égalité d'accès au service public ;*

→

5º Le contrôle et l'évaluation des politiques éducatives, en vue d'assurer la cohérence d'ensemble du système éducatif. »

« L'État a la charge :
1º De la rémunération du personnel enseignant des écoles élémentaires et des écoles maternelles ;
2º De la rémunération du personnel de l'administration et de l'inspection ;
3º De la rémunération du personnel exerçant dans les collèges ;
4º De la rémunération du personnel exerçant dans les lycées ;
5º Des dépenses pédagogiques des collèges, des lycées et des établissements d'éducation spéciale dont la liste est arrêtée par décret. »

« La commune a la charge des écoles publiques. Elle est propriétaire des locaux et en assure la construction, la reconstruction, l'extension, les grosses réparations, l'équipement et le fonctionnement. »

« Sous sa responsabilité et après avis du conseil d'administration ou d'école, le maire peut utiliser les locaux et les équipements scolaires dans la commune pour l'organisation d'activités à caractère culturel, sportif, social ou socio-éducatif pendant les heures ou les périodes au cours desquelles ils ne sont pas utilisés pour les besoins de la formation initiale et continue. Ces activités doivent être compatibles avec la nature des installations et l'aménagement des locaux. »

« Le département a la charge des collèges. À ce titre, il en assure la construction, la reconstruction, l'extension, les grosses réparations, l'équipement et le fonctionnement, à l'exception, d'une part, des dépenses pédagogiques à la charge de l'État dont la liste est arrêtée par décret et, d'autre part, des dépenses de personnels prévues à l'article L. 211-8. Le département assure l'accueil, la restauration, l'hébergement ainsi que l'entretien général et technique, à l'exception des missions d'encadrement et de surveillance des élèves, dans les collèges dont il a la charge. »« La région a la charge des lycées, des établissements d'éducation spéciale et des lycées professionnels maritimes. Elle en assure la construction, la reconstruction, l'extension, les grosses réparations, l'équipement et le fonctionnement, à l'exception, d'une part, des dépenses pédagogiques à la charge de l'État dont la liste est arrêtée par décret et, d'autre part, des dépenses de personnels prévues à l'article L. 211-8.
La région assure l'accueil, la restauration, l'hébergement ainsi que l'entretien général et technique, à l'exception des missions d'encadrement et de surveillance des élèves, dans les établissements dont elle a la charge. »

Source : articles L.211-1 ; L211-8 ; L.212-4 ; L.212-15 ; L.213-2 ; L.214-6 du Code de l'éducation, sur les différentes lois de décentralisation.

Tableau des compétences partagées

<table>
<tr><th>Niveau de responsabilité</th><th>COMMUNE (Conseil municipal)</th><th>DÉPARTEMENT (Conseil général)</th><th>RÉGION (Conseil régional)</th><th>ÉTAT</th></tr>
<tr><td rowspan="2">Constructions, reconstructions, extensions, grosses réparations, entretien…</td><td rowspan="2">Écoles maternelles et élémentaires</td><td rowspan="2">Collèges</td><td>Lycées d'enseignement Général, technologique, professionnel et lycées polyvalents</td><td>Universités</td></tr>
<tr><td colspan="2">Universités (contrat État-Régions)</td></tr>
<tr><td>Crédits d'équipement, de fonctionnement et d'entretien</td><td>Écoles maternelles et élémentaires</td><td>Collèges</td><td>Lycées d'enseignement général, technologique, professionnel et lycées polyvalents</td><td>Universités
+
Une partie des dépenses pédagogiques des lycées et collèges</td></tr>
<tr><td>Rémunération des personnels</td><td>Agents spécialisés des écoles maternelles (ATSEM) rémunérées par les communes</td><td>Personnels ouvriers, d'entretien, techniques, d'accueil et de restauration des collèges rémunérés par les départements</td><td>Personnels ouvriers, d'entretien, techniques, d'accueil et de restauration des lycées rémunérés par les régions</td><td>Paiement et recrutement des personnels enseignants des écoles, collèges et lycées</td></tr>
<tr><td rowspan="2">Compétences particulières</td><td colspan="3">Sous sa responsabilité et après avis du conseil d'administration ou d'école , le maire peut utiliser les locaux et les équipements scolaires dans la commune pour l'organisation d'activités à caractère culturel, sportif, social ou socio-éducatif pendant les heures ou les périodes au cours desquelles ils ne sont pas utilisés pour les besoins de la formation initiale et continue</td><td rowspan="2">Structure pédagogique générale des établissements, diplômes</td></tr>
<tr><td>Modification des heures d'entrée et de sortie des élèves</td><td></td><td>Financement du coût des manuels scolaires</td></tr>
</table>

FICHE 6

La communauté éducative d'un établissement scolaire

Qu'appelle-t-on **la communauté éducative** d'un établissement scolaire ?

> *« Dans chaque école, collège ou lycée, la communauté éducative rassemble les élèves et tous ceux qui, dans l'établissement scolaire ou en relation avec lui, participent à l'accomplissement de ses missions.*
> *Elle réunit les personnels des écoles et établissements, les parents d'élèves, les collectivités territoriales ainsi que les acteurs institutionnels, économiques et sociaux, associés au service public de l'éducation. »*
>
> *« Les parents d'élèves sont membres de la communauté éducative. »*
>
> Source : articles L111-3 et L.111-4 du Code de l'éducation.

Le métier enseignant est un métier **solidaire**, qui s'appuie sur toutes les ressources existant dans l'établissement et tous les acteurs de la communauté éducative.
Pour être à l'aise dans ce fonctionnement solidaire, il faut que chaque acteur, et en particulier l'enseignant, ait une réflexion sur ce qui constitue le cœur de son métier.
Travailler en réseau en s'appuyant sur les autres acteurs, ce n'est pas se chevaucher ou se superposer, mais **s'additionner en complémentarité** pour donner plus aux élèves.
Pour mener à bien cette démarche, cela suppose que chaque acteur de la communauté éducative connaisse clairement les missions, les, rôles, les tâches et les compétences des autres acteurs et soit reconnu dans sa professionnalité par les autres professionnels avec qui il est en contact.
Connaître et être reconnu, tels sont les maîtres mots d'une action cohérente des différents membres de la communauté éducative.

La cohérence de l'action des adultes de l'établissement (personnels de direction, d'éducation, enseignants, administratifs, ouvriers, sociaux...) est **une nécessité**. Faire que tous les adultes de l'établissement aient un discours cohérent est un enjeu important pour toute la communauté éducative.
Cela implique que chacun, de l'éducateur à l'enseignant, du personnel administratif à l'équipe de direction, soit conscient :

- qu'il faut une cohérence entre le dire des discours et le faire du travail quotidien ;
- qu'il est nécessaire que chacun dans ses activités applique les mêmes règles que l'autre, ait le même seuil de tolérance concernant ce qui est inacceptable, non négociable.

Il est fondamental que l'élève ressente que tout l'établissement, toutes les heures de cours fonctionnent selon les mêmes règles. Les règles fonctionnant dans l'école n'étant déjà pas les mêmes que celles fonctionnant à la maison, dans la rue ou évoquées dans les médias, il est difficile pour les élèves de se les approprier s'ils ressentent que, concernant par exemple les retards, le rendu des devoirs, les injures, il y a une règle en français, une en mathématiques, une en EPS, etc. Cela ne peut que déstabiliser les jeunes et rendre plus difficile l'exercice du métier enseignant.

La construction d'un **seuil de l'intolérable commun à toute l'équipe éducative** implique la construction d'un compromis entre tous les personnels où chacun apporte sa vision mais accepte de pratiquer, dans sa classe, dans son atelier, la loi commune. Il faut se garder de penser qu'un simple consensus sans réflexion de toute l'équipe de l'établissement puisse y suffire.

Redonner sens au collectif

Face à une telle situation, il est important que la société s'interroge sur ce qui peut redonner sens à du collectif. N'avons-nous pas trop rapidement abandonné des rites collectifs ? La construction de la personnalité, le sentiment d'appartenance à un groupe, à un établissement, à une nation, passe par des rites. S'il n'y a plus aucun rite organisé par la société, les jeunes passeront par d'autres rites : la bande, les groupes ethniques ou religieux….

L'appartenance à un collectif est un élément important du vivre ensemble. Pour dépasser les tensions communautaires, il faut proposer des éléments d'une appartenance collective.

Donner le sentiment qu'on appartient à un collectif doit être au cœur des projets d'établissements.

L'établissement scolaire public doit se concevoir comme porteur d'un projet collectif approprié par tous, élément d'un projet national collectif.

Le défi de l'école inclusive n'est donc pas d'opposer des cultures , des traditions mais, en partant du principe que chaque culture porte une part d'universel , de donner des connaissances à la fois sur l'histoire, la culture des pays d'origine et sur le patrimoine national français et européen afin de forger **un sentiment commun d'appartenance qui ne nie pas la diversité des identités**.

Le développement d'une véritable communauté éducative regroupant tous les acteurs d'un établissement, quelles que soient leurs origines, leurs philosophies, leurs croyances, est le meilleur antidote contre les replis communautaires.

Mots liés **Parents d'élèves, les différentes fonctions et métiers dans l'établissement.**

FICHE 7

L'obligation scolaire

A QUELS SONT LES TEXTES CONCERNANT L'OBLIGATION SCOLAIRE ?

« L'instruction est obligatoire pour les enfants des deux sexes, français et étrangers, entre six ans et seize ans. La présente disposition ne fait pas obstacle à l'application des prescriptions particulières imposant une scolarité plus longue. »

« Tout jeune doit se voir offrir, avant sa sortie du système éducatif et quel que soit le niveau d'enseignement qu'il a atteint, une formation professionnelle. »

« Tout élève qui, à l'issue de la scolarité obligatoire, n'a pas atteint un niveau de formation reconnu doit pouvoir poursuivre des études afin d'atteindre un tel niveau. L'État prévoit les moyens nécessaires, dans l'exercice de ses compétences, à la prolongation de scolarité qui en découle. Tout mineur non émancipé dispose du droit de poursuivre sa scolarité au-delà de l'âge de seize ans.
Lorsque les personnes responsables d'un mineur non émancipé s'opposent à la poursuite de sa scolarité au-delà de l'âge de seize ans, une mesure d'assistance éducative peut être ordonnée dans les conditions prévues aux articles 375 et suivants du Code civil afin de garantir le droit de l'enfant à l'éducation. »

Source : articles L.131-1, L.122-2 et L.122-3 du Code de l'éducation.

Depuis les lois de Jules Ferry (1881-1882), l'enseignement est obligatoire. Cette obligation s'applique à partir de 6 ans pour tous les enfants français ou étrangers résidant en France. Au départ, la scolarisation était obligatoire jusqu'à l'âge de 13 ans, puis 14 ans à partir de 1936. En janvier 1959, la scolarité a été prolongée jusqu'à l'âge de 16 ans révolus.
L'article L.122-2 du Code de l'éducation prévoit que *« tout élève qui, à l'issue de la scolarité obligatoire n'a pas atteint un niveau de formation reconnu doit pouvoir poursuivre des études afin d'atteindre un tel niveau. Tout mineur non émancipé dispose du droit de poursuivre sa scolarité au-delà de l'âge de seize ans. »*

Une loi a été votée le 18 décembre 1998 pour renforcer les dispositions concernant l'obligation scolaire, afin de lutter contre les dérives sectaires de certaines familles et de certains établissements hors contrat.
Le décret du 23 mars 1999 précisait le contenu des connaissances requis pour les enfants instruits dans la famille ou dans les établissements privés hors contrat. Ce décret a été actualisé en 2007 pour y faire figurer l'obligation de posséder les connaissances et compétences figurant dans le socle commun voté en 2005.

B LA LUTTE CONTRE L'ABSENTÉISME SCOLAIRE

■ **Une nouvelle loi** votée en septembre 2010 établit en son article premier que « *dans le cas où, au cours d'une même année scolaire, une nouvelle absence de l'enfant mineur d'au moins quatre demi-journées sur un mois est constatée en dépit de l'avertissement adressé par l'inspecteur d'académie, ce dernier, après avoir mis les personnes responsables de l'enfant en mesure de présenter leurs observations, et en l'absence de motif légitime ou d'excuses valables, saisit le directeur de l'organisme débiteur des prestations familiales qui suspend immédiatement le versement de la part des allocations familiales dues au titre de l'enfant en cause* ». Ce n'est pas avant la constatation sur au moins un mois de l'arrêt de l'absentéisme que le versement peut être rétabli. Autrement dit, compte tenu des congés scolaires, trois ou quatre mois plus tard.

■ **Ce texte sera-t-il efficace ?** L'exemple anglais, où un dispositif encore plus répressif existe depuis des années, montre qu'il n'a pas de prise sur un phénomène qui a des racines variées et souvent profondes. Ce n'est pas forcément la «démission parentale» qui entraîne l'absentéisme. Et ce n'est pas en affaiblissant la famille qu'on y remédie.

■ Pour l'inspection académique du Nord, la lutte contre le décrochage repose sur quatre principes.

- Le premier est **l'individualisation**. « *L'important est de comprendre pourquoi un élève décroche* » écrit Jean-Pierre Polvent, inspecteur d'académie. Le décrochage se nourrit par exemple d'un véritable « empêchement de penser » chez certains élèves, une situation imperméable à l'autorité. D'autres critères, sociaux par exemple, peuvent intervenir. « La plupart des dispositifs expérimentés mettent l'accent sur l'individualisation de l'accompagnement des élèves concernés » conclut une réunion de bassin.
- Le deuxième principe est **l'importance du lien avec la famille**. « *Il faut veiller à maintenir ou restaurer un lien avec les familles. La lutte contre le décrochage doit nécessairement favoriser l'émergence d'un nouveau mode de coopération avec les parents.* »
- Le troisième principe c'est **l'effort pédagogique** qui est nécessaire. « *L'individualisation des parcours, pour les décrocheurs, amène à se demander si le dispositif d'enseignement de droit commun est suffisant* ». Cette situation s'aggrave quand l'offre de formation se dégrade, ce qui est parfois le cas dans l'enseignement professionnel du fait des économies budgétaires.
- Enfin le dernier principe c'est **le partenariat** qui doit s'installer entre les différents acteurs, malgré les différences de « *rationalité* ».

Mots liés **Le décrochage, l'absentéisme scolaire.**

FICHE 8

La gratuité scolaire

A QUELS TEXTES RÉGISSENT LA GRATUITÉ SCOLAIRE ?

« L'enseignement public dispensé dans les écoles maternelles et les classes enfantines et pendant la période d'obligation scolaire est gratuit.
L'enseignement est gratuit pour les élèves des collèges et lycées publics qui donnent l'enseignement du second degré ainsi que pour les élèves des classes préparatoires aux grandes écoles et à l'enseignement supérieur des établissements d'enseignement public du second degré. »

Source : articles L.132-1 et L.132-2 du Code de l'éducation.

Le principe de la gratuité de l'enseignement primaire public a été établi par la loi Jules Ferry du 16 juin 1881. La gratuité a été étendue à l'enseignement secondaire par la loi du 31 mai 1933.
Les manuels scolaires sont fournis aux élèves pendant la scolarité obligatoire. Ils sont pris en charge par les communes pour l'école primaire et par l'État pour les collèges. L'établissement, à partir de la dotation de l'État, les achète et les prête chaque année aux élèves.
Pour les lycées, depuis les élections aux conseils régionaux de 2004, la quasi-totalité des régions a pris des décisions, sous forme de dotations aux familles ou aux établissements, visant à assurer la gratuité pour les élèves des lycées de leur région.

Une circulaire du 30 mars 2001 a précisé la mise en œuvre du principe de gratuité de l'enseignement scolaire public :

« Le principe de gratuité, applicable dans tous les établissements publics locaux d'enseignement, doit être considéré de manière absolue. Il concerne le matériel d'enseignement à usage collectif, les fournitures à caractère administratif et les dépenses de fonctionnement, notamment la production de photocopies à destination des élèves et de leurs familles, les frais de la correspondance adressée aux familles, les frais de téléphone et de télématique. En revanche, les dépenses afférentes aux activités facultatives, en particulier les voyages scolaires, ne relèvent pas de ce principe. Elles peuvent être laissées à la charge des familles. Toute délibération contraire à ces dispositions qui serait adoptée par un quelconque conseil d'administration ne saurait être appliquée. »

B LES AIDES FINANCIÈRES

Pour répondre aux problèmes qui se poseraient aux élèves se trouvant dans une situation économique difficile, notamment concernant les frais de cantines ou la participation financière à un voyage scolaire, chaque établissement du second degré est doté d'une somme mise à disposition des élèves : **le fonds social collégien et le fonds social lycéen**.
Les élèves des établissements sont associés à la gestion de ces fonds qui sont alloués par le chef d'établissement, après consultation en lycée des instances lycéennes.
Il existe également un **fonds de vie lycéenne** qui est destiné à financer les actions que les lycéens ont souhaité mettre en œuvre en matière : de formation des élus lycéens, d'information des élèves, de communication, de prévention des conduites à risques, d'éducation à la santé et à la citoyenneté, d'animations culturelles ou éducatives.

Le coût de la rentrée scolaire représente en 2010, selon les associations familiales et de parents d'élèves, une dépense allant de 180 euros pour un élève de l'enseignement élémentaire à 650 euros pour un lycéen.
Les caisses d'allocations familiales versent, à chaque rentrée, une **allocation de rentrée scolaire** dont la somme est fixée chaque année par l'État. Cette allocation est versée, sous condition de ressources, pour tout enfant âgé de 6 à 18 ans. Cette allocation de rentrée scolaire s'est élevée à la rentrée 2010 à 280 ,76 euros pour les enfants de 6 à 10 ans, 296,62 euros pour les enfants de 11 à 14 ans, 306,51 euros pour les enfants de 15 à 18 ans.
Pour quelques cas difficiles, les conseils généraux peuvent accorder des aides supplémentaires.

Des **bourses** sont également versées aux familles des élèves de collège et lycée, sur la base des revenus familiaux à partir d'un barème comportant des points de charge (nombre d'enfants, situation familiale, ...).

C LA DÉPENSE INTÉRIEURE D'ÉDUCATION

La dépense intérieure d'éducation est évaluée pour 2008 à 129,4 milliards d'euros et représente 6,6 % du produit intérieur brut (PIB). Elle représentait en 1997 7,6 % du PIB.
La part de l'État n'a cessé de baisser depuis 1985 et les lois de décentralisation : 65,4 % en 1985 et 56,6 % en 2008.

La structure du financement de la dépense intérieure d'éducation est en 2008 :

- Ministère de l'Éducation nationale : 52,5 %
- Autres ministères : 4,1 %
- **Total État : 56,6 %**

- Collectivités territoriales : 25,2 %
- Autres administrations publiques : 0,6 %
- Entreprises : 6,6 %
- Ménages : 11 %

Parmi les dépenses éducatives des familles, figure souvent le soutien scolaire. Dans un sondage d'octobre 2005, 75 % des parents se sont déclarés prêts à recourir au soutien scolaire si leur enfant rencontre des difficultés.

Pour permettre à tous de bénéficier gratuitement du soutien scolaire, de nombreuses collectivités territoriales subventionnent des associations travaillant dans « l'accompagnement à la scolarité ». Dans le cadre de l'accompagnement éducatif, le ministère de l'Éducation nationale a prévu l'organisation gratuite de dispositifs d'aide aux devoirs dans les écoles et les collèges.

Mots liés **Obligation scolaire, accompagnement éducatif.**

FICHE 9 La laïcité des collèges et lycées publics

A QUELS SONT LES TEXTES CONCERNANT LA LAÏCITÉ DES COLLÈGES ET LYCÉES PUBLICS ?

La **laïcité,** principe constitutionnel de la République, est un des fondements de l'école publique.

> *« Comme il est dit au treizième alinéa du Préambule de la Constitution du 27 octobre 1946 confirmé par celui de la Constitution du 4 octobre 1958 : « la nation garantit l'égal accès de l'enfant et de l'adulte à l'instruction, à la formation et à la culture ; l'organisation de l'enseignement public gratuit et laïque à tous les degrés est un devoir de l'État. »*
>
> Source : article L.141-1 du Code de l'éducation.

La loi de 1905 de séparation de l'Église et de l'État ne s'applique pas sur tout le territoire français. Elle ne s'applique pas dans certains départements d'Outre-mer et en Alsace-Moselle.
Sur le reste du territoire français, les collèges et lycées publics sont laïcs, c'est-à-dire que les personnels et les élèves sont soumis à des obligations de laïcité, que les programmes sont laïcs, qu'il n'y a pas d'heures de cours de religion inscrites à l'emploi du temps.

À l'école, comme ailleurs, les croyances religieuses sont affaire de conscience individuelle et relèvent donc de la liberté de chacun. Mais à l'école, où se retrouvent tous les jeunes sans aucune discrimination, l'exercice de la liberté de conscience impose que l'ensemble de la communauté mette en avant ce qui unit tous les élèves et non ce qui peut les diviser.

> *« Suivant les principes définis par la constitution, l'État assure aux enfants et aux adolescents dans les établissements publics d'enseignement la possibilité de recevoir un enseignement conforme à leurs aptitudes dans un égal respect de toutes les croyances. L'État prend toutes dispositions utiles pour assurer aux élèves de l'enseignement public la liberté des cultes et de l'instruction religieuse. »*
>
> Source : article L.141-2 du Code de l'éducation.

La liberté de conscience des élèves a été garantie par la loi de 1905 qui, dans son article 2, prévoit pour les lycées et collèges publics (comme pour les hôpitaux, les prisons, l'armée) la possibilité de création **d'aumôneries**.

B LA LAÏCITÉ N'EST PAS L'ANTI-RELIGION

La laïcité, pierre angulaire du pacte républicain, repose sur **trois valeurs indissociables** qui permettent la coexistence des religions car le cadre juridique et politique de la laïcité n'est pas une machine de guerre contre les religions.

- **La liberté de conscience** : elle permet à chaque citoyen de choisir sa vie spirituelle ou religieuse. Il n'y a pas de croyance obligée, pas de croyance interdite. La liberté de conscience, c'est la possibilité pour chacun de croire ou de ne pas croire, de pouvoir vivre avec une religion ou sans, de pouvoir même en changer s'il le souhaite. La liberté de culte permet à toutes les religions l'extériorisation, l'association et la poursuite en commun de buts spirituels. Ainsi comprise, la laïcité s'interdit toute approche anti-religieuse.
- **L'égalité en droit des options spirituelles et religieuses** prohibe toute discrimination ou contrainte et garantit que l'État ne privilégie aucune option. Elle implique l'égalité de tous les hommes quelle que soit leur option spirituelle, qu'il croit ou ne croit pas en un Dieu. Pas plus qu'il ne défend un dogme religieux, l'État laïc ne promeut une conviction athée ou agnostique.
- **La neutralité du pouvoir politique** implique que le pouvoir politique reconnaît ses limites en s'abstenant de toute immixtion dans le domaine spirituel ou religieux. Pour que chaque citoyen puisse se reconnaître dans la République, elle soustrait le pouvoir politique à l'influence dominante de toute option spirituelle ou religieuse, afin que chacun puisse **vivre ensemble**. Cette conception implique également que toutes les religions respectent les lois de l'État et ne considèrent pas qu'elles ont un « *droit de veto* » sur les

décisions prises par celui-ci. La laïcité suppose l'indépendance du pouvoir politique et des différentes options spirituelles ou religieuses. Celles-ci n'ont pas d'emprise sur l'État et ce dernier n'en a pas sur elles. De même, le spirituel et le religieux doivent s'interdire toute emprise sur l'État et renoncer à une dimension politique. La laïcité est incompatible avec toute conception de la religion qui souhaiterait régenter, au nom des principes supposés de celle-ci, le système social ou l'ordre politique.

C L'ÉTAT CIVIL EST UN SYMBOLE DE LA LAÏCITÉ

Le premier texte qui peut permettre d'expliquer la laïcité est celui concernant **l'État civil** mis en place pendant la Révolution française.

Le 20 septembre 1792, l'Assemblée législative laïcise l'État civil et le mariage. La citoyenneté n'est plus liée à la religion. Avec ce texte qui organise l'inscription obligatoire à la mairie à l'occasion de la naissance, du mariage et du décès au lieu de l'inscription sur les registres paroissiaux qui deviennent facultatifs, chacun peut vivre, s'il le souhaite, en athée. C'est selon Jean Jaurès « *la laïcisation des bases de la vie* ». Il y a, avec la création de l'État civil, **prééminence de l'État sur toute autre structure**.

Conformément aux trois principes de la laïcité exprimés plus haut :

- La neutralité et l'impartialité de l'État permettent à chacun d'avoir la garantie de son nom, de son prénom, de son mariage, en dehors de toute croyance.
- La liberté de conscience est garantie par le fait que chacun, après la déclaration de naissance, de mariage, ou de décès, peut aller accomplir les cérémonies religieuses qu'il souhaite ; mais, celles-ci viendront toujours en second. On ne peut se marier à l'église, au temple, à la synagogue, à la mosquée, à la pagode qu'après s'être marié à la mairie. Un mariage seulement religieux n'est pas reconnu comme mariage.
- L'égalité en droit de toutes les croyances ou non croyances est garantie par le fait que l'État ne se soucie pas de la cérémonie du culte, ou de l'absence de cérémonie, qui pourra suivre l'acte accompli à la mairie.

L'État civil permet donc de vivre en athée comme de vivre avec sa foi.

D L'ÉCOLE, ESPACE LAÏC DE SAVOIR ET DE CITOYENNETÉ

L'école doit se vivre et se comporter avec tous ses acteurs comme un espace laïc de savoir et de citoyenneté.

Son espace doit être clairement identifié, symboliquement séparé de son environnement. Emettrice vers le quartier où elle est située autant que réceptrice des initiatives qui s'y mènent et des problèmes qui y existent ; consciente qu'en tout état de cause, elle a sa marge de manœuvre propre par rapport à son environnement économique, social et culturel, l'école doit refuser tout fatalisme.

Laïque, parce qu'elle est ouverte à tous les jeunes, quelles que soient leurs origines sociales, ethniques ou religieuses, l'école refuse toutes les doctrines d'exclusion et a la volonté et l'ambition de faire réussir tous les élèves d'où qu'ils viennent.

Mots liés **Obligation de laïcité des élèves, des enseignants.**

FICHE 10 Les relations avec les parents d'élèves

Les parents sont des membres à part entière de la communauté éducative. Tout doit être fait pour favoriser leur intégration et leur coopération fonctionnelle.

A UNE INCOMPRÉHENSION QUI POURRAIT DEVENIR DÉSAFFECTION

En 2010, tous les sondages montrent le développement d'un sentiment d'incompréhension grandissant des parents vis-à-vis du fonctionnement et des contenus d'enseignement.
D'où vient ce sentiment ?
Pendant des dizaines d'années, restées dans les mémoires, l'école a été un symbole de continuité et de permanence bien évoqué dans de nombreux romans ou films.
Depuis plus d'une génération, l'école apparaît en crise permanente, de plus en plus incompréhensible. Rappelons-nous que **depuis l'année 1974**, il n'y a pas eu une année dans le système scolaire où il n'y ait pas eu **un ou deux niveaux scolaires connaissant une réforme des structures ou des programmes**.

Améliorer la compréhension de l'école par les familles est donc un enjeu décisif. Si les familles, et notamment celles les plus éloignées de l'école, ne sont pas accompagnées dans leur découverte du système scolaire actuel, il y a véritablement un risque que ces populations rejettent une école qu'elles ne comprennent pas et qu'elles soient sensibles à toutes les campagnes visant à disqualifier l'école publique. Ceci a été attesté par de nombreuses enquêtes d'opinion.

Les parents qui rencontrent un système illisible à leurs yeux sont très en attente d'explications sur l'organisation d'un niveau d'enseignement, pour comprendre ce qui va se passer pour leur enfant.

C'est ce qui explique le succès de l'opération *« la mallette des parents »* réalisée à partir de 2009 dans l'académie de Créteil auprès des parents dont les enfants rentrent au collège et dont l'extension à d'autres académies a été annoncée par la circulaire n°2010-106 du 15 juillet 2010, parue au BO du 22 juillet 2010. Cette action d'information permettant aux parents de mieux comprendre le parcours de leur enfant ne se substitue pas aux réunions de classe animées par le professeur principal et les autres enseignants.

> *« Chaque parent est électeur et éligible au conseil d'administration des collèges et des lycées,* **sous réserve pour les parents d'enfant mineur de ne s'être pas vu retirer l'autorité parentale.** *»*
>
> Source : décret du 17 juin 2004, BO n°24 du 22 juillet 2004.

Il y a donc maintenant, pour prendre en compte l'importance du divorce en France, une voix pour la mère et une voix pour le père. Chacun ne dispose que d'une voix, quel que soit le nombre de ses enfants inscrits dans le même établissement. Lorsque l'exercice de l'autorité parentale a été confié à un tiers qui accomplit tous les actes usuels relatifs à la surveillance et à l'éducation de l'enfant, ce tiers exerce à la place des parents le droit de voter et de se porter candidat. Ce droit de suffrage est non cumulatif avec celui dont il disposerait déjà au titre de parent d'un autre élève inscrit dans l'établissement.
En 2001, l'Éducation nationale avait déjà rendu obligatoire l'envoi par les établissements scolaires des bulletins scolaires aux deux parents divorcés.

B DÉVELOPPER LES RELATIONS ÉCOLE-FAMILLE

Toutes les études montrent que des parents qui s'intéressent aux études de leurs enfants permettent une meilleure réussite des jeunes.
Pour donner du sens à l'école et au savoir, il faut une école dont les familles soient des acteurs, une école moins opaque, plus lisible.
C'est aussi la condition d'un meilleur exercice du métier enseignant et d'une plus grande efficacité de l'acte éducatif.

Il est donc fondamental que chaque parent s'implique dans le suivi de la scolarité de leur enfant et s'intéresse à ce qui se vit à l'école.
Les bases d'une relation positive école-famille impliquent de chacun des acteurs concernés quelques principes simples à mettre en œuvre.

Il s'agit de développer tout au long de la scolarité du jeune **un climat de confiance réciproque entre la famille et l'école**.

Quelques repères :

■ Les parents sont légitimes, ils sont membres de la communauté éducative. Le respect de toutes les personnes est la règle.

■ Les parents sont de plus en plus angoissés par l'avenir. L'école est au cœur de leurs inquiétudes. De lieu de promesses, elle est devenue un lieu de menaces. Pour la première fois depuis des générations, aucune famille n'est assurée que leur enfant vive mieux qu'elle.

■ L'école s'est complexifiée, s'est modifiée dans ses programmes, son organisation, ses paliers d'orientation en une génération.
Les parents des milieux populaires ne comprennent pas une école qui a été bouleversée.

■ Expliquer les changements aux familles est donc fondamental pour que les familles comprennent l'école et ses missions.

■ Il ne faut pas oublier que certains parents peuvent avoir peur de retourner à l'école où ils ont connu l'échec.

■ Il n'y a pas une famille, un type de famille, mais **des** familles diversifiées, différentes, singulières.

■ La posture des parents n'est pas la même que celle des enseignants. Les parents sont porteurs de l'intérêt particulier de leur enfant ; les enseignants sont porteurs de la réussite collective de tous les élèves de la classe.
Ils doivent gérer le *pour tous et le pour chacun* en ayant présent à l'esprit le rôle particulier des parents-délégués.

■ Tout enseignant, tout éducateur, doit avoir comme ligne d'action que **tout enfant est capable** et le montrer aux parents et au jeune lui-même.

■ Développer les relations parents/enseignants constitue un plus pour la réussite des jeunes et un plus pour l'exercice du métier d'enseignant.

C LES DIFFÉRENTES INSTANCES OÙ SIÈGENT LES PARENTS D'ÉLÈVES

■ Au niveau de l'établissement :
- Le conseil d'administration.
- Le conseil de discipline.
- La commission permanente.
- Le conseil de classe.

■ Au niveau d'un groupe d'établissements ou d'un département :
- La commission d'appel.

- Au niveau d'un département et d'une académie :
  - Le Conseil départemental de l'Éducation nationale.
  - Le Conseil académique de l'Éducation nationale.
- Au niveau national :
  - Le Conseil supérieur de l'Éducation.

Mots liés **Communauté éducative.**

FICHE 11 Les différentes fonctions et les métiers existant dans un établissement scolaire

Dans un collège ou un lycée, travaillent des personnels très variés. Il peut d'ailleurs être utile, lors des moments consacrés à l'orientation, de faire découvrir aux élèves la diversité des métiers existant dans les établissements scolaires, notamment pour leur montrer la diversité des parcours et des qualifications de ces personnels (du CAP au bac professionnel, du BTS au master) :

- **L'administration et la gestion de la vie scolaire**
  - Le chef d'établissement (proviseur ou principal),
  - son adjoint (principal-adjoint, proviseur-adjoint),
  - le responsable de la gestion et de comptabilité qui a en charge la gestion du fonctionnement matériel et de l'entretien de l'établissement ainsi que de l'organisation de la demi-pension,
  - le conseiller principal d'éducation (CPE). Il est chargé des questions de vie scolaire et a une responsabilité sur les personnels chargés explicitement des problèmes de surveillance des élèves,
  - les maîtres d'internat-surveillants d'externat (MI-SE), les assistants d'éducation qui assurent des missions de surveillance des élèves,
  - dans les lycées techniques et professionnels, le chef de travaux coordonne le travail pédagogique des professeurs des disciplines techniques,
  - le directeur de la SEGPA (section d'enseignement général et professionnel adapté) qui existe dans un certain nombre de collèges, coordonne les activités des enseignants dans ses structures qui accueillent de la sixième à la troisième des élèves présentant des difficultés scolaires graves et durables.
- **Les personnels ATOSS** (administratifs, techniques, ouvriers, de service, sociaux et de santé). Les personnels chargés de l'entretien de l'établissement sont rémunérés par les collectivités territoriales concernées : département pour les collèges, région pour les lycées.

Ce sont :

- les secrétaires,
- les agents de service, agents d'entretien,
- les personnels de cantines,
- les ouvriers professionnels qui peuvent être rattachés à un établissement ou à un groupe d'établissements dans le cadre d'une EMOP (équipe mobile d'ouvriers professionnels),
- l'infirmier(e),
- l'assistant(e) social(e),
- le médecin scolaire.

Ces personnels sont, de par leur fonction dans l'établissement scolaire, des éducateurs en pleines responsabilités. Ils assurent souvent des rôles actifs de prévention des incivilités concernant les locaux ou la cantine. Ils peuvent également s'investir dans des interventions éducatives directes auprès des élèves. Il est important de les associer aux réunions de pré-rentrée et à toutes les présentations de l'établissement et de son fonctionnement.

■ **Les personnels d'enseignement**, dont font partie suivant le type d'établissements concernés :

- le professeur documentaliste qui gère le centre de documentation et d'information (CDI),
- les professeurs de lycée et collège (PLC), enseignant une discipline, certifiés ou agrégés ou contractuels ou vacataires,
- les professeurs de lycées professionnels (PLP) qui enseignent deux disciplines générales (lettres-langues ; lettres-histoire-géographie ; mathématiques-sciences physiques) ou une seule discipline technique.

Ces personnels peuvent être aidés dans leurs missions, notamment pour faciliter la scolarisation des enfants en situation de handicap, par des assistants d'éducation ou par des AVS (auxiliaire de vie scolaire).

Le centre de documentation et d'information (CDI)

Les CDI sont les héritiers des bibliothèques de lycée. Avec l'arrivée massive des technologies de l'information et de la communication (TIC), ils se sont transformés en médiathèque.

Le CDI est le lieu où tout élève peut venir consulter des ouvrages, découvrir les ressources des multimédias et apprendre avec l'aide du professeur documentaliste à maîtriser la multiplicité des sources d'information.

Les professeurs documentalistes ont notamment pour missions :

- *d'initier et de former des élèves à la recherche documentaire ;*
- *de gérer le centre de ressources documentaires multimédia ;*
- *de participer à l'ouverture de l'établissement sur l'extérieur ;*
- *de lier leurs activités à l'action de l'établissement, notamment dans le cadre du projet d'établissement.*

■ Travaillent aussi dans l'établissement :

• Les conseillers d'orientation psychologue dépendant d'un centre d'information et d'orientation (CIO) qui tiennent une permanence (généralement une journée par semaine) dans l'établissement et peuvent intervenir dans les classes ou recevoir en entretien particulier des élèves (voir la fiche n°39).

• Des intervenants extérieurs notamment membres d'associations sportives ou socio-culturelles, personnels de différentes institutions (théâtre, conservatoire, musées,...) ou d'autres ministères, personnels des collectivités territoriales, peuvent dans le cadre de projets particuliers intervenir dans un établissement. On peut aussi évoquer le cas de magistrats et de gendarmes sur des informations anti-drogues ou des journalistes à l'occasion de la Semaine de la presse.

• Une cinquantaine d'établissements ont, à partir de la rentrée 2010, un *policier référent* qui tient une permanence dans un local de l'établissement quelques heures par semaine.

Les assistants de langues

Un étudiant originaire d'un pays pratiquant la langue vivante concernée peut être nommé sur ou plusieurs établissements comme ***assistant de langue*** *(anglais, espagnol, allemand, etc.).*

Le travail de l'assistant dans l'établissement scolaire est placé sous la responsabilité du chef d'établissement et d'un professeur de la langue vivante concernée chargé de l'accueil, et notamment de la présentation du fonctionnement du système éducatif français.

L'assistant intervient ***en complément*** *du travail de l'équipe des enseignants de LV pour développer les compétences linguistiques et culturelles des élèves. Il peut intervenir auprès de certaines, de groupes d'élèves, dans le cadre de « clubs », etc. (BO n°23 du 8 juin 2006 : Le rôle des assistants de langue étrangère).*

■ Le travail en équipe

Le travail en équipe est indispensable pour assurer les nécessaires cohérences pédagogiques et éducatives entre les personnels. **La cohérence de l'action des adultes** de l'établissement (personnels de direction, d'éducation, enseignants, administratifs, ouvriers, sociaux...) est **une nécessité**.

Faire que tous les adultes de l'établissement aient un discours cohérent est un enjeu important pour toute la communauté éducative (voir la fiche n°6).

Mots liés **Orientation des élèves, communauté éducative, projet d'établissement, conseil pédagogique.**

FICHE 12

Le rôle du chef d'établissement

A QUEL EST LE RÔLE DU CHEF D'ÉTABLISSEMENT DANS UN ÉTABLISSEMENT PUBLIC LOCAL D'ENSEIGNEMENT ?

« Le chef d'établissement préside le conseil d'administration de l'établissement, la commission permanente, le conseil des délégués-élèves, les diverses instances :
- *il est ordonnateur des recettes et dépenses de l'établissement,*
- *après accord du CA, il conclut toute convention au nom de l'établissement,*
- *il a autorité sur l'ensemble des personnels affectés ou mis à disposition de l'établissement,*
- *il fixe le service de chacun des professeurs dans le respect des statuts de ces derniers,*
- *il veille au bon déroulement des enseignements et du contrôle continu des aptitudes et des connaissances,*
- *il est responsable de l'ordre dans l'établissement et assure l'application du règlement intérieur,*
- *il prononce les sanctions ; avertissements ou exclusions temporaires de huit jours maximum concernant les élèves,*
- *en cas de difficultés graves, il peut interdire l'accès des locaux à toute personne relevant ou non de l'établissement et suspendre les enseignements. »*

Source : décret modifié du 30 août 1985.

Les collèges et les lycées sont dirigés par un chef d'établissement qui a une double fonction :

- en tant que représentant de l'État, il a autorité sur les personnels nommés dans l'établissement, il contrôle la bonne marche du service public dans le respect des textes réglementaires et il est responsable de l'ordre et de la sécurité dans l'établissement public local d'enseignement (EPLE) (voir page 29), ce qui peut l'amener à interdire l'accès des locaux à un élève, ou à des personnels ;
- en tant que représentant de l'établissement public autonome et président de son conseil d'administration, il exerce la direction des différentes instances internes de l'établissement, est ordonnateur des recettes et des dépenses, est responsable de l'application des décisions du conseil, du bon déroulement des enseignements et du respect du règlement intérieur.

Le chef d'établissement et son adjoint (proviseur et proviseur-adjoint en lycée ; principal et principal-adjoint en collège) sont recrutés après un concours auquel peuvent postuler principalement les personnels en poste dans l'Éducation nationale depuis cinq ans.

Le référentiel des compétences du chef d'établissement, figurant dans le BO spécial n°1 du 3 janvier 2002, a acté l'accroissement des responsabilités dévolues aux chefs d'établissement avec les lois de décentralisation, l'accroissement de l'autonomie des établissements et le développement des projets d'établissements. Ce référentiel comprend trois parties :

- Les missions du chef d'établissement :
  - le chef d'établissement représente l'État,
  - le chef d'établissement dirige l'établissement.
- Les domaines d'activités :
  - diriger l'établissement,
  - conduire une politique pédagogique et éducative d'établissement au service de la réussite des élèves, en y associant l'ensemble des membres de la communauté éducative,
  - conduire et animer la gestion de l'ensemble des ressources humaines,
  - assurer les liens avec l'environnement,
  - administrer l'établissement.
- Les compétences requises du chef d'établissement :
  - savoir administrer l'établissement,
  - savoir construire dans la concertation la politique pédagogique et éducative de l'établissement,
  - savoir impulser, animer et conduire cette politique pédagogique et éducative.

B L'ACCROISSEMENT DES RESPONSABILITÉS DU CHEF D'ÉTABLISSEMENT

Le chef d'établissement conclut, après accord du conseil d'administration, toute convention au nom de l'établissement.
Avec la mise en œuvre du projet d'établissement, c'est au chef d'établissement que revient le rôle de mettre en synergie les différents personnels qui agissent dans l'établissement. Il doit également être attentif à tout ce qui peut arriver dans son établissement et se préoccuper de mettre les élèves en position de pouvoir prendre des responsabilités comme délégué des élèves ou dans le cadre de l'association sportive, du foyer socio-éducatif dans les collèges, de la maison des lycéens en lycée. Responsable administratif et juridique d'un collège ou d'un lycée, il a également une fonction de **pilotage pédagogique** de l'établissement dans le respect du projet pédagogique arrêté par les équipes enseignantes dans le cadre du **conseil pédagogique** et approuvé par le conseil d'administration.

Qui dit accroissement de l'autonomie d'un établissement, dit accroissement des responsabilités. Avec la mise en place des EPLE, l'administration de l'Éducation nationale ne peut plus se réfugier derrière l'anonymat d'un

service. Dans le cadre d'un collège et d'un lycée, le chef d'établissement est responsable de la sécurité et du bon fonctionnement de celui-ci.
Plusieurs décisions de justice ont reconnu la responsabilité du chef d'établissement lorsque les conditions matérielles de fonctionnement d'un collège ou d'un lycée peuvent mettre en danger ceux qui le fréquentent.
Or, les équipes de direction n'ont souvent pas les moyens matériels dans leur budget de réparer les dommages et les pannes. Ils doivent réclamer aux autorités concernées les crédits, les équipements, les personnels pour permettre aux établissements de fonctionner. Ils sont donc soumis aux possibilités financières de ces structures.
Pour mieux préciser les responsabilités de chacun, la loi du 13 mai 1996 a modifié l'article 123-3 du Code pénal en indiquant que le délit n'est pas constitué si « *la personne concernée a accompli les diligences normales, compte tenu le cas échéant, de la nature de ses missions ou de ses fonctions, de ses compétences, ainsi que du pouvoir ou des moyens dont il disposait.* »
Cette rédaction de la loi évite qu'un chef d'établissement puisse pâtir du fait que les travaux, incombant à des collectivités territoriales et dont il avait signalé l'impérieuse nécessité, n'aient pas été effectués. Mais cela ne dispense pas le chef d'établissement d'agir si la sécurité des élèves est en jeu. C'est ainsi qu'il peut interdire l'accès des élèves à des machines ou à des salles dont il juge que les normes de sécurité sont insuffisantes.

Mots liés **Compétences du conseil d'administration, projet d'établissement.**

FICHE 13 — Le budget et la dotation horaire globale (DHG) d'un établissement d'enseignement

A LE BUDGET D'UN ÉTABLISSEMENT

Le budget de l'établissement est adopté par le conseil d'administration (CA). Il est présenté au CA par le responsable de la gestion et de la comptabilité d'un établissement. Il peut être intendant, agent comptable ou gestionnaire. Si chaque établissement est doté d'un gestionnaire, la fonction d'agent comptable s'exerce sur plusieurs établissements.

Le budget comporte les dépenses et les recettes prévues pour l'établissement pendant l'année civile (du 1er janvier au 31 décembre).
Le CA adopte aussi chaque année après l'exécution du budget de l'année précédente, le **compte financier**, c'est-à-dire la manière dont le budget précédent a été mis en œuvre.

Le budget est établi selon le calendrier suivant :

■ Avant le 1er novembre, la collectivité territoriale concernée notifie le montant de sa participation. Compte tenu du calendrier du budget de l'État et des budgets des départements et des régions, le montant de la somme notifiée aux établissements le 1er novembre est généralement donné à titre conservatoire et ne recouvre pas toujours l'ensemble de la somme qui sera versée au début de l'année civile. La somme définitive versée à l'établissement est arrêtée en mars, lors du vote du budget de la collectivité territoriale concernée.

■ Le budget de l'établissement doit être adopté dans les trente jours suivant la première annonce de la somme versée par la collectivité. Il est établi en fonction des différentes ressources possibles pour un établissement scolaire du second degré :

- Dotation de la région (lycée) ou du département (collège).
- Versement de l'État pour certaines dépenses pédagogiques (manuels scolaires en collèges....) ou subventions de différents ministères pour des projets pédagogiques. Ces dotations ou subventions sont affectées obligatoirement aux dépenses pour lesquelles elles ont été attribuées.
- Ressources de la taxe d'apprentissage (pour les établissements ayant des ateliers ou des formations professionnelles ou technologiques).
- Participation des familles aux frais de demi-pension.
- Ressources tirées de différentes conventions signées par l'établissement, comme par exemple dans le domaine de la formation professionnelle.
- Ressources propres de l'établissement (vente d'objets confectionnés, location de salles...).

Les dépenses consistent notamment en frais de fonctionnement (chauffage, entretien, éclairage...), dépenses administratives et pédagogiques, frais d'hébergement (demi-pension), aides financières destinées aux élèves.

■ Le budget de l'établissement doit être transmis dans les cinq jours au préfet, à la collectivité compétente (région ou département), à l'autorité compétente (recteur ou inspecteur d'académie). S'il n'y a pas de contestation de ces autorités, le budget est exécutoire dans les trente jours.

B LA DOTATION HORAIRE GLOBALE (DHG)

Chaque établissement du second degré reçoit une **dotation horaire globale (DHG)**, établie par le rectorat pour les lycées, par l'inspection académique pour les collèges, à partir des sommes attribuées par le ministère de l'Éducation nationale.

La DHG est calculée en fonction d'un taux H/E (heure par élève), déterminé à l'avance pour chaque classe et corrigé en fonction d'éléments liés à la situation des établissements (nombre d'élèves en retard scolaire, présence de sections particulières, établissements classés éducation prioritaire…).

À partir de la DHG, le conseil d'administration détermine, sur rapport du chef d'établissement après consultation du conseil pédagogique, les structures de l'établissement (nombre de classes, options, heures éventuelles de soutien…) et propose les créations ou les suppressions de postes nécessaires, qui seront décidés de manière définitive par les inspections académiques ou les rectorats. Les postes implantés dans un établissement sont soit des postes définitifs (mis au mouvement national), soit des postes « provisoires » qui peuvent être occupés par des personnels gérés par le rectorat (titulaire académique, stagiaire, contractuel…). Il existe aussi des groupements d'heures ne correspondant pas à un poste et occupés par des personnels gérés par le rectorat, intervenant sur plusieurs établissements.

Le conseil d'administration arrête donc l'organisation en classes et groupes d'élèves.
À cette occasion, le conseil pédagogique et le conseil d'administration peuvent être l'occasion de débats, de questionnements entre les enseignants, notamment si la DHG permet la mise en œuvre d'une seule des différentes solutions possibles :

- Faut-il diminuer sur un niveau chaque classe de deux ou trois élèves et créer une classe supplémentaire ?
- Faut-il maintenir le nombre d'élèves dans chaque classe et prévoir pour certaines disciplines des temps en demi-classes ?
- Faut-il maintenir le nombre d'élèves dans chaque classe et prévoir sur le niveau concerné un certain nombre d'heures destinées à du travail en groupe de quatre à cinq élèves ? Les disciplines concernées étant déterminées en fonction des difficultés des élèves lors des conseils de classe.

La discussion sur la DHG est également l'occasion d'un débat sur les options existant dans l'établissement, notamment les options de langue vivante étrangère. En effet, le CA, selon les textes en vigueur, doit donner « *son avis sur la création d'options dans l'établissement* ».
Faut-il que chaque établissement ait un panel très élargi de langues ? Faut-il une carte des langues au niveau de plusieurs collèges ou de plusieurs lycées facilement reliés par des transports en commun pour permettre un plus large éventail de choix aux élèves ?

Mots liés **Conseil d'administration, conseil pédagogique.**

FICHE 14

Le conseil pédagogique

Le conseil pédagogique a été créé par la loi d'orientation et de programmation d'avril 2005.
Dans chaque collège et chaque lycée, il favorise la concertation entre les professeurs. Il participe à **l'autonomie pédagogique des établissements publics locaux d'enseignement (EPLE)**. Sa composition et ses compétences ont été clarifiées au début de l'année 2010.

A FAVORISER LA CONCERTATION ENTRE LES PROFESSEURS

Le conseil pédagogique est **une instance de consultation des enseignants** sur la politique éducative de l'établissement. Il prépare la partie pédagogique du projet d'établissement, qui inclut les propositions d'expérimentations pédagogiques. Des précisions sont apportées par décret du 27 janvier 2010 (JO du 28 janvier 2010) qui a modifié l'article R.421-41-3 du Code de l'éducation sur les sujets traités par le conseil pédagogique, dans le respect de la liberté pédagogique des enseignants et du champ de compétence des personnels de direction.
Dans le cadre de la réforme du lycée qui a pris effet à compter de la rentrée 2010 en classe de seconde, il est ainsi consulté notamment sur les dispositifs d'aide et de soutien aux élèves, les modalités générales d'accompagnement des changements d'orientation, l'organisation des enseignements en groupes de compétences, les modalités des échanges linguistiques et culturels en partenariat avec les établissements d'enseignement européens et étrangers. Il formule des propositions sur les modalités d'organisation de l'accompagnement personnalisé, que le chef d'établissement soumet ensuite au conseil d'administration.

B COMPOSITION DU CONSEIL PÉDAGOGIQUE

L'article L. 421-5 du Code de l'éducation dispose que « *le conseil pédagogique réunit au moins un professeur principal de chaque niveau d'enseignement, au moins un professeur par champ disciplinaire, un conseiller principal d'éducation et, le cas échéant, le chef de travaux. Le conseil pédagogique est présidé par le chef d'établissement.* »
Le décret du 27 janvier 2010 a apporté des précisions sur la manière dont le chef d'établissement désigne les membres du conseil pédagogique, après consultation des **équipes pédagogiques concernées** (équipe pédagogique d'une classe regroupant tous les enseignants de la classe, équipe pédagogique disciplinaire

regroupant tous les enseignants de l'établissement enseignant une même discipline) en veillant au plus large consensus possible de la part de celles-ci. Il informe le conseil d'administration et la communauté éducative de cette composition.

> *« Le conseil pédagogique comprend les membres mentionnés au deuxième alinéa de l'article L. 421-5. Le nombre des professeurs, s'ajoutant à ceux prévus par cette disposition, est arrêté par le conseil d'administration.*
> *Le chef d'établissement désigne, en début d'année scolaire, les membres du conseil pédagogique et les suppléants éventuels parmi les personnels volontaires, après consultation des équipes pédagogiques intéressées. Il en informe le conseil d'administration lors de la réunion qui suit cette désignation. Il porte la composition du conseil pédagogique à la connaissance de la communauté éducative par voie d'affichage.*
> *En cas d'absence ou d'empêchement du chef d'établissement, le conseil pédagogique est présidé par son adjoint.*
> *Le conseil pédagogique peut entendre toute personne dont la consultation est jugée utile en fonction des sujets traités et des caractéristiques de l'établissement. »*
>
> Source : décret du 27 janvier 2010.

C ATTRIBUTIONS DU CONSEIL PÉDAGOGIQUE

Le décret du 27 janvier 2010 a clairement indiqué les compétences du conseil pédagogique dans ce qui est devenu l'article R.421-41-3 du Code de l'éducation.

> *« Conformément à la loi, le conseil pédagogique a pour mission de favoriser la concertation entre les professeurs, notamment pour coordonner les enseignements, la notation et l'évaluation des activités scolaires. Il prépare la partie pédagogique du projet d'établissement.*
> *Dans ce cadre, le choix des sujets traités et du fonctionnement interne est laissé à l'appréciation du conseil pédagogique, dans le respect de la liberté pédagogique des enseignants et du champ de compétence des personnels de direction.*
> *Pour la préparation du volet pédagogique du projet d'établissement, le conseil pédagogique est amené à travailler en étroite collaboration avec les équipes pédagogiques.*
> *Pour chacun des domaines abordés, le conseil pédagogique pourra mener une réflexion, établir un diagnostic de l'établissement, évaluer les actions mises en place et formuler des propositions. »*
>
> Source : BO n°13 du 31 mars 2006.

Le **conseil pédagogique** associant autour du chef d'établissement des représentants des professeurs principaux de chaque niveau d'enseignement et des professeurs représentant chaque discipline doit permettre, dans le respect de la liberté pédagogique de chacun, **d'harmoniser les méthodes pédagogiques**, le rythme des devoirs, les pratiques de notation et d'évaluation entre les divers enseignants. Des critiques se sont fait entendre concernant la mise en place du conseil pédagogique, notamment concernant ses compétences et le mode de désignation de ses membres. La majeure partie de ces critiques craint que la liberté pédagogique des enseignants (voir fiche n°60) ne soit mise en cause par les décisions du conseil pédagogique et du conseil d'administration.

« Pour l'exercice des compétences définies à l'article L. 421-5, le conseil pédagogique :

■ *Est consulté sur :*

- *la coordination des enseignements ;*
- *l'organisation des enseignements en groupes de compétences ;*
- *les dispositifs d'aide et de soutien aux élèves ;*
- *la coordination relative à la notation et à l'évaluation des activités scolaires ;*
- *les modalités générales d'accompagnement des changements d'orientation ;*
- *les modalités des échanges linguistiques et culturels en partenariat avec les établissements d'enseignement européens et étrangers.*

■ *Formule des propositions quant aux modalités d'organisation de l'accompagnement personnalisé, que le chef d'établissement soumet ensuite au conseil d'administration.*

■ *Prépare en liaison avec les équipes pédagogiques :*

- *la partie pédagogique du projet d'établissement, en vue de son adoption par le conseil d'administration ;*
- *les propositions d'expérimentation pédagogique, dans les domaines définis par l'article L. 401-1 du code de l'éducation. (Voir la fiche n°19)*

■ *Assiste le chef d'établissement pour l'élaboration du rapport sur le fonctionnement pédagogique de l'établissement (...)*

■ *Peut être saisi, pour avis, de toutes questions d'ordre pédagogique par le chef d'établissement, le conseil d'administration ou la commission permanente. »*

Source : article R.421-41-3 du Code de l'éducation.

« Il ne s'agit en aucune sorte de normaliser les pratiques, mais de faire en sorte que les élèves se sentent face à une équipe d'enseignants soudés, porteurs des mêmes valeurs, connaissant leurs approches respectives et coordonnant leurs actions. Les nombreux établissements qui, en réponse à leurs contraintes, ont mis en place cet outil, savent qu'il ne s'oppose pas à la liberté pédagogique - à cette nécessaire et légitime autonomie que fonde l'expertise scientifique - qui n'aurait pas de sens hors du projet collectif. »

Source : Jean-Louis AUDUC, Jean-Louis NEMBRINI, « *Les enseignants de la responsabilisation à l'exercice des responsabilités* » *Revue de l'AFAE*, 2005, n°1, pages 143 à 149.

Mots liés **Innovation, liberté pédagogique des enseignants, équipe pédagogique.**

FICHE 15 Le règlement intérieur

Quel est le rôle et la fonction d'un **règlement intérieur** ?

> *« Dans chaque école et établissement d'enseignement scolaire public, le règlement intérieur précise les conditions dans lesquelles est assuré le respect des droits et des devoirs de chacun des membres de la communauté éducative. »*
>
> Source : article L401-2 du Code de l'éducation.

> *« Dans le cadre de l'autonomie dont disposent les EPLE, le règlement intérieur définit les règles qui régissent la vie quotidienne dans l'établissement, ainsi que les décisions individuelles que le chef d'établissement peut prendre en application de ces règles. Chaque adulte doit pouvoir s'y référer pour légitimer son autorité, en privilégiant la responsabilité et l'engagement de chacun. Élaboré en concertation avec tous les acteurs de la communauté éducative, le règlement intérieur place l'élève, en le rendant responsable, en situation d'apprentissage de la vie en société et de la citoyenneté. »*
>
> (Circulaire du 1er août 2011, BO spécial n°6 du 25 août 2011.)

Le règlement intérieur précise les conditions de fonctionnement de l'établissement scolaire.
Les dispositions contenues dans le règlement intérieur doivent toutes respecter les dispositions **constitutionnelles**, **législatives** et **réglementaires** en vigueur, sinon leur régularité peut faire l'objet de recours devant les tribunaux administratifs.

L'objet du règlement intérieur est double :

- **fixer les règles** d'organisation que chaque établissement doit préciser (heures d'entrée et de sortie des élèves, déplacements et circulation des élèves),
- **déterminer les conditions** dans lesquelles les droits et les obligations des membres de la communauté éducative s'exercent au sein de l'établissement, compte tenu de sa configuration, de ses moyens et du contexte local.

La circulaire du 1er aout 2011 indique que le contenu du règlement intérieur s'appuie « *sur les principes qui régissent le service public de l'éducation* » et que concernant les règles de vie de l'établissement, il doit fixer :

- l'organisation et le fonctionnement de l'établissement ;
- l'organisation et le suivi des études ;
- l'organisation et le suivi des élèves dans l'établissement ;
- la vie dans l'établissement ;

- l'exercice des droits et obligations des élèves, notamment l'obligation d'assiduité, le respect d'autrui et le respect du cadre de vie.

« Ces articles visent non seulement les élèves, mais également les parents d'élèves et les personnels en fonction dans l'établissement. L'attitude des personnels doit avoir valeur d'exemplarité. »

Le règlement intérieur s'applique aux élèves majeurs au même titre qu'aux autres élèves. Il est cependant nécessaire de prévoir le respect des dispositions réglementaires relatives à la majorité, en matière de gestion des absences et d'information directe de ces élèves.

Le vote de son règlement intérieur est un acte important de la vie d'un établissement. Ce règlement détermine à l'intérieur de l'établissement scolaire, dans le respect des textes en vigueur, les modalités de leur application.

Le règlement intérieur fixe notamment les conditions de sortie des élèves en dehors des heures de classes, les règles concernant le service de demi-pension, les obligations ainsi que les droits des élèves.

Il indique également la manière dont s'appliquent dans l'établissement les obligations de laïcité des élèves ainsi que de l'ensemble des acteurs de l'établissement scolaire (voir la fiche n°9).

Des dispositions s'opposant à toute action de bizutage dans l'établissement peuvent être également prévues dans le règlement intérieur.

> *« Il convient de veiller à ce que le règlement intérieur fasse l'objet d'une information et d'une diffusion les plus larges possibles auprès de tous les membres de la communauté éducative […]. À cet égard, l'heure de vie de classe, dans les collèges et les lycées, peut constituer un moment privilégié. »*
>
> Source : circulaire n° 2011-112 du 1er août 2011.

Ce qui est négociable « on peut en délibérer localement »	**Ce qui n'est pas négociable** « on n'a pas à en délibérer localement »
DANS L'ENSEIGNEMENT	
• Les méthodes et les stratégies pédagogiques (pédagogie différenciée, etc.) • Les rythmes d'acquisition des connaissances • Les modes de communication et de collaboration dans la classe • Les moments de l'évaluation • Le rattrapage d'un cours • L'adaptation de l'emploi du temps	• Les savoirs, les contenus de l'enseignement • La nécessité du travail scolaire • Les horaires et les volumes d'enseignement • L'assiduité, la ponctualité, y compris aux enseignements optionnels • Le principe des contrôles et leur évaluation

DANS L'ENSEMBLE DES ACTIVITÉS	
• La composition des classes, l'organisation pédagogique de l'établissement • L'élaboration et la révision du règlement intérieur • L'élaboration et l'actualisation du projet d'établissement • Les modalités de la formation des délégués • Les modalités d'accès aux locaux communs • Les activités des associations sportives et culturelles	• Le respect de l'égale dignité des personnes • Les règles du droit applicables aux personnes, aux biens • Les règles régissant l'obligation scolaire • L'application du règlement intérieur • La mise en œuvre du projet d'établissement et de l'organisation pédagogique arrêtés en CA • Les procédures d'orientation • Les consignes de sécurité

Le règlement intérieur doit également obligatoirement comporter un chapitre consacré à la **discipline des élèves**.
Il doit faire mention de la liste exhaustive des sanctions et punitions encourues ainsi que des mesures de prévention, d'accompagnement et de réparation. Toute punition ou sanction doit être individuelle et proportionnelle au manquement. Elle doit toujours être expliquée à l'élève concerné qui doit avoir la possibilité de s'expliquer et de se justifier.
Il doit rappeler que toute sanction n'est pas nécessairement une sanction négative, mais qu'il peut y avoir des sanctions positives récompensant les élèves qui le méritent. La liste de ces sanctions et les diverses instances qui les attribuent doivent y être indiquées.

> *« La valorisation des actions des élèves dans différents domaines – sportif, associatif, artistique, etc. – est de nature à renforcer le sentiment d'appartenance à l'établissement et à développer leur participation à la vie collective. À ce titre, les règlements intérieurs peuvent prévoir un système de récompense spécifique afin de prendre en compte les efforts des élèves tels que l'attribution d' « encouragements », de « tableaux d'honneur » ou de « félicitations ». Ces récompenses peuvent éventuellement donner lieu à une cérémonie officielle. »*
>
> Circulaire n° 2011-112 du 1er août 2011.

Les élèves et leurs familles doivent être informés du contenu du règlement intérieur, notamment à l'occasion de réunions leur présentant les diverses dispositions y figurant et le pourquoi de telles rédactions. Pour les familles, ces réunions sont généralement prévues en soirée. Pour les élèves, l'information se fait dans la classe, notamment à l'occasion de l'heure de vie de classe ou dans le cadre des instances représentatives des élèves…
Les élèves et leurs parents signent chacun un exemplaire du règlement intérieur.

Mots liés **Conseil d'administration, procédures disciplinaires.**

FICHE 16

La convention internationale des droits de l'enfant

La **convention internationale des droits de l'enfant** a été adoptée par les Nations Unies en 1989. Elle stipule dans son article premier : « *Un enfant est tout être humain de moins de 18 ans.* »

La convention prévoit pour les gouvernements des obligations et pose des principes éthiques et des normes internationales en matière de comportements à l'égard des enfants.

Elle indique que « *l'intérêt supérieur de l'enfant doit être recherché dans toutes les décisions qui le concernent (familles, autorités gouvernementales, judiciaires, administratives...).* »

La convention des droits de l'enfant est rappelée dans un certain nombre de textes concernant l'Éducation nationale.

La notion d'« enfant » figurant dans la convention internationale n'est pas exactement la même que celle de « mineur » qui figure dans certaines lois françaises ou que celle de « jeune » employée par les médias.

Dans notre législation, il y a une notion essentielle qui est celle **de la responsabilisation progressive du mineur** jusqu'à son accession à la majorité à 18 ans, mais qui existait déjà depuis l'ordonnance de 1945 lorsque la majorité était à 21 ans.

Cette notion de responsabilisation progressive, on la trouve dans les textes concernant la justice :

- **À partir de 10 ans**, un enfant peut être retenu par la police. Il peut être condamné à un certain nombre de sanctions, mais il est interdit de le condamner à une peine de prison.
- **À partir de 13 ans**, un enfant peut être retenu en « garde à vue », et il est possible, si la faute est jugée grave, de lui infliger une peine de prison. Compte tenu de son âge, il bénéficiera lors de son jugement de ce qu'on appelle « *l'excuse de minorité* » qui diminue la peine.

Charte des règles de civilité du collégien

La circulaire du 1er août 2011 prévoit que dans les collèges, une « Charte des règles de civilité du collégien » sera adoptée en même temps que le règlement intérieur et donnera lieu à un travail pédagogique.

Cette charte reprend les principaux éléments du règlement intérieur sous une forme simplifiée :

- *Respecter les règles de la scolarité (autorité de l'enseignant, horaires, travaux à effectuer, tenue vestimentaire correct, langage correct).*

→

• Respecter les personnes (comportement envers les adultes et les autres élèves, refus de la loi du silence en cas de souffrance d'un ou plusieurs élèves, refus de tout type de violence ou de harcèlement, respect du principe absolu d'égalité entre les filles et les garçons, respect de l'interdiction du téléphone portable, faciliter le travail des agents d'entretien, avoir un comportement correct à l'occasion des sorties scolaires et aux abords de l'établissement).
• Respecter les biens communs (matériel, mobilier, murs, locaux, sanitaires, outils informatiques, véhicule de transport scolaire, etc.).
Chaque élève de collège doit s'engager personnellement à les respecter dans sa classe, dans l'établissement et ses abords.

■ **À partir de 16 ans**, un enfant qui a commis un acte délictuel peut être jugé comme un adulte et ne plus bénéficier de « *l'excuse de minorité* ».

16 ans est, dans le droit français depuis près d'un siècle, l'âge de ce qu'on appelle la « **majorité sociale** ». Cette notion s'explique par le fait que jusqu'à la fin des années 1960, plus de 80 % des Français étaient au travail à l'âge de 16 ans.
La scolarité obligatoire a été fixée en 1959 à 16 ans, mais elle n'a été réelle que dix ans après environ. Cet oubli de la situation du système scolaire il y a trente-quarante ans, pèse d'ailleurs beaucoup sur l'analyse de la situation aujourd'hui.

*« Alors qu'on s'attendait à 200 000 bénéficiaires pour la mesure donnant le droit à des salariés ayant commencé à travailler avant 16 ans de partir avant 60 ans, on en est déjà à plus de 400 000 fin 2006. Et cela devrait continuer jusqu'en 2012 au rythme de plus de 100 000 par an soit plus d'un million au total. D'où vient cette énorme sous-estimation ? **De l'oubli que ce n'est qu'à la fin des années 1960 que l'allongement à 16 ans de la scolarité obligatoire allait être une réalité et que jusqu'à cette date, nombre de jeunes à partir de 14 ans travaillaient dans l'agriculture ou comme apprentis chez des artisans. »***

Source : rapport du Conseil d'orientation des retraites (COR) du 22 novembre 2007.

À 16 ans, on peut donc signer un contrat de travail, s'inscrire à la sécurité sociale, être électeur et éligible aux élections au comité d'entreprise, aux délégués du personnel, aux prudhommales, aux organismes de sécurité sociale.
Les textes sur l'obligation scolaire (voir la fiche n°7) rappellent d'ailleurs que « *tout mineur non émancipé dispose du droit de poursuivre sa scolarité au-delà de l'âge de seize ans* » (article L.122-2 du Code de l'éducation).

Conformément aux articles de la convention internationale des droits de l'enfant, les textes de l'éducation nationale relatifs aux droits des élèves reconnaissent la liberté d'information et d'expression des élèves : « *dans les collèges et les lycées, les élèves disposent, dans le respect du pluralisme et du principe de neutralité, la liberté d'information et la liberté d'expression. L'exercice de ces libertés ne peut porter atteinte aux activités d'enseignement* » (article L.511-2 du Code de l'éducation).

Ces droits sont cependant différenciés du collège au lycée. La circulaire du 24 août 2010, dans la lignée des textes de février 1991, développe la liberté d'association, de réunion, d'expression pour les lycéens alors que l'exercice de ces libertés est plus limité au collège.

Le socle commun de connaissances et de compétences a retenu comme deux de ses piliers « *les compétences sociales et civiques* » et « *l'autonomie et l'initiative des élèves* ».

■ **Préparer les jeunes à ce que signifie être majeur est un enjeu important du système scolaire** à un moment où ces derniers sont scolarisés massivement **à 18 ans.** Pourquoi est-ce un enjeu ?
Nous avons assisté à la disparition de tous rituels d'intégration sociale à un moment donné de leur vie et au développement d'une situation floue régnant entre 16 et 25 ans autour de l'entrée dans l'âge adulte.
Dans la construction de sa personnalité, le jeune a toujours eu besoin de rites d'initiation, de transmission et d'intégration. Ceux-ci ont été longtemps religieux (confirmation, communion solennelle) et civiques (les « trois jours », le service national). Aujourd'hui, il n'existe quasiment plus de rites d'initiation et de transmission, ce qui, la nature ayant horreur du vide, laisse le champ libre à des processus d'intégration réalisés dans le cadre de « bandes », de divers groupes, voire par des sectes ou des intégrismes religieux.
Devenir adulte n'est plus évident. Nous vivons aujourd'hui une société marquée par la confusion des âges, où on demande le plus souvent à ceux qui la composent de devenir mature de plus en plus tôt pour rester jeune de plus en plus tard. La société semble avoir des difficultés à accepter que l'on puisse grandir et devenir adulte.
On peut vraiment se demander si la société qui a inventé la notion d'adolescence ne fonctionne pas à l'image de celle-ci dans une situation de refus permanent de devenir adulte et donc « ancien » ou « vieux ». Le syndrome de l'adolescence peut se caractériser comme le moment où l'on renvoie à plus tard les décisions graves et où l'on vit sous la dictature du désir. Cette société d'adolescence où l'on est préado, et post-ado, où se développe pour les trentenaires la notion « d'adulescence », ni tout à fait ado, ni tout à fait adulte, elle heurte, on le comprend bien, beaucoup plus la construction de l'identité masculine que celle de l'identité féminine où la rupture enfant/adulte est marquée par des transformations corporelles et le fait d'être devenue capable d'être mère.

Mots liés **Obligation scolaire.**

FICHE 17 Les rythmes scolaires

Qui décide **de l'emploi du temps d'une classe** ? Quels **aménagements** sont possibles ?

Cet aménagement du temps scolaire est possible dans le cadre de l'article L.401-1 du Code de l'éducation concernant les expérimentations pédagogiques (voir la fiche n°18).
L'organisation locale du temps scolaire a été pendant longtemps l'apanage de l'enseignement primaire avec des débats autour de la semaine de quatre jours. À la fin des années 2000, le débat s'est porté au niveau du collège, notamment après un rapport de l'inspection générale de l'Éducation nationale en octobre 2006 sur « *la grille horaire des enseignements du collège* » qui préconisait des assouplissements concernant les emplois du temps des collèges.

Les démarches proposées dans ce rapport s'articulent autour de deux approches :

■ La finalité de la première approche est d'organiser le temps de la vie scolaire des élèves en fonction des **différents temps vécus par les élèves**. On réfléchit dans ce cas à des démarches :

- d'ouverture de l'établissement sur son environnement,
- de diminution de l'amplitude de la journée de classe, voire de celle de la semaine pour permettre d'autres activités. C'est notamment voir la possibilité d'étendre à toutes les classes d'un établissement ce qui existe pour les classes à horaire aménagée (CHAM) travaillant avec les conservatoires de musique ou dans les sections « sports études »,
- de développement de la dimension éducative en valorisant la vie scolaire, la participation des élèves à la vie de l'établissement et à des activités périscolaires.

■ La seconde approche porte plus sur l'apprentissage des élèves et sur l'adaptation du temps scolaire à **l'acte d'apprendre**. La réflexion porte alors notamment sur :

- les pratiques pédagogiques et leur lien avec la motivation des élèves. Ainsi, le temps scolaire est aménagé pour mettre en place de la différenciation pédagogique, c'est le cas des groupes de niveaux de compétences en langues vivantes,
- la proposition de parcours de formation permettant la diversification et le décloisonnement des activités,
- la mise en place d'activités et d'apprentissages interdisciplinaires,
- le développement et l'amélioration du travail personnel des élèves.

Dans ces différentes approches, on peut modifier les rythmes scolaires en jouant sur l'annualisation des horaires permettant des horaires variables suivant les semaines, la diversification des regroupements, la modification des heures d'entrée et de sortie des élèves, la durée des récréations et des séquences d'enseignement…

Le ministère de l'Éducation nationale a lancé à la rentrée 2010 un appel d'offre national sur l'aménagement du rythme scolaire **autour de la pratique sportive**. L'expérimentation a démarré en septembre 2010 dans 83 collèges et 41 lycées :

L'expérimentation 2010-2011 « cours le matin, sport l'après-midi » Les objectifs éducatifs

*« **Aménager le rythme scolaire pour la réussite des élèves :** nombre de familles, d'enfants et d'adolescents sont demandeurs d'une offre plus large d'activités physiques et sportives à l'école. Une meilleure prise en compte de la pratique sportive dans les rythmes scolaires peut permettre aux élèves de mieux vivre leur scolarité, d'accroître leur motivation et leur épanouissement et contribuer ainsi à leur réussite scolaire. Elle permet d'améliorer le climat des établissements et d'endiguer les phénomènes de violence à l'école. Cet appel d'offre vise à encourager l'expérimentation de nouveaux aménagements du temps scolaire, en privilégiant la pratique d'activités sportives l'après-midi. Ces organisations nouvelles pourront optimiser et compléter harmonieusement des dispositifs existants (volet sportif de l'accompagnement éducatif, sections sportives scolaires, options facultatives d'EPS, enseignements d'exploration au lycée).*
***Adapter une politique de santé aux besoins des élèves :** une pratique sportive régulière contribue à l'amélioration du bien-être et de la santé des élèves. Accompagnée d'une éducation nutritionnelle, elle participe à la prévention des risques liés à la sédentarité comme le surpoids et l'obésité. Il s'agit, par ailleurs, d'encourager une réflexion partagée sur l'organisation de la journée, et de sensibiliser les élèves et les familles à l'importance des rythmes de vie et de l'équilibre entre les temps d'étude, d'activités sportives ou culturelles, et de repos.*
***Valoriser les acquis des élèves :** les élèves impliqués dans ces nouvelles organisations du temps scolaire seront amenés à développer des connaissances et des compétences spécifiques dans des domaines variés : la santé, la préparation physique, la sécurité, la découverte, l'organisation et la gestion d'activités sportives, la prévention et le secours civique, etc. Ces acquis, validés par les enseignants, doivent pouvoir être valorisés dans les livrets de compétence de l'élève et la note de vie scolaire, ou reconnus dans une attestation scolaire dont l'élève pourra faire mention dans un curriculum vitae. »*

Source : note de service du 18 août 2010, *BO* n°31 du 2 septembre 2010.

La conférence nationale sur les rythmes scolaires :

En juin 2010 a été installée **la conférence nationale sur les rythmes scolaires** qui, selon un document du ministère de l'Éducation nationale, « *vise à optimiser l'organisation de l'école de façon à mieux prendre en compte les évolutions sociales relatives à l'enfant, à la famille et à la société, en vue d'améliorer les résultats scolaires des élèves.* »

La réflexion tout au long de l'année 2010-2011 repose sur **une consultation** menée par un comité de pilotage de la conférence qui donnera lieu à un rapport remis au ministre début 2011. À partir de ce rapport **des propositions** ont été élaborées entre janvier et avril 2011.

Début juillet 2011, un certain nombre de propositions de mesures ont été remises au ministre de l'Éducation nationale pour application, après négociations avec tous les acteurs concernés, en 2013 :

- **Pour la journée** : limitation de la journée scolaire à 5 heures par jour à l'école élémentaire et jusqu'en 5e. On passerait à 6 heures en 4e et 3e. Les journées seraient complétées par 2 heures d'accompagnement éducatif jusqu'en 5e et 1 heure en 4e et 3e. La pause méridienne ne pourrait être inférieure à 1h30.
- **Pour la semaine** : pour l'école élémentaire et pour les deux premières années du collège, la semaine ne pourrait dépasser 23 heures de cours, étalées à l'école sur 9 demi-journées au lieu de 8 actuellement.
- **Pour l'année** : ces propositions conduisent pour maintenir le nombre d'heures annuelles de cours à diminuer de deux semaines les congés d'été. L'année scolaire comprendrait 38 semaines de cours séquencées en 5 périodes d'enseignement de 7 à 8 semaines. Il y aurait 8 semaines de petites vacances sur 4 périodes de 2 semaines. Les vacances d'été seraient ramenées à 6 semaines au lieu de 8. Toutes les vacances, sauf Noël, seraient réparties selon trois zones.
- Le rôle des acteurs locaux : la responsabilité de l'accompagnement éducatif serait partagée entre l'État et les collectivités locales. Le choix de la demi-journée travaillée en plus des quatre jours relèverait du département.

Mot lié **Innovation.**

FICHE 18 Les possibilités d'innovations

A QUELLES SONT LES POSSIBILITÉS D'INNOVATIONS ?

- L'innovation est l'inverse de l'imitation. C'est se construire une **attitude permanente de recherche** et d'interrogation.

Légitimer l'interrogation sur ses pratiques, sur celles de ses collègues, sur les programmes, sur les instructions officielles, c'est mettre l'enseignant en situation de se donner le droit **d'inventer, d'innover**.

Un échange avec ceux qui mènent des innovations peut permettre à des enseignants de mieux comprendre sur quelles bases les choix ont été effectués, les aménagements mis en place, certaines approches privilégiées et de leur

montrer que dans le système éducatif actuel, **innover c'est possible** et que cela donne de l'intérêt à l'exercice du métier enseignant.
Cet échange peut rendre également possible une discussion riche sur les finalités poursuivies et les procédures d'évaluation mises en œuvre.
Une innovation ne peut réussir qu'à la condition que ceux qui la mènent l'aient construite de bout en bout et se la soient totalement appropriée.
Peut-être est-il important tout simplement que les enseignants prennent conscience qu'en fait ils innovent beaucoup plus qu'ils ne le pensent. Innover ce n'est pas tout bousculer, mais être capable de réaliser de petits changements dès que cela est nécessaire.

■ **L'article 34 de la loi sur l'école de 2005**, devenu l'article L. 401-1 du Code de l'éducation, porte à la fois sur le projet d'établissement et sur l'expérimentation. Cet article indique que : « *sous réserve de l'autorisation préalable des autorités académiques, le projet d'école ou d'établissement peut prévoir la* ***réalisation d'expérimentations****, pour une durée maximale de cinq ans, portant sur l'enseignement des disciplines, l'interdisciplinarité, l'organisation pédagogique de la classe, de l'école ou de l'établissement. Ces expérimentations font l'objet d'une évaluation annuelle par le Haut conseil de l'éducation.* »
C'est au nom de cet article 34 que 123 lycées ont expérimenté en 2009-2010 diverses modalités d'organisation pédagogique du lycée.
Le projet d'établissement peut prévoir après autorisation des autorités académiques la réalisation d'expérimentations pédagogiques dans les domaines définis par l'article L. 401-1 du Code de l'éducation : l'enseignement des disciplines, l'interdisciplinarité, l'organisation pédagogique de la classe, de l'école ou de l'établissement, la coopération avec les partenaires du système éducatif, les échanges ou le jumelage avec des établissements étrangers d'enseignement scolaire. Il s'agit d'encourager les équipes éducatives à exercer leur créativité et leur responsabilité pour proposer des démarches et des pratiques nouvelles, de nature à contribuer à la réussite des élèves.
Lors de la préparation du volet pédagogique du projet d'établissement, le conseil pédagogique étudie les propositions d'expérimentation et vérifie qu'elles sont en cohérence avec le projet global de l'établissement avant de les y inscrire. Ces expérimentations sont formalisées dans un document précisant leur durée et leurs objectifs, l'accompagnement dont elles bénéficient et l'évaluation prévue au regard des objectifs visés et des moyens mis en œuvre. En fin d'année scolaire, chaque académie communique un rapport sur ces différentes expérimentations et leur évaluation afin que le Haut conseil de l'éducation puisse établir un bilan annuel.
Des expérimentations, nationales ou académiques, peuvent également être proposées aux équipes pédagogiques qui peuvent s'y engager volontairement avec l'accord des autorités académiques, dans le cadre de l'article 34. Pour parvenir à une analyse comparée des moyens mis en œuvre, des

solutions explorées et de leur impact sur la réussite des élèves, un cahier des charges, un calendrier et des modalités d'évaluation sont fournis.
Des expérimentations ont été et sont menées dans le domaine de l'aménagement du temps scolaire (voir la fiche n°17).
Parmi les établissements qui ont bénéficié d'un « statut » d'établissements d'expérimentations pédagogiques, on peut notamment citer le micro lycée de Sénart ou le collège Clisthène à Bordeaux.

B LE COLLÈGE CLISTHÈNE À BORDEAUX

Il s'agit d'un établissement « expérimental » destiné à des élèves en voie de décrochage scolaire. Il fonctionne avec une organisation spécifique des rythmes scolaires visant à faciliter la mise en œuvre d'une pédagogie différenciée pour mieux prendre en compte la diversité du public, tout en ayant les mêmes objectifs terminaux et les mêmes lieux d'enseignement pour tous. L'organisation de l'année scolaire comprend :

- des cours disciplinaires traditionnels,
- des unités de valeur,
- des plages interdisciplinaires.

Dans chaque cycle, les élèves doivent choisir un certain nombre d'unités de valeur : certaines obligatoires, d'autres facultatives. Elles concernent des parties des programmes disciplinaires non traitées en cours ou des parties méthodologiques indispensables. Leur durée est de trois semaines en classe de 6e, 5e, et 4e et de six semaines en 3e, seconde, première, et terminale. L'horaire obligatoire de chaque unité de valeur est fixé en début d'année.

Une semaine totalement interdisciplinaire a lieu chaque demi-trimestre, rompant avec la structure de l'emploi du temps.
Lieu par excellence de l'**interdisciplinarité**, des ateliers alternent avec les cours d'un jour à l'autre, en fonction des cycles et des temps du trimestre.
Le principe de l'atelier semestriel est fondé sur la liberté de choix, même si tout élève devra en avoir effectué un certain nombre dans sa scolarité afin d'approfondir et de maîtriser :

- des activités culturelles (théâtre, vidéo, cinéma, journal, musique,...) ;
- des activités technologiques (bricolage, menuiserie, maçonnerie, gestion, informatique, multimédia,...) ;
- des activités sportives.

Mots liés **Projet d'établissement.**

FICHE 19 Le projet d'établissement

A COMMENT EST DÉCIDÉ ET MIS EN ŒUVRE UN PROJET D'ÉTABLISSEMENT ?

La notion de **projet d'établissement** est apparue dans les années 1980, d'abord au niveau des collèges, puis dans les lycées. Le projet d'établissement est devenu **obligatoire** pour tout établissement à partir de loi d'orientation de 1989.
L'idée de projet d'établissement est la résultante d'un certain nombre d'influences :

- La réflexion autour de la notion de « management » appliquée à l'Éducation nationale, visant à rechercher une meilleure rationalisation des coûts et une plus grande mobilisation des personnels.
- Le développement de nombreuses innovations pédagogiques dans les établissements qui amènent à une certaine diversification des pratiques et des approches pour enseigner les mêmes programmes en fonction des particularismes locaux.
- L'idée que chaque établissement scolaire a, de fait, un projet « implicite » selon lequel il fonctionne et qu'il est important de le mettre en lumière et de construire avec tous les acteurs un projet explicite à présenter à l'ensemble des membres de la communauté éducative.

Le projet d'établissement prévoit que dans chaque établissement est établi **un contrat d'objectifs et un programme d'actions. Le décret du 9 septembre 2005** a précisé que « *le projet d'établissement définit pour une durée comprise entre trois et cinq ans les modalités particulières de mise en œuvre des programmes et des objectifs nationaux ou académiques.* »
Le même décret a également prévu la possibilité « *de prévoir pour une durée maximale de cinq ans des expérimentations pédagogiques.* »
Le projet d'établissement doit explicitement déterminer des **objectifs pédagogiques** identifiés, cohérents avec les objectifs nationaux et académiques, notamment en matière de maîtrise des apprentissages fondamentaux, de conduite des programmes personnalisés de réussite éducative, de nouvelle organisation de l'enseignement des langues vivantes étrangères, de taux de réussite aux examens, d'orientation vers les études scientifiques...
Le projet d'établissement précise par ailleurs les activités scolaires ou périscolaires et définit à ce titre la politique de l'établissement en matière d'accueil et d'information des parents, d'orientation, de politique documentaire, d'ouverture sur l'environnement économique, culturel et social, d'ouver-

ture européenne et internationale, d'éducation à la santé et à la citoyenneté. Les établissements scolaires contribuent à favoriser la mixité et l'égalité entre les hommes et les femmes notamment en matière d'orientation (article L. 121-1 du Code de l'éducation). Ils sont donc invités, dans le cadre du volet information et orientation de leur projet d'établissement, à prévoir des actions en ce sens.

Le projet d'établissement est préparé par le conseil pédagogique et voté par le conseil d'administration de l'établissement.
Le projet d'établissement étant mis en œuvre par tous les membres de la communauté éducative sous l'impulsion du chef d'établissement, il est important qu'ils soient le plus largement possible associés à sa rédaction.
L'un des axes du projet d'établissement doit prévoir les conditions, les moments et les indicateurs retenus pour son évaluation afin de pouvoir faire évoluer telle ou telle mise en œuvre qui n'a pas donné les résultats attendus.

B COMMENT S'ÉLABORE UN PROJET D'ÉTABLISSEMENT ?

■ Un diagnostic

Ce diagnostic doit être partagé par l'ensemble de la communauté éducative. Il doit être fait aussi bien sur l'environnement économique, social et culturel de l'établissement que sur l'origine des élèves, leurs centres d'intérêt, leurs attentes, leurs difficultés. Il doit recenser les données concernant les résultats dans toutes les dimensions de l'établissement.
Il est utile de rechercher les indicateurs les plus pertinents et de relever les points forts et points faibles et les singularités de l'établissement dans son contexte particulier.

■ Les axes du projet

Ils concernent aussi bien les pratiques pédagogiques, l'aide et le conseil aux élèves dans la construction de leur projet personnel, que l'ouverture de l'établissement, les actions à mener en direction des parents d'élèves ou la liaison avec les divers partenaires de son environnement. Si de tels dispositifs existent, il est important que le projet de l'établissement soit en articulation avec le **projet éducatif local**. Il est souhaitable de réaffirmer la valeur ou le principe prioritaire qui éclaire les décisions présentées.

■ Le rôle du conseil pédagogique

Créé par la loi de 2005, complétée par le décret de janvier 2010, le conseil pédagogique prépare la partie pédagogique du projet d'établissement. Il doit favoriser la concertation entre les professeurs, notamment pour coordonner les enseignements, la notation et l'évaluation des activités scolaires.

La mise en œuvre

Il est nécessaire d'établir un calendrier, de mettre en place le comité de suivi et de pilotage qui travaillera en lien avec le conseil pédagogique, de prévoir à certains moments des temps de régulation pour envisager les évolutions nécessaires.

L'évaluation interne

En vue de son évaluation, le projet d'établissement doit définir des indicateurs de performance publics et précis, qui permettront des bilans d'étape intégrés dans le rapport annuel du chef d'établissement. Il peut être également intéressant de voir l'influence du projet d'établissement **sur le climat de l'établissement** afin de mesurer ses effets sur la vie des élèves et les conditions d'exercice des personnels de l'établissement.

L'évaluation externe

Il existe également des dispositifs d'évaluation externe des établissements à partir des inspections académiques et des rectorats.

Mots liés **Innovation, communauté éducative, conseil pédagogique, projet éducatif local.**

FICHE 20 Les compétences d'un conseil d'administration

A LES COMPÉTENCES D'UN CONSEIL D'ADMINISTRATION

Présidé par le chef d'établissement, le conseil d'administration (voir pages 29 et 30) est réuni en séance ordinaire au moins trois fois par an à l'initiative du chef d'établissement. Il peut être réuni en séance extraordinaire à la demande de l'autorité académique, de la collectivité de rattachement, du chef d'établissement ou de la moitié des membres du CA.

En qualité d'organe délibératif de l'établissement, le **conseil d'administration**, sur le rapport du chef d'établissement, exerce notamment les **attributions** suivantes :

- **Il règle** les affaires de l'établissement.
- **Il fixe** dans le respect des dispositions législatives et réglementaires en vigueur, et des objectifs arrêtés par les autorités de l'État, les principes de mise en oeuvre de l'autonomie pédagogique et éducative dont disposent les établissements et, en particulier, les règles d'organisation de l'établissement portant sur :
  - l'organisation de l'établissement en classes et les modalités de répartition des élèves ;

- l'emploi des dotations horaires dans le respect des obligations résultant des horaires réglementaires
- l'organisation du temps scolaire et les modalités de la vie scolaire ;
- la préparation de l'orientation et de l'insertion sociale et professionnelle des jeunes ;
- la définition des actions de formation complémentaire et de formation continue pour jeunes et adultes ;
- l'ouverture de l'établissement sur son environnement social, culturel, économique ;
- le choix de sujets d'études spécifiques à l'établissement, en particulier pour compléter ceux qui figurent aux programmes nationaux ;
- les activités complémentaires facultatives.

Tous ces points font obligatoirement l'objet d'une instruction préalable par la **commission permanente**.

■ **Il adopte** le projet d'établissement.

■ **Il établit** chaque année un rapport sur le fonctionnement pédagogique de l'établissement qui rend compte notamment de la mise en oeuvre du projet d'établissement, des objectifs à atteindre et des résultats obtenus.

■ **Il adopte** le budget et le compte financier de l'établissement.

■ **Il adopte** le règlement intérieur de l'établissement.

■ **Il donne** son accord sur :

- les orientations relatives à la conduite du dialogue avec les parents d'élèves ;
- le programme de l'association sportive fonctionnant au sein de l'établissement ;
- la passation des conventions dont l'établissement est signataire ou l'adhésion à tout groupement d'établissements ;
- les modalités de participation au plan d'action du groupement d'établissements pour la formation des adultes (GRETA) auquel l'établissement adhère, le programme annuel des activités de formation continue et l'adhésion de l'établissement à un groupement d' intérêt public.

■ **Il délibère** sur :

- toute question dont il a à connaître en vertu des lois et règlements en vigueur ainsi que celles ayant trait à l'information des membres de la communauté éducative et à la création de groupes de travail au sein de l'établissement ;
- les questions relatives à l'accueil et à l'information des parents d'élèves, les modalités générales de leur participation à la vie scolaire ;
- les questions relatives à l'hygiène, à la santé, à la sécurité : le conseil d'administration peut décider la création d'un organe compétent composé notamment de représentants de l'ensemble des personnels de l'établissement pour proposer les mesures à prendre en ce domaine au sein de l'établissement.

- **Il peut définir**, dans le cadre du projet d' établissement et, le cas échéant, des orientations de la collectivité de rattachement en matière de fonctionnement matériel, toutes les actions particulières propres à assurer une meilleure utilisation des moyens alloués à l' établissement et une bonne adaptation à son environnement.
- **Il autorise** l'acceptation des dons et legs, l'acquisition ou l'aliénation des biens ainsi que les actions à intenter ou à défendre en justice.
- **Il peut décider** la création d'un organe de concertation et de proposition sur les questions ayant trait aux relations de l'établissement avec le monde social, économique et professionnel ainsi que sur le programme de formation continue des adultes. Dans le cas où cet organe comprendrait des personnalités représentant le monde économique, il sera fait appel, à parité, à des représentants des organisations représentatives au plan départemental des employeurs et des salariés.
- **Il adopte** son règlement intérieur.
- **Il exerce** enfin, sur saisine du chef d'établissement, les attributions suivantes :
  - il donne son avis sur les mesures annuelles de créations et de suppressions de sections, d'options et de formations complémentaires d'initiative locale dans l'établissement ;
  - les principes de choix des manuels scolaires, des logiciels et des outils pédagogiques ;
  - la modification, par le maire, des heures d'entrée et de sortie de l'établissement prévue à l'article 27 de la loi du 22 juillet 1983 ;
  - il peut être consulté par le chef d'établissement sur les questions ayant trait au fonctionnement administratif général de l'établissement ;
  - le conseil d'administration peut, à son initiative, adopter tous vœux sur les questions intéressant la vie de l'établissement.

B LA COMMISSION PERMANENTE

La composition de la commission permanente respecte une **répartition précise** :

- le chef d'établissement, président ;
- l'adjoint au chef d'établissement ;
- le gestionnaire ;
- un représentant de la collectivité de rattachement ;
- quatre représentants élus des personnels dont au titre des personnels d'enseignement et d'éducation et un au titre des personnels ATOSS ;
- trois représentants élus des parents d'élèves et deux dans les lycées
- un représentant des élèves dans les collèges et deux dans les lycées.

Les membres de la commission permanente sont élus au sein de leurs catégories respectives, par les représentants élus de ces catégories au conseil d'administration.
Pour chaque membre titulaire, il est élu un suppléant.

C LE COMITÉ D'ÉDUCATION À LA SANTÉ ET À LA CITOYENNETÉ

Le comité d'éducation à la santé et à la citoyenneté réunit sous la présidence du chef d'établissement : les personnels d'éducation, sociaux et de santé de l'établissement, et les représentants des personnels enseignants, des parents et des élèves, désignés par le chef d'établissement sur proposition des membres du conseil d'administration appartenant à leurs catégories respectives.
Ce comité a pour mission de renforcer sur le terrain les liens entre l'établissement d'enseignement, les parents les plus en difficulté et les autres acteurs de la lutte contre l'exclusion. En liaison avec les axes du projet d'établissement, approuvés par le conseil d'administration, il contribue à des initiatives en matière de lutte contre l'échec scolaire, d'amélioration des relations avec les familles, en particulier les plus démunies, de médiation sociale et culturelle et de prévention des conduites à risque et de la violence.

Mots liés **Projet d'établissement.**

FICHE 21 Les compétences d'un conseil de classe

« Au terme de chaque année scolaire, à l'issue d'un dialogue et après avoir recueilli l'avis des parents ou du responsable légal de l'élève, (...) le conseil de classe présidé par le chef d'établissement dans le second degré, se prononce sur les conditions dans lesquelles se poursuit la scolarité de l'élève. S'il l'estime nécessaire, il propose la mise en place d'un dispositif de soutien, notamment dans le cadre d'un programme personnalisé de réussite éducative. »

Source : article L.311-7 du Code de l'éducation.

Le **conseil de classe** réunit, sous la présidence du chef d'établissement ou de son représentant (ce peut être son adjoint, le CPE, voire, dans des établissements où il y a de nombreuses classes, le professeur principal) : l'ensemble des enseignants de la classe, deux représentants des parents d'élèves désignés par

la (ou les) fédération(s) représentées dans l'établissement (ils peuvent ne pas être parents dans la classe concernée), les deux délégués/élèves de la classe, le conseiller principal d'éducation, le conseiller d'orientation psychologue intervenant dans l'établissement.
Le médecin scolaire, l'assistant(e) social(e), l'infirmier(e), le documentaliste, ainsi que toute personne dont la présence sera jugée utile peuvent y être invités, notamment lorsqu'ils ont eu à connaître le cas personnel d'un ou de plusieurs élèves de la classe.
Le conseil de classe se réunit au moins **trois fois par an**, et chaque fois que le chef d'établissement ou l'équipe pédagogique de la classe le juge utile.
Ce qui se dit durant le conseil de classe revêt un caractère confidentiel.

Généralement, le professeur principal expose au conseil de classe les résultats obtenus par chaque élève. Sur ces bases, et en prenant en compte l'ensemble des éléments apportés par chacun de ses membres, le conseil de classe examine le déroulement de la scolarité de chaque élève afin de mieux le guider dans son travail et ses choix d'études.

Il émet des propositions d'orientation, avant la décision finale d'orientation prise par le chef d'établissement.

Ce sont les **équipes pédagogiques** constituées par classe (article L.912-1 du Code de l'éducation) qui préparent le conseil avec le professeur principal. Elles sont chargées d'assurer le suivi et l'évaluation des élèves, de les conseiller pour le bon déroulement de leur scolarité et le choix de leur orientation. Elles travaillent en liaison avec le CPE et le conseiller d'orientation psychologue.

Le conseil de classe ne prend pas que des décisions concernant le redoublement ou l'orientation de l'élève, il peut également, chaque trimestre ou chaque bimestre, décider de sanctions positives en direction de certains élèves (encouragements, félicitations…) ou de sanctions négatives (avertissements de travail ou de conduite…). Il peut également proposer à l'élève et à sa famille différents dispositifs d'aide et de soutien ou des stages (voir la fiche n°36), afin de permettre à l'élève de s'améliorer dans ses apprentissages scolaires et de mieux réussir son orientation.
C'est en synthèse terminale de l'analyse individuelle d'un élève, lors du conseil de classe, qu'est proposée la formule qui figurera en conclusion du bulletin individuel de chaque élève.

Moment important aux yeux des enseignants, des élèves et de leur famille, le conseil de classe a d'autant plus d'impact concernant son bilan du fonctionnement d'une classe et l'évaluation individuelle débouchant sur des propositions et des conseils pour améliorer le travail et les résultats qu'il est travaillé par le professeur principal en amont et en aval de sa réunion :

■ Il est préparé, notamment dans le cadre de l'heure de vie de classe, avec les élèves pour étudier les aspects positifs et négatifs de la vie et du travail de la classe.

■ Une démarche d'auto-évaluation est sollicitée auprès des élèves pour qu'ils mesurent les éventuels écarts entre leurs résultats, leurs comportements et leurs demandes d'orientation et de poursuite d'études, afin d'éviter toute surprise concernant les recommandations et décisions du conseil de classe.

■ Chaque enseignant, lors du conseil de classe, doit avoir le souci de rappeler les règles instituées et de dégager, sans nier les difficultés, quelques aspects positifs du travail des élèves. Il est important également de donner des conseils précis concernant les progrès possibles dans sa discipline qui pourront être rapportés aux élèves et aux familles par les délégués-élèves et les délégués-parents.

■ Un conseil de classe est aussi l'occasion de montrer à tous ceux qui en font partie **la cohérence des exigences** de tous les enseignants qui est un enjeu fondamental pour une adhésion des élèves et de leur famille aux missions et aux objectifs de l'école.

■ Dans le cadre du conseil de classe, il est important de veiller à ce que les commentaires concernant chaque élève respectent sa dignité, montrent les potentialités d'évolution et distinguent bien l'évaluation du travail et les difficultés éventuelles de comportement. Il faut également rappeler que tout ce qui se dit en conseil de classe au sujet du cas individuel d'un élève, de sa santé, de sa situation familiale, est **confidentiel** et ne peut être rapporté à l'extérieur.

■ Durant le conseil de classe, il est souhaitable que la parole des élèves et des parents délégués soit sollicitée.

■ Enfin, il est indispensable qu'une restitution des résultats du conseil de classe (et non des discussions qui restent confidentielles) soit faite en heures de vie de classe par les délégués des élèves, sans doute dans les premières classes du collège, guidée par les conseils du professeur principal.

Faire appel

Face à l'école, les stratégies des familles sont très différentes selon leur milieu social et leur environnement géographique.
La gestion des différences entre les vœux des familles et les décisions d'orientation reflètent bien ces différences de stratégies à l'occasion des procédures d'appel.
Dans l'académie de Caen à dominante ouvrière et rurale, le taux d'appel en fin de troisième est relativement faible : 1,9 % des décisions. L'ambition des familles est souvent limitée aux résultats immédiats de leurs enfants.
Dans l'académie de Paris, par contre, où les familles sont ambitieuses, quels que soient les résultats de leur enfant, où près de 90 % d'entre elles veulent que leur enfant suive une classe de seconde générale, le taux d'appel est en fin

de troisième de 6,9 %, soit près de trois fois supérieur à la moyenne nationale qui est de 2,4 %.
Cependant, il faut savoir que le **taux d'acceptation des appels** des familles est le même dans l'académie de Caen avec 1,9 % de demandes et dans l'académie de Paris avec 6,9 % de demandes : il est de **35 %**.
Obtient donc gain de cause en appel, un pourcentage de familles près de quatre fois supérieur dans l'académie de Paris par rapport à celle de l'académie de Caen.

Mots liés **Conseil pédagogique, orientation, professeur principal.**

FICHE 22 Comment sont rédigés les programmes scolaires ?

A LE PROCESSUS DE RÉDACTION DES PROGRAMMES

> *« Le Haut conseil de l'éducation émet un avis et peut formuler des propositions à la demande du ministre chargé de l'Éducation nationale sur les questions relatives à la pédagogie, aux programmes, aux modes d'évaluation des connaissances des élèves, à l'organisation et aux résultats du système éducatif et à la formation des enseignants. Ses avis et propositions sont rendus publics. »*
>
> Source : article L.230-2 du Code de l'éducation.

Lorsque la décision est prise de modifier les programmes scolaires d'un niveau donné, la **direction générale des enseignements scolaires (DGESCO)** réunit des groupes de travail disciplinaire pour chacune des matières enseignées en collège et en lycée généralement sous la responsabilité d'un inspecteur général de la discipline ou un groupe « école », s'il s'agit de modifier le programme de l'école maternelle et élémentaire.

Ces groupes de travail soumettent leur projet au ministre. Après approbation du ministre, les projets sont mis en ligne par l'intermédiaire du site **Eduscol** pour obtenir les réactions des enseignants.
Les corps d'inspections comme les IA ; les recteurs ; les associations de spécialistes (par exemple, l'APHG (association des professeurs d'histoire-géographie) ; l'APLV (association des professeurs de langues vivantes, etc.) ; les organisations syndicales ou les équipes pédagogiques disciplinaires des établissements font remonter auprès des groupes de travail disciplinaire les critiques, remarques et suggestions diverses.

Une fois revus, les programmes sont soumis au **conseil supérieur de l'éducation (CSE)** qui émet un avis par vote.

Le CSE peut proposer des amendements au programme que le ministre est libre de retenir ou non.

Les programmes sont alors arrêtés par le ministre et publiés au *Bulletin Officiel*. Le site *Eduscol* publie de son côté différents compléments pédagogiques, des banques de données d'exercice. Le ministère édite, depuis 2002, certains programmes en livre de poche. Sont ainsi parus : *Qu'apprend-on à l'école maternelle ? Qu'apprend-on à l'école élémentaire ? Qu'apprend-on au collège ?*

De plus en plus de programmes sont basés sur des référentiels indiquant les savoirs et les savoir-faire exigibles à chaque niveau. C'est le cas notamment de toutes les disciplines technologiques ou professionnelles.

B LES NOUVEAUX PROGRAMMES DE COLLÈGE ET DE LYCÉE

Après les programmes mis en place de 1996 à 1997, de nouveaux programmes de collège, élaborés en relation avec le socle commun de connaissances et de compétences, ont été mis en place à la rentrée **2009 en sixième** et concerneront à la rentrée **2012** la classe de **troisième**.

Des indications dans chacun des programmes disciplinaires poussent à l'interdisciplinarité en prenant appui sur des projets réunissant plusieurs disciplines, dans l'esprit des itinéraires de découverte.

Les programmes de langue se placent dans le « *cadre européen commun de référence pour les langues* » visant à permettre à l'élève d'atteindre le niveau B1 en fin de collège pour réussir sa scolarité ultérieure.

Les programmes de lycée, à l'occasion de la mise en œuvre de **la réforme du lycée**, ont été revus : nouveaux programmes pour la classe de seconde à la rentrée 2010, pour la classe de première à la rentrée 2011, pour la classe de terminale à la rentrée 2012.

Selon les textes en vigueur, les programmes doivent paraître au BO quatorze mois avant leur mise en application pour permettre la rédaction des manuels scolaires. Pourtant, ce délai n'est pas toujours respecté.

C LES MANUELS SCOLAIRES

Dans plus des deux tiers des pays du monde, les enseignant se voient imposer des manuels d'État ou ne peuvent choisir que des manuels contrôlés par l'État. **En France**, les enseignants ont une **liberté totale de choix** et d'utilisation des manuels scolaires car il n'y a pas d'organe officiel d'habilitation des manuels. Ce sont les **équipes pédagogiques disciplinaires** qui choisissent pour leur

discipline, les manuels scolaires retenus pour chaque niveau de classe.
Les manuels scolaires sont achetés par l'établissement sur la base des crédits versés par la mairie pour l'école primaire et par l'État pour le collège. Ils sont fournis gratuitement aux élèves. Pour les lycées, ce sont les régions qui sous des formes différenciées prennent en charge les manuels scolaires. Ainsi, avec la mise en place de nouveaux manuels de seconde à la rentrée 2010, « *le 1er octobre 2010, le Conseil régional d'Ile de France a voté une aide exceptionnelle de dix millions d'euros aux lycées franciliens pour assurer la gratuité des manuels de seconde. Cela représente 150 euros par élève qui seront notifiés immédiatement pour que les élèves puissent avoir leurs manuels début novembre.* » (*Le Café pédagogique*, 4 octobre 2010).

Mots liés **Équipes pédagogiques disciplinaires, liberté pédagogique.**

FICHE 23 L'éducation à la citoyenneté

Comment est enseignée **l'éducation à la citoyenneté** tout au long de la scolarité ?
La France compte parmi les onze pays européens qui proposent explicitement l'éducation à la citoyenneté comme matière à part entière dans leur enseignement secondaire.
Il y a un enseignement **d'éducation civique** à l'école élémentaire et au collège, un enseignement **d'éducation civique, juridique et sociale** au lycée.

A L'ÉDUCATION CIVIQUE, APPRENTISSAGE DE LA CITOYENNETÉ

Dans ce cadre, **l'éducation civique** prend tout son sens. C'est une matière essentielle pour mettre en musique les principes et les valeurs **de la République**.
L'éducation civique n'est pas une matière d'éveil, ce n'est pas une option pour « boucler » les emplois du temps, ou une heure supplémentaire utilisée par les enseignants pour leur permettre d'achever des programmes. Elle joue un **rôle essentiel** dans **l'apprentissage du civisme**, de la démocratie et de la **socialisation** des élèves.
L'éducation à la citoyenneté doit être au cœur des apprentissages et un outil de réussite scolaire.
Elle s'adresse à tous les élèves, à tous les établissements et pas uniquement à ceux en difficulté.

1. Les pratiques de citoyenneté à développer

Les pratiques de citoyenneté dans toutes les disciplines doivent donc reposer sur :

- **Des valeurs non négociables** qui sont les fondements d'un fonctionnement social démocratique : refus du racisme ou du sexisme, respect des droits de l'homme, etc.
- **Une réflexion** sur le bien commun, l'intérêt général, qui n'est pas la somme des intérêts particuliers.
- **Des pratiques de médiation** concernant la gestion des conflits dans un cadre clairement identifié et reconnu par tous les partenaires.
- **Un apprentissage de l'argumentation**, du débat, base de la vie démocratique. La minorité a le droit de conserver ses idées, mais elle doit accepter les lois, les règles, les règlements définis par la majorité.

L'école doit se concevoir comme un lieu :

- **De compréhension du monde** : l'école doit à travers ses pratiques et les savoirs qu'elles dispensent permettre à l'élève **de comprendre le monde pour ne pas le subir**. L'école doit se vivre comme un lieu de compréhension, de connaissances des autres cultures, notamment pour faire comprendre à l'élève **la part d'universel** que recèle chaque culture.
- **D'éducation aux droits de l'homme** : l'éducation aux droits de l'homme est un formidable défi pédagogique. Elle passe par des savoirs, des pratiques, des valeurs et des concepts, des fondements et des problèmes, la confrontation du droit et de la vie sociale, l'approche disciplinaire et interdisciplinaire.
S'approprier la connaissance des droits de l'homme est fondamental dans une perspective d'une quête croissante d'universalité de ces droits basés sur le développement du sujet et l'éthique de la responsabilité.
Éduquer aux droits de l'homme, c'est aussi mettre le jeune en posture d'agir. En effet, il ne suffit pas d'énoncer des droits ; ce sont les femmes et les hommes en tant que citoyens qui doivent faire de ces textes des réalités concrètes.
La lutte contre le racisme, l'antisémitisme et les pratiques discriminatoires est l'affaire de tous et non des seules communautés concernées. C'est un enjeu de citoyenneté, à l'inverse de toute démarche communautaire.

2. Prévenir et combattre les racismes

Il est important de voir qu'il n'y a pas de « petits » actes racistes ou antisémites qui pourraient être pudiquement « excusés » ou ne pas faire l'objet de réaction. Tout acte raciste est un **délit**, toute parole raciste est **condamnable** et doit être condamnée.
Tout amalgame visant à mettre sur le dos d'un groupe ethnique ou religieux, les comportements et attitudes de quelques-uns est considéré comme du racisme et doit être fermement combattu.

L'intolérance, c'est refuser le « vivre ensemble » et privilégier ce qui divise. L'urgence absolue est de s'éloigner des réponses communautaires, des attitudes qui enferment les hommes dans des identités rétrécies et leur substituer la défense, la promotion, la mise en acte de l'universalité des valeurs de la République.

> *« Que l'on crache sur un juif parce qu'il porte une kippa, que l'on ferme la porte du monde du travail à un jeune maghrébin ou à un Africain parce qu'il n'a pas la bonne couleur de peau, que l'on discrimine les gens du voyage, la haine, la violence physique ou morale est la même. »*
>
> Source : Mouloud Aoûnit, *Libération*, 21 mai 2004.

B COMBATTRE LES DISCRIMINATIONS

■ **La lutte** contre les discriminations raciales, notamment à l'embauche ou pour un logement, **est plus que jamais un enjeu considérable**.

> *« Les incendies n'auraient pas eu une telle ampleur si les discriminations et la ségrégation spatiale ne s'étaient approfondies… Les pouvoirs publics ont constamment sous-estimé les effets ravageurs du chômage des aînés diplômés… Ce n'est pas seulement l'ascenseur social qui est en panne, mais le modèle de socialisation : le grand frère qui a fait des études mais se trouve sans emploi met en déroute toutes les bonnes paroles sur la réussite scolaire. (…)*
> *On ne prend pas la mesure des émeutes de novembre si l'on ne se demande pas comment* ***les jeunes des quartiers peuvent reconquérir l'estime de soi****. »*
>
> Source : « *Ce que nous avons appris sur les nuits de novembre* », *Le Monde*, Hugues Lagrange, article du 25 janvier 2006.

■ **Forger un sentiment commun d'appartenance**

L'apprentissage de la citoyenneté dans notre société riche de cultures et origines diverses suppose que l'on apprenne à **vivre ensemble**. En articulant unité nationale, neutralité de la République et reconnaissance de la diversité, la laïcité crée par-delà les communautés traditionnelles de chacun une communauté de valeurs, et de volontés qui fonde la République.

Le développement d'une véritable communauté éducative regroupant tous les acteurs d'un établissement, quelles que soient leurs origines, leurs philosophies, leurs croyances, est **le meilleur antidote contre les replis communautaires**.

Le défi de l'école inclusive n'est donc pas d'opposer des cultures ou des traditions, mais de partir du principe que **chaque culture porte une part d'universel**, tout en forgeant **un sentiment commun d'appartenance** qui ne nie pas la diversité des identités.

Mots liés **Responsabilisation des jeunes, lutte contre la violence scolaire, laïcité.**

FICHE

24 Les approches interdisciplinaires

Quels dispositifs permettent aux différents niveaux du système éducatif des approches interdisciplinaires ?

A LES ITINÉRAIRES DE DÉCOUVERTE

Les **itinéraires de découverte (IDD)** sont des activités interdisciplinaires destinées aux élèves de 5e et de 4e. Les IDD ont pour objectifs de renforcer la **cohérence pédagogique** du fait du caractère interdisciplinaire des pratiques, et de proposer une **diversification** des modalités d'apprentissage. Ces IDD contribuent aux acquisitions du socle commun. Ils sont inscrits à l'emploi du temps des élèves à raison de deux heures hebdomadaires – soit 72 heures par division – sur l'ensemble du cycle central. Ils s'ajoutent aux enseignements obligatoires, permettant aux disciplines d'accroître leur horaire. Les quatre domaines des IDD sont : « Création et techniques, « Nature et corps humain », « Langues et civilisations », «Arts et humanités ».

« Une triple ambition doit animer la mise en œuvre de ces itinéraires de découverte : donner davantage de sens aux contenus d'enseignement ***et développer l'autonomie des élèves dans leur travail scolaire.*** *(...)*
La démarche de projet, dans laquelle s'inscrivent les itinéraires de découverte, conduit les élèves à travailler seuls ou en petits groupes*. En raison de l'âge des élèves et du nombre de séances, les professeurs ont un rôle essentiel à jouer pour les préparer à cette situation et pour* ***les guider dans leur cheminement, fait de tâtonnements et d'erreurs, de critiques et de remises en cause****.*
Dans cette perspective, le rôle pédagogique du professeur documentaliste est réaffirmé pour ***accompagner chaque élève dans la mise en œuvre d'une démarche personnelle de recherche documentaire et de maîtrise de l'information****.*
Encourager la démarche autonome des élèves *conduira à les accompagner par une évaluation tout au long de l'action. Les itinéraires de découverte constituent, de ce point de vue,* ***une occasion nouvelle pour révéler des capacités, des aptitudes jusqu'alors passées inaperçues****.*
Pour nourrir ce dialogue et cette aide, chaque élève sera incité à se doter, par exemple, d'un «carnet de bord» personnel ou «cahier de recherches» pour noter l'évolution de son travail, les ressources mobilisées, les réussites et les obstacles rencontrés. Cette évaluation formative permettra ainsi à chaque professeur d'affiner le regard qu'il porte sur ses élèves. »

Source : *Bulletin officiel* n°16 du 18 avril 2002.

Le parcours de découverte des métiers et des formations contribue à l'acquisition des compétences « sociales et civiques » ainsi qu'à celles relatives à « l'autonomie et l'initiative » du socle commun de connaissances et de compétences. Constitué de savoirs, de pratiques et de comportements dont le but est de favoriser une participation constructive à la vie sociale et professionnelle, il met en œuvre l'autonomie et l'initiative du collégien.
Les horaires dédiés aux « Itinéraires de découverte » peuvent dans le cadre du projet d'établissement être attribuées à d'autres dispositifs. Pourtant, des indications dans chacun des programmes disciplinaires du collège, mis en place de 2009 à 2012, poussent à l'interdisciplinarité en prenant appui sur des projets réunissant plusieurs disciplines, dans l'esprit des itinéraires de découverte.

B LES TRAVAUX PERSONNELS ENCADRÉS (TPE)

Les **travaux personnels encadrés** (**TPE**) sont des projets de recherche scolaire par groupe de deux, trois ou quatre élèves, sur des domaines ciblés et répondant à une problématique. Ils concernent aujourd'hui dans les lycées les premières des séries générales (ES, L et S), et font l'objet d'une **épreuve anticipée du baccalauréat**. Les notes en dessous de la moyenne ne sont pas comptées dans cette épreuve.
La mise en œuvre des TPE occupe deux heures de la semaine, de préférence en un seul bloc. Il est prévu au maximum 18 semaines sur l'année (soit 36 heures). Cet horaire doit être équitablement réparti suivant trois grandes phases : une période de recherche (définition du sujet précis, prévision des moyens de développement, recherche bibliographique), une phase expérimentale ou d'analyse, et enfin la mise en forme des documents finaux.

L'idée forte des TPE est de décloisonner l'enseignement et d'amener les élèves **au croisement des disciplines**. Un des objectifs affichés étant la cohésion de l'équipe enseignante. L'exercice, pour les élèves, devient vraiment pertinent quand il rapproche une science exacte et une science humaine. En série scientifique, on peut ainsi retrouver le couple mathématiques / physique, SVT / sciences physiques ou SVT / maths ou encore SVT / français.

La liste des thèmes de TPE en vigueur à compter de la rentrée de l'année scolaire 2011-2012 est celle développée en page suivante. Cette liste est valable pour les années scolaires 2011-2012 et 2012-2013.

Les TPE seront encore évalués en fin de première en juin 2011 en épreuve anticipée du baccalauréat 2012. Leur avenir est lié aux textes à paraître concernant le cycle terminal des lycées.

Liste des thèmes de TPE 2011-2013

Thèmes	Série économique et sociale	Série littéraire	Série scientifique
Thèmes communs	Contraintes et libertés	Contraintes et libertés	Contraintes et libertés
	Éthique et responsabilité	Éthique et responsabilité	Éthique et responsabilité
	Santé et bien-être	Santé et bien-être	Santé et bien-être
Thèmes spécifiques	La consommation	Formes et figures du pouvoir	Avancées scientifiques et réalisations techniques
	Crise et progrès	Héros et personnages	Environnement et progrès
	Pouvoirs et société	Représentations et réalités	La mesure

Enseignement intégré de science et technologie

Le bulletin officiel de l'Éducation nationale n°26 du 30 juin 2011 présente ***« l'enseignement intégré de science et technologie »*** *(EIST). Cet enseignement, expérimenté entre 2006 et 2010, a pour objectif de favoriser la mise en œuvre par l'élève de démarches caractéristiques des pratiques scientifiques et technologiques. Il vise également un décloisonnement disciplinaire qui permet de mieux appréhender les objets d'études scientifiques et technologiques.*

L'EIST est un enseignement intégré de physique – chimie, de sciences de la vie et de la terre et de technologie. Il nécessite la mise en place d'équipes pédagogiques réunissant au moins un professeur de chacune de ces disciplines.

Afin de permettre la mise en place de ce dispositif, le chef d'établissement prévoit dans l'emploi du temps des moments de concertation entre les enseignants, « pour qu'ils disposent de moments d'échanges pour construire de manière collégiale les progressions pédagogiques des séances, pour harmoniser la terminologie utilisée en cours, pour partager les méthodes et les contenus propres à leurs disciplines et pour mettre en place des formes adaptées d'évaluation des élèves, répondant notamment à l'approche par compétences. »

(BO n° 26 du 30 juin 2011.)

C LES PROJETS PLURIDISCIPLINAIRES À CARACTÈRE PROFESSIONNEL (PPCP)

Les PPCP sont l'équivalent des TPE pour la **voie professionnelle**. Ils font l'objet d'une évaluation pour le baccalauréat professionnel.

■ **Le projet pluridisciplinaire à caractère professionnel est un projet**

Il consiste en la réalisation totale ou partielle d'un objectif de production ou d'une séquence de service, tenant compte des caractéristiques du secteur professionnel concerné et du niveau du diplôme considéré. Sa mise en œuvre suppose une réflexion collective préalable concernant ses finalités et ses objectifs, ainsi qu'une organisation précise aux plans technique et pédagogique.

■ Le projet pluridisciplinaire à caractère professionnel est pluridisciplinaire
Le projet pluridisciplinaire à caractère professionnel est par nature l'objet et le produit d'un travail en équipe, tant pour les élèves que pour les enseignants. La pluridisciplinarité envisagée ici est à considérer dans un sens large. Elle recouvre toutes les formes de coopération entre les disciplines, qu'il s'agisse d'une association en vue d'une réalisation commune ou de démarches de type interdisciplinaire ou transdisciplinaire. À travers ces différentes démarches, l'objectif visé est l'acquisition des savoirs et des savoir-faire des différentes disciplines. Il ne peut se limiter à l'acquisition de capacités ou de compétences transversales.

■ Le projet est à caractère professionnel
La dimension professionnelle du projet est caractérisée par la technicité qu'il requiert, par la nature des problèmes posés, inspirés de ceux rencontrés dans les milieux professionnels, par la prise en compte des ressources et des contraintes du contexte professionnel (temps, délais, qualité, sécurité, coûts...), par la mise en œuvre de savoirs et de savoir-faire liés à l'exercice du métier. Le caractère professionnel du projet est, pour l'élève, un moyen privilégié de percevoir l'unité de sa formation. Il permet notamment la découverte et la prise en compte des savoirs et des savoir-faire relevant des enseignements généraux mobilisés dans toute activité professionnelle.

L'enseignement de l'histoire des arts au collège

L'enseignement de l'histoire des arts au collège est prévu dans le cadre d'une démarche interdisciplinaire qui doit prévaloir aussi bien pour les enseignements que pour l'évaluation. Cet enseignement s'inscrit dans les connaissances, capacités, attitudes de la compétence 5 du socle commun : La culture humaniste (voir fiche n° 27). Pour l'évaluation de cet enseignement en classe de troisième dans le cadre du diplôme national du brevet (DNB), les textes réglementaires indiquent qu'au minimum un binôme de professeurs composé d'un professeur d'Histoire-Géographie, d'un professeur d'arts plastiques ou d'un professeur d'éducation musicale et chant choral procède à l'évaluation. Cependant tout professeur, quelle que soit sa discipline, qui aurait participé à l'enseignement d'histoire des arts (par exemple, le professeur de lettres ou de langues vivantes), peut être associé au binôme pour l'évaluation.

(BO n° 32 du 28 août 2008 ; BO n°40 du 29 octobre 2009.)

Mots liés **Projet d'établissement, socle commun de connaissances et de compétences.**

FICHE 25

L'enseignement laïque du fait religieux

A COMMENT S'ORGANISE L'ENSEIGNEMENT LAÏQUE DU FAIT RELIGIEUX ?

« L'école est le lieu de la formation du citoyen et donc de la construction d'une culture commune pour vivre ensemble. Cette culture repose sur le partage des valeurs républicaines communes. Elle suppose des savoirs scientifiquement établis, elle repose aussi sur la prise en compte des diversités culturelles et religieuses de la France d'aujourd'hui. Les savoirs concernant le fait religieux – histoire, œuvres, patrimoine, compréhension du monde actuel… – sont enseignés dans le cadre des différentes disciplines, mais il est indispensable que tous les professeurs bénéficient d'une formation solidement ancrée dans un apprentissage de la pratique de la laïcité. »

Source : arrêté du cahier des charges de la formation des maîtres 19 décembre 2006.

« Parce que l'intolérance et les préjugés se nourrissent de l'ignorance, la laïcité suppose également une meilleure connaissance réciproque y compris en matière de religion. À cet égard, les enseignements dispenses peuvent tous contribuer à consolider les assises d'une telle connaissance… plus spécifiquement les faits religieux, notamment quand ils sont des éléments explicites des programmes, comme c'est le cas en français et en histoire, doivent être utilises au mieux dans les enseignements pour apporter aux élèves les éléments de culture indispensables a la compréhension du monde contemporain. »

Source : Partie I de la circulaire du 18 mai 2004, 6e alinéa.

Le fait religieux, ce n'est pas la catéchèse, c'est la mise en avant du **culturel** et du **patrimonial**. C'est un enjeu pour comprendre le monde, ses cultures. Comme le dit l'IGEN Philippe Claus : *« aujourd'hui, les connaissances des élèves en matière de religion ne leur permettent plus de comprendre le monde dans lequel ils vivent. L'introduction d'un enseignement du fait religieux répond à cette volonté d'éviter une déperdition culturelle que l'on perçoit depuis quelques décennies. Les familles ne véhiculent plus la culture religieuse comme elles le faisaient par le passé. »*

Un triple souci doit guider les enseignants dans ce domaine :

- **souci méthodologique** : pouvoir distinguer le fait religieux de l'enseignement religieux ;
- **souci scientifique** : être en capacité d'enseigner les faits religieux dans leur diversité ;

- **souci anthropologique** : pouvoir présenter l'expérience spirituelle et ce qu'elle représente (les moines, la notion de fidèles, ce qu'elle a amené les femmes et les hommes à faire...).

Le but est de passer, comme le dit Régis Debray dans son rapport sur l'enseignement du fait religieux à l'école, « *d'une laïcité d'incompétence à une laïcité d'intelligence* ».

Travailler sur le fait religieux, c'est aider à comprendre ce qui peut motiver et guider des choix éthiques, c'est aider à comprendre les représentations symboliques, les rites.

Le **fait religieux** se décline en :

- une symbolique en relation avec les croyances, c'est-à-dire les mythes, les textes sacrés, les représentations ;
- un ensemble de rites (prières, célébrations...) et d'exigences éthiques (commandements...) ;
- des communautés de croyants.

Il comporte des éléments **objectifs** (architecture, calendrier...) et des éléments **subjectifs** (faits de société, mentalités...).

B QUELQUES APPROCHES DANS LES PROGRAMMES SCOLAIRES

1. Histoire-Géographie

- En sixième : les religions égyptiennes, grecques, romaines, le judaïsme, le christianisme.
- En cinquième : l'Islam ; la Chrétienté au Moyen Âge : vie monacale, les cathédrales, l'organisation religieuse ; les relations entre les religions au Moyen Âge.
- En seconde : les religions, leurs évolutions, les contacts entre elles dans l'espace méditerranéen.

2. Lettres

En sixième, on peut citer l'étude des textes bibliques. Mais l'étude du fait religieux est également présente au travers de nombreuses œuvres littéraires du programme (romans, pièces de théâtre, poèmes,...) qu'il est impossible de comprendre sans travailler cette question.

3. Arts plastiques

Les approches possibles sont nombreuses :

- Quelle signification religieuse spécifique dans une fresque, un tableau, une sculpture, une architecture ?
- Comment aborder un tableau représentant une crucifixion, l'Assomption ?

4. Éducation musicale

Comment aborder une messe, un requiem ?
Quelle signification religieuse dans tel morceau ?
Quelle dimension spirituelle ? (cf. *La Flûte enchantée* de Mozart et sa dimension maçonnique).

5. Pistes de travail

Il y a aussi des approches du fait religieux dans les programmes d'éducation civique au collège et d'éducation civique, juridique et sociale au lycée, ainsi que dans les programmes de langues où l'approche de diverses civilisations impose une réflexion sur la présence du fait religieux dans ces pays.

Il peut être intéressant de travailler de manière interdisciplinaire sur, par exemple :

- **L'eau** au travers des différentes religions d'hier et d'aujourd'hui, sa présence, sa symbolique en présentant les fleuves sacrés (Nil, Gange,...), les sources sacrées, les rituels liés à l'eau (baptême, ablutions,...).
- La **montagne** dans diverses religions, du mont Ararat au mont des oliviers, de l'Olympe au mont Meru des bouddhistes ou au Fuji-Yama, du Mont Saint-Michel au mont Sinaï et aux différents monts et montagnes sacrés des religions d'hier et d'aujourd'hui...

Mots liés **Laïcité, socle commun de connaissances et de compétences, programmes scolaires.**

FICHE 26

Faciliter la liaison CM2-6e

A GÉRER L'ENTRÉE EN 6e DES NOUVEAUX COLLÉGIENS ET DES PARENTS

Le moment du passage CM2-6e est un moment décisif et compliqué pour nombre de jeunes et leur famille, qui ne maîtrisent qu'imparfaitement le fonctionnement du collège. Diverses initiatives ont été prises pour faciliter ces relations.

De nombreux collèges ont mis en place des dispositifs pour atténuer la rupture CM2-6e où souvent tous les repères construits à l'école élémentaire par l'élève sautent en même temps : passage d'un maître à un groupe d'enseignants, dans la cour les grands de CM2 deviennent les petits de 6e, nécessité de savoir gérer son cahier de textes et l'organisation des devoirs à faire chez soi…

Ainsi, au collège Hergé de Gondecourt dans le Nord, le projet d'établissement a-t-il mis en avant « *la nécessité d'approfondir la relation entre les professeurs et les familles parce que ce n'est qu'ensemble qu'on peut faire réussir les élèves.* »

Pour ce faire, dans ce collège, la rentrée en 6e s'effectue sur toute une journée où parents et élèves sont accueillis ensemble par toute l'équipe pédagogique. Ils rencontrent au cours de différentes réunions tous les acteurs de l'établissement et font connaissance entre eux.

Le repas du midi de cette première journée de rentrée des « sixième » est proposé aux parents comme aux élèves, qui peuvent ainsi découvrir ensemble le fonctionnement de la cantine du collège.

B POURQUOI CES DIFFICULTÉS LORS DE LA LIAISON CM2-6e ?

1. Autre langage

Le jeune se trouvait dans une école primaire qui fonctionnait par cycles et avec des dénominations comme cours préparatoire, cours élémentaire, cours moyen. Il passe au collège où, héritage napoléonien, le décompte des classes se fait par rapport aux années avant d'atteindre le baccalauréat : 6e, 5e, 4e… Il va découvrir des dénominations non utilisées en primaire : principal, conseiller principal d'éducation, documentaliste…

D'autre part, le bulletin trimestriel du collège est très différent de celui de l'école primaire.

2. D'un maître à douze enseignants

À l'école primaire, la classe ne comportait qu'un maître. Au collège, l'élève va se retrouver devant douze ou treize enseignants différents. La règle avec un enseignant était facile à comprendre. Avec une douzaine d'enseignants, l'application des mêmes textes risque d'être légèrement différente d'une heure à l'autre. D'où l'importance d'un travail des enseignants sur la cohérence de leurs approches pour éviter une trop grande perturbation aux élèves de 6e.

3. Gestionnaire de la cour de l'école, subissant la cour du collège

L'élève, notamment le garçon, était le « patron » de la cour et des divers espaces de l'école primaire qu'il maîtrisait bien. Il va se retrouver au collège dans un espace dont il ne possède pas toutes les clés, ce qui peut générer une certaine angoisse.

4. Le grand de la primaire, le petit du collège

En CM2, le jeune était le « grand » de l'école. Il se retrouve en 6e, le petit dernier avec des élèves qu'il juge « beaucoup plus âgés » et « peu accueillants ». Un sondage réalisé à propos de la journée de lutte contre l'échec scolaire montre en 2010 que plus de 80 % des jeunes jugent qu'ils sont bien accueillis par les enseignants et l'administration et seulement 50% jugent l'accueil des autres élèves du collège « satisfaisants ». La crise d'identité générée par ce changement de perspective peut être d'autant plus grave qu'elle se situe au tout début de l'entrée dans l'adolescence.

5. Une autre organisation du travail et des devoirs

Enfin, l'organisation du travail n'est pas la même entre le CM2 et la 6e. Au collège, les devoirs peuvent être pour le lendemain ou pour trois jours après ou huit jours après. Organiser son emploi du temps est un enjeu primordial pour l'élève, pour lequel il doit être aidé, notamment s'il vient d'une famille où personne n'a été scolarisé en collège. Il découvre aussi un manuel scolaire par discipline alors que peu de manuels sont utilisés à l'école primaire. La circulaire de rentrée 2011 (BO n°18 du 5 mai 2011) se préoccupe de cette situation et veut inciter les enseignants du primaire à utiliser des manuels : « *À l'école primaire, l'usage de manuels scolaires conformes aux programmes, dans l'esprit et dans la lettre, permet aux professeurs de disposer d'outils pédagogiques de référence et aux élèves de consolider leurs apprentissages (...) On n'enseigne pas sans livre, pas plus que l'on n'apprend sans livre.* »

C LE PASSAGE CM2-6e

Le passage de l'élève de l'école primaire au collège s'effectue sur la base d'un livret scolaire dont le contenu a été arrêté en 2008.

Composition du livret scolaire

*« **1)** Les documents d'évaluations périodiques en usage dans l'école pour suivre régulièrement les progrès de l'élève au fil de chaque année scolaire.*
***2)** Les résultats, en français et en mathématiques, aux évaluations nationales de CE1 et de CM2.*
***3)** Les attestations de maîtrise des connaissances et compétences en CE1 et en CM2 en référence aux programmes de l'école présentées selon le modèle en annexe 2.*
En fin de cycle des apprentissages fondamentaux (CE1), ces attestations concernent :
- *la maîtrise de la langue française ;*
- *les principaux éléments de mathématiques ;*
- *les compétences sociales et civiques.*

En fin de cycle des approfondissements (CM2), ces attestations concernent :
- *la maîtrise de la langue française ;*
- *la pratique d'une langue vivante étrangère ;*
- *les principaux éléments de mathématiques et la culture scientifique et technologique ;*
- *la maîtrise des techniques usuelles de l'information et de la communication ;*
- *la culture humaniste ;*
- *les compétences sociales et civiques ;*
- *l'autonomie et l'initiative.*

***4)** Les attestations de premier secours et de première éducation à la route.*
***5)** Le cas échéant, les attestations de compétence en langue vivante, au niveau A1 du cadre européen commun de référence lorsque l'élève maîtrise une autre langue que celle dont l'attestation de compétence figure au point 3.*
***6)** Les propositions faites par le conseil des maîtres et les décisions prises en fin d'année scolaire sur les conditions dans lesquelles se poursuit la scolarité.*
À la fin de l'école élémentaire, le livret scolaire est remis aux parents. ***Les éléments relatifs à la maîtrise des connaissances et des compétences en CM2, les résultats aux évaluations nationales en CM2 ainsi que les attestations figurant aux points 4 et 5 sont transmis au collège d'accueil de l'élève. »***

Source : circulaire du 24 novembre 2008 parue au *Bulletin officiel* de l'Éducation nationale n°45 du 27 novembre 2008.

Mot lié **Évaluation.**

FICHE 27 Le socle commun de connaissances et de compétences

Conformément à l'article 9 de la loi d'orientation et de programme pour l'avenir de l'école du 23 avril 2005, le décret définissant le socle commun précise, après avis du Haut conseil de l'éducation, les connaissances et les compétences à prendre en compte dans chacun de ses **sept piliers**.
Chacun des sept piliers correspond à autant de compétences divisées chacune en connaissances, capacités, attitudes : la maîtrise de la langue française ; la pratique d'une langue étrangère ; les compétences de base en mathématiques et la culture scientifique et technique ; la culture humaniste ; la maîtrise des techniques usuelles de l'information et de la communication ; les compétences sociales et civiques ; l'autonomie et l'initiative des élèves. Chacune des sept grandes compétences est composée de connaissances essentielles, de capacités à les utiliser et d'attitudes indispensables tout au long de sa vie, comme l'ouverture aux autres, la curiosité, la créativité, le respect de soi et d'autrui.

La maîtrise de la langue française

Priorité absolue, elle passe par :

- la capacité à lire et comprendre des textes variés,
- la qualité de l'expression écrite,
- la maîtrise de l'expression orale,
- l'apprentissage de l'orthographe et de la grammaire,
- l'enrichissement quotidien du vocabulaire.

La pratique d'une langue vivante étrangère

L'élève doit être capable :

- de comprendre un bref propos oral ainsi qu'un texte écrit court et simple,
- de se faire comprendre à l'oral et à l'écrit en utilisant des expressions courantes.

Les principaux éléments de mathématiques et la culture scientifique et technologique

En mathématiques, en s'appuyant sur la maîtrise du calcul et des éléments de géométrie, l'élève apprend à mobiliser des raisonnements qui permettent de résoudre des problèmes.
En ce qui concerne la culture scientifique et technologique, l'élève étudie :

- la structure et le fonctionnement de la Terre et de l'univers,
- la matière et ses propriétés physiques et chimiques, l'énergie,
- les caractéristiques du vivant (cellule, biodiversité, évolution des espèces),
- la conception, la réalisation et le fonctionnement des objets techniques.

De plus, l'élève est initié à la démarche d'investigation et apprend à agir dans une perspective de développement durable.

■ La maîtrise des techniques usuelles de l'information et de la communication

Chaque élève apprend à faire un usage responsable des technologies de l'information et de la communication (TIC). L'acquisition du brevet informatique et Internet (B2i) est nécessaire à l'obtention, en fin de troisième, du diplôme national du brevet (DNB).

■ La culture humaniste

L'objectif est d'acquérir des repères :

- en histoire (événements fondateurs),
- en géographie (paysages et territoires, populations, etc.),
- en littérature et en arts (les grandes œuvres).

Une approche sensible des œuvres initie l'élève à l'histoire des arts. Il est engagé dans des pratiques artistiques personnelles.

■ Les compétences sociales et civiques

Il s'agit de maîtriser, comme individu et comme citoyen, les règles élémentaires de la vie en société et de les mettre en œuvre dans le cadre scolaire. L'élève acquiert des repères dans plusieurs domaines :

- les droits et les devoirs du citoyen,
- les notions de responsabilité et de liberté et le lien qui existe entre elles,
- les principes d'un État de droit, le fonctionnement des institutions, de l'État, de l'Union européenne.

■ L'autonomie et l'initiative

L'autonomie et l'initiative s'acquièrent tout au long de la scolarité, dans chaque matière et dans chaque activité scolaire. On apprend ainsi à :

- être autonome dans son travail,
- s'engager dans un projet et le mener à terme
- construire son projet d'orientation.

En développant cette compétence, l'élève se donne les moyens de réussir sa scolarité et son orientation, de s'adapter aux évolutions de sa vie personnelle, sociale et professionnelle.

Le socle commun repose donc sur des connaissances, des capacités, des attitudes qui forment une compétence.

- **Connaissances** : les informations, les notions, les procédures acquises mémorisées et reproductibles par un individu dans un contexte donné.
- **Capacités** : les opérations mentales, les mécanismes de la pensée que l'individu met en œuvre quand il exerce son intelligence.
- **Attitudes** : les comportements sociaux ou affectifs acquis par l'individu et mobilisables dans des domaines de la vie domestique, scolaire ou professionnelle.
- **Compétences** : combinaison des connaissances fondamentales pour notre temps, des **capacités** à les mettre en œuvre dans des situations variées, mais aussi **d'attitudes** indispensables.

Le décret définissant le socle commun ne se substitue pas aux programmes de l'école primaire et du collège. Il définit « *ce qu'aucun élève ne doit ignorer à la fin de la scolarité obligatoire et qui est indispensable, pour accomplir avec succès sa scolarité, poursuivre sa formation, construire son avenir personnel et professionnel et réussir sa vie en société.* » Les éléments constitutifs du socle sont déclinés pour chaque cycle et pour chaque année de la scolarité dans le cadre d'une adaptation des programmes. À l'intérieur de chaque cycle, ceux-ci sont complétés par des repères annuels afin que le conseil des maîtres et le conseil de classe puissent évaluer dans quelle mesure l'élève maîtrise les connaissances et compétences, et proposer une aide spécifique aux élèves qui éprouvent des difficultés dans leur acquisition. Les objectifs du socle commun de connaissances et de compétences sont aussi déclinés pour la voie professionnelle, notamment pour les élèves encore soumis à la scolarité obligatoire et inscrits en classes préparatoires au CAP ou au BEP. Enfin, la maîtrise des connaissances et des compétences qui constituent le socle commun figure parmi les éléments évalués en vue de l'obtention du diplôme national du brevet. En effet, depuis **2011**, la maîtrise des **sept compétences** du socle est **nécessaire** pour obtenir le diplôme national du brevet (DNB).

Mots liés **Programmes, évaluation, livret de compétences.**

FICHE 28 Le livret de compétences

A LE LIVRET PERSONNEL DE COMPÉTENCES

De l'école primaire à la fin de la scolarité obligatoire, les élèves acquièrent progressivement les compétences et les connaissances du socle commun. Elles sont validées à **trois moments clés de la scolarité : CE1, CM2 et troisième**. Le livret personnel de compétences est **un outil de validation des compétences et de suivi personnalisé de l'élève**. Il suit l'élève tout au long de sa scolarité. C'est aussi un outil de dialogue avec les familles. Utilisé dans les écoles primaires depuis 2008, il est généralisé à tous les collèges à la rentrée 2010.

B LES ATTESTATIONS DU LIVRET

1. En primaire

Pour chaque élève, le livret personnel de compétence atteste l'acquisition des sept compétences du socle commun. Le livret comporte trois attestations :

- la première est renseignée en fin de CE1,
- la deuxième est renseignée en fin de CM2,
- la dernière, qui correspond à la maîtrise du socle commun, est renseignée en fin de scolarité obligatoire, en troisième : c'est le palier 3 (voir l'illustration ci-dessous).

À l'école primaire, le livret personnel de compétences fait partie du livret scolaire.

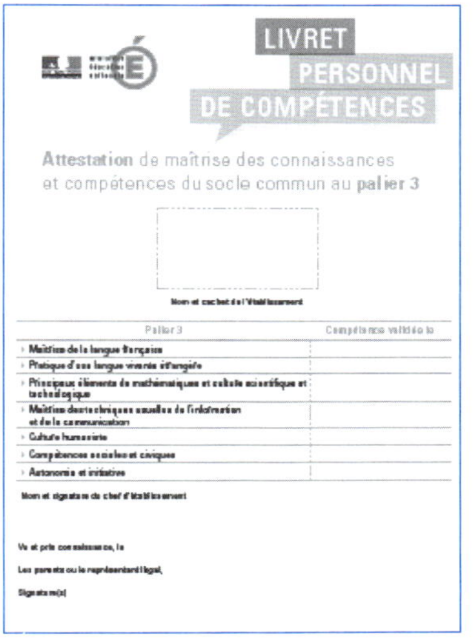
LIVRET PERSONNEL DE COMPÉTENCES

Attestation de maîtrise des connaissances et compétences du socle commun au palier 3

Nom et cachet de l'établissement

Palier 3	Compétence validée le
Maîtrise de la langue française	
Pratique d'une langue vivante étrangère	
Principaux éléments de mathématiques et culture scientifique et technologique	
Maîtrise des techniques usuelles de l'information et de la communication	
Culture humaniste	
Compétences sociales et civiques	
Autonomie et initiative	

Nom et signature du chef d'établissement

Vu et pris connaissance, le

Les parents ou le représentant légal,

Signature(s)

Sur quoi sont évalués les élèves ?

En CE1, les élèves sont évalués en français, en mathématiques et sur leurs compétences sociales et civiques (palier 1).
En CM2, les élèves sont évalués sur les sept compétences du socle (palier 2).

Dialogue avec les familles

À chaque étape, **l'école transmet les résultats de l'élève à sa famille**. À la fin du CM2, elle remet le livret au responsable légal. Si l'élève éprouve des difficultés, l'équipe enseignante peut proposer une aide personnalisée à la famille.

Accompagnement des écoliers

Les élèves peuvent suivre **deux heures par semaine d'aide en petits groupes, en plus de la classe : l'aide personnalisée**.
En CM1 et en CM2, les élèves qui en ont besoin peuvent aussi participer à des stages de remise à niveau, organisés pendant les vacances scolaires.

2. Au collège

Quand est complété le livret ?

Le livret personnel de compétences est complété **au plus tard en fin de troisième**. La circulaire définissant les conditions de validation et d'évaluation du livret de compétences est la circulaire du 18 juin 2010 (BO du 27 juillet 2010). Tous les enseignants participent à l'évaluation des élèves, sur les sept compétences du socle.
La maîtrise des compétences est validée par l'ensemble de l'équipe pédagogique et attestée par le chef d'établissement.

À partir de 2011, **la maîtrise du socle commun est obligatoire pour obtenir le diplôme national du brevet**.

Le livret personnel de compétences inclut aussi :

- l'attestation de compétences aux premiers secours « Prévention et secours civiques de niveau 1 »,
- les attestations scolaires de sécurité routière (ASSR), passées par tous les élèves en 5ᵉ et en 3ᵉ. Les ASSR sont obligatoires pour s'inscrire au permis de conduire pour tous les candidats nés après le 1ᵉʳ janvier 1988.

Dialogue avec les familles

Le collège informe régulièrement les familles. Elles peuvent ainsi suivre les progrès de leur enfant.
En fin de 3ᵉ ou de scolarité obligatoire, le livret est remis au responsable légal.
Si l'élève ne maîtrise pas toutes les compétences du socle, le livret est aussi transmis au lycée ou au CFA où il poursuit sa formation.

Accompagnement des collégiens

Les collégiens qui éprouvent des difficultés peuvent bénéficier d'**une aide individualisée**.
Si un élève éprouve des difficultés à s'adapter au collège ou si ses résultats sont insuffisants, l'équipe éducative propose, par exemple, un programme personnalisé de réussite éducative (PPRE).
Les élèves volontaires peuvent bénéficier d'une aide aux devoirs dans le cadre de l'accompagnement éducatif, hors temps scolaire.
« Tous les enseignements, toutes les disciplines ont un rôle à jouer dans l'acquisition des compétences du socle commun, et donc dans leur évaluation » (circulaire de rentrée 2010).

C LE LIVRET DE COMPÉTENCES EXPÉRIMENTAL 2010-2012

L'expérimentation d'un livret de compétences est une des mesures essentielles du plan *Agir pour la jeunesse*, annoncé par le président de la République le 29 septembre 2009. Le livret de compétences expérimental doit être le vecteur d'une orientation positive et permettre à chaque jeune de mieux identifier ses aspirations et son potentiel et de les valoriser dans la construction de son parcours de formation et de ses choix d'orientation.

Prévue par l'article 11 de la loi relative à l'orientation et à la formation professionnelle tout au long de la vie du 24 novembre 2009, l'expérimentation débute à la rentrée scolaire 2010 dans 166 établissements scolaires dont 140 relevant du ministère de l'Éducation nationale et 26 relevant du ministère chargé de l'Agriculture. L'expérimentation fera l'objet d'une évaluation et donnera lieu à un rapport au Parlement en septembre 2012.

1. Objectifs

Le livret de compétences expérimental est au service du jeune – élève ou apprenti – de l'établissement expérimentateur. Il est construit pour :

- valoriser toutes les compétences du jeune, ses compétences acquises dans le cadre scolaire, **ses compétences acquises dans le cadre extrascolaire** (dans le cadre associatif, familial, etc.) ;
- le rendre acteur de ses apprentissages, de sa formation et de son orientation en contribuant à développer son autonomie, en lui donnant l'occasion de mieux s'auto-évaluer, et de conduire une réflexion plus éclairée sur ses choix possibles d'orientation ;
- être le vecteur d'une complémentarité nouvelle entre l'établissement scolaire et ses partenaires, notamment les associations de jeunesse et d'éducation populaire, les partenaires économiques ;
- être un outil lors des phases d'orientation, d'affectation et d'admission.

L'implication personnelle du jeune et celle de sa famille sont ainsi prépondérantes pour l'efficacité de la démarche et de l'outil.

2. Contenus

Le livret de compétences expérimental a pour objectif de permettre au jeune, tout au long de son parcours de formation :

- **d'enregistrer l'ensemble des compétences acquises dans le cadre de l'éducation formelle** : toutes les connaissances, capacités et attitudes acquises durant les enseignements, au-delà des acquis disciplinaires ou durant les activités éducatives organisées dans le cadre scolaire, ainsi que les expériences d'ouverture européenne et internationale et de mobilité, individuelle ou collective, réalisations, participations et engagements que le jeune aura pu mener dans ce cadre ;
- **d'enregistrer l'ensemble des compétences acquises hors du cadre scolaire** : les connaissances, capacités et attitudes acquises dans le cadre d'engagement associatif ou dans le cadre privé, notamment familial, ainsi que les réalisations, participations et engagements que le jeune aura pu y conduire ;
- **de retracer les expériences de découverte du monde professionnel et de découverte des voies de formation**, de recueillir les éléments qui concourent à la connaissance de soi, à l'autoévaluation et alimentent la réflexion du jeune sur son orientation.

Il prend la forme d'un portfolio numérique national, développé à partir du webclasseur de l'ONISEP et disponible dans les établissements expérimentateurs dès la rentrée 2010. Les délégations régionales de l'ONISEP sont l'interlocuteur des établissements pour la prise en main du livret de compétences expérimental et son utilisation.

3. Démarche

Le **livret de compétences** a pour originalité d'être **construit progressivement par le jeune lui-même**, accompagné des enseignants, des associations ou organisations professionnelles partenaires de l'établissement, en collaboration étroite avec les parents. Il englobe et complète les dispositifs existants.
Il se distingue du livret personnel de compétences :

- parce qu'il est construit par le jeune lui-même, le livret personnel de compétences du socle commun étant placé sous la seule responsabilité des enseignants ;
- parce qu'il recense les compétences acquises hors du champ scolaire et que le champ des aptitudes et compétences sera défini par les acteurs de l'expérimentation tandis que le livret personnel de compétences est mis en œuvre dans le respect des règles du socle commun de connaissances et de compétences.

Il tient lieu de Passeport-Orientation-Formation dans les collèges et lycées expérimentateurs. Le livret doit pouvoir valoriser les parcours de tous les jeunes, y compris ceux qui ne sont pas en situation de développer des activités hors du cadre de l'éducation formelle afin de favoriser l'égalité des chances dans les procédures d'orientation et dans la construction du parcours de formation et d'insertion du jeune.

4. Évaluation de l'expérimentation

L'évaluation portera sur :

- les contenus du livret expérimental de compétences (manques, difficultés de compréhension...) ;
- les méthodes de reconnaissance des acquis extrascolaires ;
- les conditions favorables à l'implication du jeune ;
- les conditions favorables à l'implication des parents ;
- les modalités d'accompagnement des jeunes, de prise en compte du livret lors des procédures d'orientation, de sa prise en compte d'affectation ou d'admission, de sa prise en compte dans l'insertion des jeunes.

Mots liés **Socle commun de connaissances et de compétences, environnement économique, social, culturel de l'établissement, associations intervenant dans l'établissement, évaluation.**

FICHE 29

L'évaluation des élèves

Quels sont les différents documents et dispositifs **d'évaluation des élèves** existant tout au long de la scolarité ?

A LES ÉVALUATIONS NATIONALES

Des évaluations nationales ont été mises en place durant l'enseignement élémentaire en fin de cycle 2 (fin de la classe de CE1) et en fin de cycle 3 (classe de CM2).

Pour la liaison CM2-6e, un livret de l'élève a été publié au BO n°45 du 27 novembre 2008. Il comprend notamment :

- Les résultats aux évaluations nationales de CE1 et CM2 : en 2011, aux évaluations de CE1, 21 % des élèves ont été jugés insuffisants ou fragiles en français et 21 % en mathématiques ; aux évaluations de CM2, ils étaient 26 % en français et 30 % en mathématiques.
- Pour la fin du cycle 2, l'attestation des compétences du socle commun concerne trois piliers (français, mathématiques, compétences sociales et civiques).
- Pour la fin de cycle 3, l'attestation concerne les sept piliers du socle.
- Des appréciations du conseil des maîtres concernant l'élève.

B LE BULLETIN TRIMESTRIEL

1. Comment concevoir les bulletins scolaires ?

Les expérimentations menées dans différents pays ont montré que les familles avaient l'impression de « voir casser le thermomètre » quand on substitue brutalement à une évaluation chiffrée une évaluation par compétence acquise ou non acquise....

L'incompréhension, la non adhésion des familles, a donc conduit à un abandon de la démarche d'évaluation par compétences au Québec et en Suisse, et comme le dit l'inspection générale « *à un retour aux pratiques antérieures dans ce qu'elles avaient de plus archaïques.* » (rapport de l'inspection générale, « *Les livrets de compétences* », ministère de l'Éducation nationale, septembre 2007).
Or, il est très important que l'évaluation qui suit l'élève dans ses apprentissages trouve tout son sens aux yeux de l'élève et de sa famille.

La note ne doit pas être seule. Elle doit être liée à une approche par compétences comme cela commence à se pratiquer dans un certain nombre d'établissements. Il peut être intéressant d'indiquer sur le bulletin remis aux familles :

- La moyenne de l'élève par rapport à la moyenne de l'ensemble de la classe, voire en collège, s'il y a eu plusieurs mêmes devoirs réalisés dans toutes les classes d'un même niveau, par rapport à la moyenne des autres classes.
- Les progrès (ou les non progrès) réalisés par l'élève dans chaque matière.

2. Comment assurer une transition compréhensible par les familles de l'évaluation chiffrée à l'évaluation par compétences ?

Cela se fait sans doute dans une démarche progressive, **en ciblant clairement** le public qui peut très vite en tirer un profit immédiat :

- Pour des élèves notés 16/20 et au-dessus, l'évaluation par compétence n'a pas une pertinence immédiate, puisque globalement tout est acquis.
- Pour des élèves notés 5/20 et en dessous, c'est au préalable le diagnostic des manques et des erreurs qui est fondamental pour aider l'élève et sa famille, notamment dans le cadre d'un PPRE.
- **Pour des élèves notés entre 8/20 et 12/20**, dès la rentrée, on peut montrer à l'élève et à sa famille, l'intérêt de **l'approche par compétences** :
  - pour sortir du « culte » de la moyenne,
  - pour mieux mettre l'accent sur les besoins de l'élève,
  - pour mieux définir les aides à y apporter,
  - pour que les parents puissent mieux épauler l'action des enseignants.

Évaluation, Notation, validation

L'évaluation est progressive, renouvelable.
La notation donne une valeur à une production ponctuelle. Elle est complémentaire de l'évaluation.

Évaluer... c'est :	Valider... c'est :
donner une **valeur graduée** (8/20, 13/20, en cours d'acquisition /acquis /....)	une **déclaration binaire** (oui/non)
un acte le plus souvent **individuel** d'un enseignant	la **décision collégiale** de l'équipe
un **acte pédagogique**	un **acte institutionnel**
un acte **renouvelable**, **évolutif**, qui se pratique dans le cadre habituel des enseignements	un acte **définitif** : une compétence validée le reste

C LE CERTIFICAT DE FORMATION GÉNÉRALE

Un **certificat de formation générale** peut être délivré à ceux qui ne réussissent pas le diplôme national du brevet (arrêté du 8 juillet 2010, BO n° 29 du 22 juillet 2010). Le certificat de formation générale comprend une épreuve de français et de mathématiques d'une heure chacune, un oral de vingt minutes prenant appui sur un dossier préparé par le candidat. L'évaluation atteste l'acquisition de compétences au moins au palier 2 (qui est validé en fin de CM2) du socle commun de connaissances et de compétences.

D LE DIPLÔME NATIONAL DU BREVET (DNB)

À partir de la session 2011, le brevet est constitué des éléments suivants :

- la maîtrise des compétences des sept piliers du socle commun, le brevet informatique et Internet et le niveau A2 en langue vivante, évaluations validées par le livret personnel de compétences rempli par l'équipe des enseignants ;
- la note obtenue à une épreuve orale d'histoire des arts passée dans l'établissement en cours d'année ;
- les notes obtenues lors des épreuves de l'examen écrit du brevet où les candidats sont placés en situation d'anonymat. Il comprend trois épreuves : français, mathématiques, histoire-géographie-éducation civique ;
- les notes de contrôle continu obtenues au cours de la classe de 3e dans toutes les disciplines sauf l'histoire-géographie-éducation civique (pour les enseignements optionnels, seuls les points au-dessus de 10/20 comptent) ;
- la note de vie scolaire.

Des mentions « assez bien », « bien » ou « très bien » peuvent, suivant la moyenne des notes obtenues, être attribuées lors de la délivrance du diplôme national du brevet (DNB).

La note de vie scolaire

Une note de vie scolaire a été instaurée à compter de la rentrée 2006. Elle est attribuée tous les trimestres aux élèves de la sixième à la troisième. Elle valorisera les comportements responsables et citoyens de l'élève au sein de l'établissement. Elle contribuera ainsi à lui donner des repères et à faire le lien entre la vie scolaire et la vie sociale.

Cette note de vie scolaire, calculée sur la base des notes trimestrielles obtenues en classe de troisième, est prise en compte dans l'obtention du diplôme national du brevet.

En 2011, 750 000 élèves de troisième, soit plus de 80 % des élèves concernés ont obtenu le diplôme national du Brevet.

E LE BACCALAURÉAT

(Voir partie I, pages 62 à 66.)

Mots liés **Socle commun de connaissances et de compétences, livret de compétences.**

FICHE 30 Le programme personnalisé de réussite éducative (PPRE)

Mesure essentielle de la loi d'orientation et de programme pour l'avenir de l'école, le PPRE est destiné aux élèves qui éprouvent des difficultés dans l'acquisition du socle commun de connaissances et de compétences. Il peut intervenir à tout moment de la scolarité, pour une durée variable et selon les besoins des élèves concernés.
À cet égard, deux éléments importants doivent plus que jamais être renforcés, afin d'entreprendre une prise en charge des élèves qui en ont besoin le plus rapidement possible : la liaison école-collège et l'exploitation des résultats aux évaluations diagnostiques de sixième.
Les PPRE s'adressent en priorité aux élèves dont les évaluations diagnostiques en début de sixième révèlent des retards significatifs dans les apprentissages fondamentaux. Les deux heures non affectées par classe de sixième seront mobilisées pour organiser les PPRE.
Le programme personnalisé de réussite éducative constitue tout autant une modalité de **prévention de la grande difficulté scolaire**, visant à empêcher le redoublement, qu'un accompagnement de celui-ci dès lors qu'il n'aura pu être évité.

A PRINCIPES DU PPRE

Le PPRE veut personnaliser ; diminuer le nombre **des redoublements** et les rendre plus efficaces ; mieux permettre de gérer pour certains élèves **le passage CM2-6e**. Il est lié au **socle commun des connaissances et des compétences**.

> *« L'exigence de contenu du socle commun est indissociable d'une exigence d'évaluation. Des paliers intermédiaires adaptés aux rythmes d'apprentissage définis par les cycles, sont déterminés dans la maîtrise du socle. Les élèves qui manifestent des besoins particuliers quant aux acquisitions nécessaires à chaque palier se voient proposer un programme personnalisé de réussite éducative. »*
>
> Source : BO des 12 et 19 avril 2007 sur les paliers du socle et les cycles.

Le PPRE est lié à **une vision globale du jeune**. Il doit articuler temps scolaire, temps hors de l'école dans la famille ou dans le cadre associatif…
Il est fait **avec** le jeune et sa famille et non pas seulement pour eux. Il pose la question du **pour tous et pour chacun** et nécessite un questionnement précis sur le fonctionnement de la classe, la pédagogie différenciée et les aides spécifiques. Il nécessite un diagnostic précis et une action intensive et de courte durée.

Le PPRE a une **triple vocation** :

- **Prévention** : anticiper d'éventuels risques d'échecs, de décrochage, favoriser les apprentissages à venir.
- **Accompagnement** : aides aux apprentissages.
- **Remédiation** : revenir sur les erreurs commises réexpliquées.

Il a trois principes forts :

- La classe reste la structure de référence.
- L'enseignant est le « maître du jeu », il oriente et coordonne les actions et les coopérations.
- La cohérence de toutes les actions doit être assurée : il ne doit pas y avoir d'actions seulement juxtaposées, mais la mise en cohérence d'actions dans et hors de l'école.

B LES CONCEPTIONS DU PPRE

- Un diagnostic précis qui prend la forme d'un véritable positionnement en termes de connaissances, compétences et méthodes de travail impliquant l'élève.
- La sélection d'un nombre d'objectifs considérés comme prioritaires.
- Constitution d'un programme d'actions adapté aux besoins individuels de l'élève.
- Conception pour une durée déterminée pouvant être reconduit sur la base d'un nouveau programme.

Ce que peuvent être les actions proposées :

- Le PPRE concerne prioritairement les apprentissages scolaires ; il a une dominante disciplinaire mais aussi des composantes méthodologiques et comportementales.
- Référé au socle commun, il vise plutôt l'acquisition des compétences, c'est-à-dire les connaissances, capacités et attitudes plutôt que les acquisitions liées strictement aux programmes.
- La mise en œuvre d'un PPRE suppose de la part de tous les professeurs concernés, des pratiques pédagogiques suffisamment **différenciées** dans leurs pratiques quotidiennes dans la classe.

C L'ENJEU DU DIAGNOSTIC CONCERTÉ ET PARTAGÉ

Le **diagnostic** des difficultés de l'élève est un moment décisif dans la mise en œuvre d'un PPRE. L'analyse des évaluations nationales y contribue fortement. Le diagnostic est important pour l'équipe pédagogique, l'élève et ses parents.

Élaboré par l'équipe pédagogique, il doit être clairement explicité à l'élève et à sa famille dans un langage adapté. Mener un diagnostic, c'est donc :

- situer l'élève dans l'apprentissage,
- comprendre ses représentations,
- analyser ses erreurs pour apprécier les réponses pédagogiques qui permettront de rectifier, de remédier les difficultés d'apprentissage.

La formalisation du PPRE se fait au travers d'un **contrat** signé par l'enseignant, le directeur, l'élève et ses parents. Le contrat a pour finalité de :

- personnaliser l'aide en partant de l'analyse des difficultés des élèves. L'enseignant doit bien **identifier les leviers potentiels d'une action** afin de choisir les axes de progrès de l'élève ;
- proposer des aides diversifiées et coordonnées avec les horaires, leur durée, leur contenu,
- donner toute sa place à une prise en charge collective de l'élève,
- impliquer l'élève et sa famille.

Mots liés **Liaison CM2-6e, aide personnalisée, socle commun de connaissances et de compétences.**

FICHE 31 Les périodes de formation en entreprise

A COMMENT FONCTIONNENT LES PÉRIODES DE FORMATION EN ENTREPRISE ?

Tous les enseignements professionnels comportent des périodes en entreprise obligatoires, dont la durée varie en fonction du diplôme préparé. Ces périodes en entreprise font partie intégrante de la formation.
Leur intérêt et leur efficacité impliquent que les équipes pédagogiques mettent en place un accompagnement des élèves, incluant la préparation, le suivi et l'utilisation pédagogique de ces périodes.

Selon le rôle qui leur est donné et leur évaluation ou non à l'examen, les périodes en entreprise sont soit des « stages » soit des « périodes de formation en entreprise » ou « périodes de formation en milieu professionnel ».

Les stages permettent de découvrir le monde de l'entreprise et d'appliquer dans le milieu de production des connaissances acquises au lycée.
Ils sont obligatoires mais non évalués à l'examen.
Ils existent dans certains certificats d'aptitude professionnelle non encore rénovés (CAP) et dans la majorité des brevets d'études professionnelles (BEP).

B PÉRIODES DE FORMATION EN ENTREPRISE ET PÉRIODES DE FORMATION EN MILIEU PROFESSIONNEL

Périodes de formation en entreprise (PFE) en BEP et périodes de formation en milieu professionnel (PFMP) en CAP et en baccalauréat professionnel, impliquent un rapport particulier avec l'entreprise. L'élève n'y applique pas seulement ce qu'il a appris au lycée : l'entreprise est le lieu où il acquiert certaines compétences professionnelles définies dans le diplôme, qui ne peuvent être obtenues qu'au contact de la réalité professionnelle.
Ces périodes sont **obligatoires** en CAP, BEP et baccalauréat professionnel.
Elles sont évaluées à l'examen en BEP et en baccalauréat professionnel et le sont en CAP, au fur et à mesure de la rénovation des spécialités de ce diplôme.
Qu'il s'agisse de stages ou de périodes de formation, l'élève est placé **sous la responsabilité d'un tuteur désigné par l'entreprise**.

Pour que l'élève puisse en tirer profit, la période en entreprise demande à être bien préparée. Cela suppose de la part des équipes pédagogiques des établissements scolaires à la fois une mobilisation auprès des élèves et un rôle de conseil auprès des entreprises pour les aider à accueillir ceux-ci.

■ Pour **les diplômes à objectif principal de poursuite d'études**, les périodes sont courtes, de 3 à 5 semaines au maximum : ce sont des stages. Les diplômes concernés sont essentiellement des BEP de certains secteurs professionnels qui ne permettent pas d'insertion professionnelle à ce niveau de formation. Ces BEP ont pour but principal la poursuite d'études en baccalauréat professionnel.

■ Pour **les diplômes à objectif principal d'insertion professionnelle**, les périodes sont plus longues :

- de 5 à 8 semaines pour le BEP,
- de 12 à 16 semaines pour le CAP,
- de 16 à 18 semaines pour le baccalauréat professionnel, selon les secteurs professionnels (semaines réparties sur les deux années de formation).

La répartition de ces périodes dans le calendrier scolaire au cours de la formation est de la responsabilité des établissements scolaires, en fonction des contraintes pédagogiques et économiques locales.

C PRÉPARER LE SÉJOUR EN ENTREPRISE

1. Recherche des entreprises d'accueil

La recherche des entreprises d'accueil est de la responsabilité de l'équipe pédagogique, même si l'élève peut y participer. Les professeurs des disciplines professionnelles ont un rôle essentiel pour aider à repérer les entreprises qui correspondent le mieux aux objectifs de la formation dispensée.

2. Préparation pédagogique du séjour en entreprise

La préparation pédagogique du séjour en entreprise concerne à la fois :

- **l'élève**, que toute l'équipe pédagogique doit aider à acquérir les savoirs, les savoir-faire et savoir-être nécessaires à une bonne intégration dans le milieu professionnel ;
- **l'entreprise d'accueil**, que l'établissement scolaire doit informer le plus complètement possible sur les caractéristiques de la formation suivie par l'élève et sur les objectifs de la période en entreprise.

Le suivi des élèves par leurs professeurs pendant leur période de formation en entreprise est **obligatoire**. Il représente **une activité pédagogique à part entière.**

Le suivi des périodes de formation en entreprise poursuit les objectifs suivants : s'assurer du bon déroulement du séjour de l'élève, faire le point sur ses progrès, compléter ou rectifier le choix des activités qui lui sont confiées en application de la convention de stage, réaliser les évaluations prévues dans le règlement d'examen de certains diplômes.

3. Une démarche globale

Le suivi pédagogique des périodes de formation en entreprise implique les professeurs de toutes les disciplines, aussi bien générales que professionnelles.
En effet, les professeurs de disciplines générales portent sur le séjour de l'élève en entreprise une appréciation qui complète le point de vue des enseignants des disciplines professionnelles et qui contribue à faire de ce séjour un moment de formation complet, incluant toutes les dimensions exigées dans le diplôme préparé.

4. Le réinvestissement des résultats

Au retour de l'élève dans l'établissement scolaire, l'équipe pédagogique doit donc utiliser ses découvertes et ses acquis en entreprise. Cette exploitation pédagogique concerne toutes les disciplines, car le milieu professionnel est un lieu de vie et une source d'information sur des thèmes qui concourent aussi à la formation générale et à la citoyenneté.

D LE PARCOURS DE DÉCOUVERTE DES MÉTIERS ET DES FORMATIONS EN COLLÈGE

Dès la cinquième débute la découverte progressive des métiers et des formations dans un parcours qui se construit tout au long de la scolarité au travers d'activités diverses.

- Classe de cinquième : exploration des secteurs d'activités et des métiers par des visites, interviews de professionnels et enquêtes.
- Classe de quatrième : découverte des voies de formation avec une journée passée dans un lycée ou un CFA.
- Classe de troisième : séquences d'observation en milieu professionnel, visites de forums, salons, séances d'information. L'élève peut choisir l'option facultative de découverte professionnelle de 3 ou 6 heures.

Pendant sa scolarité au collège, un élève passe **au moins 10 jours dans une entreprise** ou en relation avec des acteurs du monde professionnel.

Mots liés **Orientation, évaluation.**

FICHE 32 Les règles de la propriété littéraire et artistique dans les établissements scolaires

A RESPECT DE LA DÉONTOLOGIE DANS LES USAGES DU NUMÉRIQUE

Tout œuvre de l'esprit est en France protégée : un texte, une image, une musique ne peuvent être reproduits sans le consentement de leur auteur. Pour garantir ce droit, le ministère a conclu un certain nombre d'accords avec les associations représentatives des professionnels concernés.

- Un contrat définissant *les conditions d'usage de reproductions par reprographie d'œuvres protégées dans les établissements scolaires* a été signé le 20 mai 2005 entre l'État, le centre français d'exploitation du droit de copie (CFC) qui regroupe plus de 800 éditeurs et le groupement des éditeurs de service en ligne qui lui ont confié la gestion de leurs droits, et la société des éditeurs et auteurs de musique (SEAM), qui prévoit que le ministère de l'Éducation nationale acquitte une redevance pour rémunérer les auteurs et les éditeurs des œuvres reproduites. L'accord proscrit les utilisations abusives et interdit les reproductions intégrales d'ouvrages.

- Un accord a été signé en janvier 2007 sur l'utilisation des œuvres protégés à des fins d'enseignement et de recherche. Cet accord concerne les livres et la musique imprimée, les publications périodiques imprimées, les œuvres d'arts visuels, les enregistrements sonores d'œuvres musicales, les vidéos de musique, les œuvres cinématographiques et audiovisuelles.

B L'UTILISATION D'INTERNET

La sensibilisation et la responsabilisation des élèves et des enseignants à l'usage d'internet sont essentielles.
La maîtrise des techniques usuelles de l'information et de la communication (TIC) est inscrite dans le socle commun de connaissances et de compétences que tout élève doit maîtriser au terme de la scolarité obligatoire.
Le brevet informatique et Internet (B2i) valide l'acquisition de ces compétences.
Chaque établissement élabore une charte du bon usage des TIC et d'Internet.
Les enseignants devront, à partir du concours de recrutement 2012, posséder obligatoirement, pour être admis au concours, le certificat informatique et internet (C2i) niveau 2 « enseignant ».
Ce certificat atteste des compétences professionnelles de l'enseignant dans leurs dimensions pédagogiques, éducatives et citoyennes.
Il se décline dans les domaines suivants :

- les problématiques et les enjeux liés à l'utilisation des TIC dans le domaine de l'éducation,
- les gestes pédagogiques liés aux TIC,
- la recherche et l'utilisation des ressources Internet,
- le travail en équipe et en réseau,
- les espaces numériques de travail (ENT),
- l'évaluation et la validation des compétences TIC dans le cadre des référentiels inscrits dans les programmes d'enseignement.

C LE DÉVELOPPEMENT DES ESPACES NUMÉRIQUES DE TRAVAIL (ENT)

L'ENT (espace numérique de travail) est **un ensemble de services numériques** mis à disposition de la communauté éducative par l'établissement. Il propose notamment des zones de travail et d'échanges interactives :

- Liaison entre l'école et la famille, l'enseignant et l'élève.
- Mise à la disposition de tous les acteurs de l'établissement des outils TICE (technologie de l'information et de la communication pour l'enseignement).
- Mise à disposition de ressources pédagogiques (manuels numériques par exemple) et d'un nombre important de services numériques.

Les ENT sont déployés dans le cadre de projets partenariaux entre l'académie et les collectivités associées. En 2010, on en compte dans 1 800 établissements du second degré (ce qui correspond à 2 millions de compte utilisateurs environ).Les deux tiers des académies se sont engagées dans des projets de généralisation, ce qui permet d'estimer à presque 5 000 les établissements qui disposent d'un ENT en 2012.

D LE CAHIER DE TEXTES NUMÉRIQUE

Le cahier de textes est un outil de **communication entre le professeur et les élèves**, mais aussi avec le chef d'établissement et les corps d'inspection. Il permet en outre d'**informer les parents** et de les aider à suivre les études de leurs enfants. L'évolution des technologies permet en 2010 de rendre accessible simultanément à plusieurs utilisateurs (accès réservé aux personnes concernées) et en différents lieux la version originale du cahier de textes numérique.
Dès 2010, comme le précise la circulaire de rentrée 2010 du ministère de l'Éducation nationale, « *Le cahier de textes numérique, qui facilite l'individualisation des activités demandées aux élèves, devra être généralisé dans tous les établissements.* »
À la rentrée 2011, « *L'utilisation du cahier de textes numérique au lieu du cahier de textes papier devra être effective dans tous les établissements.* »

E LE RESPECT DU DROIT À L'IMAGE

Pour l'utilisation de l'image d'un ou plusieurs élèves, que ce soit sous forme d'une photo ou d'un film, il est indispensable que soit obtenue une autorisation parentale si l'élève est mineur, ou sa propre autorisation si l'élève est majeur.
Cela concerne aussi bien l'utilisation de l'image sur un site web, pour une exposition ou pour illustrer un journal.
Le Code civil précise en effet (articles 226-1 à 226-8) : « *le droit à l'image est le droit de toute personne physique à disposer de son image, quelle que soit la nature du support de publication ou de diffusion de l'image.* »

Mots liés **Évaluation, programmes.**

FICHE 33 La scolarisation des élèves en situation de handicap

Comment s'organise la scolarisation des élèves **en situation de handicap** ?

À la rentrée 2010, **187 500** enfants et adolescents handicapés sont scolarisés en milieu ordinaire. Ils étaient 155 000 en 2006.

La loi du 11 février 2005 sur le handicap s'efforce de concrétiser le droit des jeunes handicapés à une scolarité en milieu ordinaire. Elle concerne sur de nombreux points l'éducation.

L'inscription dans une école ou un établissement de référence

L'enfant handicapé est inscrit dans une école, un collège ou un lycée de référence à partir de la rentrée 2006. Cette inscription est détachée de la scolarisation qui peut se dérouler, selon les cas, dans l'école de référence (dans une classe ordinaire ou dans un dispositif adapté), dans une autre école ou dans un établissement spécialisé.

La scolarisation

> *« Il est proposé à chaque enfant, adolescent ou adulte handicapé, ainsi qu'à sa famille, un parcours de formation qui fait l'objet d'un* ***projet personnalisé de scolarisation (PPS)*** *assorti des ajustements nécessaires en favorisant, chaque fois que possible, la formation en milieu scolaire ordinaire ». ...Dans tous les cas et lorsque leurs besoins le justifient, les élèves bénéficient des aides et accompagnements complémentaires nécessaires. »*
>
> Source : loi du 11 février 2005 sur le handicap.

Le **projet personnalisé de scolarisation** planifie les objectifs d'apprentissage de l'élève handicapé et assure la cohérence et la qualité des accompagnements et des aides nécessaires, à partir d'une évaluation globale de la situation et des besoins de l'élève (accompagnement thérapeutique ou rééducatif, attribution d'un auxiliaire de vie scolaire ou de matériels pédagogiques adaptés, accompagnement individuel par un emploi vie scolaire).

La formation des enseignants

Dans le premier degré existait un diplôme pour travailler avec les enfants handicapés ; il a été modifié en 2004 pour devenir le **CAPA-SH** (certificat d'aptitude professionnelle pour les aides spécialisées, les enseignements adaptés et la scolarisation des élèves en situation de handicap). À ce diplôme est venu s'ajouter pour les enseignants du second degré, le **2CA-SH** (certificat complémentaire pour les enseignements adaptés et la scolarisation des élèves en situation de handicap). Un certificat d'enseignement en **langues des signes français** (LSF) a également été créé. Les premiers certifiés ont pris leur fonction à la rentrée 2010.

Les commissions

La loi institue une commission unique, la commission des droits et de l'autonomie (**CDA**) qui regroupe les compétences de la CDES et de la COTOREP.
Les compétences de la CDA sont les suivantes :

- statuer sur le cas des jeunes handicapés de la naissance jusqu'à l'âge de 20 ans à propos d'une éventuelle attribution de l'allocation d'éducation spéciale et aussi pour l'orientation et l'affectation du jeune handicapé ;
- reconnaître la qualité de handicapé, évaluer le pourcentage du handicap, désigner les établissements d'accueil du jeune handicapé ;
- apprécier si l'état justifie l'attribution de l'allocation aux adultes handicapés ou la carte d'invalidité.

Cette commission dépend de la **maison départementale des personnes handicapées (MDPH)**, « guichet unique » pour toutes les prestations des handicapés.

Les CLIS, UPI, IME

Les CLIS (**classes d'intégration scolaire**) et les UPI (**unités pédagogiques intégrées**), devenues à la rentrée 2010 les ULIS, les unités localisées pour l'inclusion scolaire, ne disparaissent pas. Elles font partie des « *dispositifs adaptés* » répondant aux besoins des élèves. En 2010, il y a 2 000 UPI dans les établissements d'enseignement du second degré.
Les IME (instituts médico-éducatifs), établissement spécialisé, restent des lieux de scolarisation. L'enfant reste inscrit dans son école de référence même lorsqu'il suit sa scolarité en IME.

Les SEGPA

Les SEGPA (**sections d'enseignement général et professionnel adapté**) ont été mises en place dans 1500 établissements d'enseignement du second degré. Elles accueillent de la sixième à la troisième des élèves présentant des difficultés scolaires graves et durables, dont des enfants en situation de handicap. « *Compte tenu de la spécificité de la SEGPA et du public qui y est scolarisé, chaque division ne devrait pas excéder 16 élèves* », précise le *Bulletin officiel* n°32 du 7 septembre 2006.

Les EREA

Les EREA (**établissements régionaux d'enseignement adapté**) reçoivent des élèves qui ne peuvent fréquenter les classes ordinaires d'enseignement général ou professionnel. Sur 80 EREA existants, 72 accueillent des élèves de même profil que ceux des SEGPA et 8 accueillent des handicapés moteurs et visuels.

Les personnels

> *« Les enseignants et les personnels d'encadrement, d'accueil, techniques et de service reçoivent, au cours de leur formation initiale et continue, une formation spécifique concernant l'accueil et l'éducation des élèves et étudiants handicapés et qui comporte notamment une information sur le handicap et les diverses modalités d'accompagnement scolaire. »*
>
> Source : loi du 11 février 2005.

- Les **enseignants référents** (1200 à la rentrée 2007) ont pour mission d'animer les équipes de suivi de la scolarisation des élèves handicapés et des dossiers des élèves handicapés, veillent à favoriser les coopérations entre écoles, établissements publics locaux d'enseignement, et établissements sanitaires ou médico-éducatifs. Il s'agit d'assurer un accompagnement des élèves scolarisés à la fois en milieu ordinaire et pour une partie du temps dans un établissement sanitaire ou spécialisé.
- **Les auxiliaires de vie scolaire (AVS)**, créés à la rentrée 2005, sont affectés à des missions d'accompagnement individuel de scolarité des élèves handicapés. Ils assurent des fonctions d'aides à l'accueil et à la scolarisation des élèves handicapés. Les interventions des AVS sont définies en concertation avec l'enseignant (aide pour l'écriture, installation de matériels au sein de la classe, accompagnement lors des repas, des interclasses, des sorties scolaires ou lors d'activités physiques ou sportives).

Les AVS exercent leurs activités dans le cadre d'une convention entre des associations complémentaires de l'enseignement public comme la FGPEP (fédération générale des pupilles de l'enseignement public) et le ministère de l'Éducation nationale.

Mots liés **Besoins éducatifs particuliers.**

FICHE 34 La scolarisation des enfants étrangers et des gens du voyage

Comment est organisée la **scolarisation des élèves nouvellement arrivés en France et des gens du voyage** venant de pays étrangers ?

Un **centre académique pour la scolarisation des nouveaux arrivants (ENAF) et des enfants du voyage (EDV)** qui porte le nom de **CASNAV** existe dans chaque académie.
Un quart des nouveaux arrivants sont accueillis dans les académies de Créteil et Versailles. Il y en a également un nombre important dans l'académie de Lyon et sur celles du pourtour méditerranéen.

A LES MISSIONS DU CASNAV

Elles sont définies par le BO n°10 du 25 avril 2002.

- **Aider** les équipes éducatives à accueillir les élèves nouvellement arrivés et les enfants du voyage.
- **Favoriser** la médiation et la coopération avec les familles et les partenaires de l'école.

- **Former** et aider les personnels enseignants et éducatifs.
- Leur **donner** des repères pour mieux percevoir le profil scolaire et la sensibilité de chacun des élèves qui leur sont confiés.
- Leur **donner** les outils pour mettre en œuvre une démarche pédagogique différenciée adaptée aux besoins spécifiques de chacun et prenant en compte le vécu scolaire préalable.
- **Élaborer** des outils et mutualiser des pratiques pédagogiques.

Scolarisation des élèves nouveaux arrivants

« Il importe, au préalable, de préciser qu'en l'absence de toute compétence conférée par le législateur, il n'appartient pas au ministère de l'Éducation nationale de contrôler la régularité de la situation des élèves étrangers et de leurs parents au regard des règles régissant leur entrée et leur séjour en France. (...)

Pour un jeune de moins de seize ans séjournant en France, les dispositions législatives relatives à l'obligation scolaire imposent à toute personne exerçant une simple autorité de fait sur un enfant la charge d'assurer son instruction (article L. 131-4 du Code de l'éducation). Si l'enfant se présente seul et, d'une manière générale, en cas de présomption d'enfant en danger, il conviendra de procéder à un signalement selon les procédures en vigueur. Les dispositions du titre premier du Code de l'éducation relatives au droit à l'éducation sont applicables aux élèves de nationalité étrangère comme aux élèves français. (...)

En conséquence, les élèves de nationalité étrangère doivent pouvoir, comme les élèves de nationalité française, poursuivre des études engagées.

L'évaluation des acquis à l'arrivée

Tout élève nouvellement arrivé en France doit pouvoir bénéficier d'une évaluation qui met en évidence ses savoir-faire en langue française, pour déterminer s'il est un débutant complet ou s'il maîtrise des éléments du français parlé ou écrit ses compétences scolaires construites dans sa langue de scolarisation. (...)

L'affectation des élèves et le fonctionnement des classes spécifiques

Les élèves nouvellement arrivés sont inscrits obligatoirement dans les classes ordinaires de l'école maternelle ou élémentaire. Les élèves du CP au CM2 sont regroupés en classe d'initiation (CLIN) pour un enseignement de français langue seconde, quotidiennement et pour un temps variable (et révisable dans la durée) en fonction de leurs besoins.

Dans le second degré

Il convient de distinguer deux types de classes d'accueil en fonction des niveaux scolaires des élèves nouvellement arrivés. Certains n'ont pas été scolarisés dans le pays d'origine. Pour ceux-là, on distinguera, les classes d'accueil pour élèves non scolarisés antérieurement (CLNSA) des classes d'accueil ordinaires (CLA).

C'est sur la base de l'évaluation effectuée à l'arrivée de l'élève que son affectation sera décidée. Il convient néanmoins d'intégrer ces élèves dans les classes ordinaires lors des cours où la maîtrise du français écrit n'est pas fondamentale (EPS, musique, arts plastiques...), et cela pour favoriser plus concrètement leur intégration dans l'établissement scolaire. Ils doivent également pouvoir participer, avec leurs camarades, à toutes les activités scolaires. »

Source : extraits du BO n°10 du 25 avril 2002.

B SCOLARISATION DES ENFANTS DU VOYAGE

Cette scolarisation pose problème compte tenu du manque d'aires d'accueil en France pour les gens du voyage. Cela entraîne des présences irrégulières (de quelques jours à quelques semaines) dans les écoles de communes où ils peuvent s'arrêter.

■ Les **premiers contacts avec la famille** sont essentiels et peuvent déterminer la qualité de l'intégration et donc de la fréquentation scolaire. Il est nécessaire de faire visiter les locaux et d'expliquer leur fonction, de présenter les différentes personnes, de présenter les principales règles de vie, d'expliquer les missions de l'école, de donner le cadre (règlement de l'école et horaires).

■ **Accueil dans la classe** : à l'élève installé dans la classe pour quelques jours, il est nécessaire de présenter les élèves de la classe, d'expliquer aux autres la notion de voyage, l'importance de l'accueil et de l'aide auprès du nouvel élève au sein de la classe, de donner tout de suite le matériel, cahier du jour, planning..., d'afficher dans la classe des repères (visuels), emploi du temps, météo, etc., de mettre à disposition des jeux qui font intervenir la lecture comme outil indispensable d'échange et de compréhension, de faire le lien avec les savoir-faire de l'élève et ce qui se fait dans la classe.

Mots liés **Obligation scolaire, élèves à besoins éducatifs particuliers.**

FICHE 35 L'aide personnalisée

L'aide personnalisée est organisée à tous les niveaux du système éducatif. La **personnalisation des parcours scolaires** est la trame des réformes engagées depuis plusieurs années dans le système éducatif.

> *« L'objectif est de faire réussir chaque élève, en l'aidant à affirmer ses goûts et à construire son parcours pour l'amener à donner le meilleur et l'accompagner vers l'excellence. La personnalisation de l'action éducative contribue à cet objectif en :*
> - *assurant l'acquisition solide des fondamentaux sans lesquels il est vain d'espérer aller plus loin ;*
> - *amenant les jeunes au niveau de compétences les plus élevées en les aidant à relever les défis de l'avenir ;*
> - *relançant l'ascenseur social dans un pays où un enfant d'ouvrier a cinq fois moins de chances qu'un enfant de famille aisée d'arriver en classe préparatoire aux grandes écoles. »*
>
> Source : document de la rentrée 2010 du ministère de l'Éducation nationale.

A L'AIDE PERSONNALISÉE EN FAVEUR DES ÉLÈVES EN DIFFICULTÉ EN PRIMAIRE

- Depuis la rentrée 2008, les élèves rencontrant en primaire des difficultés scolaires peuvent bénéficier d'une **aide personnalisée** de deux heures hebdomadaires. Celle-ci est assurée par les enseignants, en très petits groupes, selon une organisation choisie par l'école.
- Les **stages** de remise à niveau destinés à des élèves de **CM1** et **CM2** rencontrant encore des difficultés dans leurs apprentissages sont proposés aux parents par le maître de la classe et sont encadrés par les enseignants, étalés sur cinq jours avec trois heures d'enseignement quotidien en français et en mathématiques, organisés par groupes de cinq à six élèves, répartis sur trois périodes pendant les vacances scolaires : les vacances de printemps, la première et la dernière semaine des vacances d'été.

B L'ACCOMPAGNEMENT ÉDUCATIF AU COLLÈGE

Au collège, l'accompagnement éducatif se réalise dans le cadre des activités proposées dans les heures d'**accompagnement éducatif** ou avec la mise en place d'heures d'études dirigées dans le cadre du projet d'établissement.
L'accompagnement éducatif est une offre complémentaire aux enseignements obligatoires qui s'adresse aux élèves des familles volontaires de tous les collèges et écoles élémentaires de l'éducation prioritaire.
Il propose une aide aux devoirs et aux leçons ou la possibilité d'une pratique artistique, culturelle ou sportive. S'y ajoute également la possibilité de pratiquer une langue vivante.
Il est organisé tout au long de l'année, deux heures par jour, quatre jours par semaine.
Il est assuré par des enseignants **volontaires**, des assistants d'éducation, des intervenants externes sur la base de conventions avec d'autres institutions ou des associations qualifiées et reconnues.

C LE DISPOSITIF EXPÉRIMENTAL DE RÉUSSITE SCOLAIRE AU LYCÉE

1. Définition

Depuis la rentrée 2008, ce dispositif complémentaire aux enseignements apporte un appui individualisé aux élèves en fonction de leurs besoins. Il concerne 200 lycées.

Il propose une aide au travail scolaire, un entraînement aux épreuves d'examen, une préparation à la poursuite d'études supérieures et l'élaboration d'un projet d'orientation.
Il est organisé tout au long de l'année, par stages d'une semaine durant les vacances d'été et de la Toussaint pour les élèves volontaires.
Il est assuré par des enseignants, des étudiants en deuxième année de master, des assistants d'éducation.
Depuis février 2009, des stages d'anglais d'une semaine sont proposés aux lycéens volontaires pendant les vacances scolaires.

2. L'accompagnement personnalisé en classe de seconde générale et technologique dans le cadre de la réforme du lycée

La création à la rentrée 2010 de deux heures hebdomadaires obligatoires **d'accompagnement personnalisé** intégrées dans l'emploi du temps de chaque élève est intervenue dans le cadre de la réforme du lycée en seconde générale et technologique.
Cet accompagnement s'organise autour de plusieurs activités principales (pouvant prendre la forme de travaux interdisciplinaires) :

- un soutien aux élèves qui rencontrent des difficultés dans les disciplines comme dans les méthodes ;
- un approfondissement des connaissances ou une approche différente des disciplines étudiées ;
- une aide à l'orientation ou à la construction d'un projet professionnel et de poursuite d'études.

3. L'aide individualisée en lycée professionnel

- Depuis la rentrée 2009, dans le cadre de l'extension du baccalauréat professionnel en trois ans, les lycéens connaissant des difficultés scolaires bénéficient d'un accompagnement comprenant : aide individualisée, tutorat et modules de remédiation…
- **L'accompagnement personnalisé en collège et en lycée** est mis en œuvre par les équipes pédagogiques et placé sous la responsabilité du professeur principal. Le **conseil pédagogique** fait des propositions sur son organisation, que le chef d'établissement soumet à l'approbation du conseil d'administration.
- Les élèves volontaires, prioritairement en seconde, peuvent (sur recommandation du conseil de classe) **suivre des stages pour éviter le redoublement**. Les séances, centrées sur l'acquisition de compétences, de méthodes et de contenus disciplinaires, se déroulent en petits groupes sur une ou deux semaines pendant les vacances, ou tout au long de l'année scolaire, hors temps d'enseignement.

Les sept tâches scolaires en aide personnalisée selon Roland Goigoux

- *Exercer (systématiser, automatiser).*
- *Réviser (synthétiser, préparer une évaluation commune).*
- *Soutenir (observer/accompagner l'élève au travail, étayer sa réalisation, verbaliser les objectifs et les contenus, expliciter les procédures).*
- *Anticiper (préparer, réunir les conditions de la compréhension de la future séance collective; c'est une différenciation en amont).*
- *Revenir en arrière (reprendre les bases, combler les lacunes).*
- *Compenser (enseigner des connaissances et des compétences requises par les tâches scolaires habituelles mais peu ou pas enseignées).*
- *Faire autrement (enseigner la même chose autrement ou la faire enseigner par quelqu'un d'autre).*

Mots liés **Accompagnement éducatif, redoublement.**

FICHE 36 L'orientation des élèves

A COMMENT EST PRISE UNE DÉCISION D'ORIENTATION OU DE REDOUBLEMENT ?

L'orientation des élèves est un enjeu de plus en plus important à l'intérieur d'un système scolaire de plus en plus complexe (voir pages 42 et 43 de la partie 1), pour des élèves restant de plus en plus longtemps à l'école, et qui pour 66 % environ d'entre eux obtiennent un baccalauréat que leurs parents n'avaient jamais atteint.

« L'élève élabore son projet d'orientation scolaire et professionnelle avec l'aide de l'établissement et de la communauté éducative, notamment des enseignants et des conseillers d'orientation-psychologues, qui lui en facilitent la réalisation tant en cours de scolarité qu'à l'issue de celle-ci.
À cette fin, les élèves disposent de l'ensemble des informations de nature à permettre l'élaboration d'un projet d'orientation scolaire et professionnelle.
Ils bénéficient notamment d'une information sur les professions et les formations qui y préparent sous contrat de travail de type particulier et sous statut scolaire. Cette information est destinée à faciliter le choix d'un avenir professionnel, de la voie et de la méthode d'éducation qui y conduisent.
Cette information est organisée sous la responsabilité des chefs d'établissement, dans le cadre des projets d'établissement ou de projets communs à plusieurs établissements. Elle

→

est conjointement réalisée par les conseillers d'orientation-psychologues, les personnels enseignants, les conseillers de l'enseignement technologique et les représentants des organisations professionnelles et des chambres de commerce et d'industrie, de métiers et d'agriculture, en liaison avec les collectivités territoriales. Elle s'accompagne de la remise d'une documentation. »

« La décision d'orientation est préparée par une observation continue de l'élève. Le choix de l'orientation est de la responsabilité de la famille ou de l'élève quand celui-ci est majeur. Tout désaccord avec la proposition du conseil de classe fait l'objet d'un entretien préalable à la décision du chef d'établissement. Si cette dernière n'est pas conforme à la demande de l'élève ou de sa famille, elle est motivée. La décision d'orientation peut faire l'objet d'une procédure d'appel. »

Sources : articles L.331-8 et L.331-7 du Code de l'éducation.

B STATISTIQUES DES REDOUBLEMENTS AUX DIFFÉRENTS NIVEAUX DU SYSTÈME ÉDUCATIF EN 2007

Classe de ...	Pourcentage de redoublement en 2007
6e	6,4 %
5e	3,1 %
4e	5,2 %
3e	5,8 %
2de	13,3 %
1re	7,4 %

En 2010, près de 12 % des élèves, une très légère baisse par rapport à 2007, redoublent la classe de seconde générale et technologique.
Désormais, les élèves volontaires, prioritairement en seconde, peuvent sur recommandation du conseil de classe suivre **des stages** pour **éviter le redoublement**.
Les élèves qui le souhaitent peuvent être conseillés et guidés dans leur projet d'orientation par **un tuteur** qui sera leur référent tout au long de leur scolarité au lycée. Le tuteur suit un même petit groupe d'élèves, de la seconde à la terminale, en lien avec le conseiller d'orientation psychologue et le professeur principal.
Si certains élèves envisagent de **changer d'orientation**, ils peuvent sur recommandation du conseil de classe suivre, en cours ou en fin d'année, des stages qui leur apportent des compléments d'enseignement indispensables à ce changement.
L'élève construit son projet avec l'aide de son professeur principal, du conseiller d'orientation psychologue, voire de son tuteur.
En classe de seconde générale et technologique, les stages concernent les élèves qui envisagent d'intégrer la voie professionnelle.

C LES PROCÉDURES D'ORIENTATION

C'est le **conseil de classe** (voir la fiche n°21) qui propose les décisions d'orientation et c'est le chef d'établissement qui prend la décision finale d'orientation d'un élève.
La famille a toujours la possibilité, aux différents niveaux où s'effectuent les décisions d'orientation ou de redoublement des élèves (fin de 6e, 4e, 3e, 2de,1re), de **faire appel** de la décision devant une **commission d'appel** (voir la fiche n°21).

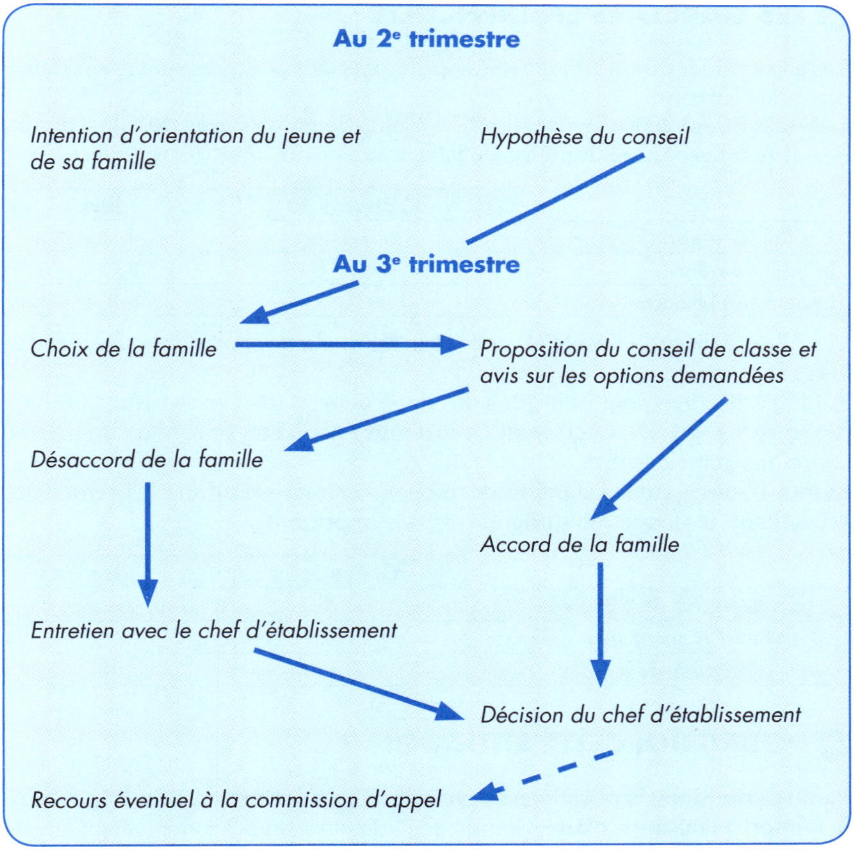

Mots liés **Aide personnalisée, conseiller d'orientation psychologue, professeur principal, conseil de classe.**

FICHE 37 L'égalité garçons-filles dans le système éducatif

Comment gérer la **mixité et l'égalité garçons-filles** dans la classe et dans l'établissement ?

A LES GARÇONS EN DIFFICULTÉ

Les jeunes ne rentrant pas dans les apprentissages scolaires sont majoritairement des garçons.
Les statistiques 2009 montrent qu'il y a plus de garçons que de filles qui ont des difficultés dans le domaine de la lecture :

	Garçons	Filles
Très faibles capacités	8,9 %	4,9 %
Difficultés sévères	6,1 %	3,6 %
Lecteurs très efficaces	59 %	70 %

Les filles réalisent à l'école et au collège de meilleurs parcours scolaires que les garçons.
À 14 ans, les filles sont pour plus des deux tiers en troisième contre la moitié des garçons qui, à cet âge, sont environ un tiers à être encore en quatrième contre un quart des filles.
Le poids des garçons dans le décrochage scolaire ou dans les structures accueillant des jeunes en difficulté est très important.

	Garçons	Filles
Classes de SEGPA	70 %	30 %
Dispositif « soutien » collège	63 %	37 %
Dispositifs Relais	78 %	22 %

B POURQUOI CETTE SITUATION ?

Parmi de **multiples explications à développer**, il y a notamment à l'entrée à l'école **le rapport à la tâche scolaire**. Compte tenu des stéréotypes fonctionnant encore dans les familles et dans la société, les filles qui effectuent très tôt de nombreuses petites tâches à la maison à l'inverse des jeunes garçons, savent mieux maîtriser les différentes composantes des tâches scolaires, composantes du métier d'élève :

- L'énoncé, l'ordre donné.
- L'accomplissement.

- La validation.
- La correction.
- La finition.

On sait combien la non-maîtrise de ces composantes est pénalisante pour certains garçons qui vont refuser les corrections, et ne pas tenir compte de ce que signifie la finition en « bâclant » souvent leur travail scolaire.

C DES ORIENTATIONS DIFFÉRENTES À LA FIN DU COLLÈGE ET AU LYCÉE

Dans l'école française, le moment décisif concernant l'orientation des élèves se situe entre la classe de quatrième et la classe de troisième. Il touche donc les jeunes à l'âge de 14/15 ans.

Or, à cet âge, où l'institution leur demande de construire un projet personnel, tous les spécialistes de la psychologie de l'adolescence le disent, c'est le moment du plus grand écart de maturité entre les jeunes garçons et les jeunes filles. C'est l'importance de ce moment qui explique le poids des garçons dans le décrochage scolaire ou dans les structures accueillant des jeunes en difficulté.

Les différences d'orientation 3e-2de entre filles et garçons **sont dues aux meilleurs résultats des filles.**

- Moins de 20 % des filles vont en apprentissage et en professionnel contre plus de 40 % des garçons.
- En apprentissage, elles deviennent majoritaires pour l'apprentissage niveau licence/master.

Mais les différences se creusent après la seconde, sans relation avec les résultats scolaires :

- Quand **ils** se jugent très bons en français, seul 1 garçon sur 10 va en L. Quand **elles** se jugent très bonnes en français, 3 filles sur 10 vont en L.
- Quand **ils** se jugent très bons en mathématiques, 8 garçons sur 10 vont en S. Quand **elles** se jugent très bonnes en mathématiques, 6 filles sur 10 seulement vont en S.
- Les choix d'options dans une même série **divergent** :
  - il y a parité globalement sur la série S,
  - mais en spécialités, plus de 60 % de filles sont en STL et SVT, 50 % en physique chimie, 45 % en mathématiques, 14 % en STI (STI2D).

D APRÈS LE LYCÉE

Les femmes sont majoritaires dans les filières du supérieur jusqu'au niveau master. Plus de 50 % d'entre elles sont diplômées du supérieur.
Il y a **parité** entre les filières littéraires et scientifiques du supérieur. Mais il y a des **différenciations** :

- 54 % des femmes parmi les diplômées en lettres ;
- 35 % des femmes parmi les diplômées de « sciences dures » et ingénieures ;
- 66 % de femmes parmi les diplômées en médecine, écoles vétérinaires et sciences du vivant.

La meilleure réussite scolaire des filles a entraîné en 2007 une amélioration de l'emploi féminin pour les sorties de formation initiale depuis 1 à 4 ans. En février 2010, le chômage des femmes sorties des études depuis 6 ans est de **14 %**, celui des hommes de **16 %**. Il y a 15 ans, l'écart était de 9 % en faveur des hommes. « *Les femmes commencent à tirer profit de leur réussite scolaire* » (note INSEE 2010).
Cette situation est encore **accentuée dans les zones urbaines sensibles** où le taux de chômage des hommes trois ans après la sortie d'études est de 41,7 % et celui des filles de 19 %, conséquence de **l'échec scolaire précoce masculin**.

Malgré leur réussite scolaire, le salaire des femmes reste inférieur à celui des hommes.
L'écart de salaire horaire femme-homme est différent en 2010 selon l'âge des femmes :

- Moins de 35 ans : écart de 7,8 %.
- Entre 35 et 50 ans : écart de 16,4 %.
- Plus de 50 ans : écart de 26 %.

De plus, à diplôme égal, les choix de carrière des femmes sont différents des hommes.
Les femmes choisissent plus les carrières des fonctions publiques, moins payées, et les hommes les carrières libérales.
Ainsi, la première année d'exercice de la médecine dans le secteur libéral, le salaire médian est de 2 920 euros, dans la fonction publique il est de 2 205 euros.
Le choix des fonctions publiques et non des carrières dans le secteur « libéral », notamment pour les femmes diplômées des secteurs juridique, médical, architecture, vient des graves discriminations rencontrées dans le secteur privé concernant la grossesse des femmes, dénoncées fin 2009 dans le rapport de la HALDE.

Depuis, les actions en faveur de la mise en œuvre des principes de **mixité et d'égalité entre les sexes** se sont multipliés. Une nouvelle convention interministérielle 2006-2011 a été signée pour réaffirmer la nécessité de développer une approche de l'égalité dans l'ensemble de la démarche éducative, notamment dans le cadre de l'orientation et de l'éducation à la citoyenneté.

Mots liés Projet d'établissement.

FICHE 38 Les élèves « à besoins éducatifs particuliers »

Quels sont les dispositifs concernant les élèves dits **« à besoins éducatifs particuliers »** ?
La notion de « scolarisation des élèves à besoins éducatifs spécifiques » est récente. Elle est liée à la notion **d'école inclusive**. Elle recouvre une population d'élèves très diversifiée : handicaps physiques, sensoriels, mentaux ; grandes difficultés d'apprentissage ou d'adaptation ; enfants intellectuellement précoces ; enfants malades ; enfants en situation familiale ou sociale difficile ; mineurs en milieu carcéral ; élèves nouvellement arrivés en France (ENAF) ; enfants du voyage… Les prises en charge par l'institution scolaire sont elles-mêmes diverses et évolutives.

A ADAPTER L'OFFRE ÉDUCATIVE À LA DIVERSITÉ DES ÉLÈVES ET INDIVIDUALISER LEUR PARCOURS SCOLAIRE

1. L'adaptation

Les réseaux d'aide spécialisés aux élèves en difficulté (RASED) ont pour finalité de prévenir les difficultés d'apprentissage que peuvent rencontrer certains élèves scolarisés dans les structures scolaires ordinaires.
Dans les collèges, les enseignements généraux et professionnels adaptés sont dispensés aux élèves connaissant de graves difficultés scolaires. Ils sont mis en œuvre dans les sections d'enseignement général et professionnel adapté (SEGPA) ou dans les établissements régionaux d'enseignement adapté (EREA) (voir la fiche n° 33).

2. L'intégration

■ **Nouveaux arrivants et enfants du voyage** (voir la fiche n°34)
Aux termes de la loi, les enfants et adolescents qui arrivent en France pour un temps plus ou moins long sont obligatoirement scolarisés s'ils ont entre 6 et 16 ans.

Les enfants de parents non sédentaires sont, comme tous les autres enfants, soumis à l'obligation scolaire entre 6 et 16 ans. Ils ont droit à la scolarisation quelles que soient la durée et les modalités du stationnement, et dans le respect des mêmes règles, d'assiduité notamment.

■ **Élèves porteurs d'un handicap : leur accueil** (voir la fiche n° 33)
L'accueil des enfants porteurs d'un handicap dans les classes ordinaires est favorisé par la présence des auxiliaires de vie scolaire (AVS individuels ou collectifs), avec l'appui des services d'éducation spéciale et de soins à domicile (SESSAD), par l'utilisation de matériel adapté.
Mais parfois, il y a lieu d'accueillir les enfants dans des structures d'accueil spécialisées : dans les écoles maternelles et élémentaires, les **classes d'intégration scolaire (CLIS)** ont pour vocation l'intégration collective d'enfants atteints d'un handicap physique, sensoriel, mental, ou de troubles cognitifs.
Les **unités pédagogiques d'intégration (UPI)** – devenus les ULIS à la rentrée 2010 – permettent des regroupements pédagogiques d'adolescents présentant un handicap, y compris des élèves atteints de déficiences sensorielles ou motrices et de maladies invalidantes compatibles avec une scolarisation dans le second degré.

B LES CADRES DE LA CONCERTATION INTER-INSTITUTIONNELLE : PPS ET PAI

1. PPS ET PAI

■ Le **projet personnalisé de scolarisation (PPS)** définit les modalités de déroulement de la scolarité et les actions pédagogiques, psychologiques, éducatives, sociales, médicales, paramédicales répondant aux besoins particuliers de l'élève handicapé.

■ En cas de maladie ou si la scolarisation d'un élève présentant un handicap ou un trouble invalidant de santé ne nécessite pas le recours aux dispositions prévues dans un PPS, un **projet d'accueil individualisé (PAI)** est élaboré avec le concours du médecin scolaire, à la demande de la famille et avec la participation de la famille, du chef d'établissement. Hormis les aménagements prévus dans le PAI, la scolarité de l'élève se déroule dans des conditions ordinaires.

2. LES SECTEURS DE SCOLARISATION HORS ÉDUCATION NATIONALE

Du fait de la très grande hétérogénéité des cas particuliers, le cadre scolaire, même très aménagé, ne peut pas toujours répondre aux besoins. D'autres services publics interviendront alors, le plus souvent en partenariat avec l'Éducation nationale.

■ **Le secteur sanitaire**

Concernant les enfants malades ou souffrant de troubles de la santé, la scolarisation dans les structures ordinaires est privilégiée. Cependant, si l'état de santé ne le permet pas, un enseignement est dispensé dans les structures placées sous la tutelle du ministère chargé de la Santé.

Les maisons d'enfants à caractère sanitaire (MECSA) accueillent en internat les jeunes nécessitant un suivi médical constant. Chaque établissement est spécialisé dans le traitement d'un type de pathologie mentale ou physique.

Un **service d'assistance pédagogique à domicile (SAPAD)** peut être organisé en faveur des enfants et adolescents atteints de troubles de la santé évoluant sur une longue durée.

■ **Le secteur médico-éducatif** (voir la fiche n° 33)

Les instituts médico-éducatifs (IME) regroupent les anciens instituts médico-pédagogiques (IMP) et les anciens instituts médico-professionnels (IMPro). Ils accueillent les enfants et adolescents atteints de déficiences mentales.

Ils dépendent du ministère des Affaires sociales. L'orientation vers ces établissements dépend de la MDPH (maison départementale des personnes handicapées).

■ **Le secteur socio-éducatif**

Ce secteur vise d'une part la protection de jeunes momentanément privés de soutien familial et d'autre part la protection judiciaire de jeunes en danger ou de délinquants pour lesquels des mesures d'assistance éducative ont été prononcées par le juge des enfants. Il est placé principalement sous la tutelle du ministère chargé des Affaires sociales.

Les foyers de l'enfance assurent au niveau départemental l'accueil en urgence, l'observation et l'orientation des enfants bénéficiant d'une mesure de protection. Les maisons d'enfants à caractère social (MECSO) assurent quant à elles l'hébergement et la prise en charge éducative des jeunes.

Les établissements sous tutelle du ministère de la Justice sont sollicités lorsque des mesures judiciaires ont été prononcées à l'encontre de jeunes délinquants. Selon les cas, l'enfant est scolarisé :

- en milieu pénitentiaire ;
- dans un dispositif éducatif renforcé ;
- dans un foyer ou un centre d'action éducative.

Mots liés **Élèves en situation de handicap, les CASNAV.**

FICHE 39

Le conseiller d'orientation psychologue (COP) et les centres d'information et d'orientation (CIO)

Quel est le rôle d'un **centre d'information et d'orientation** et d'un **conseiller d'orientation psychologue** ?

A LE CENTRE D'INFORMATION ET D'ORIENTATION (CIO)

Il existe un CIO par district (un district concerne le plus souvent une dizaine de collèges et cinq à six lycées).
Le CIO est **le lieu de rattachement** des conseillers d'orientation psychologues. Il est dirigé par un directeur recruté sur une liste d'aptitude parmi les conseillers d'orientation-psychologues.
C'est un centre-ressources pour le public, particulièrement pour les jeunes qui cherchent des informations ou des conseils sur toutes les questions se rapportant aux études et aux métiers.
On peut notamment y acheter les brochures de l'ONISEP.
Service public du ministère de l'Éducation nationale, le CIO collabore avec tous les établissements scolaires du second degré du district et organise des interventions dans les classes, notamment en fin de cycle, pour guider le jeune dans ses choix.
Le CIO est en relation avec d'autres services et organismes concernés par la formation et l'insertion des jeunes : mission locale pour l'emploi ; Pôle emploi, services sociaux…
Il travaille également avec :

- le chef du service académique d'information et d'orientation (CSAIO) qui est au rectorat ;
- l'inspecteur d'information et d'orientation (IIO) qui siège à l'inspection académique.

L'ONISEP édite et diffuse des brochures sur les filières d'études, remises à tous les élèves aux différents paliers d'orientation : Que faire après la troisième ? Que faire après le bac général ou technologique ?
Parmi ses collections, on peut citer :
*• Les **cahiers** consacrés à l'enseignement technologique et professionnel du CAP au BTS/DUT.*
*• Les **dossiers** destinés à ceux qui préparent le baccalauréat et présente une approche informative de l'enseignement supérieur : filières d'études, établissements.*
*• **Avenirs**, une collection qui fait le point, secteur par secteur, sur l'emploi, les métiers et les formations au niveau bac et au-delà.*

La création du délégué interministériel chargé de l'information et de l'orientation

« Le délégué à l'information et à l'orientation est chargé :
- *de proposer les priorités de la politique nationale d'information et d'orientation scolaire et professionnelle ;*
- *d'établir des normes de qualité pour l'exercice de la mission de service public d'information et d'orientation ;*
- *d'évaluer les politiques nationales et régionales d'information et d'orientation scolaire et professionnelle. Il apporte son appui à la mise en œuvre et à la coordination des politiques d'information et d'orientation aux niveaux régional et local.*
- *Le délégué à l'information et à l'orientation est placé auprès du Premier ministre. Il est nommé en conseil des ministres.»*

Source : loi du 24 novembre 2009.

B LE CONSEILLER D'ORIENTATION PSYCHOLOGUE (COP)

Le conseiller d'orientation, devenu conseiller d'orientation psychologue (COP) au début des années 1990, est rattaché à un CIO après avoir recruté sur concours et un passage dans un des trois centres de formation des conseillers d'orientation.
À la suite de cette formation, l'étudiant acquiert un diplôme d'État de COP qui permet d'exercer et de bénéficier du titre de psychologue.

Les COP n'ont pas, en général, une présence permanente dans un établissement scolaire. Ils partagent leurs activités entre trois ou quatre établissements et le CIO. Ils peuvent intervenir dans une classe ou voir en entretien, pendant leur permanence dans l'établissement (une journée en moyenne), un ou plusieurs élèves en particulier, notamment à la demande d'un enseignant, du professeur principal ou du conseil de classe.
Leur rôle est d'aider l'élève à s'orienter, c'est-à-dire à faire lui-même ses choix. Pour se faire, ils peuvent proposer des questionnaires et être amenés à faire des bilans psychologiques pour aider des jeunes à élaborer tout au long de leur cursus un projet d'avenir.
Son action d'observation et d'aide à l'élaboration du projet personnel de l'élève permet au COP d'apporter un éclairage spécifique aux professeurs principaux et aux conseils de classe où il peut être invité, lors de l'élaboration des propositions d'orientation.
L'action des COP s'exerce également lors de la **commission d'appel**, puisqu'un directeur d'un centre d'information et d'orientation siège dans cette instance.

Le développement au collège de séquences **d'éducation à l'orientation** permet l'élaboration du projet d'orientation scolaire et professionnelle de l'élève.

L'orientation relève en effet de deux problématiques :

- D'une part, **l'activité éducative** préparant les élèves à intégrer l'information, à opérer des choix de formation et à s'adapter aux cursus scolaires en donnant du sens aux apprentissages. Cette activité éducative se réalise par l'éducation à l'orientation, dans les classes avec les professeurs, les documentalistes, les conseillers principaux d'éducation (CPE), les COP, mais aussi dans le cadre des entretiens individuels de conseil avec les COP.
- D'autre part, c'est l'ensemble des **procédures** qui permettent de distribuer les élèves dans les différentes structures de formation à partir des vœux des familles et des décisions de conseil de classe, et selon un calendrier précis.

L'approche éducative de l'orientation dépasse la notion de projet. Elle vise à donner des compétences larges, utilisables dans le cadre de « l'orientation tout au long de la vie » : savoir explorer, sélectionner et traiter l'information, savoir anticiper, apprendre à choisir, faire le lien entre les divers apprentissages et leur donner du sens… toutes les compétences qui traversent les apprentissages disciplinaires. Elle induit la mise en place d'un programme d'activités dans le cadre du projet d'établissement et en liaison avec le CIO.

Mots liés **Orientation et redoublement, professeur principal, conseil de classe.**

FICHE 40 L'éducation à la santé des élèves

Quels sont les acteurs et les actions dans l'établissement, en matière d'**éducation à la santé des élèves** ?

Le recteur de l'académie s'entoure de médecins conseillers pour la mise en place de la politique académique de santé. Au niveau départemental, les IA-DSDEN disposent également de médecins conseillers techniques, lesquels associent les médecins de secteurs à la mise en place des politiques départementales ; ils peuvent également compter sur des infirmiers conseillers techniques, qui animent et assurent la formation continue des infirmiers scolaires, en lien avec les chefs d'établissement.
Dans chaque collège et lycée doit figurer un **programme** d'éducation à la santé et à la citoyenneté. Ce programme comporte en priorité des actions de prévention des conduites addictives, d'éducation à la sexualité, d'éducation nutritionnelle ainsi que de formation aux premiers secours. Il est défini par le **comité d'éducation à la santé et à la citoyenneté (CESC)**.

A VACCINATIONS OBLIGATOIRES ET VISITES MÉDICALES

■ Pour la fréquentation scolaire, la vaccination contre les maladies suivantes est obligatoire : diphtérie, tétanos, poliomyélite (souvent associés à la coqueluche). D'autres sont vivement recommandées : rougeole, oreillons, rubéole (ROR) et la vaccination contre l'hépatite B pour les adolescents.

■ Des examens de santé et un suivi médical régulier sont effectués pour les élèves handicapés et les élèves atteints de maladies chroniques.
Tous ceux qui le souhaitent peuvent rencontrer un infirmier ou un médecin.
Pour toute dispense de participation aux sorties et voyages, à l'enseignement en EPS, aux séquences d'observation, stages et périodes de formation en entreprise, un certificat médical doit être fourni.

B ÉDUCATION À LA SEXUALITÉ

L'éducation à la sexualité ne constitue pas une nouvelle discipline : elle se développe à travers tous les enseignements et la vie scolaire. Elle vise l'appropriation de connaissances et le développement d'attitudes telles que l'estime de soi, le respect des autres, la solidarité, l'autonomie, la responsabilité.
L'éducation à la sexualité a pour objet de permettre une information, une réflexion et un dialogue avec les élèves sur les différentes composantes de la sexualité humaine dans ses dimensions biologiques, psychologiques, affectives, socioculturelles et morales. Cette éducation à la sexualité ne se substitue pas à la responsabilité des parents et des familles. Elle tend à favoriser, chez les adolescents, une prise de conscience, une compréhension des données essentielles de leur développement sexuel et affectif, l'acquisition d'un esprit critique, afin de leur permettre d'opérer des choix libres et responsables.
Une information et une éducation à la sexualité sont dispensées dans les écoles, les collèges et les lycées, à raison de trois séances annuelles. Elles sont planifiées dans le projet d'établissement, en début d'année scolaire, et inscrites dans l'horaire annuel global des élèves.

La contraception d'urgence

Le protocole national sur la contraception d'urgence (pilule du lendemain Norlévo) en milieu scolaire :

■ détermine les modalités d'administration de la contraception d'urgence non soumise à prescription obligatoire ni à autorisation parentale ;

■ précise les dispositions à respecter notamment le respect de la confidentialité, la conduite d'un entretien avec l'élève, l'accompagnement et le suivi de l'élève.

C PRÉVENTION DES CONDUITES ADDICTIVES

Tous les chefs d'établissement doivent prendre les dispositions nécessaires pour faire appliquer effectivement la loi Évin relative à la lutte contre le tabagisme et l'alcoolisme. Un dépliant à l'usage des équipes de direction « Réussir la loi Evin dans les établissements scolaires », élaboré dans le cadre du plan Cancer, a été adressé aux chefs d'établissement par le ministre de l'Éducation nationale et le président de la **mission interministérielle de lutte contre la drogue et la toxicomanie (MILDT)**.

La mission première de l'école est de transmettre des savoirs. Cependant, parce qu'il existe un lien réel entre santé et apprentissages, parce que les établissements scolaires sont fréquentés quotidiennement par tous les enfants, il appartient aussi à l'école, espace de socialisation et de pratique de la citoyenneté, de veiller à leur santé et de les aider à adopter des comportements qui préservent celle-ci dans le respect d'eux-mêmes, des autres et de l'environnement. L'EPLE a également l'obligation de prendre en compte la santé des personnels.
Le programme de santé de l'EPLE, prévu au Code de l'éducation, découle d'initiative en académie, mais aussi du programme national de santé, décliné en programme régional de santé publique. Il se formalise dans le **CESC** (comité d'éducation à la santé et à la citoyenneté) et le CHS (comité d'hygiène et de sécurité) pour les personnels, et doit être intégré dans le projet d'établissement.
Ainsi, l'une des missions du CESC est de définir un programme d'éducation à la santé, à la sexualité et de prévention des comportements à risque.

Éducation à la santé (4e mission du CESC)

- Éducation à la vie : hygiène corporelle, alimentation, activité physique, rythmes de travail et de repos, ergonomie et bonnes postures.
- Éducation aux différences : filles et garçons, respect de la différence, sexualité, contraception.
- Prévention des comportements à risques : conduites addictives, sida, maladies sexuellement transmissibles, troubles du comportement, troubles alimentaires, comportement suicidaire.

L'éducation à la santé à l'école, au collège et au lycée s'appuie sur un guide « En savoir plus sur l'éducation à la santé », élaboré avec l'Institut national de prévention et d'éducation pour la santé et diffusé à partir de la rentrée 2006.

D SITUATIONS DE CRISE

Dans le domaine de la santé, certaines situations demandent une réaction d'urgence adaptée, en prenant appui auprès des autorités académiques ou sanitaires compétentes :

- **maladie contagieuse** (méningite, tuberculose, gale, etc.), **problème spécifique** (intoxication alimentaire, etc.) ;
- **événements graves et traumatisants** survenant dans la communauté scolaire.

Mots liés **La responsabilisation progressive des élèves.**

FICHE 41 Les obligations de laïcité des élèves

Quels sont les **droits et obligations de laïcité des élèves** ?
« Dans les écoles, les collèges et les lycées publics, le port de signes ou tenues par lesquels les élèves manifestent ostensiblement une appartenance religieuse est interdit » (loi du 15 mars 2004).
« Le règlement intérieur rappelle que la mise en œuvre d'une procédure disciplinaire est précédée d'un dialogue avec l'élève » (article L141-5-1 du Code de l'éducation).

L'enjeu de la laïcité c'est la construction d'un projet collectif approprié par tous, reposant sur un **vivre ensemble** :

- mettant en avant les valeurs, les savoir-faire, les savoirs **qui réunissent** et non ce qui peut diviser ;
- **qui ne nie pas d'où l'on vient et qui on est**, mais qui sache où l'on va et sur quelles valeurs.

> *« Les signes et tenues qui sont interdits sont ceux dont le port conduit à se faire immédiatement reconnaître par son appartenance religieuse, tels que le voile islamique, quel que soit le nom qu'on lui donne, la kippa ou une croix de dimension manifestement excessive. La loi est rédigée de manière à pouvoir s'appliquer à toutes les religions et de manière à répondre à l'apparition de nouveaux signes, voire à d'éventuelles tentatives de contournement de la loi.*
> *La loi ne remet pas en cause le droit des élèves de porter des signes religieux discrets. »*
>
> *« Elle (la loi) n'interdit pas les accessoires et les tenues qui sont portés communément par des élèves en dehors de toute signification religieuse. En revanche, la loi interdit à un élève de se prévaloir du caractère religieux qu'il y attacherait, par exemple, pour refuser de se conformer aux règles applicables à la tenue des élèves dans l'établissement. »*
>
> *« La loi s'applique à l'ensemble des écoles et des établissements d'enseignement scolaire publics. Dans les lycées, la loi s'applique à l'ensemble des élèves, y compris ceux qui sont inscrits dans des formations post-baccalauréat (classes préparatoires aux grandes écoles, sections de techniciens supérieurs).*

→

> *La loi s'applique à l'intérieur des écoles et des établissements et plus généralement à toutes les activités placées sous la responsabilité des établissements ou des enseignants y compris celles qui se déroulent en dehors de l'enceinte de l'établissement (sortie scolaire, cours d'éducation physique et sportive…). »*
>
> Source : circulaire du 18 mai 2004, BO du 27 mai 2004.

Un certain nombre d'obligations de laïcité résulte du **droit à la formation** des élèves. Le Conseil d'État a toujours affirmé, conformément aux textes réglementaires en vigueur, que « *l'enseignement doit être dispensé dans le respect, d'une part, de la neutralité du service public par les programmes et par les enseignants, d'autre part, de la liberté de conscience des élèves.* »
Il a cherché ainsi à préserver le service public de toute remise en cause en conciliant le droit à l'expression reconnue par la loi et le respect des exigences du service public.

■ **La liberté de conscience, de croyance religieuse des élèves est reconnue**.
Elle s'inscrit dans le cadre de l'article 10 de la Déclaration des Droits de l'Homme de 1789 : « *nul ne doit être inquiété pour ses opinions, même religieuses, pourvu que leur manifestation ne trouble pas l'ordre établi par la loi.* » Pour appliquer ce principe, les établissements doivent accorder des autorisations d'absence pour les grandes fêtes religieuses.

> *« Des autorisations d'absence doivent pouvoir être accordées aux élèves pour les grandes fêtes religieuses qui ne coïncident pas avec un jour de congé et dont les dates sont rappelées chaque année par une instruction publiée au Bulletin officiel de l'Éducation nationale. L'institution scolaire et universitaire, de son côté, doit prendre les dispositions nécessaires pour qu'aucun examen, ni aucune épreuve importante ne soient organisés le jour de ces grandes fêtes religieuses. »*
>
> Source : circulaire du 18 mai 2004, BO du 27 mai 2004.

Cette partie de la circulaire de mai 2004 fait référence au texte publié chaque année qui indique les principales fêtes religieuses donnant lieu à des autorisations d'absence :

- pour les orthodoxes (Théophanie, Noël, Vendredi Saint),
- pour le culte catholique arménien (Noël, Saint Vartan, commémoration du 24 avril),
- pour les musulmans (Aïd El Adha, Al Mawlid Annabaoui, Aïd El Fitr),
- pour les juifs (Roch Hachana, Yom Kippour),
- pour les bouddhistes (Vesak).

■ **Tout acte de propagande ou de prosélytisme religieux ou confessionnel est interdit.** « *L'enseignement public est laïque. Aucune forme de prosélytisme ne saurait être admise dans les établissements* » (circulaire du 15 mai 1937).

■ **Les élèves doivent suivre tous les enseignements correspondant à leur niveau de scolarité.** Cette règle découle du principe de l'obligation scolaire. « *Un élève ne peut en aucun cas refuser d'étudier certaines parties du programme de sa classe, ni se dispenser de l'assistance à certains cours. L'emploi du temps en vigueur dans l'établissement s'impose aux élèves* » (circulaire du 15 mai 1937).
Le Conseil d'État a donc clairement posé quatre blocs d'obligations qui ont chacune été confirmées par des décisions des tribunaux administratifs validant les exclusions prises en vertu de ces motifs :

- Sont prohibés les actes de pression, de provocation, de prosélytisme, ou de propagande.
- Sont rejetés les comportements pouvant porter atteinte à la dignité, au pluralisme ou à la liberté de l'élève ou de tout membre de la communauté éducative ainsi que ceux compromettant leur santé et leur sécurité.
- Sont exclus toute perturbation du déroulement des activités d'enseignement, du rôle éducatif des enseignants et tout trouble apporté à l'ordre dans l'établissement ou au fonctionnement normal du service.
- Les missions dévolues au service public de l'éducation ne peuvent être affectées par les comportements des élèves et notamment le contenu des programmes et l'obligation d'assiduité.

Mots liés **Laïcité des établissements scolaires.**

FICHE 42 Le décrochage et l'absentéisme scolaires

Quels sont les dispositifs d'actions concernant **le décrochage scolaire** et **l'absentéisme des élèves** ?

A LA LUTTE CONTRE L'ABSENTÉISME SCOLAIRE

La lutte contre un absentéisme scolaire qui touche autour de 5 % des élèves en moyenne des collèges et des lycées professionnels s'est développée, car il débouche sur une sortie prématurée de l'école sans qualification et que 10 % des lycées professionnels ont des taux atteignant 10 à 16 % des élèves.
L'ordonnance de janvier 1959 prévoyait de sanctionner les parents fautifs d'avoir laissé leurs enfants manquer les cours sans jamais réagir à cette

situation, par la possibilité ultime laissée à un juge de supprimer tout ou partie de leurs allocations familiales.
Pour l'année scolaire 2001-2002, selon le délégué interministériel à la famille, le nombre de familles touchées par ces mesures a été de 2 900.

La loi du 2 janvier 2004 et le décret du 19 février 2004 ont modifié cette situation en prévoyant les dispositions suivantes : « *le chef d'établissement prend contact avec les parents de l'élève qui n'est pas régulièrement présent. (...) Si le dialogue s'avère inefficace, le dossier est transmis à l'inspecteur d'académie qui peut inviter la famille à suivre un module de soutien à la responsabilité parentale ; si, en dépit de l'ensemble des mesures prises, l'assiduité de l'élève n'est pas restaurée, le procureur de la République pourra être saisi* » (*Bulletin officiel* n°14 du 1er avril 2004, « *Obligation scolaire : contrôle de l'assiduité scolaire* »).

Une amende de 750 euros est prévue pour les cas plus graves. Les parents que le juge décidera de poursuivre pour défaut d'éducation, risquent une peine pouvant aller jusqu'à 30 000 euros d'amende et deux ans de prison.

Deux outils sont mis en place pour compléter ces dispositions :

- Une commission de suivi de l'assiduité scolaire est installée dans chaque département et comprend, sous l'autorité du préfet, tous les partenaires concernés par la lutte contre l'absentéisme scolaire.
- Un dispositif de **veille éducative** est mis en place dans les sites prioritaires de la politique de la ville, sous la responsabilité du maire, pour mobiliser et coordonner les intervenants éducatifs et sociaux, les professionnels de la santé pour repérer les jeunes en rupture ou en voie de rupture scolaire et leur proposer une solution éducative et d'insertion.

Une nouvelle loi votée le 14 septembre 2010 établit en son article premier que « *dans le cas où, au cours d'une même année scolaire, une nouvelle absence de l'enfant mineur d'au moins quatre demi-journées sur un mois est constatée en dépit de l'avertissement adressé par l'inspecteur d'académie, ce dernier, après avoir mis les personnes responsables de l'enfant en mesure de présenter leurs observations, et en l'absence de motif légitime ou d'excuses valables, saisit le directeur de l'organisme débiteur des prestations familiales qui suspend immédiatement le versement de la part des allocations familiales dues au titre de l'enfant en cause* ». Ce n'est pas avant la constatation sur au moins un mois de l'arrêt de l'absentéisme que le versement peut être rétabli. Autrement dit, compte tenu des congés scolaires, cela correspond à trois ou quatre mois plus tard.
Les établissements scolaires devront également faire un rapport annuel sur leur d'absentéisme.
Ce texte sera-t-il efficace ? L'exemple anglais, où un dispositif encore plus répressif existe depuis des années, montre qu'il n'a pas de prise sur un phénomène qui a des racines variées et souvent profondes. Ce n'est pas forcément

la « démission parentale » qui entraîne l'absentéisme. Et ce n'est pas en affaiblissant la famille qu'on y remédie.

B LA LUTTE CONTRE LE DÉCROCHAGE SCOLAIRE

Un certain nombre d'élèves « décrochent » précocement du système scolaire en abandonnant leurs études. Ils représentent plus de 60 000 jeunes sortant sans qualification, qui s'ajoutent aux plus de 60 000 jeunes échouant dans le système scolaire.

Pour une bonne part, ces « décrocheurs » se situent au niveau du lycée professionnel et touchent les élèves qui n'ont pas obtenu la filière qu'ils souhaitaient dans la voie professionnelle. Démotivés, si les obstacles sont trop importants dans le travail scolaire, ils décrochent.

La prévention du **décrochage scolaire** est un enjeu important du projet d'établissement de ces lycées professionnels.

1. Les dispositifs relais

Pour éviter le décrochage d'élèves au collège, ils existent des **classes relais** qui travaillent sur un an à remotiver chaque jeune afin qu'il reprenne sa scolarité notamment pour obtenir un diplôme professionnel. Il existe aussi des **ateliers relais**, notamment gérés par des mouvements d'éducation populaire, pour parvenir à combattre des tentations d'abandon scolaire et cela au travers d'activités sportives et culturelles articulées pour quelques semaines avec des activités d'apprentissage disciplinaires.
Un certain nombre d'établissements se sont également créés pour lutter contre le **décrochage scolaire** d'élèves et proposent des pédagogies leur permettant de se raccrocher.
C'est notamment le cas du lycée de Sénart, du collège « élitaire pour tous » de Grenoble, du lycée innovant Jean-Lurçat de Paris.
Ainsi, au lycée Jean-Lurçat de Paris, 250 élèves bénéficient d'une formation spécialisée pour ne pas sortir du système sans diplôme ni qualification.

2. Les écoles de la deuxième chance

Mises en place depuis 1998 avec l'aide de la Commission européenne, une dizaine d'**« écoles de la deuxième chance »** existent en France. Ces écoles accueillent des jeunes entre 18 et 22 ans n'ayant pas obtenu de diplôme.
Ils suivent une formation en alternance de deux ans, avec des moments de pédagogie individualisée destinée à acquérir les savoirs fondamentaux indispensables. Un contrat définit les engagements réciproques entre le jeune, l'école et l'entreprise accueillant le jeune.

Le dispositif « Défense 2e chance »

Le ministère de la Défense a mis en place un dispositif « Défense 2e chance » qui compte en 2006, sept centres. L'objectif est de 50 centres pour 20 000 jeunes. Ce dispositif est destiné à des jeunes de 18 à 21 ans ne possédant aucune qualification.

Ils recevront une double formation pendant six mois :

- remise à niveau en lecture, écriture, calcul, informatique, etc., effectuée par des personnels de l'Éducation nationale ;
- apprentissage du respect et de l'autorité effectué par des militaires.

Ensuite, sur six mois ou un an et demi, une formation professionnelle pour des métiers où les offres d'emploi sont fortes et souvent insatisfaites : bâtiment, restauration, services à la personne, entretien…

La formation se déroule dans un cadre d'internats où tous les jeunes portent une tenue uniforme.

Mots liés **Obligation scolaire.**

FICHE 43 Que faire face aux conduites « déviantes » d'élèves ?

« Ici et là-bas, je constate que les adolescents consultent beaucoup avec des souffrances qui s'expriment parfois par le corps, corps affamé dans l'anorexie-boulimie ou alourdi à l'extrême dans l'obésité, corps mutilé avec des attaques de toutes sortes sur son intégrité, corps mis en danger par des risques de toutes sortes. Que ce soit par la vitesse et les accidents qui en découlent ou par la prise d'alcool ou de toxiques qui les lancent dans des escalades effrénées à la recherche de sensations et plus tard d'anesthésie.

Les adolescents se soumettent à de rudes épreuves, à de véritables auto-sabotages de leurs désirs et de leur énergie de vie. Car c'est la vie même qui est en jeu dans les tentatives de suicide à l'adolescence (toujours aussi nombreuses en France), quand ce n'est pas l'avenir qui est attaqué et le lien à l'autre dans les phobies scolaires en augmentation dans toute l'Europe de l'Ouest. »

Source : Marie-Rose Moro, chef de service à la Maison de Solenne-Maison des adolescents de Cochin dans *Le Monde* du 31 août 2010.

La notion de « conduites déviantes » est une notion floue qui recouvre les **transgressions de comportement** que commet un élève dans l'espace scolaire. Les problèmes de comportement ont une incidence sur le climat et les conditions de travail dans les classes. Parfois, les problèmes existent en dehors de l'école : alcool, tabac, drogue... Des solutions s'imposent au quotidien dans le cadre de l'autonomie de l'EPLE. Elles peuvent être éducatives ou répressives, mais reposent sur la réflexion et la collaboration de tous les personnels impliqués.

« Ces paradoxes juvéniles se retrouveront aussi à propos de la question des risques, qu'ils soient physiques (accidents, violence...), comportementaux (tentatives de suicide, prises de tabac, d'alcool, de drogues...), scolaires (échec, désinvestissement, absentéisme...), sociaux (transgressions, délinquance...).
Prise de risques pour éprouver ses capacités nouvelles, pour se rassurer à leur sujet, pour en vérifier les limites, pour les faire reconnaître par les autres avant de pouvoir y croire, et en même temps mise en danger comme jamais. »

Source : BO n°9 du 4 novembre 1999.

Deux thématiques sont abordées ici :

- Comment peut-on réagir face à des élèves consommateurs de haschich à partir du témoignage d'une conseillère principale d'éducation ?
- L'amorce d'une réflexion autour de la contradiction entre une école voulue par certains totalement « aseptisée » et le travail sur les « limites » des adolescents.

« Tout comme on ne laisse pas un élève ivre dans un établissement scolaire, on n'accepte pas un élève ayant fumé du cannabis. Quand l'élève a bu, on ne cherche pas la bouteille, quand l'élève a fumé du hasch, on ne cherche pas le joint.
Quand un professeur pense qu'un élève est sous l'effet du cannabis, il me demande de sortir l'élève de cours. Je signale à l'élève que je ne suis pas d'accord qu'il se permette de venir au lycée en ayant fumé du haschich. Jusqu'ici, tous les élèves dans ce cas ont été francs et aucun n'a nié. Ses parents sont convoqués immédiatement pour qu'ils viennent le chercher. Un entretien a lieu avec l'élève, le proviseur, le proviseur adjoint et moi, puis ensuite avec ses parents.
Une sanction est posée : des journées d'exclusion de cours avec obligation d'étudier dans une salle de Vie Scolaire, sous la surveillance et avec l'aide de l'équipe Vie Scolaire. Puis le dialogue est rétabli pour essayer d'aider l'élève à réintégrer les cours positivement.(...) En situation de mal-être ou de mal de vivre, l'élève accepte le plus souvent de l'aide des professionnels de santé. »

Source : témoignage de Catherine Lorrain, CPE, figurant dans le livre de Gisèle Bastrenta, *Face au haschich en collège et en lycée*, 2005, CRDP de Grenoble.

Depuis la fin des années 1990 s'est mise en place une réglementation tatillonne visant à éviter tous risques physiques aux jeunes, au nom de la notion contestable de « risque zéro » et qui a conduit à ne plus pouvoir, durant et à côté du temps scolaire, travailler avec les jeunes, sur les dangers et les limites.

Ce type de réglementations qui rend à peu près impossible la mise en place d'activités un peu « risquées », encadrées, auprès de jeunes, fait qu'aujourd'hui, le jeune adolescent a de plus en plus tendance à rechercher en dehors d'activités un tant soit peu contrôlées, la prise de risques, la recherche d'aventures, de sensations « fortes », autant de domaines qu'il est nécessaire d'aborder pour grandir en maturité.

Est-ce que les difficultés de plus en plus importantes, au vu de la multiplication des textes, pour organiser et encadrer des activités physiques comme les sorties à bicyclette, les randonnées, les baignades, ou le camping en pleine nature, ne conduisent pas les jeunes à rechercher en eux-mêmes ou en bandes, leurs limites, en supprimant les freins des vélos, en trafiquant les moteurs de deux-roues, en se réunissant pour consommer des « excitants » de toutes sortes dans les caves ?

Nous vivons en plein paradoxe : nous voulons prévenir la violence et les conduites à risques mais de nombreuses occasions de régulations de conflits dans des groupes de jeunes sont rendues extrêmement difficiles.

Les familles se rendent-elles compte qu'un travail bien encadré sur les limites, les dangers, les risques calculés, peut permettre d'éviter que des jeunes n'aillent rechercher ailleurs des sensations extrêmes, des violences contre soi-même : véhicules motorisés lancés à grande vitesse, voire prises de substances « grisantes » comme l'alcool, des médicaments ou des drogues...?
Quelques plaies ou bosses, des déchirures ou des vêtements un peu abîmés, peuvent être le prix à payer pour que le jeune se confronte, en étant encadré par des professionnels, à l'aventure, aux risques, à ses limites, et n'essaie pas de le faire seul ou en bandes, sans contrôle.

Mots liés **Sanctions disciplinaires, éducation à la santé, responsabilisation des élèves.**

FICHE 44

La responsabilisation progressive des jeunes tout au long du cursus scolaire

Comment est prise en compte, dans les différents textes réglementaires, **la responsabilisation progressive des jeunes** tout au long du cursus scolaire ?

A L'ÉDUCATION À LA RESPONSABILITÉ

La politique globale d'un établissement doit s'inscrire dans le cadre d'une éducation à la responsabilité des jeunes :

« L'éducation à la responsabilité doit permettre aux jeunes de s'intégrer dans la société et d'être, à l'âge adulte de vrais citoyens. (...) En tout état de cause, la formation de l'élève au sens des responsabilités implique un travail coordonné de tous les membres de la communauté éducative autour de l'apprentissage de la vie collective, du respect des valeurs civiques et du développement des comportements de solidarité. »

Les droits reconnus pour les élèves dans les textes réglementaires sont la liberté d'association, de réunion et de la presse. Le fonctionnement, à l'intérieur des lycées, d'associations déclarées est reconnu.

1. Les délégués-élèves

Chaque classe élit deux délégués pour l'année : un titulaire et un suppléant.
Les délégués représentent leurs camarades de classe auprès des autres membres de la communauté éducative.
Ils sont les intermédiaires entre les professeurs, les personnels de direction ou d'éducation et leur classe, devant laquelle ils sont responsables. Ils siègent au conseil de classe.
La fonction de délégué-élève est avant tout un apprentissage de la responsabilité et de la vie démocratique.
Les délégués suscitent l'action de l'ensemble des élèves et répartissent entre eux les tâches nécessaires à la vie quotidienne de la classe.

Les délégués des élèves siègent dans les diverses instances de l'établissement :

- conseil de classe,
- assemblée des délégués,
- conseil d'administration,
- conseil de discipline,
- conseil pour la vie lycéenne (CVL),

- comité d'éducation à la santé et à la citoyenneté (CESC),
- commission pour le fonds social,
- commission permanente,
- commission d'hygiène et sécurité.

Au collège et au lycée, des formations sont organisées pour les délégués des élèves.

2. Instances lycéennes

Le **conseil des délégués pour la vie lycéenne (CVL)** a été modifié par le décret du 27 janvier 2010.

- Les dix lycéens siégeant dans chaque CVL sont élus au suffrage universel dans la septième semaine suivant la rentrée (à la même période que les délégués parents au conseil d'administration).
- Tous les représentants lycéens ont un mandat de deux ans.
- Afin d'assurer un renouvellement du CVL par moitié tous les ans dès 2011, un tirage au sort sera effectué à l'issue du scrutin de 2010 pour déterminer les cinq lycéens siégeant pour un an et les cinq autres qui siégeront pour deux ans.
- Le CVL est obligatoirement consulté sur l'accompagnement personnalisé, sur les questions de restauration et d'internat, sur les dispositifs d'accompagnement des changements d'orientation, de soutien et d'aide aux élèves, sur les échanges linguistiques comme ils le sont sur toutes les questions relatives à la vie lycéenne, aux activités périscolaires, au règlement intérieur ou à l'organisation des études et du temps scolaire.
- Le CVL est présidé par le chef d'établissement. Il possède un vice-président lycéen qui présente obligatoirement au conseil d'administration les avis, propositions et comptes rendus des débats du CVL.
- Les élus de chaque CVL élisent leurs représentants au conseil académique de la vie lycéenne (CAVL), qui eux-mêmes désignent le représentant de chaque académie siégeant au conseil national de la vie lycéenne (CNVL).

B LES ASSOCIATIONS

1. Les foyers socio-éducatifs en collège

Le **FSE** est une association de loi 1901. Le FSE a été créé en 1961 à l'initiative des AROEVEN (association régionale des œuvres éducatives et de vacances de l'Éducation nationale).
Son programme d'activités est arrêté par l'ensemble de ses adhérents. C'est l'assemblée générale (AG) qui vote le budget et élit le bureau.

Les activités du FSE doivent être distinctes des missions dévolues à l'EPLE. Les associations ne sauraient gérer de fait des activités qui relèvent des missions propres de l'établissement.
Elles doivent être conformes à l'objet statutaire de l'association. Le FSE ne saurait en conséquence gérer des activités étrangères à l'intérêt des élèves.

Le financement

Le FSE est doté d'un budget propre. Ses ressources proviennent notamment du produit des cotisations de ses membres, des activités de vente (matériels fabriqués, loto...) ainsi que des dons ou des subventions. Les cotisations ne sauraient présenter qu'un caractère volontaire et ne peuvent en aucun cas être prélevées de façon systématique.

Objectifs du FSE

Le FSE par son rôle éducatif participe pleinement de la finalité des établissements. Il prolonge l'enseignement et permet aux élèves par-delà l'acquisition des savoirs et des savoir faire de développer leur sens des responsabilités.
L'un des objectifs étant la prise d'initiatives et de responsabilités des élèves avec l'aide et les conseils techniques des personnes adultes de l'établissement.
Le FSE est géré par un bureau de neuf à douze élèves qui, s'ils ne sont pas majeurs doivent s'adjoindre au moins trois adultes : le chef d'établissement, un membre du personnel et un parent d'élève.
Bien entendu, cette association n'atteint pleinement son objectif d'éducation à la responsabilité que dans la mesure où les élèves participent effectivement à la gestion et à l'animation. C'est par ce biais que l'action du FSE s'inscrit dans le projet d'éducation à la citoyenneté.

2. La maison des lycéens

La circulaire du 4 février 2010 a confirmé l'importance des textes de février 1991 concernant la **maison des lycéens**.
La maison des lycéens est une association qui a son siège dans le lycée. Elle est gérée par des élèves qui souhaitent s'engager dans des actions citoyennes et prendre des responsabilités au sein de l'établissement. Elle vise un double objectif :

- aider au développement de la vie sociale et culturelle ;
- promouvoir l'apprentissage et l'exercice de la responsabilité.

3. L'association sportive

L'association sportive est gérée par les élèves concernées avec les professeurs d'éducation physique et sportive de l'établissement, elle est affiliée à l'union nationale du sport scolaire (UNSS).

La **presse lycéenne** est aussi un moyen pour les élèves de développer leur autonomie et leur responsabilisation.

Mots liés **L'éducation à la santé.**

FICHE 45 La maltraitance dont peuvent être victimes des élèves

Comment réagir **face à la maltraitance** dont peuvent être victimes des élèves ?

Rappelons que tous les enseignants ont une obligation de signalement de maltraitance dont pourraient avoir été victimes leurs élèves.

Quelques rappels des lois récentes concernant les mineurs :

■ **2002** : nouvel article 225-12 du Code pénal. « *Le fait de solliciter, d'accepter ou d'obtenir, en échange d'une rémunération ou d'une promesse de rémunération, des relations de nature sexuelle de la part d'un mineur qui se livre à la prostitution, y compris de façon occasionnelle, est puni de 3 ans d'emprisonnement et 45 000 euros d'amende.* »

- Le mineur est le jeune âgé de moins de 18 ans.
- Certains documents évoquent l'âge de 15 ans comme « majorité sexuelle ».
- Cette notion n'a plus aucune base juridique.

« *Le choix de l'âge de 15 ans est pris en compte tantôt comme élément constitutif de l'infraction, tantôt comme circonstance aggravante des infractions sexuelles commises avec violence, contrainte, menace ou surprise* » (ministère de la Justice).

■ **2004** : le mineur victime d'une agression sexuelle avec circonstances aggravantes (par exemple par une personne ayant autorité ou par plusieurs personnes) peut porter plainte jusqu'à 20 ans après sa majorité.

■ **2006** : « *l'homme et la femme ne peuvent contracter un mariage avant leurs 18 ans révolus* » (article 144 du Code civil) sauf dérogation demandée au procureur de la République. Il s'agit avec ce texte de mieux lutter contre les « *mariages forcés* ».

■ **2009** : « *il est interdit de vendre ou d'offrir à titre gratuit à des mineurs de moins de 18 ans des boissons alcoolisées* ». Par ailleurs, la personne qui offre de l'alcool (ou toute autre drogue) pour diminuer la « vigilance » de sa victime s'expose à des peines plus lourdes.

■ **2010** : nouvelle définition de l'inceste dans le Code pénal. « *C'est un viol ou une agression sexuelle commis au sein de la famille sur la personne d'un mineur par un ascendant, un frère, une sœur ou par toute autre personne, y compris s'il s'agit* *d'un concubin, d'un membre de la famille ayant sur la personne une autorité de droit ou de fait… La contrainte peut être physique ou morale… ou résulter de la différence d'âge existant entre une victime mineure et l'auteur des faits et de l'autorité de droit ou de fait que celui-ci exerce sur cette victime.* »

On peut aussi indiquer à un élève le **« 119, Allô enfance en danger »**, un numéro d'urgence anonyme, gratuit, fonctionnant 24h sur 24h. Le « 119 » peut indiquer à un mineur (ou un adulte) comment s'adresser à une personne compétente. L'affichage de ce numéro est d'après la loi du 10 juillet 1989 obligatoire dans les lieux recevant des mineurs.

Les circulaires du 15 mai et du 11 juillet 1997 ont précisé **l'obligation de signalement** qu'a tout enseignant devant un enfant victime de mauvais traitement : « *la communication des cas de mauvais traitements et de privations s'impose, comme à tout citoyen, aux personnels des établissements scolaires (…) ce signalement prend des formes différentes selon qu'il s'agit d'une présomption de maltraitance nécessitant une enquête préalable ou d'un cas d'urgence.* »
Une circulaire sur les violences sexuelles parue le 4 septembre 1997 rappelle que « *les violences sexuelles concernent près d'un enfant sur dix, et l'agresseur sexuel est, près de neuf fois sur dix, le père ou le beau-père de l'enfant, mais il est dans 10 % des cas un enseignant, un éducateur ou une personne ayant une autorité sur le mineur.* »

Une étude, publiée en février 1999, avait pour objet de préciser le profil des auteurs de mauvais traitements sur des enfants et leurs victimes. Ses résultats font apparaître une surreprésentation des familles monoparentales et des parents inactifs dans les foyers concernés. Cette étude semble correspondre à ce qui est encore la réalité en 2011.

Le profil des auteurs des mauvais traitements sur des enfants

■ La famille, première accusée

L'étude précitée montre que dans la très grande majorité des cas, les auteurs de maltraitance sont des parents – père (46 %), mère (25 %), famille élargie (10 %), beau-père (9 %), belle-mère (1 %) –, alors que les violences extra-familiales constituent l'exception : ami de la famille (3 %), professionnel d'une institution (2 %), inconnu (2 %), autre mineur (1 %).
L'étude révèle également que les parents peuvent être auteurs de mauvais traitements même lorsqu'ils n'ont pas la garde de l'enfant et que les violences sexuelles résultent dans 20 % des cas de personnes totalement extérieures à la famille.

■ Le profil des enfants maltraités

Dans 30 % des cas, les enfants maltraités ont moins de 5 ans, 36 % entre 6 et 11 ans et 34 % entre 12 et 17 ans.
Les filles apparaissent plus maltraitées que les garçons (58 % contre 42 %) car elles sont victimes d'un plus grand nombre de violences sexuelles, lesquelles représentent 32 % des mauvais traitements.

→

Le profil des familles maltraitantes

Si toutes les populations d'enfants sont concernées, l'étude établit une différence marquée entre la structure des familles d'enfants en danger et le profil général des familles.
Elle montre ainsi que les familles monoparentales et recomposées sont surreprésentées parmi les familles maltraitantes : 36 % des enfants en danger sont dans cette situation familiale.
Par ailleurs, les enfants et adolescents vivant avec leur père seul, ou leur mère seule et un beau parent constituent 15 % des effectifs d'enfants en danger.
Les auteurs de l'étude expliquent cette surreprésentation par le fait que la monoparentalité s'accompagne souvent de difficultés matérielles, d'un isolement, d'un désarroi, de l'absence de repères qui rendent la fonction parentale encore plus complexe.
Ils soulignent également que l'inactivité des parents semble peser lourdement sur le développement du phénomène : huit mères maltraitantes sur dix seraient ainsi sans emploi ou inoccupées.

La nature des mauvais traitements à enfants

L'étude révèle que les violences physiques constituent la première forme de maltraitance (33 %), devant les abus sexuels (32 %), les négligences lourdes (26 %) et les actes de cruauté mentale (9 %).

Cette situation est principalement la conséquence d'une plus grande précarisation de la société et de l'augmentation du nombre de familles en difficulté. Plutôt que de les stigmatiser, il conviendrait de leur apporter un appui et de leur proposer des mesures de soutien.
Le nombre croissant de familles très précarisées et déstructurées, de parents présentant des troubles mentaux sévères, condamne souvent les professionnels de l'enfance à l'impuissance et les conduit à effectuer de plus en plus de signalements.

Source : étude du ministère de la Famille, février 1999.

Mots liés **Lutte contre la violence.**

FICHE 46 La surveillance des élèves en collège et en lycée

A ORGANISATION DE LA SURVEILLANCE

Les conditions dans lesquelles doit être organisée la surveillance des élèves en collège et en lycée sont, pour l'essentiel, définies par la circulaire n° 96-248 du 25 octobre 1996.
Leur mise en place rigoureuse vise, bien évidemment, à protéger les élèves, mais aussi indirectement les personnels, dans la mesure où, en cas d'accident, le défaut de surveillance peut être recherché.

L'obligation de surveillance ne vise pas seulement à protéger les enfants d'éventuels accidents, mais aussi de tous types de dommages dont ils pourraient être victimes en tant qu'élèves. Ainsi, un enseignant s'est vu sanctionné pour n'avoir pas réagi avec assez de fermeté après avoir constaté qu'un élève dont il avait la charge subissait des brimades de la part des ouvriers de l'entreprise où il effectuait son stage.

Au-delà du débat juridique, l'obligation de surveillance implique la vigilance à l'égard des élèves en déplacement autorisé à l'extérieur de l'enceinte de l'établissement scolaire et pour des faits qui dépassent largement la sécurité proprement dite.

L'obligation de surveillance des élèves, pendant le temps où ils sont confiés à l'institution scolaire, s'impose aux personnels de l'établissement public local d'enseignement, sous l'autorité du chef d'établissement.

B CHAMP DE LA SURVEILLANCE

La surveillance doit être assurée pendant la totalité du temps scolaire, c'est-à-dire pendant toute la durée au cours de laquelle l'élève est confié à l'établissement. Cette durée est déterminée par l'emploi du temps de l'élève. Pour l'externe, elle correspond à la demi-journée d'activité scolaire, du matin et de l'après-midi, définie par l'emploi du temps afférent à chaque jour de la semaine. Pour le demi-pensionnaire, cette durée va du début à la fin des activités scolaires de la journée, telles que prévues à l'emploi du temps.

La surveillance qu'il appelle doit donc garder un caractère continu, que les activités assurées dans ce cadre soient obligatoires ou facultatives, qu'elles se déroulent à l'intérieur ou à l'extérieur de l'établissement et quel qu'en soit le contenu. Cette exigence de continuité vaut donc pour les enseignements obligatoires, les enseignements facultatifs auxquels l'élève est inscrit, les études dirigées ou surveillées auxquelles il est assujetti, les permanences, les séances d'atelier et de travaux pratiques, les récréations, les interclasses, les déplacements, les repas si l'élève est demi-pensionnaire ou interne, les nuitées s'il est interne. En plus du temps scolaire proprement dit, l'obligation de surveillance s'applique aux sorties et déplacements collectifs d'élèves organisés avec l'aval du chef d'établissement et encadrés par des personnels qualifiés de l'EPLE – généralement des professeurs ou des membres du personnel d'éducation – éventuellement aidés de collaborateurs bénévoles qui peuvent être des parents d'élèves.

L'obligation de surveillance s'impose également lorsque des élèves se livrent à des activités périscolaires – éducatives ou sportives – organisées par des associations constituées au sein de l'EPLE et présentant la triple caractéristique d'y avoir leur siège, de bénéficier du concours de personnels de l'établissement et de contribuer à la mise en oeuvre de l'action éducatrice, en complément ou en accompagnement de l'enseignement proprement dit.

C PRÉCISIONS APPORTÉES PAR LE RÈGLEMENT INTÉRIEUR

C'est au règlement intérieur qu'il revient de préciser les modalités de la surveillance. Il doit le faire avec le souci de permettre aux élèves de prendre progressivement en charge certaines de leurs activités, à mesure qu'ils progressent en âge et dans leur scolarité.
Dans la même logique, c'est au règlement intérieur qu'il appartient de tracer les limites marquant le début et la fin de l'obligation de surveillance, notamment d'ouvrir la possibilité d'accorder des autorisations dérogeant au régime des sorties et à celui des déplacements.

D PERSONNELS CHARGÉS DE LA SURVEILLANCE

La surveillance est, comme le rappelle la circulaire du 25 octobre 1996, l'affaire de tous les personnels de l'EPLE.
La responsabilité première en incombe au chef d'établissement, au titre des pouvoirs qui lui sont reconnus pour assurer le bon ordre, la sécurité des personnes et des biens et l'application du règlement intérieur, ainsi que pour répartir le service des personnels.

Sous son autorité, un rôle éminent revient au **conseiller principal d'éducation**, qui a pour mission d'organiser le service des personnels de surveillance et de veiller, avec eux, au respect de la discipline et des dispositions du règlement intérieur par les élèves pendant tout le temps où ceux-ci sont confiés à l'établissement, hormis les séquences, notamment les heures de classe, au cours desquelles les élèves sont directement encadrés par les personnels enseignants.
Les enseignants ont eux-mêmes à assurer la surveillance des élèves dont ils sont chargés, durant les horaires d'enseignement et les autres activités qu'ils encadrent, telles que sorties, déplacements ou loisirs périscolaires.

Le régime des déplacements d'élèves est décrit, là encore, par la circulaire du 25 octobre 1996 sur la surveillance. La règle de base qu'il pose est que les déplacements d'élèves, pendant le temps scolaire, entre l'établissement et le lieu d'une activité scolaire - telle que l'éducation physique et sportive dispensée à la piscine, au gymnase ou au stade - doivent être encadrés, les déplacements ayant lieu en fin de matinée ou en début d'après-midi.

Mots liés **Les personnels des établissements scolaires, l'obligation scolaire, les sorties scolaires.**

FICHE 47

La lutte contre la violence à l'école

A QUELS SONT LES DISPOSITIFS MIS EN ŒUVRE ?

Depuis 1979, une dizaine de plans ou de « dispositifs violence » se sont succédés pour tenter de combattre la violence à et autour de l'école.
Dès mai 1992 a été mise en œuvre une collaboration entre le ministère de l'Intérieur, ministère de la Justice, ministère de l'Éducation nationale, pour mettre en place des dispositifs communs entre les chefs d'établissement, les services de police et la justice afin de « *rétablir la sécurité et la sérénité dans les établissements scolaires et porter un coup d'arrêt à la violence dans des établissements du second degré peu nombreux, mais particulièrement sensibles* » (*Le Monde*, 28 mai 1992).

Des groupes locaux d'actions pour la sécurité ont été alors constitués comprenant le chef d'établissement, un policier, un magistrat du parquet, un représentant des services sociaux du conseil général, le chef de projet « Développement social des quartiers » de la commune concernée.

À la rentrée 2001, le logiciel SIGNA a été mis en œuvre pour « *recenser tous les phénomènes de violence dans les établissements scolaires* ». Cet outil a fonctionné de la rentrée 2001 à la rentrée 2006.

Entre 2001 et 2006, si on analyse les données recueillies par le logiciel SIGNA, trois actes représentent à eux seuls les deux tiers de 80 000 actes de violence relevés par an en moyenne :

- les **violences physiques sans arme** : autour de 30 %,
- les **insultes ou menaces graves** : autour de 25 %,
- le **vol** ou la tentative de vol : autour de 10 %.

Les violences à caractère raciste et antisémite représentent 2,8 % des violences signalées.

Les lycées professionnels apparaissent comme les plus exposés, suivis par les collèges et les lycées d'enseignement général et technologique.

B UN PLAN DE PRÉVENTION DE LA VIOLENCE DANS CHAQUE ÉTABLISSEMENT

La nécessité affirmée dans la circulaire de rentrée 2006 (BO n°13 du 31 mars 2010) de garantir dans tous les établissements le respect de la loi, la sécurité des personnes et des biens, conditions indispensables au bon fonctionnement de l'institution scolaire ont conduit à un certain nombre de recommandations :

> *« La priorité est de garantir aide et assistance aux personnels, notamment aux enseignants victimes d'injures, de menaces ou d'agressions, dans l'exercice de leurs fonctions. À cette fin, un soutien devra être apporté, dès la première alerte, par la hiérarchie. (...) Les personnels victimes seront systématiquement encouragés à porter plainte.*
> *Les élèves victimes de violence doivent également bénéficier du même soutien. Les actions éducatives doivent apprendre aux élèves le respect mutuel et les convaincre de bannir de leurs comportements toutes atteintes à la dignité physique et à la dignité de la personne, que celles-ci soient liées aux actes à caractère raciste ou antisémite, aux violences sexuelles, aux pratiques de bizutage ou à celles de jeux dangereux. »*
>
> Source : BO n° 13 du 31 mars 2010.

Un plan de prévention de la violence, préparé par le comité d'éducation à la santé et à la citoyenneté de chaque établissement (voir la fiche n° 20) est validé par son conseil d'administration.
Un diagnostic de sécurité partagé avec les services de police ou de gendarmerie doit également être élaboré pour prévenir les situations de violence, assurer le suivi des événements et organiser l'aide et l'appui aux victimes.

C LES ÉTATS GÉNÉRAUX DE LA SÉCURITÉ À L'ÉCOLE ET LEURS SUITES

En 2010, « *pour faire des établissements apaisés un cadre propice à l'apprentissage* », le ministre Luc Chatel a relancé la lutte contre la violence à l'école, en réunissant « *des états généraux de la sécurité à l'école* » à la Sorbonne, pilotés par un comité scientifique dirigé par Éric Debarbieux, président de l'observatoire international de la violence scolaire.

Cinq orientations ont été dégagées :

- Reprendre la mesure du climat et de la violence dans les établissements scolaires :
  - Mise en place avec déclinaison départementale et publication chaque trimestre d'une enquête SIVIS (système d'information et de vigilance sur la sécurité scolaire).
  - Enquête de victimisation conduite dans les établissements les plus exposés.
- Formation des enseignants et des personnels de l'Éducation nationale à la conduite de classe, à la gestion des situations conflictuelles et des comportements violents et discriminatoires.

- Plan de sécurisation des établissements scolaires :
  - Réalisation de diagnostics de sécurité débouchant sur des aménagements de locaux, l'installation de clôtures, l'équipement en vidéo projection…
  - Intervention des équipes mobiles de sécurité (EMS). Depuis leur création, les EMS ont effectué plus de 7 000 interventions dont 63 % ont concerné la prévention et 14 % la gestion immédiate d'une crise.
  - Tous les établissements disposent d'un correspondant police ou gendarmerie nommé pour contribuer au diagnostic de sécurité et assurer des séances de prévention auprès des élèves.
  - Dans 53 collèges ou lycées, est expérimentée la mise à disposition d'un bureau à l'intention des policiers et gendarmes référents.
- Évolution des sanctions et procédures disciplinaires visant à réaffirmer la dimension éducative de la sanction, la responsabilisation des élèves et la limitation des exclusions.
- Création des établissements de réinsertion scolaire (ERS), internats chargés d'accueillir des élèves très perturbateurs ayant fait l'objet de nombreuses exclusions. La scolarisation est aménagée avec un accent mis sur la maîtrise du socle commun de connaissances et de compétences. Des partenariats sont mis en place pour favoriser une prise en charge adaptée des jeunes.

Mots liés **La surveillance des élèves, les procédures disciplinaires.**

FICHE 48 Les procédures disciplinaires pour les élèves

A SANCTIONS ET PUNITIONS DISCIPLINAIRES

Les sanctions et punitions d'un établissement scolaire doivent obligatoirement s'inscrire dans le cadre des principes généraux du droit :

- Il ne peut être prononcé de sanctions non prévues au règlement intérieur.
- Toute décision doit être prise sur le principe du contradictoire (discussion des éléments de preuve entre les parties) et être motivée.
- Les sanctions prononcées doivent être proportionnelles aux fautes.
- Les sanctions doivent être individualisées, elles ne peuvent donc être collectives.

Il faut distinguer les punitions scolaires et les sanctions disciplinaires. Les **punitions scolaires** concernent pour l'essentiel des manquements mineurs

aux obligations des élèves. Elles sont prononcées essentiellement par les personnels enseignants et d'éducation. Une liste de punitions scolaires doit obligatoirement figurer dans le règlement intérieur : inscription sur le carnet de correspondance, excuse orale ou écrite, devoir supplémentaire, exclusion ponctuelle d'un cours, retenue pour faire un devoir,...
Si les sanctions disciplinaires ne peuvent être qu'individuelles, les punitions scolaires peuvent être collectives comme l'a prévu une circulaire du 28 octobre 2004 de François Fillon, ministre alors de l'Éducation nationale : « *l'enseignant pourra infliger une punition pour sanctionner le comportement d'un groupe d'élèves identifiés, qui, par exemple, perturbe le fonctionnement de la classe.* »

Les sanctions disciplinaires concernent les atteintes aux personnes et aux biens et les manquements graves aux obligations des élèves. L'échelle des sanctions qui doit figurer dans le règlement intérieur de l'établissement va de l'avertissement à l'exclusion définitive, assortie ou non d'un sursis total ou partiel, accompagnée de mesures de réparation éventuelles.

B LES PROCÉDURES DISCIPLINAIRES

1. Compétences du chef d'établissement

Le chef d'établissement **peut prononcer seul** certaines sanctions disciplinaires comme l'avertissement, le blâme, la mesure d'utilité collective de réparation ou de compensation dans l'enceinte de l'établissement, l'exclusion temporaire de la classe ou de l'établissement pour une durée qui ne peut excéder huit jours.
Il engage les actions disciplinaires et intente les poursuites devant les juridictions compétentes.

2. Commission éducative

Une circulaire du 27 mars 1997 prévoit que le conseil d'administration peut créer une **commission de vie scolaire** « *destinée à favoriser le dialogue avec l'élève et a facilité l'adoption d'une mesure éducative spécialisée* ».
Cette commission a également pour but de suivre l'application des mesures d'accompagnement, de réparation et de donner un avis au chef d'établissement concernant l'engagement des procédures disciplinaires. Elle vise donc à éviter, dans la mesure du possible, la lourdeur de la réunion d'un conseil de discipline.
La commission de vie scolaire – aujourd'hui **commission éducative** – est présidée par le chef d'établissement. Elle comprend au moins un CPE, le gestionnaire, un membre des personnels d'enseignement, un membre des personnels sociaux et de santé, techniques, ouvriers et de service. Sa composition est fixée par le conseil d'administration.

Elle a notamment pour mission « *d'examiner la situation d'un élève dont le comportement est inadapté aux règles de vie dans l'établissement et de favoriser la recherche d'une réponse éducative personnalisée* » et d'assurer « *le suivi de l'application des mesures de prévention et d'accompagnement ainsi que des mesures alternatives aux sanctions* ».

3. Conseil de discipline

Le conseil de discipline saisi par le chef d'établissement peut prononcer toutes les sanctions prévues par le règlement intérieur et notamment l'exclusion définitive, assortie ou non d'un sursis total ou partiel.
Le décret n°2011-728 du 24 juin 2011 a prévu que, pour rendre son caractère exceptionnel à l'exclusion de l'établissement, **l'exclusion temporaire** de l'établissement ne peut excéder huit jours. Il est également prévu d'ajouter dans l'échelle de sanctions **une exclusion temporaire de la classe** d'une durée de huit jours au plus.

Le conseil de discipline est composé de quatorze personnes : le chef d'établissement, président, l'adjoint, un CPE, le gestionnaire, cinq représentants des personnels (quatre enseignants, un ATOSS), trois représentants des parents d'élèves dans les collèges et deux dans les lycées ; deux représentants des élèves dans les collèges et trois dans les lycées.

L'élève en cause doit obligatoirement être informé au moins huit jours avant la réunion du conseil de discipline de la date de cette réunion, des faits reprochés, du droit de consultation de son dossier et du droit de se faire assister par la personne de son choix pour assurer sa défense.
Les sanctions d'exclusion supérieure à huit jours sont susceptibles d'appel dans un délai de huit jours devant le recteur d'académie. Le recteur décide après l'avis d'une commission académique.
À titre conservatoire, « en cas de nécessité avérée », le chef d'établissement peut interdire l'accès de l'établissement à l'élève devant passer en conseil de discipline.

De nouvelles modalités de sanctions en 2011-2012

Le décret du 24 juin 2011 « relatif à la discipline dans les établissements d'enseignement du second degré » est paru au journal officiel du 26 juin 2011.
Ce décret comporte trois nouveautés :
***1.** **L'engagement d'une action disciplinaire sera obligatoire** dans certains cas de violences verbales, physiques, ou d'autres actes graves. La commission éducative (cf. ci-dessus) est rendue obligatoire dans tous les établissements*
***2.** Afin de responsabiliser les élèves sur les conséquences de leurs actes, une nouvelle sanction appelée « **mesure de responsabilisation** » est créée. Cette sanction consiste à participer, en dehors des heures d'enseignement, à des activités de solidarité, culturelles ou de formation à des fins éducatives. Ces activités peuvent être réalisées au sein de l'établissement ou au sein d'une association, d'une collectivité territoriale, d'un groupement rassemblant des personnes publiques ou d'une administration de l'État.*

→

3. *Pour rendre à l'exclusion son caractère exceptionnel, l'exclusion temporaire d'un établissement ne pourra excéder huit jours au lieu d'un mois auparavant.* L'exclusion temporaire de la classe *(d'une durée de huit jours maximum) est ajoutée à l'échelle des sanctions. Dans ce cas, l'élève continue à être accueilli dans l'établissement.*
*Un bulletin officiel spécial (***Bulletin officiel spécial n° 6 du 25 août 2011***) rassemble le décret du 24 juin 2011, une circulaire 2011-111 du 1er août 2011 sur* « l'organisation des procédures disciplinaires dans les collèges, les lycées et les établissements régionaux d'enseignement adapté, mesures de prévention et alternatives aux sanctions » *et une circulaire 2011-112 du 1er août 2011 concernant « le règlement intérieur dans les établissements publics locaux d'enseignement ».*
La circulaire sur les procédures disciplinaires stipule ainsi « parce que l'établissement scolaire est un lieu d'apprentissage et d'éducation, toute sanction qui y est prononcée doit prendre **une dimension éducative** ». *La circulaire distingue clairement « punitions scolaires »*, « sanctions disciplinaires », *et* « mesures alternatives à la sanction, mesures de prévention et d'accompagnement ».

4. Les établissements de réinsertion scolaire

Les établissements de réinsertion scolaire ont vocation d'accueillir les élèves perturbateurs qui ne relèvent ni d'une prise en charge thérapeutique, ni d'un placement dans le cadre pénal.
L'encadrement est assuré par des enseignants, des assistants d'éducation ainsi que des personnels de la projection judiciaire de la jeunesse (PJJ).

Juridicisation ou judiciarisation

On parle souvent de « judiciarisation » de l'école pour évoquer ces familles qui n'hésitent plus à contester devant les tribunaux administratifs les sanctions prononcées, les décisions d'orientation ou la responsabilité des fonctionnaires lors d'incidents.
Cela ne doit pas faire oublier qu'il y a un phénomène de « juridicisation » de l'école qui indique simplement l'irruption des **règles du droit** *dans l'école. En France, pays de droit écrit, les coutumes de la société scolaire qui ont pu exister, doivent s'effacer devant les principaux généraux du droit tels que la loi les définit.*

Mots liés **Règlement intérieur, lutte contre la violence.**

FICHE 49

Qu'appelle-t-on l'accompagnement éducatif ?

A OBJECTIFS

L'accompagnement destiné aux élèves vise à jouer un rôle qui peut être du soutien comme l'approfondissement de certaines notions.

L'accompagnement vise :

- à créer les conditions favorables au développement du jeune, à son **épanouissement**, à développer **ses potentialités** : des notions à mettre en avant dans le projet d'établissement ;
- à élargir l'horizon culturel du jeune, casser l'enfermement qu'il peut ressentir dans son environnement ou dans sa tête, **lui donner une échelle plus grande de son territoire**, l'ouvrir à de nouveaux centres d'intérêts… ;
- à ouvrir à des modes de relations, de découvertes, de fonctionnements différents de la classe ou de l'école… ;
- à promouvoir une éducation à la citoyenneté, au vivre ensemble, renforcer son autonomie personnelle, sa capacité de décision individuelle et collective… ;
- à valoriser l'établissement scolaire, ses personnels, ses élèves aux yeux des familles et de son environnement… ;
- à faire découvrir aux élèves l'ensemble des ressources culturelles, sociales, économiques existant dans l'environnement.

B L'ACCOMPAGNEMENT ÉDUCATIF DANS LES ÉCOLES DE L'ÉDUCATION PRIORITAIRE

À la vue du nombre d'élèves qui se retrouvaient dans certains quartiers sans activités après l'école avec des parents absents du domicile pour leur travail, le ministère de l'Éducation nationale a proposé pour ceux qu'il a appelés « les orphelins de 16h30 » la mise en œuvre dans toutes les écoles et collèges après la fin des cours d'un « **accompagnement éducatif** » de deux heures (aide aux devoirs, pratiques sportives, artistiques et culturelles, pratique orale de l'anglais).
Ce dispositif est conçu pour les **élèves volontaires** :

- en 2007-2008 : 221 527 collégiens de l'éducation prioritaire
- en 2008-2009 : 147 014 élèves d'écoles élémentaires de l'éducation prioritaire et 725 434 collégiens.

Au collège, tous les élèves sont concernés mais les **élèves de sixième sont prioritaires** pour favoriser leur adaptation aux exigences du collège. Dans les écoles élémentaires de l'éducation prioritaire, l'accompagnement est proposé aux élèves du CP au CM2. Cet accompagnement est organisé **tout au long de l'année**. La durée indicative est de deux heures, de préférence en fin de journée après la classe, quatre jours par semaine.

Quatre domaines éducatifs complémentaires sont proposés :

- aide aux devoirs et aux leçons ;
- pratique sportive ;
- pratique artistique et culturelle ;
- renforcement de la pratique orale des langues vivantes, et particulièrement de l'anglais au collège, depuis la rentrée 2008.

Au cours de l'année scolaire 2008-2009**, l'accompagnement éducatif est réparti** en :

- **aide aux devoirs** : 62 % à l'école et 65,1 % au collège ;
- **pratique artistique et culturelle** : 26,1 % à l'école et 20,7 % au collège ;
- **pratique sportive** : 11,9 % à l'école et 10,4 % au collège ;
- **langues vivantes** : 3,8 % au collège.

C LES AIDES

1. L'aide aux devoirs et aux leçons

Les élèves peuvent :

- approfondir le travail fait en classe ;
- réaliser les devoirs demandés par les enseignants ;
- trouver une aide si nécessaire.

S'ils n'ont pas besoin d'aide particulière, ils peuvent bénéficier de **moments d'apprentissages différents**.

Les activités envisagées peuvent être :

- l'aide méthodologique ;
- l'approfondissement disciplinaire ;
- la lecture ;
- le travail sur projet interdisciplinaire ;
- les recherches documentaires ;
- les ateliers scientifiques ;
- la pratique des langues vivantes (au collège, particulièrement en anglais).

Les activités peuvent être combinées.

2. Les activités sportives

Les élèves ont la possibilité de s'initier à différentes activités sportives qui peuvent être proposées notamment par l'association sportive du collège.

3. Pratique artistique et culturelle

Tous les domaines et toutes les formes de l'art et de la culture sont envisageables. L'offre dépend des possibilités des établissements scolaires, des structures culturelles et des intervenants extérieurs.

4. Pratique informatique, multimédia et documentaire

L'accompagnement éducatif peut également favoriser l'accès des élèves aux technologies usuelles de l'information et de la communication et permettre une utilisation riche et variée des outils numériques.
L'accès au CDI (centre de documentation et d'information) ou à la bibliothèque facilite ces pratiques.

D L'ENCADREMENT DES ÉLÈVES

1. Qui encadre les élèves ?

Les intervenants sont des enseignants volontaires, assistants d'éducation, pédagogique, de langue, des intervenants d'associations agréées, artistes et étudiants.

- **En 2007-2008**, ils étaient **28 414 intervenants**.
- **En 2008-2009**, l'accompagnement est assuré par :
  - **22 944 intervenants**, dont 73,1 % d'enseignants, **à l'école élémentaire** ;
  - **113 057 intervenants**, dont 60 % d'enseignants, **au collège**.

2. Le calendrier

- **En 2007-2008** : l'accompagnement éducatif est mis en place dans les collèges de l'éducation prioritaire.
- **En 2008-2009** : l'accompagnement éducatif est généralisé à tous les collèges, publics et privés sous contrat, ainsi qu'aux écoles élémentaires de l'éducation prioritaire.
- **Rentrée scolaire 2010** : l'accompagnement éducatif est étendu à l'ensemble des écoles élémentaires dans les quatre académies d'Outre-mer.

Comment faire pour que l'accompagnement éducatif soit aussi une occasion d'améliorer les relations avec les parents et leur implication dans le suivi de la scolarité et la vie de l'école ?

Il est très important que les parents soient avertis du type d'activités suivi par leur enfant et de leur attitude dans ces différents ateliers.
À l'occasion des rencontres parents-professeurs, des présentations par les différents intervenants de ce qui se réalise dans les divers ateliers peuvent être réalisées, ne serait-ce que pour présenter aux familles le rôle éducatif de l'ensemble de ces activités et casser certaines représentations sur le sport ou les jeux.

Mots liés **dispositifs territoriaux, associations dans l'établissement scolaire, travail avec l'environnement social, culturel, économique de l'établissement.**

FICHE 50 Les dispositifs territoriaux fonctionnant autour de l'établissement

Des activités menées par des associations ou des collectivités locales se développent autour des établissements scolaires. Ces activités éducatives **complètent** l'action de l'école et n'ont pas vocation à se substituer à celle-ci. Elles peuvent s'inscrire dans le cadre d'un projet éducatif local, d'un **contrat éducatif local ou d'un projet de réussite éducative**. Les enseignants ne doivent pas hésiter à présenter aux parents ces activités et à les conseiller pour certaines d'entre elles.
Les parents doivent informer les enseignants des activités suivies par leur enfant. Aujourd'hui, il est nécessaire dans le domaine éducatif d'avoir une vision globale des temps de l'enfant.

A DU CONTRAT ÉDUCATIF LOCAL AU PROJET ÉDUCATIF LOCAL

La mise en œuvre des contrats éducatifs locaux (**CEL**) en 1999 avait pour finalité de soutenir le développement, sur un même territoire, d'une politique globale de jeunesse adaptée aux besoins éducatifs, sociaux et culturels des enfants, des adolescents et des jeunes.
Une politique éducative dont la définition relève des élus sur un territoire, donne lieu à l'élaboration d'un projet éducatif local (**PEL**) qui a pour objectif de mieux coordonner sur le plan territorial l'ensemble des actions et interventions éducatives en faveur de l'enfance et de la jeunesse. Ainsi, le projet éducatif local est le cadre formalisé, écrit, au sein duquel les acteurs socio-éducatifs d'un même territoire s'inscrivent pour exercer leurs missions et leurs responsabilités, de façon conjointe et coordonnée, autour de finalités et d'objectifs communs à destination des enfants et des jeunes. Son caractère **global**

et cohérent lui permet de **rassembler l'ensemble des objectifs** poursuivis au travers des différents dispositifs contractuels existants (accompagnement éducatif, contrat éducatif local, accompagnement à la scolarité) et des aides non contractuelles concourant à l'action éducative.
Issu d'une dynamique de concertation entre les partenaires locaux de ce territoire (élus, représentants des établissements scolaires, associations à visée éducative, familles,...), le PEL traduit des volontés politiques et des priorités éducatives, en objectifs, moyens techniques et financiers, au regard de besoins et d'attentes de jeunes.
Le projet éducatif local (PEL) part du principe que le temps libre du jeune est un temps éducatif à part entière et que chacun doit pouvoir avoir accès aux actions qui s'y déroulent.

Le temps libre doit répondre à des exigences sociales et familiales notamment en apportant une offre d'activités :

- Accessibles, répondant aux besoins diversifiés de tous les enfants.
- Contribuant à combattre les inégalités sociales et culturelles.
- Mobilisant l'ensemble des acteurs, permettant un choix aux enfants et aux parents.
- Contribuant à réduire les écarts entre les quartiers en contrat urbain de cohésion sociale et le reste de la ville.

La circulaire de rentrée 2005 insiste sur l'articulation action éducative / dispositifs territoriaux / politique de la ville. Les dispositifs reposant sur le partenariat local sont :

- les contrats éducatifs locaux (CEL),
- les contrats locaux d'accompagnement à la scolarité (CLAS).

B L'ACCOMPAGNEMENT À LA SCOLARITÉ

L'accompagnement à la scolarité est différent de l'accompagnement éducatif (voir la fiche n°49). L'accompagnement éducatif piloté par l'établissement scolaire, alors que le CLAS est piloté par la commune.

Créé en 2000, le **contrat local d'accompagnement à la scolarité (CLAS)**, dont les principes ont été précisés par la **charte nationale de l'accompagnement à la scolarité** de 2001, contribue à soutenir, année après année et en dehors du temps de l'école, environ 250 000 enfants et jeunes dans leur travail personnel scolaire. Le CLAS et la charte d'accompagnement visent à apporter des garanties aux familles concernant le sérieux et la compétence des associations et des animateurs intervenant dans ces dispositifs, notamment, ceux mis en œuvre dans les quartiers défavorisés et qui doivent être articulés avec les actions menées par l'école. Il en est de même dans les territoires relevant de l'éducation prioritaire pour les « **dispositifs de réussite éducative** », tels qu'ils sont prévus par la loi de cohésion sociale du 18 janvier 2005. Les inspecteurs d'académie et les directeurs des services départementaux de l'Éducation nationale veilleront à la cohérence territoriale de ces dispositifs, en étroite liaison avec les préfets du département, en s'appuyant notamment sur les projets éducatifs locaux mis en place.

Les activités proposées sont notamment de l'aide aux devoirs, des actions culturelles ou sportives. Les familles trouvent un accueil, des conseils, un accompagnement dans les différentes étapes de la scolarité et, si elles le souhaitent, peuvent s'impliquer dans l'encadrement des actions.
Les actions développées dans le cadre de l'accompagnement à la scolarité s'adressent aux enfants et aux jeunes scolarisés, de l'école élémentaire au lycée. Elles se déroulent hors du temps de l'école et sont distinctes de celles que l'école met en œuvre pour les élèves en difficulté.
Les accompagnateurs à la scolarité mettent l'accent sur l'importance de l'assiduité à l'école, sur la régularité et l'organisation du travail personnel, sur la méthodologie. Ils encouragent le goût de la culture la plus diversifiée, l'envie d'apprendre et le plaisir de découvrir. Ils s'attachent à renforcer, grâce à un accompagnement personnalisé, le sens de la scolarité et la confiance des enfants et des jeunes dans leurs capacités de réussite.

Le **projet de réussite éducative** est selon la circulaire interministérielle du 14 février 2005 « *ni un projet scolaire, ni un projet destiné à l'ensemble des enfants d'un quartier, mais un programme d'actions spécifiquement dédiées aux enfants et aux adolescents les plus fragilisés et à leur famille vivant sur le territoire des zones urbaines sensibles ou scolarisés en ZEP. Il s'appuie sur un partenariat élargi à tous les acteurs concernés par la mise en œuvre d'une politique éducative à l'échelle locale.* »

Mots liés **Associations autour de l'établissement, les partenariats de l'école avec son environnement.**

FICHE 51 Les partenariats entre l'établissement scolaire et son environnement économique, social et culturel

Un établissement scolaire de second degré est un **acteur** de son territoire. Il n'est pas seulement un récepteur de ce qui se passe dans son environnement, il peut être un émetteur de ce qui se construit durant ses heures de fonctionnement en direction des autres acteurs du territoire.

A AGIR AVEC L'ACSÉ

Dans le domaine de **la lutte contre les discriminations**, un établissement peut notamment travailler avec **l'agence pour la cohésion sociale et l'égalité des chances (ACSÉ)**.

L'ACSÉ contribue à des actions en faveur des personnes rencontrant des difficultés d'insertion sociale ou professionnelle. L'agence a été créée par la loi du 31 mars 2006 sur l'égalité des chances, pour renforcer l'action de l'État en faveur des habitants des 2 213 quartiers de la politique de la ville et pour promouvoir l'égalité des chances et la diversité.

L'ACSÉ gère l'essentiel des crédits spécifiques consacrés par l'État à ces priorités. À ces deux missions principales s'ajoutent :

- la responsabilité du service civil volontaire,
- la gestion du fonds interministériel de prévention de la délinquance.

L'ACSÉ est un établissement public national à caractère administratif.

Elle dispose d'un budget d'intervention d'environ 500 millions d'euros pour 2010. L'agence finance quelque 15 000 organismes privés et publics pour mener les missions confiées par l'État. Les préfets sont les délégués de l'ACSÉ dans les départements et les régions. Ils animent les mesures nouvelles de la dynamique Espoir Banlieues, les programmes menés sur les 2 213 quartiers de la politique de la ville, le développement d'actions de prévention des discriminations pour promouvoir l'égalité et mettent en œuvre les orientations fixées par le comité interministériel de la prévention de la délinquance.

Ses partenaires institutionnels qui agissent dans le domaine de la « politique de la ville » sont :

- **Le secrétariat général du comité interministériel à la ville** qui assure la tutelle de l'ACSÉ et de l'Anru.
- **L'Agence nationale pour la rénovation urbaine (Anru)** qui centralise les questions prioritaires comme l'accès à l'emploi, l'insertion et la gestion urbaine de proximité.

B EXEMPLE D'UN PROJET

Voici le projet d'un établissement scolaire de Saint-Brieuc comprenant un partenariat avec son environnement économique, social et culturel :

1. Développer le goût d'entreprendre et les synergies lycée-entreprises

- Participation à une entreprise dans votre lycée.
- Favoriser l'intervention des professionnels dans le lycée : partenariat avec des entreprises : simulation d'entretien de recrutement…
- Favoriser l'intervention des professionnels dans le lycée.
- Favoriser les stages de découverte, de formation et de perfectionnement des personnels enseignants dans les entreprises.
- Établir des partenariats avec les entreprises et les acteurs du territoire.
- Mettre les locaux du lycée à disposition pour des actions de formation.

2. Éduquer les élèves dans une logique de développement durable

- Sensibiliser les élèves au développement durable.
- Promouvoir le comité de développement durable :
  - Réalisation d'un circuit court de commercialisation de produits (du producteur au consommateur).
  - Challenge des baccalauréats de la vente.

3. Éduquer au développement et à la solidarité internationale

- Ouverture sur le monde et à la citoyenneté internationale dans le cadre des PPCP.
- Des projets de classe, en appui avec l'inspection académique, le conseil général et les associations locales.

4. Éducation artistique, sensibilisation à l'art, à la culture et aux sciences et techniques

- Participation à « Griffons la science ».
- Atelier de découvertes culturelles en collaboration avec les MJC la Citrouille, le service jeunesse de Saint-Brieuc…
- Ateliers d'éducation et d'expression artistique.

- Ateliers du spectacle vivant : théâtre, cirque… en partenariat avec « la passerelle », le « théâtre du totem », « la folle pensée ».
- Ateliers de photographie et d'écriture.
- Jeux de scène et d'écran, lycéens au cinéma.
- Défis lecture, opération « 22, vlà les polars », festival de la BD à Perros Guirec, semaine de la presse.
- Étude du costume traditionnel breton en métiers de la mode.
- L'art d'appréhender un territoire rural : portraits croisés d'habitants de Ploeuc/Lié.

5. Agir sur les parcours individuels des élèves

- Augmenter le taux de poursuite d'étude :
  - Participation aux salons d'orientation.
  - Participation aux « portes ouvertes ».
  - Témoignages d'anciens élèves.
- Travail de l'équipe pédagogique et du conseiller d'orientation en vue de l'élaboration d'un programme d'information et d'orientation.

6. Moderniser, transformer et développer les formations des services à la personne et à l'entreprise

- En augmentant notre offre de formation au niveau v : création de CAP en vente spécialisée, formation complémentaire en textile après un CAP ou BEP.
- En développant le pôle santé social : création d'une formation au diplôme d'état d'auxiliaire de puériculture.
- En accroissant l'offre de formation au niveau III : création de BTS dans le secteur des services et l'offre de formation continue.

Mots liés **Lutte contre les discriminations, projet d'établissement.**

FICHE 52

Les associations complémentaires de l'enseignement public et « l'école ouverte »

A LES DISPOSITIFS

Quels dispositifs permettent à **des associations, à divers intervenants** de pouvoir intervenir dans et en complément de l'activité en classe ?

Pour compléter l'action de l'école et proposer aux jeunes des activités hors temps scolaire, diverses associations se sont créées **pour être complémentaires de l'enseignement public**.
La loi d'orientation de 1989 a prévu la création d'un **conseil national des associations éducatives complémentaires de l'enseignement public (CNAECEP)** qui est habilité à agréer les associations complémentaires voulant intervenir dans les établissements scolaires.

> *« Les associations qui apportent leur concours à l'enseignement public peuvent faire l'objet d'un agrément lorsque ce concours prend l'une des formes suivantes :*
> *1° Interventions pendant le temps scolaire, en appui aux activités d'enseignement conduites par les établissements ;*
> *2° Organisation d'activités éducatives complémentaires en dehors du temps scolaire ;*
> *3° Contribution au développement de la recherche pédagogique, à la formation des équipes pédagogiques et des autres membres de la communauté éducative.*
> **Art. 2.** *- L'agrément intervient après vérification du caractère d'intérêt général, du caractère non lucratif et de la qualité des services proposés par ces associations, de leur compatibilité avec les activités du service public de l'Éducation nationale, de leur complémentarité avec les instructions et programmes d'enseignement ainsi que de leur respect des principes de laïcité et d'ouverture à tous sans discrimination.*
> **Art. 3.** *- L'agrément est accordé pour une durée de cinq ans. Il est renouvelable pour la même durée suivant la même procédure. L'agrément accordé à une association nationale ou à une fédération d'associations peut être étendu, sur sa demande, à ses structures régionales, départementales et locales qui remplissent les conditions fixées aux articles premier et 2. La liste des associations agréées fait l'objet d'une publication au Bulletin officiel de l'Éducation nationale. (...) »*
>
> Source : décret de 1989, en application de la loi d'orientation.

Quelques associations complémentaires de l'enseignement public agréées susceptibles d'intervenir dans les établissements scolaires :

- Fédération des œuvres éducatives et de vacances de l'Éducation nationale (FOEVEN).
- La jeunesse au plein air (JPA).

- L'office central de coopération à l'école (OCCE).
- L'Institut coopératif de l'école moderne (ICEM-Mouvement Freinet).
- Ligue française de l'enseignement et de l'éducation permanente (LFEEP).
- Éclaireuses et éclaireurs de France (EEDF).
- Les francs et franches camarades (FRANCAS).
- Centre d'entraînement aux méthodes actives (CEMEA).
- Fédération générale des associations départementales des pupilles de l'enseignement public (FGPEP).
- Groupe français d'éducation nouvelle (GFEN).

B LE FONCTIONNEMENT DU CNAECEP

Le CNAECEP est le **conseil national des associations éducatives complémentaires de l'enseignement public**. Il existe une structure nationale pour les agréments des associations complémentaires et des structures académiques pour des agréments fonctionnant seulement dans l'académie concernée.

« Le conseil national des associations éducatives complémentaires de l'enseignement public est présidé par le ministre chargé de l'Éducation nationale ou son représentant. Il est composé de :
• Huit représentants des associations agréées :
• Six représentants des organisations représentatives des personnels de direction, d'éducation et d'enseignement ;
• Cinq représentants des organisations représentatives de parents d'élèves ;
• Quatre représentants du ministère chargé de l'Éducation nationale ;
• Un représentant du ministère chargé de la Jeunesse et des Sports.

Le conseil national des associations éducatives complémentaires de l'enseignement public :
• Donne son avis sur les demandes d'agrément et sur les propositions de retrait d'agrément des associations dont l'action revêt une dimension nationale ;
• Examine les résultats de l'évaluation des activités complémentaires de l'enseignement public ;
• Est consulté sur les critères de répartition de l'aide du ministère chargé de l'Éducation nationale réservée aux activités complémentaires de l'enseignement public. »

C L'ÉCOLE OUVERTE

Lancé en 1991 par le ministre Lionel Jospin, le dispositif interministériel « École ouverte » permet d'accueillir dans les collèges et les lycées, des jeunes (y compris des élèves des écoles élémentaires) qui ne partent pas en vacances. « École ouverte » s'adresse en priorité aux enfants et aux jeunes qui vivent

dans des zones socialement défavorisées ou dans des contextes culturels et économiques difficiles afin d'essayer de compenser les inégalités qui se creusent pendant les vacances scolaires.
En 2010, 728 établissements ont participé à l'opération. 68 % d'entre eux relèvent de l'éducation prioritaire et/ou sont situés en zone urbaine sensible (ZUS). Parmi les collèges participant au dispositif, 179 appartiennent aux réseaux « ambition réussite ».
87 % des établissements qui participent sont des collèges, 7 % des lycées généraux et technologiques et 6 % des lycées professionnels. Ils ont ouvert environ 3 250 semaines cumulées et ont accueilli près de **185 000 élèves**, dont près de 70 % scolarisés en éducation prioritaire ou en ZUS.
Les activités proposées ont un caractère scolaire pour 35 % du temps en moyenne (aide méthodologique, aide aux devoirs, soutien). Pour le reste, elles sont culturelles (27 % du temps), sportives (18 % du temps) et de loisirs (20 % du temps).
Toutes les enquêtes et études menées depuis sa création montrent que l'opération « école ouverte » a des effets positifs : elle **améliore les relations entre les jeunes et les adultes** et instaure ou consolide, dans l'établissement, un **climat de confiance**. Elle permet aux élèves nouveaux dans l'établissement, en particulier ceux de 6e, de s'adapter plus facilement et de construire un meilleur rapport au savoir.
Elle permet par des rencontres régulières et conviviales avec les familles pendant cette période de leur faire mieux comprendre l'organisation et le fonctionnement d'un établissement scolaire. Elle est l'occasion d'une ouverture sur l'extérieur qui modifie le regard porté par les jeunes sur leur établissement.

Mots liés **Accompagnement éducatif, agir avec son environnement.**

FICHE 53 Les droits et libertés des lycéens

Comment peuvent fonctionner les droits et libertés des lycéens dans les établissements scolaires ?

Les lycéens bénéficient de différentes libertés dans le cadre de la vie de l'établissement : libertés d'association, de réunion et d'expression en particulier.

A LIBERTÉ D'ASSOCIATION

Les associations contribuent à l'exercice du droit d'expression collective reconnu aux élèves. Leur développement est donc systématiquement

encouragé. À cette fin, le conseil d'administration et le chef d'établissement prévoient, en lien avec le CVL, les moyens d'information précis sur la possibilité de créer des associations dans l'établissement et sur leurs activités.
Gérées par les lycéens eux-mêmes, elles peuvent être domiciliées au sein du lycée dans lequel ils sont inscrits. Il est recommandé aux personnels des établissements, notamment aux conseillers principaux d'éducation (CPE) et à tout adulte volontaire appartenant à la communauté éducative, de participer à leurs activités.
Dans un souci de transparence, les associations tiennent régulièrement informés le conseil d'administration et le chef d'établissement de leurs actions.
Une loi publiée fin juillet 2011 permet la création et la gestion par les jeunes d'associations fonctionnant sous le régime de la loi 1901 dès leur seizième anniversaire.

B LIBERTÉ DE RÉUNION

La liberté de réunion contribue à améliorer l'information des élèves à l'intérieur de l'établissement. Les réunions sont organisées par les lycéens dans le respect du Code de l'éducation, relatif à la liberté de réunion dévolue aux élèves. Des débats portant sur les questions d'actualité peuvent être organisés dans le respect de la diversité des opinions et des principes fondamentaux du service public d'éducation, notamment dans le cadre des maisons des lycéens.
Les modalités selon lesquelles le chef d'établissement peut autoriser la tenue d'une réunion (par exemple, délai entre le dépôt de la demande et la date de la réunion réduit à cinq jours, conditions générales tendant à garantir la sécurité des personnes et des biens, modalités qui semblent appropriées en matière d'assurance, prohibition des actions de nature commerciale ou prosélyte, etc.) sont fixées par le règlement intérieur.

C LA LIBERTÉ D'EXPRESSION

La liberté d'expression est garantie par l'exercice de plusieurs droits, notamment le droit de publication et le droit d'affichage. L'usage des technologies de l'information et de la communication a contribué à élargir ces droits.

1. Droit de publication

Le droit de publication reconnu aux lycéens participe au développement d'un climat de confiance au sein des lycées. L'article R 511-8 du Code de l'éducation dispose que les publications rédigées par des lycéens peuvent être librement diffusées dans l'établissement. La circulaire n° 91-051 du 6 mars 1991 relative aux publications réalisées et diffusées par les élèves dans

les lycées, modifiée par la circulaire n° 2002-026 du 1er février 2002, rappelle que **ce droit peut s'exercer sans autorisation, ni contrôle préalable du chef d'établissement**. Le responsable de la publication peut être un élève majeur ou mineur. Toutefois, les écrits doivent ne présenter aucun caractère injurieux ou diffamatoire, ni porter atteinte aux droits d'autrui ou à l'ordre public à peine de mise en œuvre du régime de responsabilité civile et pénale. Le CVL est associé à la procédure d'interdiction ou de suspension de la publication en cas de manquements à ces obligations.
L'observatoire des pratiques de presse lycéenne peut être saisi à titre consultatif, en cas de litige, par l'intermédiaire de son site internet : www.obs-presse-lyceenne.org.
La diffusion du « Kit - Créer son journal lycéen », téléchargeable gratuitement sur le site national de la vie lycéenne à l'adresse suivante, www.vie-lyceenne.education.fr, est encouragée, en le rendant disponible dans chaque centre de documentation et d'information (CDI).

2. Droit d'affichage

Afin de garantir une vie lycéenne dynamique, constructive et pérenne, une pleine visibilité est donnée aux actions des lycéens engagés dans la vie de leur établissement. Les proviseurs mettent à disposition des délégués de classe, des associations et de la maison des lycéens des espaces réservés aux actions de communication entreprises à leur initiative. Ces espaces peuvent prendre la forme de panneaux d'affichage numérique ou papier, disposés dans l'enceinte de l'établissement. Des autorisations d'accès à des supports télévisuels ou informatiques (pages Internet, blogs, etc.) peuvent être accordées.
La publicité des actions entreprises et la diffusion d'informations par voie d'affichage ne peuvent s'effectuer sous couvert d'anonymat. Elles sont soumises au contrôle préalable du chef d'établissement ou de l'un de ses représentants. Le chef d'établissement informe les élèves des conditions d'utilisation des panneaux d'affichage et procède, si nécessaire, à l'enlèvement des affiches qui portent atteinte à l'ordre public ou aux droits des personnes. Les conditions d'exercice du droit d'affichage sont détaillées dans le règlement intérieur de l'établissement.

3. Autres modalités d'expression

La création de radios ou webradios internes à l'établissement est également encouragée pour permettre une diffusion des questions relatives à la vie lycéenne auprès de l'ensemble des élèves. Des espaces de publication accessibles sur le site du lycée ou bénéficiant d'un hébergement académique spécifique sous la responsabilité du vice-président du CVL peuvent ainsi être développés pour informer les lycéens sur les activités des instances. Le chef d'établissement a, dans ce cas, la qualité de directeur de publication.

La maison des lycéens

« La maison des lycéens (MDL) est un outil essentiel de la vie culturelle au sein du lycée, placé sous la responsabilité des élèves. Pour encourager les lycéens à y prendre des responsabilités, la circulaire n° 2010-009 du 29 janvier 2010 élargit ses attributions et assouplit son régime juridique. Les MDL se substituent aux foyers socio-éducatifs qui continueraient d'exister dans les lycées. »

Source : circulaire du 24 août 2010. B.O. n°30 du 26 août 2010.

Mots liés **Éducation à la citoyenneté, responsabilité progressive des jeunes.**

FICHE 54 Les sorties scolaires

Quels sont les cadres réglementaires régissant les diverses **sorties scolaires** dans le second degré ?

Les voyages et sorties scolaires participent par nature à la mission des établissements publics locaux d'enseignement (EPLE). Les nombreux bénéfices retirés par les élèves de ces expériences éducatives et pédagogiques doivent inciter les établissements à organiser ces activités dès lors qu'elles permettent d'approfondir ou d'illustrer les questions étudiées en classe.

A FINANCEMENT DES SORTIES SCOLAIRES

Les modalités de financement sont différentes le type de sortie :

- **Les sorties obligatoires** : en vertu du principe de gratuité de l'enseignement, aucune participation financière ne peut être demandée aux familles pour les sorties s'inscrivant dans le cadre d'une action éducative obligatoire, organisée pendant le temps scolaire. Ces sorties doivent donc être prises en charge par l'établissement.
- **Les sorties facultatives** : il s'agit des sorties dépassant le temps scolaire et qui, tout en permettant d'atteindre un objectif éducatif, ne s'inscrivent pas nécessairement dans les programmes officiels d'enseignement. Ces sorties peuvent faire l'objet d'une contribution financière des familles.

B LES SOURCES DE FINANCEMENT

Le financement de ces sorties peut provenir de différentes sources.

■ **Crédits alloués par l'État** : crédits pédagogiques ou dotations d'aide aux projets.

■ **Aides attribuées par les collectivités territoriales** : aides des communes, des conseils généraux ou des conseils régionaux.

■ **Foyer socio-éducatif (FSE)** : les subventions accordées par le FSE ou d'autres associations de type loi 1901 sont votées par l'assemblée générale des adhérents de cette association, puis versées à l'établissement sous forme de dons préalablement approuvés par le conseil d'administration de l'EPLE.

■ **Subventions d'entreprises privées** : les entreprises privées peuvent être autorisées à subventionner un voyage dans la mesure où cette subvention n'est pas assortie d'une obligation publicitaire.

■ **Participation des familles** : elle ne peut être demandée que pour des sorties facultatives, et pour un montant raisonnable. En effet, la circulaire n°76-620 du 20 août 1976 relative aux sorties et voyages collectifs d'élèves précise que *« le projet de voyage ou de sortie doit toujours être retenu au niveau de l'établissement, en tenant compte du coût qui ne doit en aucun cas avoir pour conséquence une ségrégation des élèves en fonction des ressources financières de leurs familles »*.

■ **Ressources propres de l'établissement** : rien ne s'oppose à ce qu'un établissement finance, sur son propre budget et en particulier sur le fonds de réserve, avec l'accord du conseil d'administration, tout ou partie des dépenses engendrées par un voyage scolaire.
Aux termes du décret n°2005-1145 du 9 septembre 2005 qui complète ses attributions, le conseil d'administration de l'EPLE doit donner son accord sur la programmation et les modalités de financement des voyages scolaires. Il en ressort que les recettes affectées au financement des sorties scolaires doivent être inscrites au budget de l'établissement, après approbation des modalités de ce financement par le conseil d'administration. Celui-ci est appelé à se prononcer, d'une part, sur le montant de la participation des familles, d'autre part, sur l'ensemble du budget consacré au voyage, incluant la prise en charge financière du voyage des accompagnateurs.

■ **Chèques vacances** : la possibilité pour les parents d'élèves de remettre des chèques vacances aux établissements publics locaux d'enseignement (EPLE) afin de régler le coût des sorties et voyages scolaires facultatifs est admise à la suite d'un accord de l'agence nationale des chèques vacances (ANCV) autorisant l'agrément individuel des EPLE auprès de l'agence. Les modalités d'agrément, de gestion et de comptabilisation des chèques vacances sont précisées sur le site www.education.gouv.fr, dans la rubrique portant agrément des EPLE auprès de l'ANCV.

C CAS DES ACCOMPAGNATEURS DE VOYAGES SCOLAIRES : MODALITÉS DE FINANCEMENT

Plusieurs chambres régionales des comptes ont émis un certain nombre d'observations précisant les règles de base devant s'appliquer en matière de prise en charge financière des voyages scolaires. Les remarques formulées ont comme objectif d'assurer une meilleure transparence dans la gestion financière des voyages scolaires et de réduire la participation des familles lors de ces sorties. Elles ont notamment rappelé que le coût du voyage des accompagnateurs ne devait pas être supporté par les familles des élèves. En effet, les éventuelles subventions ou conditions avantageuses en matière de tarification doivent bénéficier à l'ensemble des participants, et non concerner la seule part propre aux accompagnateurs.

Il est important de rappeler que ces observations ne constituent, en aucune façon, une remise en cause de la gratuité de ces voyages pour les accompagnateurs, qu'ils soient enseignants ou bénévoles. En effet, les enseignants accompagnateurs, qui exercent une mission au service de l'établissement, sont considérés comme étant en activité de service, tout comme les accompagnateurs bénévoles qui contribuent occasionnellement au fonctionnement du service public.

Le financement des voyages pour les accompagnateurs doit donc être recherché parmi les modalités mentionnées précédemment (à l'exception de la participation des familles).

Mot lié **Gratuité.**

FICHE 55 Les différents programmes d'échanges internationaux et européens

Quels sont les différents programmes d'échanges internationaux, notamment européens ?

Concernant cette question, nous étudierons **deux possibilités d'échanges** et de partenariats internationaux :

- l'un avec l'**OFAJ** (office franco-allemand de la jeunesse) pour des échanges scolaires entre élèves d'établissements scolaires français et allemands ;
- l'autre dans le cadre du programme européen Comenius.

Ⓐ LES ÉCHANGES ENTRE ÉTABLISSEMENTS FRANÇAIS ET ALLEMANDS

Dans l'enseignement général, il y a des échanges de classe d'une durée de une à deux semaines au cours desquelles les élèves sont accueillis en famille et participent aux cours avec leur correspondant allemand (rencontres au domicile du partenaire).

Une autre formule, celle des « rencontres en tiers lieu » permet à des élèves français et allemands de se retrouver, ensemble, dans une autre région de France ou d'Allemagne. Ils sont alors hébergés dans un centre ou dans une auberge de jeunesse. Souvent, ces échanges s'articulent autour de projets interdisciplinaires et ne sont donc pas orientés sur la simple découverte « touristique » de l'autre pays. Certaines classes montent ensemble une pièce de théâtre d´un auteur de l´autre pays ; d'autres travaillent ensemble sur un projet, par exemple l´étude de la biologie marine et invitent ainsi d'autres professeurs que ceux de langue étrangère à y participer.
Les sections européennes d'allemand en France développent aussi une coopération avec les sections bilingues de français en Allemagne, ce qui donne lieu à des échanges spécifiques, auxquels l'OFAJ apporte son soutien pédagogique et financier.

Il existe aussi des échanges de classes en enseignement professionnel et technique, notamment dans les domaines de l'exploitation agricole et forestière, la santé et le para-médical, la bureautique et le technico-commercial Leur durée est d'une à trois semaines. L'OFAJ propose ainsi son soutien aux établissements d'enseignement professionnel et technique qui organisent, en coopération avec un établissement partenaire allemand, des rencontres de jeunes en formation.
Comment trouver un établissement partenaire ? Le choix d'un établissement partenaire lors de la mise en œuvre d'un échange scolaire est important, puisque de ce choix dépendra en grande partie de l'évolution future de l'échange envisagé. Il convient cependant d'en relativiser l'importance en n'excluant pas à priori l'éventualité de voir surgir des difficultés de contacts et de concertation. C'est pourquoi il est recommandé de considérer les débuts d'une coopération avec les partenaires de l'autre pays comme une période d'essai. Il vaut mieux changer de partenaire au début d'une relation que de laisser se développer une coopération mal aisée et chargée de malentendus.
Le nombre d'échanges scolaires, réalisés entre la France et la RFA, ayant considérablement augmenté au cours des 15 dernières années, la recherche d'un établissement partenaire s'avère plus difficile que par le passé sauf dans les cinq nouveaux Länder qui n'ont jusqu'alors eu que très peu de relations avec des établissements français et qui sont de plus en plus demandeurs.

B LE PROGRAMME COMENIUS

1. Présentation

Le programme Comenius permet les échanges et la coopération entre les établissements scolaires en Europe, de la maternelle au lycée. L'objectif est de favoriser le développement personnel et les compétences, notamment linguistiques, tout en développant les notions de citoyenneté européenne et de multiculturalisme.
Chaque année, en Europe, **Comenius relie 11 000 établissements, 100 000 enseignants et 750 000 élèves**.

2. Les objectifs du programme Comenius

Le programme Comenius permet d'**enrichir la connaissance d'autres langues européennes**, d'autres pays européens, et surtout d'**autres systèmes éducatifs**. Il permet aussi d'acquérir une expérience pédagogique. Et enfin, il incite à **améliorer les compétences linguistiques des élèves**, accroître leur **motivation pour l'apprentissage des langues** et stimuler leur intérêt pour la culture et le pays de l'assistant.

3. Différentes formes de partenariats du programme Comenius

Les **partenariats scolaires** rassemblent, sur une durée de deux ans, écoles, collèges, lycées d'au moins trois pays d'Europe. Il y a trois types de projets :

- **Permettre aux élèves et enseignants** de travailler ensemble autour d'un sujet les intéressant.
- **Autoriser les équipes pédagogiques** à échanger sur leurs méthodes pédagogiques et à les mettre en pratique pour les tester.
- **Permettre aux élèves** de deux pays différents de s'initier à une langue étrangère qui ne fait pas partie de leur cursus.

L'**assistanat** est une bourse destinée à des étudiants ou enseignants en fin de formation, désireux de partir dans un autre pays d'Europe pour participer à l'enseignement d'une discipline. Cela peut durer de trois mois à une année scolaire.

Exemple

Une classe de 4e du collège Mallarmé à Sens s'est envolée pour Londres grâce au programme européen Comenius.
Les élèves et leurs professeurs ont bénéficié d'une enveloppe de 25 000 euros. Cette somme leur a permis de financer leur programme d'échange culturel et linguistique sur le thème du théâtre.

→

Suite

Les petits français rentrent justement de Londres où ils ont appréhendé le théâtre à l'anglaise, le « drama ». En échange, ces collégiens expliqueront à leurs homologues anglais l'univers de Molière lorsqu'ils viendront en Bourgogne l'an prochain. Cet échange de culture n'aurait sans doute pas été possible sans la subvention accordée au collège qui a intégré Comenius. Ce programme permet les échanges et la coopération entre les établissements scolaires en Europe, de la maternelle au lycée.

L'objectif : favoriser le développement personnel et les compétences, notamment linguistiques. On peut y voir un moyen de renforcer la cohésion européenne et le multiculturalisme.

Mots liés **Voyages et sorties scolaires.**

FICHE 56 Les cantines

Quels textes régissent les cantines aux différents niveaux du système éducatif ?

A L'ORGANISATION DES CANTINES

■ **Le tarif est librement fixé par la collectivité compétente** depuis le décret du 29 juin 2006. Mais il ne peut dépasser le coût du service rendu, y compris les investissements mais moins les subventions reçues. Il peut être aussi modulé selon le revenu et le nombre de personnes du foyer – le plus souvent selon le quotient familial.

■ **En primaire, la restauration scolaire est organisée par les municipalités** et gérée par la caisse des écoles. Celle-ci donne son avis sur les tarifs et la composition des menus. La participation financière des familles est fixée par la commune sur la base du quotient familial. En cas de difficultés financières, contacter l'assistante sociale de son quartier. Attention : il ne s'agit donc pas d'un service public mais municipal. Le maire en régit librement l'accès (l'accès peut, par exemple, être limité pour les enfants des parents qui ne travaillent pas, ...).

■ **Pour les lycées et collèges**, le prix du repas **est fixé par la collectivité territoriale compétente**. Les familles peuvent être aidées par le fonds social pour les cantines.

■ Un repas est facturé aux familles en moyenne 2,70 € en primaire et 3,30 € en secondaire.

■ **Le fonds social pour l'accès à la cantine dans les collèges, lycées et établissements spécialisés du second degré** : les familles qui rencontrent des difficultés financières pour payer la cantine de l'établissement scolaire de leur enfant dans les collèges, lycées et établissements spécialisés du second degré, peuvent demander une aide.
Celle-ci peut couvrir tout ou partie des dépenses liées aux frais de restauration.
C'est le chef d'établissement qui répartit cette aide. Il doit informer les familles et les élèves de son existence et des conditions pour l'obtenir.

B LES ALIMENTS

1. La composition des menus

Conformément aux recommandations législatives et réglementaires, elle se fait sous le contrôle du maire ou du département qui ont en charge la restauration scolaire. Les menus doivent au moins couvrir 40 % des besoins de l'enfant en calories, protéines, phosphore, magnésium, fer et vitamines. Les exigences minimales de qualité nutritionnelle des repas dans le cadre de la restauration scolaire ont été rendues obligatoires depuis la rentrée 2008.
Les viandes doivent être impérativement **d'origine française**. Le poisson est souvent reconstitué à partir d'enrobage de brisures de poisson. Obligatoire depuis la rentrée 2010 : du vrai poisson doit être servi au moins un repas sur cinq. Mais dorénavant, les aliments frits ou pré-frits ne doivent plus être servis plus d'un repas sur cinq. Même limite pour la charcuterie en entrée.

2. Comment sont cuisinés les aliments ?

Bon ou mauvais, tous ces aliments préfabriqués (précuits) arrivent à l'école le plus souvent en liaison **froide**, conditionnés en barquettes thermofilmées et sont maintenus jusqu'à la rethermalisation (réchauffement avant consommation) à une température de 1 à 3 C°.
88 % des cantines disposent quand même d'une cuisine autonome.
La liaison chaude traditionnelle impose qu'il n'y ait aucun refroidissement entre la préparation et le service (maintien d'une température entre 65 C° et 67 C°). Ce qui pose problème et donc coûte plus cher en restauration collective où les étapes de production sont le plus souvent séparées dans le temps et l'espace.
Du coup, la « **liaison mixte** », qui, comme son nom l'indique, mixte les liaisons froides et chaudes, revient à la mode.
Cette solution est aujourd'hui adoptée par de plus en plus de communes, et permet de pouvoir continuer à préparer des plats à l'avance, tout en préservant les qualités gustatives des aliments.

3. Et le bio ?

Le Grenelle de l'Environnement a fixé l'objectif louable pour 2012 de 20 % de repas bio dans la restauration collective dont font partie les cantines scolaires. Mais à ce jour, se pose toujours le problème du financement. Certaines municipalités, comme Paris, **subventionnent** les repas bio et permettent ainsi d'en servir régulièrement. D'autres ont opté pour le bio dans certains aliments de base comme le pain.

C LA CANTINE, UN LIEU DE DIVERSITÉ ET D'ÉCHANGES

Les repas sont souvent l'occasion d'exacerbation de tensions religieuses.
Ce problème a existé dès la mise en place de l'école laïque, publique, gratuite et obligatoire. Les textes concernant les cantines, dès la création de l'école laïque par Jules Ferry, préconisent de respecter les interdits alimentaires religieux des élèves. Il faut dire qu'à l'époque, il y avait de nombreux interdits alimentaires catholiques : viande ou gras le vendredi, gras et gâteaux pendant la période de Carême…

La logique de ces textes peut ainsi se résumer :

- L'école a une attitude **passive** de respect des interdits religieux. Elle propose à l'élève des solutions alternatives : poisson le vendredi, repas sans porcs, etc., leur permettant de se restaurer sans enfreindre les interdits religieux.
- L'école n'a pas à avoir dans ce domaine un rôle **actif** en faisant la promotion de pratiques alimentaires religieuses. Ainsi, dans la suite logique de l'attitude des textes du début du XXe siècle qui refusaient qu'on serve obligatoirement pour certaines fêtes religieuses du « pain béni », il apparaît que l'école n'a pas à proposer de la viande *kasher* ou *hallal*.

C'est dans cet esprit qu'a travaillé la **Commission STASI** sur la laïcité en 2003.

> *« Les administrations prennent en considération, davantage que par le passé, les interdits alimentaires liés aux convictions religieuses. Les responsables des cantines dans les écoles, les hôpitaux et les prisons veillent à proposer, dans la mesure du possible, des menus diversifiés.*
> *Des substituts au porc et le poisson le vendredi doivent être proposés dans le cadre de la restauration collective (établissements scolaires, pénitentiaires, hospitaliers, d'entreprise).*
> *Cependant, la prise en compte des exigences religieuses doit être compatible avec le bon fonctionnement du service, selon le principe que les Québécois appellent « l'accommodement raisonnable. »*
>
> Source : commission STASI sur la laïcité en 2003.

Mots liés **Laïcité des établissements scolaires, éducation à la santé, gratuité.**

FICHE 57 La gestion de la carrière des personnels enseignants

A LEUR GESTION DE CARRIÈRE

Au niveau du rectorat comme au niveau du ministère, c'est la **direction des personnels enseignants (DPE)** qui gère la carrière des personnels.
Chaque rectorat a un **responsable des ressources humaines** qui coordonne toutes les instances académiques de gestion et de formation initiale et continue des personnels. Il existe également au niveau du ministre un responsable des ressources humaines.
Même si le système d'évaluation des fonctionnaires est en cours de modification suite au décret du 28 juillet 2010 supprimant la notation, celle-ci reste provisoirement en vigueur pour les enseignants.
L'enseignant en activité reçoit une note chiffrée résultant de l'addition d'une note pédagogique attribuée par l'inspecteur pédagogique régional de sa discipline à l'occasion d'une inspection et d'une note administrative attribuée par le chef d'établissement.
L'intéressé peut demander la révision de sa note en CAP académique pour les professeurs du second degré.

Le fonctionnaire avance par « **échelon** » tout au long de sa carrière.
Avec la modification de carrière intervenue en 2010, qui a supprimé les deux premiers échelons de la carrière sur les onze qu'elle comporte, le nouvel enseignant débute à un salaire brut au 1er septembre 2010 de 1 898,42 euros.

Pour passer d'un échelon à l'autre, l'enseignant a trois possibilités :

- le grand choix, pour ceux qui ont les meilleures notes (30 % des personnels concernés),
- le petit choix, pour ceux qui ont les notes suivantes,
- l'ancienneté, pour ceux qui n'ont pas été pris lors des deux possibilités précédentes.

Ainsi, pour passer du 7e au 8e échelon, le professeur certifié attendra :

- 2 ans et 6 mois s'il passe au « grand choix »,
- 4 ans s'il passe au « petit choix »,
- 4 ans et 6 mois s'il passe à « l'ancienneté ».

B LES OPÉRATIONS DE MUTATION

Environ 100 000 enseignants de collège et de lycée demandent chaque année leur mutation. Un tiers d'entre eux souhaitent une mutation dans une autre académie que celle où ils sont affectés.
Le mouvement de mutation se déroule en deux temps :

- L'enseignant qui veut changer d'académie et l'enseignant stagiaire qui va recevoir sa première affectation comme titulaire déposent leurs demandes au niveau national. Une réponse concernant l'académie où ils seront affectés l'année suivante leur est d'abord fournie.
- Un mouvement de mutation à l'intérieur de chaque académie concerne ceux qui veulent muter à l'intérieur de leur académie et ceux qui, dans le cadre national, viennent d'y être affectés.

Le *Bulletin officiel* présente chaque année les éléments du barème national qui permet de départager les candidats à mutation, les règles cadrant le mouvement de chaque académie ainsi que les postes « particuliers » où l'affectation se fait sur dossier de candidature.

C LA PROMOTION INTERNE ET LES ÉVOLUTIONS DE CARRIÈRE

Un enseignant de collège et de lycée a différentes possibilités de promotion interne ou d'évolution de carrière (voir la présentation de I-prof dans la fiche n°61) :

- Il peut bénéficier de **promotions par changement de corps** à partir d'une certaine ancienneté. Ainsi, un professeur certifié peut être nommé professeur agrégé par liste d'aptitude. Mais cette promotion peut aussi résulter **d'un concours interne**. Ces concours internes, conçus pour tenir compte de l'expérience professionnelle acquise, sont ouverts après trois années d'exercice du métier.
- Il peut passer dans **l'enseignement supérieur**. Le passage d'un professeur du second degré dans l'enseignement supérieur est possible. L'enseignant doit faire acte de candidature à l'un des postes du second degré proposé dans le supérieur dont la liste est publiée au *Bulletin officiel.*
- Chaque année, plusieurs centaines d'enseignants sont détachées pour enseigner à l'étranger dans les établissements de l'AEFE (agence de l'enseignement français à l'étranger). La liste des postes à pourvoir est publiée dans le *Bulletin officiel*.
- Un enseignant du second degré peut accéder par concours après cinq ans d'exercice aux fonctions :

• de **direction**, ce sont les fonctions de chef d'établissement ou d'adjoints (proviseur de lycée ; principal de collège)

• d'**inspection**, inspecteur pédagogique régional dans une discipline donnée ou inspecteur de l'Éducation nationale dans une circonscription du premier degré.

■ Par **détachement**, l'enseignant peut travailler :

• dans d'autres ministères ou des collectivités territoriales ;

• dans des organismes de recherche dépendant du ministère de l'Éducation nationale ou d'autres départements ministériels.

Mots liés **Inspection des enseignants, chef d'établissement.**

FICHE 58 Les obligations de laïcité des personnels

A QUELLES SONT LES OBLIGATIONS DE LAÏCITÉ DES PERSONNELS ?

Les obligations de laïcité des enseignants définissent l'exercice même de la fonction enseignante.

■ la loi du 30 octobre 1886 sur la laïcisation du personnel enseignant des écoles publiques,

■ la loi du 7 juillet 1904 interdisant « *l'enseignement de tout ordre et de toute nature aux congrégations* »,

■ l'arrêt Bouteyre de 1912 « *interdisant aux servants d'une religion de pouvoir passer un concours de recrutement d'enseignants* » ont défini le cadre des obligations de laïcité des enseignants.

Dans le droit fil de cette réglementation, la circulaire du 12 décembre 1989 avait rappelé :
« *Dans l'exercice de leur fonction , les enseignants, du fait de l'exemple qu'ils donnent explicitement ou implicitement à leurs élèves, doivent impérativement éviter toute marque distinctive de nature philosophique, religieuse ou politique qui porte atteinte à la liberté de conscience des enfants ainsi qu'au rôle éducatif reconnu aux familles. L'enseignant qui contreviendrait à cette règle commettrait une faute grave en raison du trouble apporté au fonctionnement de l'établissement. Il serait susceptible d'être immédiatement suspendu dans l'attente d'une action disciplinaire.* »

La jurisprudence s'est toujours inscrite dans cette logique pour tous les personnels d'un établissement public en contact avec les élèves.

C'est ainsi que le 3 mai 2000, le Conseil d'État a approuvé le rectorat de Reims qui a mis fin aux fonctions d'une surveillante qui portait un foulard, en indiquant dans cet arrêt qui a le contenu des obligations de laïcité des enseignants :
« *Si les agents du service de l'enseignement public bénéficient comme tous les autres agents publics de la liberté de conscience qui interdit toute discrimination dans l'accès aux fonctions comme dans le déroulement de la carrière qui serait fondée sur leur religion, le principe de laïcité fait obstacle à ce que les agents du service public d'enseignement disposent, dans le cadre du service public, du droit de manifester leurs croyances religieuses.* »
Mais les obligations de laïcité des enseignants ne s'arrêtent pas au refus de les voir porter des marques distinctives de nature philosophique, religieuse ou politique. La circulaire du 23 mai 1997 relative aux « *missions du professeur exerçant en collège, en lycée d'enseignement général et technologique ou en lycée professionnel* » précise :
« *Le professeur participe au service public d'éducation qui s'attache à transmettre les valeurs de la République, notamment l'idéal laïque qui exclut toute discrimination de sexe, de culture ou de religion (….) le professeur aide les jeunes à développer leur esprit critique, à construire leur autonomie et à élaborer un projet personnel. Il se préoccupe également de faire comprendre aux élèves le sens et la portée des valeurs qui sont à la base de nos institutions et de les préparer au plein exercice de la citoyenneté.* »

B LA LAÏCITÉ N'EST PAS LA NEUTRALITÉ

Elle repose sur des valeurs et des pratiques.
Dès 1908, Jean Jaurès l'avait clairement indiqué : « *la plus perfide manœuvre des ennemis de l'école publique, c'est de la rappeler à ce qu'ils appellent la neutralité et de la condamner par là à n'avoir ni doctrine, ni pensée, ni efficacité intellectuelle et morale. En fait, il n'y a que le néant qui soit neutre.* »
La circulaire du 12 décembre 1989 et le décret du 18 février 1991 contiennent tous deux le même paragraphe qui rappelle ce principe qui doit guider l'exercice du métier enseignant :
« *L'école publique ne privilégie aucune doctrine. Elle ne s'interdit l'étude d'aucun champ du savoir. Guidée par l'esprit de libre examen, elle a pour devoir de transmettre à l'élève les connaissances et les méthodes lui permettant d'exercer librement ses choix.* »

C LA LAÏCITÉ POUR L'INDÉPENDANCE

La laïcité, c'est également l'indépendance vis-à-vis de tous les groupes de pression.

Aucune pression idéologique ou religieuse ne doit donc interdire à l'école d'aborder un champ du savoir qu'elle juge indispensable, y compris **l'histoire du fait religieux**.

L'école ne doit pas éluder l'actualité, mais doit aider les élèves à décrypter les images, les médias, leur apprendre à **comprendre le monde pour ne pas le subir**.

Traiter des religions, du fait culturel religieux à l'école n'est pas contradictoire avec la laïcité, à condition qu'on se situe bien dans le domaine du « champ du savoir » et non dans le domaine du catéchisme.

Le développement par des entreprises, des collectivités territoriales, des associations, d'initiatives publicitaires ou d'interventions dans les établissements scolaires impose la vigilance de tous les acteurs du système éducatif.

Le 1er juillet 2004, le tribunal administratif de Pontoise a ainsi jugé illégal la tenue dans un lycée d'un jeu « d'initiation à l'économie » par la banque CIC. Le tribunal administratif considère que : « *ce jeu qui avait clairement des objectifs publicitaires et commerciaux pour la banque organisatrice, tombait sous le coup de la prohibition des initiatives de nature publicitaire, commerciale, politique ou confessionnelle en contrevenant au principe de neutralité de l'école rappelé par de nombreuses circulaires et notes de service émanant du ministre de l'éducation nationale.* »

La multiplication des documents dits pédagogiques proposés par certaines entreprises a d'ailleurs conduit l'INC (institut national de consommation) à élaborer un guide de ces documents consultable sur son site Internet pour indiquer ce qui pouvait être utile pour traiter les programmes scolaires et ce qui semblait ressortir d'une pure démarche publicitaire incompatible avec les missions de l'école.

FICHE 59 Les responsabilités supplémentaires possibles de l'enseignant

Quelles sont les possibilités pour un enseignant **d'exercer des responsabilités supplémentaires à son activité en classe** (études dirigées, tutorat, professeur principal, etc.) ?

A LE PROFESSEUR PRINCIPAL

Il y a un professeur principal pour chaque classe. Le professeur principal est désigné en début d'année par le chef d'établissement. Il a pour tâche de coordonner les observations et les évaluations des enseignants de la classe et

d'être l'interlocuteur privilégié des familles sur les questions concernant le travail des élèves de la classe.
Le professeur principal anime les réunions du conseil de classe. Il expose notamment les résultats obtenus par les élèves et présente les conseils en orientation formulés par l'équipe pédagogique. Il joue un rôle important dans l'éducation à l'orientation et dans l'animation des heures de vie de classe.

La circulaire du 21 janvier 1993 décrit la mission commune à l'ensemble des niveaux (collège - LGT - LP) et les missions spécifiques.

- *« Au sein des équipes pédagogiques, le professeur principal effectue la synthèse des résultats obtenus par les élèves. Son activité est placée sous l'autorité et la responsabilité pédagogique du chef d'établissement ou de son adjoint. »*

- *« La fonction de professeur principal doit amener les élèves à préparer les choix d'orientation par la connaissance des exigences des formations et des débouchés, à partir de leur projet personnel et d'un bilan de leurs résultats scolaires. »*

- *« Le professeur principal assure la coordination de l'équipe. Cette mission concerne toutes les classes de la sixième à la terminale. Le professeur principal a ainsi une responsabilité particulière dans le suivi, l'information et la préparation de l'orientation des élèves. »*

- *« Le professeur principal avec l'équipe pédagogique fait régulièrement la synthèse de la situation de l'élève, en y associant le conseille d'orientation psychologue, le conseiller ou le conseiller principal d'éducation, l'élève lui-même et sa famille, éventuellement le médecin scolaire, l'infirmière et l'assistante sociale. »*

Source : extraits de la circulaire du 21 janvier 1993.

En résumé, le professeur principal :

- écoute l'élève, sa famille, ses différents partenaires,
- consulte :
  - les enseignants, les délégués élèves, la documentaliste,
  - le CPE, l'assistante sociale, l'infirmière,
  - le conseiller d'orientation psychologue,
- synthétise la situation de la classe et de chaque élève,
- aide l'élève à l'élaboration de son projet personnel,
- informe l'élève et ses parents,
- coordonne et anime l'équipe pédagogique,
- établit le lien avec l'équipe de direction.

B LE TUTEUR

Depuis la rentrée 2010, a été créée la fonction de tuteur pour **accompagner les professeurs stagiaires** de lycée et collège dans leur première année d'exercice, juste après la réussite au concours.
Le conseiller tuteur est désigné par le recteur. Il accompagne un professeur stagiaire dans son exercice sur le terrain. Sa mission première est donc l'accompagnement disciplinaire, notamment en tant que référent du stagiaire pour la mise en œuvre de son enseignement. Les conseils qu'il peut apporter le sont en coopération avec le chef d'établissement pour assurer au mieux le suivi du stagiaire.
L'arrêté publié en juillet 2010 indique clairement que le **tuteur** a un rôle de formateur, mais aussi **d'évaluateur**.

« Le jury se prononce sur le fondement du référentiel de compétences prévu par l'arrêté du 12 mai 2010 susvisé, après avoir pris connaissance :
• de l'avis d'un membre des corps d'inspection de la discipline désigné à cet effet, établi ***après consultation du rapport du tuteur auprès duquel le fonctionnaire stagiaire a effectué son stage****. L'avis peut également résulter,* ***notamment à la demande du tuteur*** *ou du chef d'établissement, d'un rapport d'inspection ;*
• de l'avis du chef de l'établissement dans lequel le fonctionnaire stagiaire a été affecté pour effectuer son stage. »

Source : article 3 de l'arrêté publié en juillet 2010.

C LE PRÉFET DES ÉTUDES (PROGRAMME CLAIR)

Dans le cadre du programme CLAIR (voir la fiche n°4), il est prévu pour chaque niveau de la sixième à la seconde la création d'un préfet des études qui sera membre de l'équipe de direction. Le **préfet des études**, un terme qui renvoie au système scolaire des jésuites du XVIe siècle, est le responsable pédagogique et éducatif du niveau de classe qui lui est confié. Selon la circulaire du 7 juillet 2010, le préfet des études peut être un enseignant ou un CPE et *« afin de favoriser l'accompagnement des parcours scolaires, il peut suivre une cohorte d'élèves d'une année sur l'autre »*.

Ainsi, au collège Jean Zay de Lens, un établissement du programme CLAIR, chaque préfet des études aura trois grandes missions : la lutte contre le décrochage scolaire, la mise en cohérences des dispositifs de remédiation (PPRE, tutorat, accompagnement éducatif, soutien) et le travail sur l'orientation pour les élèves qui en ont besoin.

D LE PROFESSEUR RÉFÉRENT EN RÉSEAU AMBITION RÉUSSITE (RAR)

Des postes d'enseignants référents ont été créés dans les collèges RAR. Ces enseignants qui ont une charge d'enseignant à temps partiel et qui participent à l'accompagnement des enseignants débutants, ont notamment pour fonction :

- de participer au suivi d'élèves en difficulté,
- de veiller à une meilleure articulation entre les cycles et les degrés, en priorité pour le niveau primaire / collège,
- de travailler en 6e sur la maîtrise de la langue,
- d'accompagner les élèves dans le cadre des programmes personnalisées de réussite éducative (PPRE).

Mots liés **Les personnels de l'établissement, éducation prioritaire, orientation.**

FICHE 60 La liberté pédagogique de l'enseignant

Comment se conçoit l'exercice de la liberté pédagogique de l'enseignant ?

> *« Les enseignants sont responsables de l'ensemble des activités scolaires des élèves. Ils travaillent au sein d'équipes pédagogiques ; celles-ci sont constituées des enseignants ayant en charge les mêmes classes ou groupe d'élèves ou exerçant dans le même champ disciplinaire (...). Les personnels d'éducation y sont associés.*
> *Les enseignants apportent une aide au travail personnel des élèves et en assurent le suivi. Ils procèdent à leur évaluation. Ils les conseillent dans le choix de leur projet d'orientation en collaboration avec les personnels d'éducation et d'orientation.(...)*
> *La liberté pédagogique de l'enseignant s'exerce dans le respect des programmes et des instructions du ministre chargé de l'Éducation nationale et dans le cadre du projet d'école ou d'établissement avec le conseil et sous le contrôle des membres des corps d'inspection. Le conseil pédagogique prévu à l'article L.421-5 ne peut porter atteinte à cette liberté. »*
>
> Source : articles L.912-1 et L.912-1-1 du Code de l'éducation.

A LE PRINCIPE

La liberté pédagogique des professeurs constitue un principe fondamental de nos institutions relativement à l'enseignement. Les conditions de sa mise en œuvre sont expressément exposées dans le Code de l'éducation qui énonce : « *la liberté pédagogique de l'enseignant s'exerce dans le respect des programmes et des instructions du ministre* » (article L 912-1-1).

Cette liberté reconnue, qui peut d'ailleurs en effrayer plus d'un – les élèves, leurs parents mais aussi les professeurs eux-mêmes, car il est angoissant d'assumer une telle responsabilité à l'égard de jeunes personnes en devenir – est bien sûr accompagnée de dispositifs encadrant la pratique choisie par l'enseignant.

Élément de la liberté pédagogique de l'enseignant, **le choix des manuels scolaires** est totalement libre, puisqu'il n'existe pas en France de manuels « officiels » à l'inverse de ce qui existe dans de nombreux pays.

B LIBERTÉ OU AUTONOMIE

Plusieurs organisations syndicales enseignantes ont marqué leur inquiétude de voir mise en cause la liberté pédagogique individuelle des enseignants lors de la création du conseil pédagogique en 2005 et surtout lors de la sortie précisant sa composition et ses compétences en janvier 2010 (voir la fiche n°14).

En fait, les débats ont montré que la question de la liberté pédagogique et du rapport entre l'équipe de direction et les enseignants pose aujourd'hui plusieurs questions : celle de l'acceptation du changement et des postures vis-à-vis de l'idée de réforme et celle de la conception du métier d'enseignant. Mais il s'agira aussi de dépasser cette apparente contradiction : comment faire pour que la liberté pédagogique se combine avec un pilotage réussi au sein d'un établissement ?

Certaines résistances renvoient aussi à la conception du métier. Celui-ci est vécu encore majoritairement comme un métier solitaire et individualiste. Et cette approche « libérale » du métier s'accommode paradoxalement assez bien dans le modèle bureaucratique.

> *« Pour les professionnels, le modèle bureaucratique offre le grand avantage de garantir l'autonomie des acteurs soumis à des règles générales et largement interprétables et surtout, soumis à l'autorité lointaine de l'inspecteur, notamment de l'IPR, qui partage souvent les mêmes représentations de la discipline que les diverses corporations. Paradoxalement la rigidité bureaucratique protège la liberté des acteurs et les enseignants répugnent à rendre des comptes à des responsables plus proches d'eux, à être obligés de travailler en équipe et s'expliquer devant les usagers perçus comme les porteurs d'intérêts égoïstes. Ceci ne signifie pas que les enseignants ne veulent pas jouer le jeu de l'équipe et du projet, mais ils refusent que ce qu'ils vivent comme un choix personnel devienne une obligation de service. »*
>
> Source : François Dubet, « *Peut-on choisir l'établissement ?* », *Cahiers pédagogiques* n°458, décembre 2007.

Si le métier est **individualiste**, c'est aussi parce que la part de « l'affectif », y est très forte. On se met en « je » et il est quelquefois difficile de se confronter aux autres, de montrer ce que l'on fait, de laisser l'autre rentrer dans l'espace intime de la classe. C'est aussi pour cela que le discours pédagogique est parfois et souvent entendu comme culpabilisateur. L'enseignement secondaire est aussi marqué par les **logiques disciplinaires**. Dans la dernière enquête sur ce sujet, c'est plus de 60 % des enseignants interrogés qui disaient être devenus profs par « amour de leur discipline ». Il serait difficile de renier cette dimension disciplinaire dans la construction de l'identité professionnelle.

La référence disciplinaire peut être un facteur d'immobilisme et le conseil pédagogique (reposant fortement sur cette logique), un endroit où chacun défend son pré-carré, son matériel, « ses » salles et « ses » heures. Dans le contexte de la réforme du lycée avec des heures globalisées à répartir, cette question devient de plus en plus cruciale. On peut cependant construire de l'interdisciplinarité et du travail collectif lorsque chaque enseignant se demande comment sa discipline avec sa spécificité et son universalité peut contribuer à la formation du citoyen et à la construction de compétences (c'était un des enjeux du « socle commun ») et quand il admet qu'une partie importante de son travail relève d'une logique éducative qui va au-delà de sa seule discipline.

Le pilotage dans l'établissement est un exercice délicat qui doit éviter la prescription autoritaire et l'injonction provoquant en général de fortes résistances. Tout comme dans la classe d'ailleurs. Cela suppose d'accepter de s'engager dans un travail de longue haleine, d'informer et de communiquer et d'accepter la crise comme un élément constitutif du développement. Un pilotage pédagogique partagé, passant par des compromis, pour construire du collectif.

La notion de « liberté » est au final un concept ambigu. La loi de 2005 dit d'ailleurs « *[qu'] elle s'exerce dans le respect des programmes et des instructions du ministre et dans le cadre du projet d'école ou d'établissement* ». Pour dépasser cette ambiguïté, il peut être préférable de parler d'**autonomie**. Celle-ci ne peut se confondre avec la liberté illusoire de celui qui, refermant la porte de sa classe, croit qu'il n'a de comptes à rendre à personne.

Mots liés **Conseil pédagogique, innovation.**

FICHE 61

L'inspection des enseignants

A FONCTIONNEMENT

L'évaluation des personnes regroupe toutes les formes d'examens, de concours, de notation, d'évaluation des aptitudes, d'orientation ou de sélection. En cela elle se distingue de l'évaluation des actions qui regroupe les formes d'évaluation des méthodes, des activités, des dispositifs.

L'inspection des enseignants constitue une des modalités les plus usitées. Elle inclut l'évaluation des compétences en situation professionnelle ainsi que des activités de conseil et d'accompagnement.
Ce que l'on appelle en sociologie du travail « l'évaluation des agents » peut avoir plusieurs fonctions : contrôle de conformité, attribution de fonction ou occupation de position, vérification de la conformité du travail, production d'objectifs à atteindre, développement individuel.

L'inspection des professeurs de lycée et collège est effectuée par deux corps suivant leur établissement d'affectation :

- les inspecteurs pédagogiques régionaux-inspecteurs d'académie (**IPR-IA**) pour les enseignants de collèges et de lycées,
- les inspecteurs de l'Éducation nationale chargés de l'évaluation et du contrôle de l'enseignement dans les lycées professionnels.

Les inspections individuelles des enseignants se font à intervalles relativement réguliers et donnent généralement lieu à une réunion de tous les enseignants de la discipline.
Il peut également y avoir des inspections collectives : les enseignants d'une classe, par exemple, pour vérifier en même temps que les capacités de chaque enseignant, les modalités d'application d'une réforme concernant le niveau inspecté.
Un groupe d'IPR-IA peut aussi organiser l'inspection d'un établissement scolaire. Dans ce cas, il peut visiter certains enseignants, mais aussi observer ce qui se passe dans les interclasses et durant les récréations.

En cas de problèmes pédagogiques rencontrés par l'enseignant, le chef d'établissement peut solliciter la venue d'un IPR-IA, si le problème est plus grave, la mission d'inspection peut être effectuée par un ou plusieurs inspecteurs généraux de l'Éducation nationale (IGEN) qui, dans le cas de manquements caractérisés aux obligations dues par un enseignant, peuvent transmettre le dossier au recteur pour engagement d'une procédure disciplinaire.

L'inspection est aussi un moment qui peut être décisif pour la **titularisation** des enseignants. En effet, selon les textes parus à l'été 2010 : « *Le jury se prononce (...), après avoir pris connaissance :*
1° De l'avis d'un membre des corps d'inspection de la discipline désigné à cet effet, établi après consultation du rapport du tuteur auprès duquel le fonctionnaire stagiaire a effectué son stage. L'avis peut également résulter, notamment à la demande du tuteur ou du chef d'établissement, d'un rapport d'inspection ;
2° De l'avis du chef de l'établissement dans lequel le fonctionnaire stagiaire a été affecté pour effectuer son stage. »

L'acte d'inspection n'est pas qu'un moment d'évaluation ; c'est aussi une occasion d'échanger, d'expliquer, d'engager une réflexion entre l'inspecteur qui exerce un métier à la fois pédagogique et administratif et l'enseignant pour faire le point sur ses pratiques par rapport à des situations de classe très différenciées.

L'évaluation dans les classes est aussi l'occasion pour les inspecteurs, à la fois acteurs de la politique académique et relais des orientations nationales, d'étudier les effets induits par les modifications de programmes et de structures dans l'Éducation nationale.
L'inspecteur peut donc ainsi faire le bilan des réformes, repérer les innovations transférables et ainsi mieux piloter les divers niveaux du système éducatif.

Un enseignant reçoit une note administrative sur quarante points, proposée par le chef d'établissement, et une note pédagogique de soixante points, proposée par l'IPR-IA de sa discipline, après une inspection.
Un enseignant peut contester sa note pédagogique ou administrative devant la commission administrative paritaire académique (CAPA), où siègent les représentants des personnels et de l'administration et qui est consultée à propos des décisions concernant individuellement chaque fonctionnaire : notation, mutation, avancement, titularisation, temps partiel, etc.
Les CAPA peuvent siéger comme conseil de discipline concernant un fonctionnaire enseignant de collège ou de lycée.

B I-PROF

Il s'agit de mettre à disposition de chaque enseignant l'ensemble des informations dont dispose l'administration concernant la vie professionnelle d'un enseignant.
Avec *I-Prof*, chaque enseignant peut bénéficier de services personnalisés :

- Accès aux informations personnelles détenues par l'administration.
- Fédération de tous les services Internet qui concourent à la gestion des personnels enseignants, d'éducation et d'orientation.
- Des guides pour comprendre les problèmes de gestion.

- La communication d'informations de façon personnalisée sur les perspectives de carrière.
- Une communication rapide d'informations sur l'état d'avancement des différents actes de gestion concernant l'enseignant.

Mots liés **Carrière des enseignants.**

FICHE 62 Les principes déontologiques exigés de tout fonctionnaire

Que recouvrent les **principes déontologiques** exigés de tout fonctionnaire ?

La déontologie tout d'abord est de l'ordre du droit. « Science des devoirs » à l'origine, elle est devenue en France à partir de 1947 un droit positif, la codification des devoirs s'imposant à une profession, avec la création du premier Code de déontologie médicale. Le droit professionnel fait désormais partie intégrante de notre droit public.
Ce droit professionnel concerne essentiellement, jusqu'à présent, des professions libérales comme les médecins, les avocats, les architectes, qui ont mesuré assez tôt les risques d'une absence de contrôle et d'un libéralisme trop « débridé ». La demande de contrôle vient donc en général à la fois de la société, qui peut vouloir se garantir contre des pratiques désordonnées, et de la profession, qui a besoin d'afficher un certain « niveau moral ».

Dans la fonction publique, jusqu'à présent tout du moins, cette double garantie est assurée directement par l'État, qui assure par la réglementation statutaire, également contrôlée par le Conseil d'État, le **droit disciplinaire**, applicable selon son corps à chaque fonctionnaire, par ailleurs soumis au contrôle hiérarchique.
Dans les professions non codifiées par une déontologie, le droit commun, pénal et civil, s'applique seul. S'il s'agit de plus d'une profession publique, le droit administratif s'applique également. Ainsi, pour illustrer ce propos, un professeur qui frappe un élève et le blesse est susceptible d'une part d'être poursuivi devant une juridiction pénale pour coups et blessures, et d'autre part d'être l'objet de procédures disciplinaires définies par son statut. Mais, pour toutes les situations professionnelles où le droit ne dit rien, et où néanmoins l'avenir d'un ou de plusieurs élèves est en jeu, alors c'est l'éthique qui « recommande », ou bien la morale qui « commande ». C'est alors l'examen, au cas par cas, de l'ensemble des composantes de la situation qui va permettre de réfléchir, d'avancer, et de prendre une décision.

Ces composantes étant nombreuses, on peut en pratique chercher à en structurer l'analyse par les questions suivantes :

- Quelles sont les finalités présentes dans la situation (enseignement, éducation, formation professionnelle...) ?
- Quelles sont les valeurs sollicitées par la situation (liberté, égalité, solidarité, laïcité, justice, dignité, tolérance, obéissance, respect de l'autre, exigence de vérité...) ?
- Quels sont les sujets concernés par la situation (élèves, parents, professeurs, établissement, institution, société...) ? Qu'est-ce qui est bon ou mauvais, pour chacun d'entre eux ?
- Quelles sont les contradictions, les tensions qui apparaissent entre sujets, finalités et valeurs dans cette recherche d'une « bonne » solution ?
- Quel choix puis-je décider d'opérer, en toute conscience, et alors au nom de quelle priorité, de quelle urgence, ou du respect de quel équilibre entre ces tensions ?

« Une personne qui participe à l'éducation des jeunes et des moins jeunes est, dans notre pays, dans une situation singulière. Elle l'est tout d'abord par rapport à la cité, elle représente l'État éducateur dans ce pays où l'enseignement est une affaire d'État. L'enseignant, l'éducateur, sont des citoyens libres mais nécessairement et naturellement exemplaires. ***Même lorsqu'ils quittent la classe ou l'établissement, ils sont autre chose qu'un citoyen ordinaire.***
La position des enseignants est aussi particulière dans leur rapport avec les élèves qu'ils ont l'ambition de faire passer progressivement de l'état d'élève à celui de futur citoyen conscient et responsable. Par leurs qualités scientifiques mais aussi par la valeur d'exemple qu'ils diffusent, ils ont un impact fort sur les élèves. À cet égard, tout en étant respectueux des opinions d'autrui, il est un citoyen éclairé, attaché aux valeurs de la République : respect de l'altérité, laïcité, tolérance, refus de toute discrimination....
Respectueux de l'élève dans ce qu'il a de singulier il assoit son autorité nécessaire moins par l'injonction que par le fait qu'il enseigne ce qu'il est, en même temps que ce qu'il sait.
Pendant très longtemps et cela, en cohérence avec la conception de l'État en vigueur, on a considéré que ceux qui avaient un pouvoir n'avaient pas à prendre de précautions inutiles vis-à-vis des usagers considérés comme des assujettis. L'école n'a pas échappé à ce phénomène et un certain nombre de personnes pensent encore que les changements intervenus (respect de l'autre – nécessaire explication – droit des enfants...) sont largement la cause de nos maux qui s'appellent irrespect et perte de l'autorité notamment
Ainsi comment peut-on être un enseignant au sens noble, non réduit à un rôle de distributeur de connaissances, si on n'a pas une haute conception de sa mission et de la valeur de son vis-à-vis ? »

Source : extraits du discours de Jacky Simon, *ministère de l'Éducation*, avril 2004.

On mesure ainsi combien la codification d'une déontologie, qui vise précisément à définir les solutions pratiques à respecter dans certaines situations problématiques, restreint les choix dictés par une réflexion fondée sur l'éthique.

De nombreuses professions, et pas seulement les professions réglementées (médecins, architectes...), se sont dotées d'un code de déontologie.
Ainsi les policiers (décret du 18 mars 1986) ont un corpus de principes alors même qu'ils relèvent de la fonction publique. En 1982, un projet avait été élaboré pour les travailleurs sociaux mais il n'a pas vu le jour.
On parle de plus en plus de la nécessité d'un code de déontologie pour les magistrats.
En ce qui concerne les enseignants, il ne s'agit pas d'ajouter de nouvelles règles à celles déjà existantes mais plutôt d'assurer la cohésion d'une profession en regroupant dans un texte assez court, quelques principes forts relevant de la déontologie et de l'éthique. Cette démarche relève évidemment d'un exercice difficile et il est certes plus facile d'élaborer un corpus de règles valant droits et obligations pour les parents que pour les enseignants.

Mots liés **Droits et obligations de laïcité des personnels, communauté éducative, liberté pédagogique.**

3 L'ÉPREUVE

SUJETS SUSCEPTIBLES D'ÊTRE POSÉS AUX ORAUX DES CAPES

1. Un élève s'endort en cours, manifestement en état d'ébriété
2. Une violence dans le couloir entre élèves
3. La mise en place d'un espace numérique de travail (ENT) et d'un cahier de texte numérique
4. Une atteinte à la laïcité
5. Aider l'élève à construire son orientation
6. L'obligation de signalement
7. Violences verbales d'un élève contre une personne du collège
8. L'organisation de voyages, de sorties et d'échanges scolaires
9. Le travail avec les familles des élèves
10. La lutte contre les discriminations
11. L'accueil d'élèves handicapés
12. Agir avec l'environnement de l'établissement
13. Travailler en commun avec un autre enseignant à un projet interdisciplinaire
14. Être professeur principal
15. Le refus d'effectuer un exercice
16. Présentation du règlement intérieur aux élèves
17. Réfléchir sur la dimension civique de son enseignement
18. Comment gérer le « blog » de l'établissement scolaire ?
19. Travailler avec des associations extérieures à l'établissement
20. L'orientation post-bac

SYNTHÈSE DES RAPPORTS DU JURY

40 QUESTIONS DE CONCOURS (ORAUX 2011)

1 Un élève s'endort en cours, manifestement en état d'ébriété

1. Référence de l'arrêté du 12 mai 2010

« Le professeur est capable de repérer les signes traduisant des difficultés spécifiques des élèves dans le domaine de la santé, des comportements à risques… ; de contribuer, en coopérant avec des partenaires internes ou externes à l'institution, à la résolution des difficultés spécifiques des élèves. »

2. Présentation de la situation

Au bout d'une quinzaine de minutes de cours, l'enseignant s'aperçoit qu'un de ses élèves au fond de la classe s'est endormi. L'enseignant s'approche de lui et tente de le réveiller. Il n'y parvient pas. Manifestement, il ne s'agit pas d'une simple fatigue, mais d'un endormissement dû à l'ingestion d'alcool qui ressemble plus à un début de coma éthylique qu'à un « coup de fatigue ».

3. Documents

La prévention des risques et la loi

« On peut par ailleurs faire comprendre aux jeunes que cet objectif de santé publique se traduit aussi dans la prévention, et se justifie d'autant plus que l'adolescence est la période des expérimentations, de la transgression, des passages à l'acte qu'il convient de l'accompagner de façon à la fois éducative et sanitaire. Éviter ou retarder le risque de première consommation (…), c'est aussi pour le jeune une forme de protection :

- *parce qu'un simple usage peut avoir des répercussions dommageables pour la santé ; (…)*
- *parce que l'adolescent est souvent attiré par une prise de risque entraînant des conséquences sociales diverses (exclusion – désocialisation – délinquance). Une réflexion peut être menée avec un groupe d'adolescents sur ce qui relève d'une prise de risque « acceptable » et d'une conduite dangereuse ;*

Aider le jeune à éviter le passage d'un usage récréatif, occasionnel, à un usage nocif et abusif, et à la dépendance. Les élèves qui consomment des substances psychoactives sont sans cesse plus nombreux. Ils sont dans des conduites à risques et certains plus que d'autres.

En premier, avant même le choix de la sanction qui reste nécessaire et peut être effectuée à l'intérieur de l'établissement, il est impératif que les élèves sachent, avec le soutien individuel et collectif qui leur sera donné, limiter les dommages éducatifs, sociaux, sanitaires liés à la consommation de substances psychoactives. »

Source : extraits du BO n° 9 du 4 novembre 1999

CONSOMMATION D'ALCOOL

■ *Des élèves de 3e d'un collège ont pour habitude de boire le week-end. Le lundi, ils sont inattentifs.*

Scénarios	questions qui se posent	conséquences	recommandations
Scénario 1			
Lors d'un conseil de classe, le principal évoque ce fait, et s'entend répondre que « cela fait partie de la vie ». Le principal en est également convaincu et ne cherche pas à analyser plus finement la situation. Il décide de ne pas donner suite.	Le statu quo est-il la plus simple solution ? Cette réalité concerne-t-elle l'établissement scolaire? Où s'arrête la mission du principal ?	Le phénomène, dommageable pour les élèves, se poursuit et risque d'évoluer vers la consommation d'autres produits, licites ou illicites. La santé et le travail des élèves en pâtissent.	➤ Ne pas rester seul face à cette situation et solliciter de l'aide avec le concours du comité d'éducation à la santé et à la citoyenneté.
Scénario 2			
Le principal cherche à mobiliser les parents et organise avec les personnels de santé, les personnels sociaux et les gendarmes une information sur les dangers de l'alcool. Le principal décide de réfléchir avec les élèves sur ce sujet.	Cette étape nécessaire ne devra-t-elle pas être complétée par un travail des plus global sur la santé des élèves et la consommation de substances psychoactives ? Doit-on inscrire une action dans le temps ? À court terme ? À long terme? Comment tenir compte des spécificités locales ?	Les élèves sont considérés comme personnes à part entière. Amorcer le dialogue va permettre de faire évoluer les mentalités. Il faut tenter de connaître les raisons de la consommation et d'agir sur les causes. Les élèves deviennent force de proposition.	➤ Préparer l'information, négocier pour savoir quels seront les intervenants. ➤ Identifier les personnes ressources. ➤ Délimiter les interventions en fonction des compétences de chacun. ➤ Envisager des activités ludiques culturelles, sportives, artistiques, alternatives à la consommation (bibliothèque, cinéma, théâtre, sports, musique...).

■ Qualification pénale

L'article 227-19 du Code pénal réprime le fait de provoquer directement un mineur à la consommation habituelle et excessive de boissons alcooliques, peine aggravée lorsqu'il s'agit d'un mineur de quinze ans.

■ Textes de référence

La circulaire n° 99-135 du 20 septembre 1999 définit les dispositions de la campagne de lutte contre la consommation excessive de boissons alcoolisées auprès des lycéens (année 1999-2000).

4. Questions

- Quelles sont les réactions qui vous paraissent incontournables à mettre en œuvre et avec quels partenaires ?
- Quelles sont les questions à se poser ?
- Quelles actions peuvent être mises en œuvre au niveau de l'établissement ?

5. Quelques pistes de réponses possibles

Il ne faut surtout pas que l'enseignant semble ignorer le problème en laissant dormir l'élève. Ce serait une non prise en compte de l'élève en tant que personne et un mauvais exemple pour les autres élèves.
En effet, lorsqu'un professeur prend une décision concernant un élève, non seulement l'élève qui va être visé est concerné, mais tous les autres élèves le sont également car ils observent et veulent comprendre la décision prise.
Il est important également, pour le futur de la gestion de la vie collective de la classe, de ne pas avoir une attitude, un comportement qui puisse apparaître comme stigmatisant l'élève, mais il ne faut pas banaliser l'événement.

L'enseignant ne doit pas réagir seul, il doit avoir le souci de travailler en commun avec ses collègues enseignants de la classe, l'infirmière ou le médecin, le chef d'établissement, le conseiller principal d'éducation, voire si elle peut se révéler utile et si elle a une habitude de travail avec l'établissement, une ou des associations ou institutions existant dans l'environnement de l'établissement.

Les approches intéressantes sont :

- Partir du constat (abus d'alcool) pour provoquer une réflexion sur l'alcoolisme d'abord en interne, puis en impliquant les familles et les partenaires extérieurs à l'établissement.
- Confier l'élève à l'infirmier(e) ou au médecin de l'établissement pour une prise en charge individuelle et médicalisée.
- Prévenir le chef d'établissement pour étudier la meilleure réaction en termes de sanctions. La sanction a le mérite, entre autres, d'alerter la famille.
- Recevoir les parents pour essayer de leur faire prendre la mesure de l'acte, qui constitue un signe d'appel.
- Rappeler le règlement intérieur à l'élève.
- Mettre en place des actions de prévention et permettre des échanges sur la consommation de substances psychoactives entre les élèves afin d'éviter qu'une telle situation ne se reproduise.
- Le rôle du comité d'éducation à la santé et à la citoyenneté (CESC) peut être évoqué (voir la fiche n°20). Il peut être le lieu où pourraient être décidées

des actions en liaison avec des associations intervenant dans l'environnement de l'école concernant la prévention des conduites à risque.
L'article 227-19 du Code pénal réprime le fait de provoquer directement un mineur à la consommation habituelle et excessive de boissons alcooliques, peine aggravée lorsqu'il s'agit d'un mineur de quinze ans.
Les chiffres 2010 concernant **les jeunes et l'ivresse** :

- Un jeune de 17 ans sur dix a été ivre au moins dix fois au cours des douze derniers mois. 51 % l'ont été au moins une fois sur la même période.
- 57 % des jeunes garçons contre 40% des filles ont testé au moins une fois le « *binge drinking* », pratique consistant à boire le plus possible en un minimum de temps.
- 14,9 ans, c'est l'âge moyen de la première « cuite » pour les garçons et 15,3 ans pour les filles.

Fiche liée **Voir fiche n° 43.**

2 Une violence dans le couloir entre élèves

1. Référence de l'arrêté du 12 mai 2010

« *Le professeur connaît les textes relatifs à la sécurité des élèves les règles de fonctionnement de l'établissement (règlement intérieur…) le rôle des différents conseils (conseil de classe, conseil de discipline,…), le professeur est capable de se faire respecter et d'utiliser la sanction avec discernement et dans le respect du droit. Agir de façon éthique et responsable conduit le professeur à respecter et faire respecter le règlement intérieur.* »

2. Présentation de la situation

Un élève agresse violemment dans un couloir, à coups de poing et de règles en acier, un élève de sa classe au sortir d'un cours. Un autre enseignant qui arrive les sépare. Il demande à l'élève agresseur de le suivre pour immédiatement avertir son collègue qui, dans sa salle de cours, est en train d'expliquer une démonstration mathématique à deux ou trois élèves.
Il retourne ensuite sur les lieux de l'agression, en passant prévenir l'infirmière, pour s'occuper de l'élève agressé et comprendre les circonstances de l'agression.

3. Document

SITUATION	CONDUITE À TENIR	QUALIFICATION PÉNALE
VIOLENCES PHYSIQUES **Violences entre élèves**	**a) La victime** ➤ Assurer immédiatement un soutien à l'élève victime ; ➤ apprécier la gravité de l'état de l'élève ; ➤ selon l'état, appeler les services d'urgence (SAMU, pompiers ...) qui, après transport à l'hôpital, établiront le certificat médical précisant la durée de l'ITT ; ➤ prévenir dans tous les cas la famille de la victime ; ➤ le responsable légal de l'élève devra assurer la sortie de l'enfant de l'hôpital ; ➤ Dans tous les cas, informer les parents qu'il peuvent porter plainte, soit auprès des services de police ou de gendarmerie, soit directement auprès du procureur de la République (Tribunal de grande instance du domicile). Faciliter leur démarche auprès de ces services. Quelle que soit la décision de la famille, et en fonction de la gravité de l'incident, le chef d'établissement peut signaler les faits auprès des mêmes services. C'est le procureur de la République qui décide des suites données à la plainte. ➤ Informer les autorités académiques. **b) L'auteur** ➤ Séparer immédiatement l'élève de ses autres camarades; ➤ lui faire prendre conscience de la gravité de son acte et lui rappeler la loi et les suites éventuelles ; ➤ prendre les mesures appropriées, conformément au règlement intérieur : contrat éducatif avec l'élève (commission vie scolaire), réparations, médiation, exclusion temporaire, conseil de discipline. Si l'auteur fait l'objet d'une mesure éducative, informer l'éducateur en charge de la mesure ; ➤ prendre contact avec la famille, organiser un entretien en présence de l'élève, signifier aux parents (ou représentants légaux) leur responsabilité parentale ; ➤ si l'affaire est complexe (notamment s'il s'agit de coups réciproques) et que les responsabilités sont difficiles à déterminer,il appartient aux services de police ou de gendarmerie de procéder à une enquête. **c) Répercussions sur la vie de l'établissement** ➤ Informer les adultes de la communauté scolaire ; ➤ intervenir rapidement dans les classes pourinformer les élèves de l'incident et des suites données. L'incident peut donner lieu à uneréflexion ultérieure plus approfondie ; ➤ être attentif à la réintégration des élèves concernés (la victime et l'auteur). Un soutien psychologique peut être envisagé.	Art. 222-13 du Code pénal : Le code pénal ne connaît pas le concept d'arrêt scolaire, mais a recours à la notion d'interruption temporaire totale de travail (ITT) qui est applicable à toutes personnes, même sans travail, qui est en fait dans l'incapacité d'effectuer normalement les actes de la vie courante. Si les violences n'entraînent pas d'ITT ou une ITT inférieure ou égale à huit jours, il s'agit d'un délit dès lors que les violences ont été commises à l'intérieur d'un établisssement scolaire ou éducatif ou, à l'occasion des entrées ou des sorties des élèves, aux abords d'un tel établissement (trois ans et 50 000 € d'amende). Les pénalités sont aggravées et portées à 5 ans d'emprisonnement et 80 000 € d'amende si la durée de l'ITT est supérieure à 8 jours.

Source : extraits du *Bulletin Officiel* Hors-série n° 11 du 15 octobre 1998.

4. Questions

- Comment gérer ce qui concerne l'élève agressé ?
- Comment gérer la situation de l'élève auteur de l'agression ?

5. Quelques pistes de réponses possibles

Le ou les enseignant(s) témoin(s) de l'agression, ainsi que les secours doivent prévenir les autorités responsables de l'établissement (principal ou proviseur) et le conseiller principal d'éducation (CPE).
C'est le chef d'établissement qui décide de la convocation des différentes instances disciplinaires. Un rapport circonstancié écrit du déroulement de l'agression doit lui être communiqué.

L'élève victime

Assurer immédiatement un soutien à l'élève victime. Le Code pénal ne connaît pas le concept d'arrêt scolaire, mais a recours à la notion d'interruption temporaire totale de travail (ITT) qui est applicable à toutes personnes.
Apprécier la gravité de l'état de l'élève ; selon l'état, appeler les services d'urgence.
La famille de l'élève agressé doit être immédiatement prévenue et il doit lui être indiqué qu'elle peut porter plainte.
Le retour, après les soins nécessaires apportés, de l'élève agressé dans sa classe doit faire l'objet de toute l'attention de l'équipe pédagogique de la classe.

L'élève agresseur

Il doit dès le départ être séparé des autres camarades et conduit chez le CPE et/ou le chef d'établissement qui ont pour rôle de lui faire prendre conscience de la gravité de ce qu'il vient de commettre et des suites qui seront données.
Si les coups donnés ou reçus sont très graves et nécessitent un transport à l'hôpital, le chef d'établissement doit prévenir les services de police et de justice et l'enquête sera confiée à ces services.
Le chef d'établissement prend les mesures appropriées conformes au règlement intérieur, par exemple, d'interdire l'accès de l'établissement à l'élève agresseur, jusqu'à la réunion des instances disciplinaires.
Il peut être intéressant de réunir rapidement la commission de vie scolaire ou commission éducative. Cette commission, qui peut avoir une composition permanente et variable en fonction des élèves concernés (présence, notamment d'un ou plusieurs professeurs de la classe), peut examiner les faits, entendre les élèves de la classe, comprendre la genèse de l'agression et ainsi les faits clairement établis et reconnus par tous, donner un avis au chef d'établissement concernant la réunion de la discipline appelée à prononcer une sanction d'exclusion temporaire, voire définitive avec ou sans sursis.

■ **Un travail**, quelles que soient la solution retenue pour l'élève agressé et les sanctions prises à l'encontre de l'élève agresseur, **doit être entamé avec l'ensemble des élèves de la classe**, et si les circonstances ont fait que l'agression a eu un retentissement important dans l'établissement, avec tous les élèves de l'établissement.
Bien entendu, avant ce travail de réflexion, une information circonstanciée de ce qui s'est passé et des dispositions prises doivent être données à tous les adultes de l'établissement (enseignants, personnels de surveillance, assistants d'éducation, personnels administratifs, techniques, ouvriers, de services) afin qu'ils puissent tenir devant leurs élèves, les familles et à l'extérieur de l'établissement un discours commun sur ce qui est arrivé. Cela permet de renforcer le travail en équipe et d'éviter les rumeurs.

■ **Pourquoi le travail avec les autres élèves est indispensable ?**
Il faut en effet savoir que lorsqu'une décision de sanction ou de punition est prise, elle a des implications sur trois parties prenantes :

- l'enseignant à l'origine de la demande de sanction et le chef d'établissement qui la décide suite ou non à la réunion d'une instance disciplinaire ;
- l'élève qui la reçoit ;
- les autres élèves de la classe ou de l'établissement, qui doivent être en mesure, après explications, de comprendre les raisons qui ont conduit à la décision de sanctionner l'élève concerné.

L'heure de vie de classe peut être utilisée pour expliquer les suites données à l'agression et le processus de sanction mis en œuvre.
À partir de cet événement, une réflexion peut avoir lieu dans la classe concernée, voire dans toutes les classes de l'établissement, sur les conditions du « vivre ensemble », l'importance du dialogue et le refus de construire des relations entre les personnes sur le seul rapport de forces et la violence.
Avoir un comportement violent, c'est d'une manière ou d'une autre, « passer à l'acte », agir sous l'emprise d'une pulsion.

Enfin, face à une agression entre élèves d'une même classe, la question se pose du maintien de ces deux élèves dans la même classe.
Ce sujet peut être abordé en conseil de classe comme dans le cadre de la commission de vie scolaire (commission éducative).
En tout état de cause, sauf si l'élève agressé a eu une attitude provocatrice qui peut expliquer la réaction (qu'il faut toujours caractériser comme inadmissible) de l'agresseur, il est préférable qu'un éventuel changement de classe soit effectué concernant l'élève agresseur après sa réintégration dans l'établissement, la sanction effectuée, et ne concerne pas l'élève agressé.
Si le changement de classe concernait l'élève agressé, cela pourrait donner l'impression aux élèves de la classe que le terrain est laissé à l'agresseur ce qui diminuerait l'effet pédagogique de la sanction donnée.

3 La mise en place d'un espace numérique de travail (ENT) et d'un cahier de textes numérique

1. Référence de l'arrêté du 12 mai 2010

« Le professeur est conduit à respecter et faire respecter (...) les charges d'usage des ressources et des espaces communs ; à respecter, à sensibiliser et faire respecter les droits et devoirs en matière d'usage du numérique dans la société de l'information ; à collaborer à la réalisation d'actions de partenariat engagées entre l'établissement et son environnement économique, social et culturel. »

2. Présentation de la situation

L'équipe des enseignants de l'établissement décide de mettre en place un espace numérique de travail (ENT) pour mieux personnaliser le travail des élèves et l'aide qu'il est possible de leur apporter en dehors des heures de présence dans l'établissement.

3. Documents

Quels services numériques ?

Un espace numérique de travail est un ensemble intégré de services numériques, choisi, organisé et mis à disposition de la communauté éducative par l'établissement scolaire. À ce titre, il constitue le système d'information et de communication de l'établissement, en offrant à chaque usager (enseignant, élève ou étudiant, personnes en relation avec l'élève, personnel administratif, technique ou d'encadrement) un accès simple, dédié et sécurisé aux outils et contenus dont il a besoin pour son activité dans le système éducatif.

■ **Les services de gestion :**

- *cahier de texte individuel, de groupe, de la classe,*
- *consultation et gestion des notes, des bulletins scolaires, des livrets de compétences,*
- *consultation et gestion des absences des élèves et des sanctions,*
- *réservations de ressources (salles, matériel,...),*
- *services de gestion du Brevet informatique et Internet (B2i),*
- *agenda, espace de travail et de stockage.*

■ **Les services de communication et de collaboration :**

- *messagerie électronique, visioconférence, audioconférence,*
- *forum de discussion, listes de diffusion, blogs, messagerie instantanée,*
- *affichage d'information (actualités).*

→

Suite

■ Les services de mise à disposition et de gestion de ressources numériques :

• fonctionnalités d'accès à des ressources numériques mises à disposition des élèves par l'enseignant, sous une forme organisée (par discipline, par domaine disciplinaire ou transversal, par niveau, par thèmes des programmes, etc.),

• fonctionnalités d'organisation de parcours pédagogiques (classe virtuelle…).

■ Les services d'administration de l'ENT :

• gestion des usagers, des groupes d'usagers, des profils et des autorisations, personnalisation de l'ENT,

• indicateurs de suivi des utilisations par service.

Source : extrait d'Educnet, *Enseigner avec le numérique.*

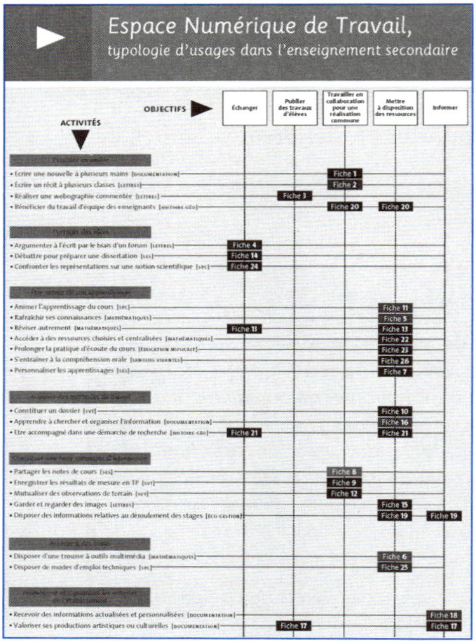

Espace Numérique de Travail,
typologie d'usages dans l'enseignement secondaire

OBJECTIFS / ACTIVITÉS

Activités	Échanger	Publier des travaux d'élèves	Travailler en collaboration pour une réalisation commune	Mettre à disposition des ressources	Informer
• Écrire une nouvelle à plusieurs mains [DOCUMENTATION]			Fiche 1		
• Écrire un récit à plusieurs classes [LETTRES]			Fiche 2		
• Réaliser une webographie commentée [LETTRES]		Fiche 3			
• Bénéficier du travail d'équipe des enseignants [HISTOIRE-GÉO]			Fiche 20	Fiche 20	
• Argumenter à l'écrit par le biais d'un forum [LETTRES]	Fiche 4				
• Débattre pour préparer une dissertation [SES]	Fiche 14				
• Confronter les représentations sur une notion scientifique [SPC]	Fiche 24				
• Animer l'apprentissage du cours [SPC]				Fiche 11	
• Rafraîchir ses connaissances [MATHÉMATIQUES]				Fiche 5	
• Réviser autrement [MATHÉMATIQUES]	Fiche 13			Fiche 13	
• Accéder à des ressources choisies et centralisées [MATHÉMATIQUES]				Fiche 22	
• Prolonger la pratique d'écoute du cours [ÉDUCATION MUSICALE]				Fiche 23	
• S'entraîner à la compréhension orale [LANGUES VIVANTES]				Fiche 26	
• Personnaliser les apprentissages [SES]				Fiche 7	
• Constituer un dossier [SVT]				Fiche 10	
• Apprendre à chercher et organiser l'information [DOCUMENTATION]				Fiche 16	
• Être accompagné dans une démarche de recherche [HISTOIRE-GÉO]	Fiche 21			Fiche 21	
• Partager les notes de cours [SES]			Fiche 8		
• Enregistrer les résultats de mesure en TP [SVT]			Fiche 9		
• Mutualiser des observations de terrain [SVT]			Fiche 12		
• Garder et regarder des images [LETTRES]				Fiche 15	
• Disposer des informations relatives au déroulement des stages [ÉCO-GESTION]				Fiche 19	Fiche 19
• Disposer d'une trousse à outils multimédia [MATHÉMATIQUES]				Fiche 6	
• Disposer de modes d'emploi techniques [SPC]				Fiche 25	
• Recevoir des informations actualisées et personnalisées [DOCUMENTATION]					Fiche 18
• Valoriser ses productions artistiques ou culturelles [DOCUMENTATION]		Fiche 17			Fiche 17

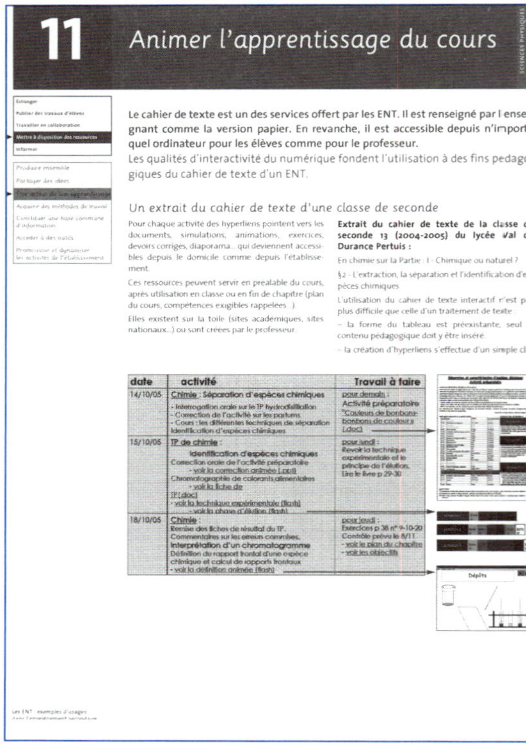

11 Animer l'apprentissage du cours

SCIENCES PHYSIQUES

Échanger
Publier des travaux d'élèves
Travailler en collaboration
Mettre à disposition des ressources
Informer

Acquérir des méthodes de travail
Constituer une base commune d'information
Accéder à des outils
Promouvoir et dynamiser les activités de l'établissement

Le cahier de texte est un des services offert par les ENT. Il est renseigné par l'ense gnant comme la version papier. En revanche, il est accessible depuis n'import quel ordinateur pour les élèves comme pour le professeur.

Les qualités d'interactivité du numérique fondent l'utilisation à des fins pédage giques du cahier de texte d'un ENT.

Un extrait du cahier de texte d'une classe de seconde

Pour chaque activité des hyperliens pointent vers les documents, simulations, animations, exercices, devoirs corrigés, diaporama… qui deviennent accessibles depuis le domicile comme depuis l'établissement.

Ces ressources peuvent servir en préalable du cours, après utilisation en classe ou en fin de chapitre (plan du cours, compétences exigibles rappelées…).

Elles existent sur la toile (sites académiques, sites nationaux…) ou sont créées par le professeur.

Extrait du cahier de texte de la classe de seconde 13 (2004-2005) du lycée Val de Durance Pertuis :

En chimie sur la Partie : I - Chimique ou naturel ?

§2 - L'extraction, la séparation et l'identification d'espèces chimiques

L'utilisation du cahier de texte interactif n'est p plus difficile que celle d'un traitement de texte :

– la forme du tableau est préexistante, seul contenu pédagogique doit y être inséré.

– la création d'hyperliens s'effectue d'un simple cl

date	activité	Travail à faire
14/10/05	Chimie : Séparation d'espèces chimiques - Interrogation orale sur le TP hydrodistillation - Correction de l'activité sur les parfums - Cours : les différentes techniques de séparation identification d'espèces chimiques	pour demain : Activité préparatoire "Couleurs de bonbons-bonbons de couleurs (.doc)
15/10/05	TP de chimie : Identification d'espèces chimiques Correction orale de l'activité préparatoire - voir la correction animée (.ppt) Chromatographie de colorants alimentaires - voir la fiche de TP (.doc) - voir la technique expérimentale (flash) - voir la phase d'élution (flash)	pour lundi : Revoir la technique expérimentale et le principe de l'élution. Lire le livre p 29-30
18/10/05	Chimie : Remise des fiches de résultat du TP. Commentaires sur les erreurs commises. Interprétation d'un chromatogramme Définition du rapport frontal d'une espèce chimique et calcul de rapports frontaux - voir la définition animée (flash)	pour jeudi : Exercices p 38 n° 9-10-20 Contrôle prévu le 8/11 - voir le plan du chapitre - voir les objectifs

Source : pages web extraites de Educnet, « *Les ENT dans l'enseignement secondaire* ».

4. Questions

- Quelles peuvent-être les fonctions d'un ENT ?
- Quels problèmes cela peut-il poser ?

5. Quelques pistes de réponses possibles

Même la notion d'information et de programme télévisé ne veut plus dire grand-chose chez les adolescents. Ils iront plus vite vers un zapping sur internet de morceaux choisis d'information et de programmes télévisés que vers une vision linéaire des programmes comme nous l'avons connu.
Les enquêtes menées montrent qu'avec la mise en place d'un ENT dans un établissement scolaire, les élèves y adhèrent sans difficulté concernant le travail donné pour la classe, mais encore plus concernant l'utilisation du courrier électronique entre élèves. Les parents eux aussi adhèrent très vite à l'idée Plusieurs raisons à cela : il est plus sécurisant pour un parent, plus souvent absent du domicile, de savoir son enfant derrière un écran que dans la rue. L'immédiateté des contacts (SMS, MSN) est rassurante pour les mêmes raisons pour le jeune. Et le blog prend une part importante dans l'affirmation de soi.

L'arrêté du 31 août 2006 portant création, au sein du ministère de l'Éducation nationale, de l'enseignement supérieur et de la recherche, d'un traitement de données à caractère personnel relatif aux espaces numériques de travail (ENT) a rappelé dans un de ces articles que les destinataires des données à caractère personnel sont exclusivement les catégories de personnes susceptibles de disposer, dans la limite de leurs attributions respectives, d'un accès à l'ENT.

« Chaque catégorie d'utilisateur ne peut accéder qu'aux seules informations concernant ses fonctions au sein de l'établissement. Dans l'enseignement primaire et secondaire :
- *les élèves, en ce qui concerne leurs informations personnelles et la vie scolaire ;*
- *les délégués d'élèves, en ce qui concerne la vie lycéenne ;*
- *les parents d'élèves, en ce qui concerne la vie scolaire de leur(s) enfant(s) ;*
- *les délégués de parents d'élèves, en ce qui concerne la vie de l'établissement ;*
- *les personnels enseignants, en ce qui concerne les informations relatives à la scolarité de leurs élèves ;*
- *les personnels autres que les personnels enseignants, en ce qui concerne leurs fonctions dans l'établissement ;*
- *les intervenants extérieurs, en ce qui concerne des activités scolaires ou périscolaires auxquelles ils participent et qui sont organisées en accord avec le responsable de l'établissement ;*
- *les services municipaux dans le cadre de la préinscription scolaire et des activités organisées par les communes ;*
- *les représentants des collectivités territoriales dans les instances délibératives de l'école ou de l'établissement, en ce qui concerne leur mandat. »*

Source : arrêté du 31 août 2006.

L'intérêt de l'ENT réside dans le fait que **pour l'élève**, il peut ainsi :

- revoir les phénomènes et les techniques montrés en classe ;
- accéder aux corrections complètes des devoirs ;
- imprimer ou revoir les documents en couleur ou animés si cela leur semble nécessaire, L'ENT permet en outre un prolongement de la classe hors temps scolaire, car les élèves peuvent également :
  - récupérer les documents s'ils ont été absents ;
  - imprimer le plan et les compétences à acquérir en fin de chapitre.

L'ENT permet ainsi de mettre en évidence la structure et l'enchaînement des séances.

La **condition de son fonctionnement efficace** est que seul un **professeur clairement identifié** peut :

- renseigner le cahier de texte, n'importe quand, depuis la salle des professeurs ou de chez lui ;
- compléter rapidement par simple copier-coller le cahier de texte des autres classes de même niveau ;
- conserver le contenu de son cahier de texte d'une année sur l'autre ;
- créer des liens vers des animations ou des simulations voire des vidéos présentes sur les sites éducatifs, sans nécessairement avoir à télécharger ces ressources.

Comment le fonctionnement interne de l'établissement peut être amélioré par l'ENT ?

Faut-il passer au « tout numérique » ?
Rien ne remplacera les contacts humains réguliers entre l'équipe de direction et les enseignants de l'établissement. C'est la base même de la confiance qui permet un fonctionnement harmonieux. Il est des besoins qui peuvent être mieux et plus facilement remplis : besoins d'informations vers un public ciblé, besoins d'animation et de préparation de réunions, de voyages… Comme beaucoup d'outils, il ne sera vraiment utile que si les acteurs se l'approprient, tant au niveau de l'émetteur que du récepteur, et l'appropriation passe souvent par le détournement.
Il est par ailleurs nécessaire d'intégrer les non enseignants dans la communauté scolaire à travers cet outil.
Il s'agit en fin de compte de créer un extranet efficace, intégrant, à côté d'un volet information, un volet communication ou chacun peux s'exprimer.

L'ENT peut être une occasion unique de formaliser le travail collaboratif qui depuis des années est allé de soubresaut en soubresaut, de le rendre efficace en établissant des ponts disciplinaires transposables d'une classe à une autre, d'un établissement à un autre.

Dans une société qui donne de plus en plus d'importance à l'individu en comparaison du collectif, ce peut être un **facteur de cohésion sociale autour de la scolarité des élèves, dans leur intérêt**.

Il faut rechercher, pour chaque groupe composant la communauté scolaire, à ce qu'il soit paramétré pour répondre d'abord aux besoins prioritaires qu'il peut aider à combler.

La mise en place d'un ENT part du principe que l'école ne s'arrête pas aux murs de l'établissement, il faudrait veiller à ce que chacun puisse s'approprier l'outil **selon ses besoins et ses méthodes de travail**.

Fiche liée **Voir fiche n° 32.**

4 Une atteinte à la laïcité

1. Référence de l'arrêté du 12 mai 2010

« *Le professeur connaît les valeurs de la République et les textes qui les fondent : liberté, égalité, fraternité ; laïcité, refus de toutes les discriminations ; mixité ; égalité entre les hommes et les femmes ; les grands principes du droit de la fonction publique et du code de l'éducation : les lois et textes réglementaires en relation avec la profession exercée, les règles de fonctionnement de l'établissement (règlement intérieur…). Agir de façon éthique et responsable conduit le professeur à faire comprendre et partager les valeurs de la République ; à respecter dans sa pratique quotidienne les règles de déontologie liées à l'exercice du métier de professeur dans le cadre du service public d'Éducation nationale, respecter et faire respecter le règlement intérieur, prendre en compte la dimension civique de son enseignement.* »

2. Présentation de la situation

Quatre garçons de la classe demandent au professeur de lettres de ne pas venir pour deux d'entre eux le vendredi après-midi et pour les deux autres le samedi matin en raison de leurs convictions religieuses.

Ils refusent également lors d'une sortie scolaire de visiter une cathédrale au prétexte que c'est un lieu de culte qui ne les concerne pas.

3. Documents

« Les signes et tenues qui sont interdits sont ceux dont le port conduit à se faire immédiatement reconnaître par son appartenance religieuse, tels que le voile islamique, quel que soit le nom qu'on lui donne, la kippa ou une croix de dimension manifestement excessive. La loi est rédigée de manière à pouvoir s'appliquer à toutes les religions et de manière à répondre à l'apparition de nouveaux signes, voire à d'éventuelles tentatives de contournement de la loi. La loi ne remet pas en cause le droit des élèves de porter des signes religieux discrets. Elle n'interdit pas les accessoires et tenues qui sont portés communément par des élèves en dehors de toute signification religieuse. En revanche, la loi interdit à un élève de se prévaloir du caractère religieux qu'il y attacherait par exemple, pour refuser de se conformer aux règles applicables à la tenue des élèves dans l'établissement. (...)

La loi doit être appliquée dans le souci de convaincre les élèves de l'importance du respect du principe de laïcité. La priorité doit être donnée au dialogue et à la pédagogie. Ce dialogue n'est pas une négociation et ne saurait bien sûr justifier de dérogation à la loi. (...)

Les convictions religieuses ne sauraient non plus être opposées à l'obligation d'assiduité ni aux modalités d'un examen. Les élèves doivent assister à l'ensemble des cours inscrits à leur emploi du temps sans pouvoir refuser les matières qui leur paraîtraient contraires à leurs convictions. C'est une obligation légale. Les convictions religieuses ne peuvent justifier un absentéisme sélectif par exemple en éducation physique et sportive ou en sciences de la vie et de la Terre. Les consignes d'hygiène et de sécurité ne sauraient non plus être aménagées pour ce motif...

Des autorisations d'absence doivent pouvoir être accordées aux élèves pour les grandes fêtes religieuses qui ne coïncident pas avec un jour de congé et dont les dates sont rappelées chaque année par une instruction publiée au Bulletin officiel de l'Éducation nationale... L'institution scolaire et universitaire, de son côté, doit prendre toutes les dispositions nécessaires pour qu'aucun examen ni aucune épreuve importante ne soient organisés le jour de ces grandes fêtes religieuses. »

Source : circulaire du 18 mai 2004 publiée au BO du 27 mai 2004.

Exemple d'un règlement intérieur d'un lycée de l'académie de Créteil

Les élèves ont l'obligation d'assiduité à l'égard :

- *des horaires et des programmes d'enseignement inscrits dans l'emploi du temps de l'élève, tant pour les enseignements obligatoires que facultatifs dès lors qu'ils ont été choisis ;*
- *de la participation aux examens en cours d'année et épreuves d'évaluation imposées par les professeurs ;*
- *de l'assistance aux séances d'information portant sur les études scolaires et universitaires et sur les carrières professionnelles ;*
- *de la convocation aux contrôles et examens de santé organisés à cette occasion.*
- *Les sorties pédagogiques font partie de la formation. »*

4. Questions

- Comment justifiez-vous aux élèves le refus de leurs demandes ?
- Comment réagissez-vous à leur refus de visiter une église ?
- Comment leur présentez-vous la laïcité ?

5. Quelques pistes de réponses possibles

La laïcité, c'est **mettre en avant ce qui unit** et non ce qui pourrait diviser. L'affirmation de sa religion à l'école est une affaire de vie privée et ne peut faire l'objet de fortes expressions publiques.
La loi, en ce sens, reconnaît **la liberté de conscience des élèves**, pilier de la laïcité et les possibilités de son exercice (voir les possibilités d'absences pour les grandes fêtes religieuses de différentes religions dont la liste est publiée chaque année au *Bulletin officiel* de l'Éducation nationale) (voir les fiches n°9, n°41, n° 56).
Pour rappel, ces grandes fêtes religieuses concernent notamment :

- pour les orthodoxes, Théophanie, Noël, Vendredi Saint ;
- pour le culte catholique arménien, Noël, Saint Vartan, commémoration du 24 avril (anniversaire du génocide arménien de 1915) ;
- pour les musulmans, Aïd El Adha, Al Mawlid Annabaoui, Aïd El Fitr ;
- pour les juifs, Roch Hachana, Yom Kippour ;
- pour les bouddhistes, Vesak.

Comme l'a rappelé le « Guide Républicain » préparé par le ministère de l'Éducation nationale à la fin 2003, « *ces fêtes sont de droit pour les élèves et ne doivent pas faire l'objet d'une demande d'autorisation d'absence ou d'un mot d'excuse le jour suivant.* »
Jacques Chirac, président de la République, l'avait lui-même explicitement indiqué dans un discours le 17 septembre 2003 :
« *Je souhaite qu'aucun élève n'ait à s'excuser d'une absence justifiée par une grande fête religieuse comme le Kippour ou l'Aït El Kébir. Des instructions en ce sens seront données aux recteurs par le ministre de l'Éducation nationale.* »

L'exercice de cette liberté ne peut mettre en cause les programmes et les horaires définis nationalement.

Il est fondamental de faire comprendre à tous les élèves que la laïcité, ce n'est pas agir contre les convictions religieuses des élèves, mais c'est permettre à l'école de fonctionner sans la contrainte de différentes options religieuses.

« *À l'intérieur du système éducatif, on se retrouve dans les collèges et les lycées avec des adolescents en train de se construire. Ils sont à la recherche d'éléments dont ils feront leur miel pour devenir des adultes. Ces éléments sont à la fois des connaissances, des savoirs et des savoir-être.*

Mais si l'on veut pouvoir donner à ces jeunes des éléments de structuration, si l'on veut que chacune et chacun d'entre eux se fabrique des éléments de pensée cohérents, il faut, dans chaque établissement, des personnels enseignants, administratifs, de service, d'éducation, de direction, qui soient eux-mêmes dans un schéma de pensée cohérent. Cette cohérence doit être portée par chacun d'entre eux et collectivement à la fois dans les savoirs dispensés et dans leurs comportements et attitudes. On le sait, chaque adolescent se forge un semblant de modèle dans la tête, fabriqué d'éléments composites repérés chez les adultes.(...)

Il est fondamental que chacun, dans un établissement scolaire, et notamment les enseignants, ait réfléchi sur ce que signifient les pratiques de la laïcité :
- *l'enseignement dans un établissement scolaire repose sur le développement de la raison critique ;*
- *toute espèce de dogme doit être proscrite ;*
- *toute pratique enseignante doit s'interdire de se baser sur des vérités « révélées » ;*
- *Faire vivre la laïcité, c'est donner à l'élève la possibilité de comprendre l'espace laïque est le seul qui garantisse à chacun la liberté de conscience et la liberté de culte.* »

Source : Jacqueline Costa-Lascoux, Jean-Louis Auduc, *La laïcité à l'école : Un principe, une éthique, une pédagogie*, SCEREN-CRDP de Créteil, 2006.

Le Conseil d'État a, dès un avis du 27 novembre 1989, confirmé parmi les obligations de laïcité de tous les élèves : « *les missions dévolues au service public de l'éducation ne peuvent être affectées par les comportements des élèves et notamment le contenu des programmes et l'obligation d'assiduité.* »

« *Un manquement à la règle d'assiduité n'est toléré que s'il reste compatible avec l'accomplissement des tâches inhérentes aux études et avec le respect de l'ordre public au sein de l'établissement. Le refus d'assister à certains cours, comme le cours d'éducation physique et sportive, n'est pas accepté.* »

Source : la commission « *La laïcité dans la République* », présidée par Bernard Stasi, rapport de décembre 2003.

Comme l'a indiqué le rapport de l'inspecteur général OBIN en juin 2004 « *Les signes et les manifestations d'appartenance religieuses dans les établissements scolaires* », il est important de réagir à **des contestations portant sur les contenus de formation** :

« Beaucoup de professeurs se trouvent devant des difficultés tenant à la contestation de l'objet de la visite, musée, lieu de mémoire et surtout édifices religieux. Ce dernier cas est devenu un vrai sujet de préoccupation et d'inquiétude, notamment pour les enseignants d'histoire. Un nombre croissant d'élèves refuse de visiter et d'étudier les œuvres architecturales du patrimoine, cathédrales, églises, monastères, dès lors que ces bâtiments ont une fonction religieuse. Les accompagnateurs se sont trouvés plus d'une fois pris de court devant le refus d'une partie de leurs élèves de pénétrer dans un édifice. Dorénavant avertis, les enseignants réagissent encore une fois en ordre dispersé à ce comportement des élèves. Très peu semblent lui opposer l'idée que l'inclusion de ces visites à l'enseignement qu'ils dispensent les rend obligatoires, obligation qui garantit l'égalité de traitement des élèves. ***De même, peu arguent de la nature culturelle et non cultuelle des édifices religieux pour l'enseignant et les élèves. »***

« La loi de séparation des Églises et de l'État de 1905 a profondément transformé le service des monuments historiques. De 1906 à 1914, il a intégré le service des édifices diocésains… Il a consacré une attitude nouvelle à l'égard des édifices du culte les plus éminents. Désormais placés sous la surveillance et l'entretien des Beaux-arts, ils rejoignent le lot commun du patrimoine culturel à défendre pour son intérêt artistique et historique et à restaurer en fonction de critères strictement « archéologiques ». ***De patrimoine des seuls croyants, ils deviennent l'héritage de l'ensemble de la population dont ils constituent une part de l'histoire et de la culture. »***

Source : Arlette AUDUC, « *L'héritage des croyants devient patrimoine national* »,
Revue « *Hommes et migrations* » n°1259, janvier 2006.

Il est donc important d'expliquer à l'élève que c'est en tant que **patrimoine culturel** que sont visités, lors de sorties pédagogiques, des lieux servant ou ayant servi a des cultes d'hier ou d'aujourd'hui.

Le classement d'un certain nombre de ces lieux de cultes comme « *monuments historiques* » en France ou encore mieux comme « *Patrimoine mondial de l'humanité* » par l'UNESCO atteste clairement de leur caractère culturel.

Fiches liées **Voir les fiches n° 9, 25, 41, 58.**

5 Aider l'élève à construire son orientation

(Approches pour toutes les disciplines.)

1. Référence de l'arrêté du 12 mai 2010

« Le professeur connaît les mécanismes économiques et les règles qui organisent le monde du travail et de l'entreprise, le système éducatif et ses acteurs, les caractéristiques et les indicateurs de l'établissement d'exercice. Agir de façon éthique et responsable conduit le professeur à collaborer à la réalisation d'actions de partenariat engagées entre l'établissement et son environnement économique, social et culturel. »

2. Présentation de la situation

Un enseignant va travailler avec ses élèves de 4e et de 3e sur l'éducation à l'orientation. Il s'agit de présenter aux élèves les voies de formation possibles et de préparer avec eux des rencontres avec des acteurs du monde professionnel pour leur faire découvrir la plus large palette possible de métiers.
Ce travail sera mené en liaison avec l'environnement économique et social de l'établissement, les conseillers d'orientation psychologues (COP) et le centre d'information et d'orientation (CIO) dont dépend l'établissement.

3. Documents

« Sur la totalité de sa scolarité en collège, un élève aura passé au moins 10 jours dans une entreprise ou en relation avec des acteurs du monde professionnel (dont 5 jours pour la séquence d'observation de troisième en milieu professionnel rendue obligatoire par le décret du 24 août 2005).(...)
La classe de quatrième est mise à profit pour la **découverte des voies de formations**. *C'est aussi une activité en soi, visant à familiariser les élèves avec les cursus et les poursuites d'études tout en faisant le lien avec les métiers. Dans cette perspective, la classe de quatrième représente le moment où l'élève doit commencer à comprendre l'éventail des formations qui peut lui être offert. À l'occasion de visites de différents établissements, de présentations ou de rencontres avec des élèves ou des étudiants, l'élève peut être informé sur les cursus et les poursuites d'études, de façon à comprendre la diversité des parcours possibles dans une perspective de formation tout au long de la vie.*
Les élèves sont invités à passer une journée dans un lycée, un lycée professionnel ou un CFA. »

Source : circulaire n°2008-92 du 11 juillet 2008 sur les parcours de découverte des métiers et des professions.

Activité : préparer l'après 3e

« **Objectifs :** *Mettre en cohérence, s'approprier les connaissances pour se situer et choisir.*

■ Étapes métiers et temps forts :

- *Entretien personnalisé d'orientation.*
- *Séquence d'observation en milieu professionnel : rechercher un lieu d'accueil, préparer la séquence, produire un rapport de stage, faire une présentation orale, rédiger un CV ou fiche de coordonnées, apprendre à se décrire et se présenter…*
- *Procédure d'orientation et d'affectation.*

■ Pistes de travail

- *Découverte des métiers :*
- *Citer des métiers participant à l'élaboration d'un produit ou d'un service.*
- *Énumérer des métiers relatifs à un secteur à tous les niveaux de qualification.*
- *Retrouver des métiers communs à plusieurs secteurs.*
- *Énoncer les tâches attendues sur une fiche métier ou une offre d'emploi.*
- *Observer et décrire l'organisation d'une entreprise.*
- *Identifier les enjeux et les risques de différents types d'activités.*

Découverte des formations :

- *Décrire le parcours observé ou projeté d'un professionnel (formation, accès à l'emploi, évolutions possibles).*
- *Elaborer et planifier une stratégie de recherche d'informations à partir de sources de renseignements sur les formations.*
- *Pour ses choix d'orientation, connaître les conditions concrètes d'admission et évaluer ses chances d'accès (procédures, capacités d'accueil) et d'évolution (passerelles).*
- *Auto-évaluation et connaissance de soi :*
- *Formuler et justifier en argumentant ses vœux d'orientation et les élargir si nécessaire.*
- *Identifier en quoi les représentations des métiers, des qualifications ou des entreprises ont évolué après la séquence d'observation en milieu professionnel.*

■ Exemples de réalisations proposées aux élèves

- *Débats avec des invités du monde du travail.*
- *Rapport de stages.*
- *Participation à des forums, des salons des métiers et des formations.*
- *Préparation des dossiers d'orientation.*
- *Production attendue dans le cadre de l'évaluation du socle commun de connaissances et de compétences.*
- *Tenue et la mise à jour du passeport orientation formation.* »

Source : extraits du document du ministère de l'Éducation nationale « *Apprendre à s'orienter tout au long de la vie : 15 repères pour la mise en œuvre du parcours de découverte des métiers et des formations* », octobre 2009.

4. Questions

- Pourquoi le travail sur la découverte des métiers est-il important ?
- Quels rôles peuvent y jouer les enseignants en liaison avec différents partenaires ?
- Quelles actions interdisciplinaires sont possibles ?

5. Quelques pistes de réponses possibles

Il est prévu en classe de troisième **l'enseignement de la découverte professionnelle**. Il y a une **option « découverte professionnelle » de 3 heures** ouverte à tous les élèves de 3e (en 2008-2009, 84 376 élèves l'ont choisi comme enseignement optionnel) et un **module « découverte professionnelle » de 6 heures** (une journée) souvent liée à un partenariat avec un lycée professionnel (en 2008-2009, 32 000 élèves l'ont suivi, 7 000 dans leur collège, 25 000 dans un lycée professionnel).

Éduquer à l'orientation est une action interdisciplinaire qui s'inscrit pleinement dans **la démarche du socle commun de connaissances et de compétences**.
C'est la construction de l'autonomie du jeune qui est visée et l'exercice individuel d'une liberté de choix.
Ainsi, à titre d'exemple, les **compétences suivantes** peuvent être concernées dans cette démarche :

- Compétence 1 : La maîtrise de la langue française.
  - Rédiger un texte bref, cohérent, construit en paragraphes, correctement ponctué, en respectant les consignes imposées.
  - Répondre à une question par une phrase complète.
  - Dégager l'idée essentielle d'un texte lu ou entendu.
  - Prendre la parole en public.
  - Adapter le propos écrit au destinataire et à l'effet recherché.
  - Adapter sa prise de parole (attitude et niveau de langue) à la situation de communication (lieu, destinataire, effet recherché).
  - Rendre compte d'un travail individuel ou collectif (exposés, expériences, démonstrations….).
  - Prendre part à un dialogue ou un débat : prendre en compte les propos d'autrui, faire valoir son propre point de vue.
- Compétence 2 : La pratique d'une langue vivante étrangère.
  - Établir un contact social.
  - Comprendre les points essentiels d'un message oral.
  - Présenter un projet et le lire à haute voix.
- Compétence 3 : Les principaux éléments de mathématiques et la culture scientifique et technologique.
  - Observer, rechercher et organiser l'information utile.

- Raisonner, argumenter, démontrer.
- Présenter la démarche suivie, les résultats obtenus, communiquer à l'aide d'un langage adapté.
- Exploiter des données statistiques et aborder des situations simples de probabilité.

■ Compétence 4 : La maîtrise des techniques usuelles de l'information et de la communication (obtention du certificat B2i).

- Consulter des bases de données documentaires en mode simple.
- Faire preuve d'esprit critique face à l'information et à son traitement.
- Participer à des travaux collaboratifs en connaissant les enjeux et en respectant les règles.
- Organiser la composition du document, prévoir sa présentation en fonction de sa destination.
- Identifier, trier et évaluer des ressources.
- Chercher et sélectionner l'information demandée.

■ Compétence 5 : La culture humaniste.

- Situer et connaître les grands ensembles physiques et humains, les grands types d'aménagements, les principales caractéristiques de France et de l'Union européenne.
- Utiliser ses connaissances pour donner du sens à l'actualité.
- Comprendre les grands principes de la production et de l'échange.
- Avoir des outils pour comprendre l'unité et la complexité du monde.
- Lire et utiliser cartes, croquis, graphiques.
- Identifier les enjeux du développement durable.
- Avoir des éléments de culture politique et économique.

■ Compétence 6 : Les compétences sociales et civiques.

- Comprendre l'importance du respect mutuel et accepter toutes les différences.
- Connaître et respecter les règles de la vie collective.
- Savoir utiliser quelques notions économiques et budgétaires de base.

■ Compétence 7 : L'autonomie et l'initiative.

- Se familiariser avec l'environnement économique, les entreprises, les métiers.
- Savoir prendre des initiatives, des décisions.
- Être autonome dans son travail : savoir l'organiser, le planifier, l'anticiper, rechercher et sélectionner des informations utiles.
- S'impliquer dans un projet individuel et collectif.
- Connaître les systèmes d'éducation, de formation, de certification.
- Manifester curiosité, créativité, motivation à travers des activités conduites ou reconnues par l'établissement.
- Savoir travailler en équipe.

Chaque **discipline** est concernée par l'éducation à l'orientation :

- **Arts plastiques** : *« Les élèves ont un comportement autonome et responsable qui leur permet d'expérimenter, choisir et prendre des initiatives, d'organiser et gérer leur travail, de concevoir et conduire un projet, de l'évaluer, de travailler en équipe, d'animer un groupe, d'analyser, argumenter, critiquer. »*
- **Éducation civique** : *« L'objectif est de former un citoyen autonome, responsable de ses choix, ouvert à l'altérité, pour assurer les conditions d'une vie en commun. Ce sont les attitudes de respect de soi et des autres, de responsabilité et de solidarité qui sont mises en évidence… L'éducation civique doit être liée à la vie scolaire. Elle favorise les projets interdisciplinaires, elle permet l'accès à des initiatives citoyennes extérieures. Vie scolaire et éducation civique renforcent la possibilité de mettre en œuvre une éducation dynamique à la responsabilité citoyenne par des actions concrètes avec les élèves. »*
- **Éducation musicale** : *« L'élève apprend à formuler l'état de sa perception subjective ou objective avec un vocabulaire approprié et pour partie spécifique, il apprend que l'oreille peut orienter son attention dans une direction particulière, sélectionner certaines informations parmi beaucoup d'autres, il apprend à travailler en groupe, à mettre au service d'une expression collective ses envies et ses talents. »*
- **Éducation physique et sportive** : *« L'EPS occupe une place originale où le corps, la motricité, l'action et l'engagement de soi sont au cœur des apprentissages. L'EPS a le devoir d'aider tous les collégiens à acquérir de nouveaux repères sur soi, sur les autres, sur l'environnement, de nouveaux pouvoirs moteurs pour construire une image positive de soi. »*
- **Français** : *« La maîtrise de la langue française est nécessaire dans tous les enseignements et dans la vie personnelle et professionnelle au travers de la lecture, l'expression écrite et orale.… »*
- **Géographie** : *« Les connaissances portent sur les mobilités humaines, les firmes transnationales, les effets économiques, sociaux, environnementaux, culturels de la mondialisation,(…) l'aménagement et le développement du territoire français. »*
- **Histoire** : *« Cette culture historique commune et cette formation intellectuelle sont liées à une finalité civique : elles préparent les jeunes à vivre libres dans une société libre. La connaissance et l'utilisation des repères y tiennent une place importante : il ne s'agit pas seulement de connaître des repères, mais de leur donner un sens et de savoir les inscrire dans un contexte essentiel à leur compréhension. »*
- **Langue vivante étrangère** : *« Pratiquer des langues, c'est se confronter à l'autre dans son expression, ses références, son attitude. L'univers professionnel est un lieu privilégié de ces confrontations. »*
- **Mathématiques** : *« À travers la résolution de problèmes, la modélisation de quelques situations,… les élèves prennent conscience petit à petit de ce qu'est une véritable activité mathématique : identifier et formuler un problème, conjecturer un résultat en expérimentant sur des exemples, bâtir une argumentation, contrôler les résultats obtenus en évaluant leur pertinence en fonction du problème étudié, communiquer une recherche, mettre en forme une solution… »*

→

- **Sciences de la Vie et de la Terre :** *« Il peut s'agir de saisir la réelle opportunité en collège de mettre les élèves en démarche de projet dans les domaines de l'environnement ou de la santé. L'élève peut faire preuve d'initiative pour trouver et contacter des partenaires, consulter les personnes ressources, prendre l'avis d'autres interlocuteurs, organiser des activités d'échange et d'information. »*
- **Sciences physiques-Chimie :** *« Ces disciplines ont aussi pour objet de permettre à l'élève de comprendre les enjeux sociétaux de la science, ses liens avec les préoccupations de chaque être humain, homme ou femme. »*
- **Technologie :** *« Fondée sur une approche concrète du réel, sur l'observation, l'analyse, la création et la communication, l'enseignement de la technologie participe à l'émergence du projet personnel de l'élève. »*

Source : extraits pour chaque discipline des programmes de collège, BO spécial n°6 du 28 août 2008.

Un des deux documents présentés évoque : « *le passeport orientation formation* ». Ce document, qui est un **livret personnel de suivi,** est appelé à rassembler toutes les recherches et travaux effectués par l'élève de la 5e à la terminale. Il a été défini par la circulaire du 11 juillet 2009 et s'articule avec le **Webclasseur de l'ONISEP** qui permet avec des espaces bien identifiés de voir figurer les recherches de l'élève, celles menées dans le cadre du CDI, celles effectuées au CIO ou avec le conseiller d'orientation psychologue.

« *Le livret personnel de suivi est un outil de l'élève. Il ne peut être utilisé lors de procédures d'admission ou de sélection* » (document du ministère de l'Éducation nationale, « *Apprendre à s'orienter tout au long de la vie : 15 repères pour la mise en œuvre du parcours de découverte des métiers et des formations* », octobre 2009).

Éduquer à l'orientation, c'est aussi combattre les stéréotypes filles-garçons concernant les métiers.
Une telle action doit se faire en direction des deux sexes pour éviter qu'il n'y ait une trop grande féminisation ou masculinisation des métiers :

- En direction des garçons, pour leur dire qu'il est intéressant de se diriger vers des métiers comme enseignants, médecins, vétérinaires, avocats, magistrats, ... (autant de métiers où il y a aujourd'hui en termes de flux de sorties comme diplômés plus de trois-quarts de femmes).

- En direction des filles, concernant les métiers technologiques ou d'ingénierie mécanique ou électronique.

Un rapport Eurydice de la Commission européenne « *Différences entre les genres en matière de réussite scolaire : Étude sur les mesures prises et la situation actuelle en Europe* » paru en juin 2010 souligne bien à cet égard cette information : « *le point faible des mesures actuelles réside dans le fait qu'elles se concentrent essentiellement sur les filles. Ainsi, alors que l'intérêt des filles pour la technologie suscite beaucoup d'attention,* ***on s'intéresse moins aux garçons et à leur éventuel accès*** *aux professions liées aux soins. (...) Les initiatives d'orientation sensibles à la dimension de genre ont tendance à cibler plus souvent les filles que les garçons. »*

Cette action est importante car, compte tenu de la féminisation massive du corps enseignant, les filles ont durant leur cursus scolaire et leur adolescence, présentes devant elles, des semblables, des femmes référentes, auxquelles elles peuvent sans peine s'identifier. Ceci explique pour une bonne part également qu'elles souhaitent, leurs études réussies, rejoindre ces métiers qu'elles jugent valorisants.

On peut en effet penser que les filles se dirigent plus spontanément à la fin de leurs études vers des métiers qu'elles rencontrent pendant leur scolarité, avec lesquelles elles peuvent s'identifier, dont elles ont pu faire d'une certaine manière des modèles des personnes qui les exercent.

On peut dire aujourd'hui que quasiment la totalité des professions féminisées sont des métiers **visibles** présents dans le quotidien et dans l'environnement des lieux d'habitation, alors que la majorité des métiers masculins sont souvent des métiers **invisibles** situés loin des territoires d'habitations.

Cette analyse montre bien l'importance des stages ou des rencontres avec les acteurs du monde professionnel afin de faire découvrir des métiers existants qui peuvent apparaître comme invisibles.

La banque de stages

Le décret du 24 août 2005 a rendu obligatoire « *cinq jours d'observation en milieu professionnel* » en classe de troisième.

Si l'on ne veut pas, comme le montrent toutes les enquêtes, que ces stages d'observations reproduisent les inégalités sociales et favorisent les élèves dont les parents ont « des relations », des dispositions doivent être prises pour assurer l'équité de traitement des élèves.

C'est le sens de la **banque de stages**, dont la circulaire du 20 mai 2009 et la note de service du 17 septembre 2009 indiquent qu'elle a pour rôle : « *de permettre d'assurer une plus grande équité dans l'accès de l'ensemble des élèves aux périodes en milieu professionnel prévues dans le cadre leur cursus scolaire, notamment pour la séquence obligatoire d'observation en 3e. Elle vise trois objectifs : assurer l'égalité pour tous, renforcer le partenariat avec les entreprises et préparer l'insertion professionnelle, améliorer l'orientation par une approche de la diversité des métiers.* »

Le travail avec le documentaliste au CDI

Le centre de documentation et d'information (CDI) piloté par le professeur documentaliste est un pôle ressource pour l'information sur les métiers et les cursus. Le professeur documentaliste fait partie des acteurs de l'équipe chargée des parcours de découverte des métiers et des formations aux côtés des enseignants, du CPE et du conseiller d'orientation psychologue intervenant dans l'établissement.

■ **Le travail avec les centres d'information et d'orientation (CIO) et les conseillers d'orientation psychologues (COP)** (voir la fiche n° 39)

Les conseillers d'orientation psychologues rattachés à un CIO appuient l'action des professeurs principaux (voir les fiches n°21 et 59) et de l'ensemble des enseignants de l'établissement. Ils s'inscrivent dans une démarche de soutien aux équipes, dans la programmation des activités du parcours des élèves, leur exploitation et leur évaluation. Il réalise, si besoin est, des entretiens d'orientations approfondis avec des élèves. L'organisation de ces entretiens implique un travail en commun avec le CIO.

Le CIO est à la fois un lieu ressource et un observatoire sur l'offre de formation. Son directeur a une vision d'ensemble du système de formation au niveau local et régional. Le CIO est impliqué au sein des réseaux de partenaires locaux au service de l'emploi, des missions locales, des milieux professionnels et des élus.

Fiches liées **Voir fiches n°11, 21, 36, 39, 59.**

6 L'obligation de signalement

1. Référence de l'arrêté du 12 mai 2010

« Le professeur connaît les textes relatifs à la sécurité des élèves (obligation de surveillance par exemple) et à la sûreté (obligation de signalement par exemple) ; est capable de repérer les signes traduisant des difficultés spécifiques des élèves dans le domaine de la santé, des comportements à risques, de la grande pauvreté ou de la maltraitance ; de contribuer, en coopérant avec des partenaires internes ou externes à l'institution, à la résolution des difficultés spécifiques des élèves. Agir de façon éthique et responsable conduit le professeur à respecter dans sa pratique quotidienne les règles de déontologie liées à l'exercice du métier de professeur dans le cadre du service public d'Éducation nationale ; à intégrer, dans l'exercice de sa fonction, ses connaissances sur les institutions, sur l'État (son organisation et son budget), sur ses devoirs de fonctionnaire. »

2. Présentation de la situation

Une élève vient à la fin d'un de vos cours vous demander un entretien personnel. Elle souhaite vous confier quelque chose, car vous lui inspirez confiance.

Au cours de cet entretien, elle vous raconte qu'un de ses voisins, beaucoup plus âgé qu'elle, qui, de surcroît, est un ami de ses parents, l'a violée.

Elle n'a rien dit à ses parents car elle ne sait pas comment ils réagiraient.

Elle s'inquiète depuis car elle a peur de ce qui peut arriver à chaque fois qu'elle croise ce voisin dans l'escalier ou qu'elle le voit dans l'appartement de sa famille.

3. Documents

SITUATION	CONDUITE À TENIR	QUALIFICATION PÉNALE
VIOLENCES SEXUELLES Révélation d'un élève à un professeur concernant le viol, la tentative de viol ou une autre agression sexuelle par un ou plusieurs élèves	➤ Prendre des mesures de protection et de soutien vis-à-vis de la victime, et prévenir la famille. ➤ permettre au professeur (ou à tout autre adulte de l'établissement) de ne pas rester seul face à la confidence, en lui apportant le cas échéant le concours d'un professionnel extérieur spécialisé. En tout état de cause, ce n'est pas au confident de faire la preuve des faits rapportés par l'élève, mais aux services de police et de gendarmerie et au parquet ; ➤ signaler les faits immédiatement par téléphone ou fax au procureur de la République, et en informer les autorités académiques ; ➤ ne procéder en aucun cas à des investigations ou enquêtes qui relèvent de l'autorité judiciaire ; ➤ signaler les faits immédiatement par téléphone ou fax au procureur de la République, et en informer les autorités académiques ; ➤ prendre les mesures conservatoires nécessaires à l'encontre des auteurs présumés ; ➤ réunir le conseil de discipline, dès que la justice s'est prononcée sur la culpabilité des auteurs.	Le viol est défini comme tout acte de pénétration sexuelle, de quelque nature qu'il soit, commis sur la personne d'autrui, par violence, contrainte, menace ou surprise. Le viol, comme la tentative de viol sont des crimes : **Art. 222-23 du Code pénal.** punis de 15 ans de réclusion criminelle, si le crime n'est pas accompagné de circonstances aggravantes ; **Art. 222-24 du Code pénal.** punis de 20 ans de réclusion criminelle, s'il y a réunion de plusieurs auteurs ou si ces crimes sont commis sur un mineur de moins de 15 ans.
Révélation d'un élève à un professeur concernant le viol, la tentative de viol ou une autre agression sexuelle par un ascendant ou une personne ayant autorité	En cas de danger patent, ne pas laisser l'enfant retourner dans sa famille, en alertant l'autorité judiciaire de l'urgence de la situation, ou à défaut les services de police ou de gendarmerie. L'article 226-14 du code pénal autorise la levée du secret professionnel en matière de sévices ou privations et atteintes sexuelles commis sur des mineurs de 15 ans et l'article 40 du Code de procédure pénale impose à tout fonctionnaire qui acquiert dans l'exercice de ses fonctions la connaissance d'un crime ou d'un délit, d'en donner avis sans délai au procureur de la République.	**Art. 222-24 du Code pénal :** c'est un viol aggravé, crime puni de 20 ans de réclusion criminelle puisqu'il a été commis par un ascendant, une personne ayant autorité sur la victime ou qui abuse de l'autorité que lui confèrent ses fonctions.

Source : extraits du BO Hors Série n°11 du 15 octobre 1998.

« D'une manière générale, il est rappelé qu'en vertu de l'article 40 du Code de procédure pénale, tout fonctionnaire qui, dans l'exercice de ses fonctions, acquiert la connaissance d'un crime ou d'un délit est tenu d'en donner avis sans délai au procureur de la République et de lui transmettre tous les renseignements qui y sont relatifs. (...)
Par ailleurs, sur le fondement de l'article 226-14 du Code pénal, le secret professionnel n'est pas applicable à celui qui informe les autorités judiciaires, médicales ou administratives de privations ou de sévices, y compris lorsqu'il s'agit d'atteintes sexuelles, dont il a eu connaissance et qui ont été infligés à un mineur de moins de quinze ans ou à une personne qui n'est pas en mesure de se protéger en raison de son âge ou de son état physique ou psychique.
Enfin, l'article 223-6 du Code pénal sanctionne quiconque s'abstient volontairement de porter à une personne en péril l'assistance que, sans risque pour lui ou pour les tiers, il pouvait lui porter soit par son action personnelle, soit en provoquant un secours. Dans de telles situations, chacun, qu'il soit majeur ou mineur, a obligation d'agir. »
L'article 223-6 du Code pénal sanctionne d'une peine pouvant aller jusqu'à cinq ans d'emprisonnement « quiconque s'abstient volontairement de porter l'assistance que, sans risque pour lui ou pour les tiers, il peut lui porter, soit par son action personnelle, soit en provoquant un secours. »

4. Questions

- Quelles sont selon vous les réactions à avoir face à une telle confidence d'un de vos élèves ?
- Quelles sont les précautions à prendre et les démarches à entreprendre ?

5. Quelques pistes de réponses possibles

Il faut rappeler que le Code pénal fait obligation à quiconque ayant connaissance d'un crime, dont il est possible de prévenir ou de limiter les effets, ou dont les auteurs sont susceptibles d'en commettre de nouveaux, d'en informer l'autorité judiciaire.
La même obligation vaut pour toute personne ayant connaissance de mauvais traitements infligés à des mineurs de moins de 15 ans. La loi pénale réprime aussi la non assistance à personne en danger et sanctionne celui qui s'est abstenu d'agir pour empêcher un crime ou un délit contre l'intégrité corporelle d'une personne, lorsqu'il lui était possible d'agir sans risque pour lui et pour les tiers. Ces obligations s'imposent aux fonctionnaires de l'Éducation nationale comme à tous les citoyens. De plus, les fonctionnaires ont l'obligation, en vertu de l'article 40 du Code de procédure pénale, d'aviser sans délai le procureur de la République dès lors qu'ils ont connaissance, dans l'exercice de leurs fonctions, d'un crime ou d'un délit.

Ainsi, à chaque fois qu'un fonctionnaire a connaissance de faits précis et circonstanciés constitutifs d'un crime ou d'un délit, et particulièrement dans le cas d'abus sexuels, il lui appartient de saisir sans délai le procureur de la République. Il doit informer parallèlement l'inspecteur d'académie et le président du conseil général. Cette ligne de conduite doit être suivie, que le crime ou le délit ait été commis à l'intérieur de l'établissement scolaire ou bien à l'extérieur.

Dans le cas où, sans avoir connaissance directe de faits criminels ou délictueux, l'attention d'un fonctionnaire de l'Éducation nationale est attirée par le comportement de l'enfant, par des signes de souffrance, par des rumeurs ou des témoignages indirects, il lui appartient d'informer les autorités académiques, qui pourront ordonner une enquête administrative, ainsi que, le cas échéant, le médecin scolaire, le psychologue, l'infirmière ou l'assistance sociale. Si des indices concordants d'abus sexuels apparaissent, le procureur de la République doit être informé sans délai.

On peut ajouter que, depuis la loi du 10 juillet 1989, le service de l'aide sociale à l'enfance (ASE) a pour mission d'organiser le recueil des informations relatives aux mineurs maltraités et d'organiser leur protection, en liaison notamment avec le service de protection maternelle et infantile, le service social départemental ou les personnels médicaux, infirmiers et sociaux du ministère de l'Éducation nationale. De nombreuses conventions signées par les conseils généraux et le ministère de l'Éducation nationale ont organisé la coopération entre les services, dans le cadre notamment de la circulaire interministérielle n° 2001-52 du 10 janvier 2001 relative à la protection de l'enfance.

Face à une telle confidence reçue de la part d'un de ses élèves, l'enseignant(e) concerné(e) doit avoir le souci d'une triple démarche :

- Il faut clairement dire à l'élève que ce qu'elle raconte est le récit d'un **crime** sévèrement puni dans le droit français, que face à sa confidence, il est impossible que l'enseignant la garde pour lui seul. Il serait dans ce cas-là en situation de faute grave. Il est donc obligé d'en parler à d'autres personnes.
- Il faut également lui indiquer que face au crime qu'elle évoque, l'enseignant n'est pas la meilleure personne pour essayer de trouver une solution. Il n'est pas compétent sur tout. Il faut clairement lui dire : « cela ne veut pas dire qu'on se désintéresse de ta situation si on t'envoie en parler à une autre personne. Un enseignant travaille en réseau avec différentes personnes ayant chacune leur spécialité. C'est parce qu'il a une bonne connaissance du cœur de métier de tous ses partenaires qu'il va t'envoyer à la personne qui lui semble la plus efficace. »
- Il faut aussi lui indiquer que vous la soutenez fortement face à ce qu'elle subit de la part de cet homme, que vous vous tiendrez au courant de tout ce

qui se passera la concernant, que vous aurez vous-même des entretiens avec la personne ou les personnes qu'elle rencontrera, que vous êtes à sa disposition si d'ici quelques jours, elle souhaite faire un point et que vous vous engagez à maintenir un silence total sur ce qu'elle vous a raconté auprès de l'ensemble des enseignants de la classe et des autres élèves.

Ces préalables évoqués avec l'élève, lors du premier entretien, vous devez, pour ne pas rester seul dans la confidence, prévenir très rapidement un professionnel spécialisé.
Le mieux est d'avertir **l'infirmière** rattachée à l'établissement qui est la mieux à même de traiter ce cas. À défaut, s'il n'existe pas aucune infirmière rattachée à l'établissement, vous pouvez alerter le CPE. Il faut cependant veiller à ce que ce premier entretien avec un personnel spécialisé, dans la mesure du possible, ait lieu avec une femme. Les études ont montré que, dans un tel cas, cela était très important pour ne pas rajouter des difficultés de communication et de partage d'informations entre les deux.

L'infirmière va donc à votre demande recevoir l'élève et suite à cet entretien, elle décidera, **en fonction de son expertise**, d'engager les **démarches obligatoires** qui s'imposent dans un tel cas :

- information du chef d'établissement qui a obligation de prévenir les services de justice (le procureur de la République) ainsi que les autorités académiques ;
- information de la famille concernant la situation.

Il faut rappeler que ce n'est ni à l'enseignant, ni à l'infirmière de mener une enquête ou des investigations pour confirmer ou infirmer les dires de l'élève, mais que cela incombe aux services de police et de gendarmerie et au parquet.

C'est en fonction du récit fait par l'élève, des réactions de la famille qui a été prévenue par le chef d'établissement que seront prises ou non des décisions concernant le retour de l'enfant dans sa famille.
Il peut être utile de demander durant cette phase, l'appui de personnels spécialisés extérieurs à l'établissement et notamment ceux en liaison avec le service de l'aide sociale à l'enfance (ASE), géré par le département (le conseil général), qui a pour mission d'organiser la protection des mineurs et qui, si la décision est finalement prise d'éloigner pour un moment l'enfant de sa famille, sera, en dernier ressort, chargé d'organiser le placement provisoire de l'élève.

En résumé, face à une confidence d'un élève, l'attitude suivante semble la meilleure :
- *Il est indispensable de se montrer à l'écoute de l'élève, de lui permettre de s'exprimer et de prendre en considération ce que l'élève confie. L'éthique et la responsabilité de l'enseignant impliquent qu'il prenne en compte le souci de la réserve et de la confidentialité vis-à-vis des autres élèves, voire des autres enseignants, notamment en conseil de classe.*
- *Si ce que l'élève vous confie relève d'une situation à risque ou d'un crime, le professeur doit prévenir le responsable de l'établissement pour qu'il signale les faits aux autorités compétentes. Cela dans le cadre de l'obligation de signalement et de la non-assistance à personne en danger.*
- *L'enseignant a une fonction très importante de repérage et d'aiguilleur vers la personne compétente selon les cas proposés :*
  - *dans le cas d'un problème médical : infirmière scolaire, médecin, voire centre de santé extérieur à l'établissement ;*
  - *dans le cas d'un problème social : assistante sociale, voire conseiller principal d'éducation*
  - *dans le cas d'un problème financier : intendant ou gestionnaire de l'établissement.*

7 Violence verbales d'un élève contre un personnel du collège

1. Référence de l'arrêté du 12 mai 2010

« Le professeur connaît ses droits et recours face à une situation de menace ou de violence, les règles de fonctionnement de l'école ou de l'établissement (règlement intérieur, aspects budgétaires et juridiques) ; le professeur est capable de se faire respecter et d'utiliser la sanction avec discernement et dans le respect du droit. d'utiliser ses connaissances sur l'évolution et le fonctionnement du service public d'éducation nationale pour recourir aux ressources offertes ; Agir de façon éthique et responsable conduit le professeur à faire comprendre et partager les valeurs de la République ; à respecter dans sa pratique quotidienne les règles de déontologie liées à l'exercice du métier de professeur dans le cadre du service public d'éducation nationale à prendre en compte la dimension civique de son enseignement. »

2. Présentation de la situation

Vous traversez la cour du collège pour vous rendre à la cantine.
Un groupe d'élèves d'une de vos classes attend que la queue à la porte de la cantine se soit un peu résorbée pour pouvoir à son tour déjeuner.
Une femme, personnel de service, chargée du nettoyage des salles, passe à son tour dans la cour.

Dans le groupe, vous entendez distinctement un élève que vous reconnaissez, l'apostropher violemment en termes très injurieux et racistes.
Vous décidez de réagir car il est important que les élèves comprennent qu'ils ont à faire à une communauté d'adultes soudés chargés de faire fonctionner l'établissement scolaire et que s'attaquer à l'un de ces adultes, c'est s'attaquer à tous les personnels de l'établissement.

3. Document

SITUATION	CONDUITE À TENIR	QUALIFICATION PÉNALE
VIOLENCES VERBALES Insultes ou menaces d'un élève à l'égard d'un personnel de l'établissement	➤ Accompagner la victime, si elle le souhaite dans sa démarche de dépôt de plainte. Le chef d'établissement peut parallèlement déposer plainte si la victime est un personnel ; ➤ rappeler que l'injure constitue une infraction pénale ; ➤ prendre les mesures appropriées conformément au règlement intérieur ; ➤ éviter de banaliser ce type d'incident ; ➤ faire réfléchir l'ensemble des élèves de la classe sur le respect d'autrui ; ➤ engager des actions de prévention et d'apprentissage du civisme ; ➤ faire appel à la médiation.	**Art. 433-5 du code pénal :** constituent un outrage les paroles, gestes ou menaces non rendus publics et adressés à une personne chargée d'une mission de service public dans l'exercice ou à l'occasion de l'exercice de ses fonctions. Cette infraction est punie de 8 000 € d'amende. Si l'on fait abstraction de la qualité de la victime, ces faits peuvent constituer une injure publique, délit prévu et puni par l'article 29 de la loi du 29 juillet 1881 sur la liberté de la presse. L'injure y est définie comme toute expression outrageante, terme de mépris ou invective qui ne renferme l'imputation d'aucun fait. Si les injures ne sont pas publiques, il s'agit d'une contravention de 1re classe prévue par l'article R 621-2 du Code pénal (amende de 40 €).

Source : extraits du BO Hors série n°11 du 15 octobre 1998.

4. Questions

■ Quelles dispositions prenez-vous pour réagir ?

■ Quelle proposition d'actions pour prévenir de tels comportements jugez-vous indispensables dans la classe et dans l'établissement scolaire ?

5. Quelques pistes de réponses possibles

Il est très important que l'ensemble des personnels d'un établissement réagisse à des violences verbales qui touchent un personnel de service.

C'est montrer :

- Le refus de toute banalisation de ce type d'incident, qui démontre un mépris de la personne, un refus du respect de l'autre.
- Le fait que les élèves ont, dans le cadre d'un établissement scolaire, comme éducateurs, tous les adultes présents dans l'établissement.

La cohérence de l'action des adultes de l'établissement (personnels de direction, d'éducation, enseignants, administratifs, ouvriers, sociaux...) est une nécessité.

Faire que tous les adultes de l'établissement aient un discours cohérent est un enjeu important pour toute la communauté éducative.
Cela implique que chacun, de l'aide éducateur à l'enseignant, du personnel administratif à l'équipe de direction, soit conscient :

- qu'il faut une cohérence entre le dire des discours et le faire du travail quotidien ;
- qu'il est nécessaire que chacun dans ses activités applique les mêmes règles que l'autre, ait le même seuil de tolérance concernant ce qui est inacceptable, non négociable.

Il est fondamental que l'élève ressente que tout l'établissement, toutes les heures de cours, toutes les activités, tous les espaces (salles de classe, couloirs, cours, CDI, cantines,...) fonctionnent selon les mêmes règles.
Les règles fonctionnant dans l'école n'étant déjà pas les mêmes que celles fonctionnant dans la rue, dans la cité ou évoquées dans les médias, il est difficile pour les élèves de se les approprier s'ils ressentent que, concernant par exemple les retards, le rendu des devoirs, les injures, il y a une règle en français, une en mathématiques, une en EPS, etc.

La construction d'un seuil de l'intolérable commun à toute l'équipe éducative implique la construction d'un compromis entre tous les personnels où chacun apporte sa vision mais accepte de pratiquer, dans sa classe, dans son atelier, dans la cour, la loi commune.

Dans le cas évoqué ici, un certain nombre de dispositions apparaissent essentielles :

- Prévenir le conseiller principal d'éducation et le chef d'établissement des injures proférées par l'élève à l'encontre du personnel de service.
- Informer la victime de la possibilité qu'elle a de porter plainte. Le chef d'établissement jugera de son côté de l'opportunité de porter plainte au nom de l'établissement car la victime est un personnel.

■ Il faut immédiatement rappeler à l'élève qu'injurier une personne est une infraction pénale. Ce rappel peut être fait par l'enseignant témoin, le CPE, voire le chef d'établissement. Il faut lui montrer la gravité de son acte et lui présenter ce qu'il encourt dans ce cas comme sanctions conformément au règlement intérieur de l'établissement.

■ Il faut aussi lui rappeler que **ces injures étaient d'autant plus graves qu'elles avaient un caractère raciste**.
En France, le racisme n'est pas une opinion, c'est **un délit**.
La loi condamne précisément « *toute injure publique envers des particuliers à raison de leur origine, de leur appartenance ou de leur non appartenance à une ethnie, une nation, une race, une religion…* »
C'est un enjeu de citoyenneté à l'inverse de toute démarche communautaire. Lutter contre les discriminations et les racismes, c'est aussi pratiquer un travail sur l'histoire, le patrimoine de la nation qui transcende les mémoires familiales. Il est important de voir qu'il n'y a pas de « petits » actes racistes ou antisémites qui pourraient être pudiquement « excusés » ou ne pas faire l'objet de réactions. Tout acte raciste est un délit, toute parole raciste est condamnable et doit l'être. Tout amalgame visant à mettre sur le dos d'un groupe ethnique ou religieux, les comportements, les attitudes de quelques-uns du groupe, est considéré comme du racisme et doit être fermement combattu.
L'urgence absolue est de s'éloigner des réponses communautaires, des attitudes qui enferment les hommes dans des identités rétrécies et leur substituer la défense, la promotion, la mise en acte de l'universalité des valeurs de la République.
Face à des propos et des attitudes racistes, il est nécessaire :

- de mettre fortement l'accent sur l'égale dignité entre toutes les femmes et tous les hommes quelles que soient leurs origines ou leurs religions.
- de combattre tous les **préjugés** et **amalgames** qui circulent ici ou là, y compris véhiculés par les médias.

■ La mise en œuvre des mesures prévues par le règlement implique de réunir rapidement la commission de vie scolaire (commission éducative) pour confronter le jeune à la réalité de ses actes et voir les sanctions et les éventuelles réparations à proposer au chef d'établissement qui les prononcera.

■ Un tel événement peut être l'occasion de faire réfléchir l'ensemble des élèves de l'établissement sur le respect d'autrui.
Il s'agit de permettre dans toutes les classes des réflexions et des activités sur le respect réciproque, l'acceptation des différences, la mise en œuvre de solidarités diverses, de nature à développer chez les élèves l'estime d'eux-mêmes et d'autrui et tout ce qui va dans le sens de la dignité de la personne.
Cela peut se faire par :

- le traitement de ces thèmes par chaque enseignant dans le cadre de leur enseignement donnant ainsi un sens à « *prendre en compte la dimension civique de son enseignement* »,

- un travail dans le cadre, par exemple, de l'heure de vie de classe afin de permettre aux élèves d'être des acteurs de prévention.

Dans cette logique, est développée **l'éducation à la citoyenneté**.
Les pratiques de citoyenneté dans toutes les disciplines doivent reposer sur :

- des valeurs non négociables qui sont les fondements d'un fonctionnement social démocratique : refus du racisme ou du sexisme, respect des droits de l'homme, etc. ;
- une réflexion sur ce qu'est le bien commun, l'intérêt général, qui n'est pas la somme des intérêts particuliers ;
- des pratiques de médiation concernant la gestion des conflits dans un cadre clairement identifié et reconnu par tous les partenaires ;
- un apprentissage de l'argumentation, du débat, base de la vie démocratique. La minorité a le droit de conserver ses idées, mais elle doit accepter les lois, les règles, les règlements définis par la majorité.

8 L'organisation de voyages, de sorties et d'échanges scolaires

1. Référence de l'arrêté du 12 mai 2010

« *Le professeur connaît la politique éducative de la France, les grands traits de son histoire et ses enjeux actuels (stratégiques, politiques, économiques, sociaux) en comparaison avec d'autres pays européens le projet de l'établissement d'exercice ; le professeur est capable, d'utiliser ses connaissances sur l'évolution et le fonctionnement du service public d'Éducation nationale pour recourir aux ressources offertes. Agir de façon éthique et responsable conduit le professeur à collaborer à la réalisation d'actions de partenariat engagées entre l'établissement et son environnement économique, social et culturel, à prendre en compte la dimension civique de son enseignement.* »

2. Présentation de la situation

Vous êtes enseignant(e) en collège avec des élèves qui sont peu sortis d'un territoire proche de leur lieu de résidence. Vous souhaitez avec deux autres collègues organiser une sortie à l'étranger pendant plusieurs jours, s'inscrivant dans la prolongation de votre progression pédagogique.

3. Documents

« La sortie scolaire est un déplacement d'élèves, d'une durée maximale d'une journée, effectuée à l'extérieur de l'établissement. Elle est obligatoire si elle remplit les trois conditions suivantes :

- *Elle s'inscrit dans les programmes officiels d'enseignement.*
- *Elle a lieu pendant le temps scolaire.*
- *Elle concerne une classe entière ou un niveau déterminé.*

Les sorties obligatoires sont gratuites. Il n'y a pas lieu de demander l'autorisation parentale de participation. Seule une information de la sortie est portée à la connaissance des parents. La sortie scolaire est facultative si elle présente une ou plusieurs des caractéristiques suivantes :

- *Dès l'instant où elle ne s'insère pas dans les programmes officiels, même si elle est un moyen d'atteindre un objectif pédagogique.*
- *Elle s'applique dans une ou plusieurs classes à des élèves volontaires.*
- *Elle se déroule sur tout ou partie du temps scolaire.*

Les sorties facultatives donnent lieu à participation financière des familles.
Au vu des définitions réglementaires ci-dessus rappelées, **les sorties se déroulant totalement en dehors du temps scolaire** *et ne s'insérant pas dans un objectif pédagogique explicitement lié à la mission de formation de l'établissement relèvent de la seule initiative individuelle des organisateurs et des participants. Elles ne peuvent pas être présentées à la délibération du conseil d'administration et ne sauraient engager, en aucune façon, la responsabilité de l'établissement.*
Le voyage scolaire concerne un déplacement d'élèves comportant au moins une nuitée hors des locaux de l'établissement scolaire. Le représentant légal du mineur accepte ou refuse la participation de son enfant au voyage. Les élèves ne participant pas au voyage sont accueillis dans l'établissement.

- *Le voyage scolaire donne lieu à participation financière des familles.*
- *Le règlement intérieur de l'établissement s'applique lors du voyage.*
- *Il est rappelé aux familles que, lors d'échanges scolaires avec hébergement en famille, l'élève doit respecter les règles de vie de la famille d'accueil à qui est transférée la responsabilité, après les activités communes aux élèves.*
- *Les élèves participant aux voyages scolaires, par leur âge et leur formation, ont toute conscience de leurs actes et doivent être avertis par leurs parents des risques encourus en cas de violation des règles de l'établissement et des lois en vigueur.*
- *Les atteintes graves au règlement et à la bonne marche du voyage peuvent avoir pour conséquence un rapatriement de l'élève aux frais de la famille. Cette mesure sera prise à titre conservatoire par le chef d'établissement. »*

Source : extrait de la charte des sorties et voyages scolaires du collège Yves Du Manoir à Vaucresson.

Le programme EFTLV dans l'académie

La priorité du programme Éducation Formation Tout au Long de la Vie 2007/2013 (EFTLV) est le renforcement de la contribution de l'éducation et de la formation à la réalisation de l'objectif de Lisbonne. Dans les Académies, la DAREIC est le relais de l'Agence Europe Éducation Formation France (EEFF) qui gère les actions décentralisées du programme EFTLV.

Le programme intégré se compose de 4 programmes sectoriels.

- *Comenius* pour l'enseignement scolaire (1er et 2nd degrés)
- *Leonardo* pour l'enseignement et la formation professionnelle hors enseignement supérieur
- *Erasmus* pour l'enseignement supérieur (dont BTS)
- *Grundtvig* pour l'éducation des adultes

Il comprend également un programme transversal centré autour de 4 axes, dont les visites d'études.

Dans l'Académie

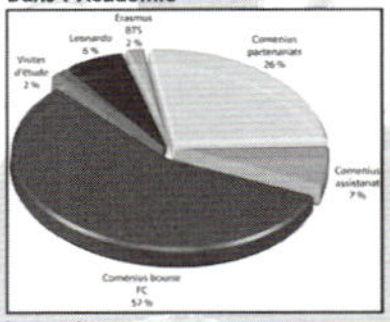

Erasmus
Mobilité étudiante BTS de 4 sections "commerce international"

Comenius
- Mobilité enseignante
70 bourses de formation continue
- 108 assistants Comenius
- 32 partenariats Comenius validés par l'Agence EEFF

Leonardo
Stages à l'étranger d'élèves de lycées professionnels (8 établissements concernés pour 61 placements)

Mobilité des cadres
3 visites d'étude du programme transversal

Voyages et échanges scolaires*

Premier et second degrés

41 pays de destinations

481 voyages et échanges

17 363 élèves

250 appariements

L'Allemagne 1er pays de destination pour les échanges

2 Länder partenaires
- Baden-Württemberg
- Niedersachsen

Nouveauté
Le Royaume-Uni un nouveau partenariat avec le Worcestershire

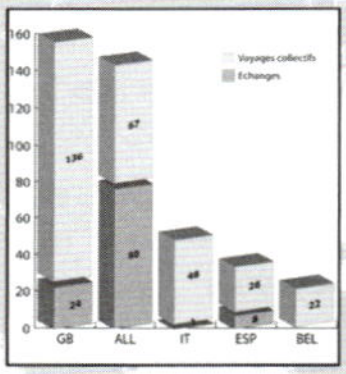

* Voyage collectif : séjour culturel et linguistique d'un groupe d'élèves
Échange collectif : séjour culturel et linguistique d'un groupe avec hébergement en famille d'accueil, dans le cadre d'un partenariat avec un établissement fondé sur le principe de réciprocité

Le franco-allemand

- 2 accords de partenariat académique avec les Länder de Niedersachsen et de Baden-Württemberg
- 147 voyages collectifs et échanges, 4 728 élèves concernés du premier au second degré
- 105 programmes Brigitte SAUZAY (échanges scolaires individuels moyenne durée de la 4ème à la 1ère)
- 14 programmes VOLTAIRE (séjours scolaires de 6 mois pour lycéens)
- Journée franco-allemande (22janvier) et concours OFAJ
- Des stages en entreprise avec le SFA (Sécretariat Franco-Allemand), l'OFAJ et le programme Leonardo (8 LP concernés)

eTwinning : des échanges à distance

Le dispositif a été lancé à l'initiative de la Commission européenne en 2005. Il s'agit de jumelages électroniques entre établissements par le biais du site internet **www.etwinning.net** (assistance technique : CRDP).

- Recherche de partenaires
- Mise en place de partenariats bi ou multilatéraux
- Une étape possible vers des échanges physiques d'élèves ou un projet européen de type Comenius
- Création de communautés virtuelles d'enseignants

27 écoles
87 collèges et lycées

Des projets de solidarité et de développement

L'éducation à la solidarité et au développement fait partie intégrante des programmes scolaires. Dans l'Académie, elle prend deux formes.

- Les partenariats
  - ✓ Au niveau académique
    Oujda (Maroc)
  - ✓ Au niveau des établissements (coopération)
    Mali, Sénegal, Mauritanie, Ethiopie, le Burkina Faso
- **Participation à des actions dans le cadre de la "Semaine de la solidarité internationale"**

4. Questions

- Donnez un certain nombre de raisons justifiant l'organisation d'une sortie scolaire.
- Quelles sont les dispositions à prendre pour organiser une sortie scolaire ?
- Comment la présentez-vous aux élèves et aux parents ?

5. Quelques pistes de réponses possibles

Les voyages et sorties scolaires participent par nature à la mission des établissements publics locaux d'enseignement (EPLE).
Ils contribuent à la mise en œuvre des programmes, mais permettent également à l'enfant d'appréhender les règles de vie en collectivité et de développer son autonomie.

Ce sont, pour les élèves et leurs enseignants, des expériences éducatives et pédagogiques qui doivent permettre d'approfondir et d'illustrer les thématiques abordées en classe.
Un projet pédagogique précis fera apparaître clairement l'utilité du déplacement pour atteindre les objectifs éducatifs visés.

La place privilégiée de la sortie et du voyage scolaire dans la démarche d'enseignement n'est guère à démontrer tant elle fait partie intégrante de la panoplie de formation.
Elle permet d'associer un savoir livresque, qui reste souvent théorique pour les élèves à l'observation d'une réalité de terrain.
Si l'aspect « ludique » (ne pas être en cours, ne pas être soumis à la même discipline, pouvoir discuter ou se déplacer avec une certaine liberté, ...) l'emporte souvent dans un premier temps, l'apprentissage n'en est pas moins présent. **Le travail à effectuer ultérieurement reste quand même en toile de fond** et permet de limiter certaines dérives.
Nombreux sont les enseignants qui soulignent l'incidence positive des sorties, en particulier sur la motivation et l'amélioration de la vie de groupe, bien que ce dernier point soit plus développé dans le cas de voyages où la durée est un élément essentiel.
De même, l'exploitation ultérieure sera systématiquement recherchée et permettra de prolonger, en cours cette fois, la portée de cette approche et le processus d'acquisition de connaissances.
Une démarche de réflexion collective et de préparation de la sortie permet une approche pluridisciplinaire et une synergie entre les différentes matières, en particulier en ce qui concerne l'organisation. Un développement intéressant réside dans une démarche de projet.

Si les relations entre élèves peuvent évoluer favorablement, il en est de même pour les relations entre élèves et enseignants accompagnateurs qui apparaissent sous un autre jour. C'est l'image d'un adulte distinct des parents d'élèves, conservant quand même une partie du rôle d'éducateur. Un échange est alors plus facile du fait d'un environnement différent du strict cadre scolaire et peut favoriser la parole, en particulier avec les élèves les plus réservés.

À contrario, la perception des élèves par l'enseignant s'enrichit d'une observation, dans des conditions différentes, du fonctionnement du groupe (constitution de groupes ou de clans, appréciation sur de qualités autres que celles habituellement demandées, comportement de manière...).

Quelques conseils pour la préparation d'une sortie ou d'un voyage scolaire :

■ Il ne faut présenter la sortie scolaire aux parents et aux élèves ni comme une récompense, ni comme la « cerise sur la gâteau » par rapport à l'enseignement, mais comme une prolongation des apprentissages disciplinaires, donnant lieu à acquisition de connaissances et évaluation des connaissances acquises.

■ Il s'agit également de leur montrer ainsi que les apprentissages scolaires peuvent se faire ailleurs que dans la classe : dans les bibliothèques, les musées, les visites de monuments, les représentations théâtrales ou cinématographiques.

■ S'assurer de l'accord de principe du chef d'établissement sur la nature de la sortie et sur les modalités (dates, accompagnement...) avant toute initiative ou information auprès des élèves ou des familles.

■ Obtenir l'accord des collègues qui ont cours avec la classe concernée ce jour-là. Rechercher des accompagnateurs en nombre suffisant. Avertir le gestionnaire du nombre de repas froids à prévoir pour les élèves demi-pensionnaires.

■ Remettre au chef d'établissement une demande en double exemplaire au moins huit jours avant une sortie. Rédiger l'ensemble des documents d'organisation et de communication.

■ Faire remplir aux familles une autorisation et la récupérer au moins deux jours avant la sortie. Attention : pour toute sortie facultative, réclamer l'attestation d'assurance et vérifier qu'elle est bien conforme aux exigences (le chef d'établissement doit la demander à tous les élèves en début d'année).

■ Remettre au secrétariat avant le départ l'ensemble des autorisations parentales datées et signées, ainsi qu'une copie de la liste nominative des élèves.

■ Se munir pendant la sortie de la liste des élèves (noms et numéros de téléphone des familles).

Aucun élève ne doit se voir privé du voyage pour raisons financières. L'établissement se charge d'instruire le dossier sur demande de la famille pour percevoir l'attribution éventuelle des aides des fonds sociaux. Les organisateurs du voyage, le chef d'établissement et la gestionnaire recherchent les meilleurs rapports de prix et les éventuelles subventions possibles.

Les organisateurs du voyage ou éventuellement le service d'intendance font jouer la concurrence à partir de plusieurs devis établis sur la même base par des prestataires différents.
Les professeurs organisateurs choisissent le devis qui convient le mieux à leurs attentes (fiabilité, sécurité, qualité etc.).

Il est nécessaire de penser aux **accompagnateurs** qui peuvent être des personnels internes à l'établissement ou des parents d'élèves.
Dans ce cas, il est nécessaire de prévoir des documents pour les accompagnateurs.
Une sortie obligatoire est la prolongation de l'enseignement tenu en classe. L'ensemble des obligations réglementaires concernant les élèves comme ceux qui contribuent à l'acte d'apprentissage des élèves s'y applique donc.
Cela concerne notamment toute perturbation que pourraient causer les élèves au déroulement normal des activités prévues durant la sortie scolaire que cela se déroule devant l'enseignant ou devant un intervenant extérieur

(accompagnateur, guide de musée ou de monument, musicien d'un concert, responsable d'une entreprise, etc.).
Les élèves qui contreviendraient à ces obligations lors d'une sortie obligatoire pourraient se voir infliger des punitions par le professeur ou être passible des sanctions figurant au règlement intérieur de l'établissement, pour avoir enfreint les règles dans le cadre d'une activité obligatoire se déroulant dans le cadre du cursus scolaire.
Ces obligations doivent être rappelées dans le cadre de la préparation de la sortie scolaire aux élèves et à leurs familles.

La fiche de l'accompagnateur

Madame, Monsieur,
Le collège / lycée ...., les élèves et les professeurs de la classe de .... vous remercient vivement d'avoir accepté de participer à l'encadrement de la sortie ....

En tant que collaborateur occasionnel du service public d'enseignement, vous bénéficiez de garanties pour les dommages que vous pourriez subir. Veuillez vérifier que vous êtes par ailleurs couvert par une assurance en responsabilité civile personnelle en cours de validité. Vous recevrez une invitation accompagnée du descriptif de la sortie, signée par le chef d'établissement.

Vous trouverez ci-dessous :
- *une définition générale des missions de l'accompagnateur ;*
- *le règlement général des sorties, annexé au règlement intérieur de l'établissement, résumant les consignes et précautions à observer par les élèves.*

Par ailleurs, M ...., responsable pédagogique de la sortie, vous indiquera quelles sont vos attributions particulières, en fonction du lieu et du mode d'organisation choisis.

Missions de l'accompagnateur
- *L'accompagnateur assure l'encadrement de la sortie, sous la responsabilité de l'enseignant qui l'organise.*
- *Il se voit confier la surveillance d'un groupe précis d'élèves ou l'encadrement général de la classe.*
- *dans le premier cas, il identifie clairement ces élèves et se fait identifier d'eux ; il maintient avec le groupe un contact visuel et verbal ;*
- *dans le second cas, il se place à l'opposé du responsable pédagogique par rapport à la classe et veille au respect des consignes données par celui-ci.*
- *Il manifeste régulièrement auprès des élèves sa présence et son rôle d'encadrement.*
- *Sauf cas d'extrême urgence ou organisation particulière, l'accompagnateur ne prend aucune initiative dans l'organisation des déplacements et des activités.*

Fiches liées **Voir fiches n°54 et n°55.**

9 Le travail avec les familles des élèves

1. Référence de l'arrêté du 12 mai 2010

« *Le professeur connaît les caractéristiques et les indicateurs de l'école ou de l'établissement d'exercice, le projet de l'école ou de l'établissement d'exercice. Le professeur est capable de contribuer, en coopérant avec des partenaires internes ou externes à l'institution, à la résolution des difficultés spécifiques des élèves. Agir de façon éthique et responsable conduit le professeur à respecter les élèves et leurs parents.* »

2. Présentation de la situation

Trois situations sont ici présentées :

A) Mme S. élève seule un garçon et deux filles tout en travaillant dans un supermarché. Son fils entre en 6e et commence à « traîner » le soir. Ses résultats scolaires s'en ressentent et il arrive régulièrement en retard à ses cours. Mme S. vient au rendez-vous fixé par le professeur principal et commence par dire : « *Je ne sais plus quoi faire avec lui.* »

B) M. G. est artisan garagiste. Il a quitté le collège en fin de 5e et a passé un CAP dans le cadre de l'apprentissage. Sa femme est au domicile pour s'occuper de leurs quatre enfants. Leur fille est entrée en classe de 4e et commence à éprouver des difficultés dans un certain nombre de matières. Sollicités pour un entretien par téléphone par le CPE, leur première réponse a été : « *Nous en sommes conscients, mais que voulez-vous que nous puissions y faire. Notre fille a été plus loin dans les études que nous avons été nous-mêmes.* » Ils ont cependant accepté de rencontrer le professeur principal.

C) M. et Mme O., tous les deux cadres, jugent que leur fille n'est pas assez « poussée » durant sa scolarité en seconde. Ils veulent qu'elle puisse intégrer après le baccalauréat une filière sélective. Ils sont parents délégués de la classe et interviennent en permanence sur les progressions proposées par les enseignants.

3. Document

> *« Les directeurs d'école et les chefs d'établissement doivent prendre toute mesure adaptée afin que les parents puissent effectivement prendre connaissance des résultats scolaires de leur enfant.*
> *Dans le cadre des mesures que le conseil d'école ou le conseil d'administration adopte sur la conduite du dialogue avec les parents ou dans le cadre du projet d'école ou du projet d'établissement, il appartient à chaque école et à chaque établissement de définir, compte tenu de ses spécificités, les mesures les mieux à même de porter ces résultats à la connaissance des parents. (...)*
> *Les parents doivent être prévenus rapidement de toute difficulté rencontrée par l'élève, qu'elle soit scolaire ou comportementale. La question de l'assiduité scolaire, élément fondamental de la réussite scolaire, fait l'objet d'une attention particulière.*
> *Les nouvelles technologies, en fonction de l'équipement des établissements et des familles, pourront être un support pour mieux communiquer. Ainsi l'utilisation des SMS et des autres moyens accessibles par Internet (...) doivent permettre, chaque fois que possible, des échanges plus rapides avec les parents (absences, réunions...). (....)*
> *Les rencontres collectives seront organisées soit pour l'ensemble des parents (informations de rentrée, parents d'élèves nouvellement inscrits...) soit pour un groupe de parents d'élèves : par classe, ou même, selon la question abordée, en sous-groupes.*
> *Les rencontres individuelles avec les enseignants ou les autres personnels de la communauté scolaire se dérouleront dans le cadre le mieux adapté à la demande, dans le respect de la confidentialité des propos échangés. Il conviendra de veiller à faciliter les échanges avec les parents qui n'ont pas l'habitude de ces rencontres ou qui ne maîtrisent pas bien la langue française.*
> *Le dialogue avec les parents d'élèves est fondé sur une reconnaissance mutuelle des compétences et des missions des uns et des autres (le professionnalisme des enseignants dans le cadre de leurs fonctions, les responsabilités éducatives des parents) ainsi que sur le souci commun du respect de la personnalité de l'élève. »*
>
> Source : circulaire du 25 août 2006 sur le rôle et la place des parents à l'école.

4. Questions

- Comment un enseignant peut-il gérer ces différentes situations ?
- Comment établir et maintenir le contact avec les parents d'élèves pour qu'ils appuient l'action de l'école afin de permettre une meilleure réussite de leur enfant ?

5. Quelques pistes de réponses possibles

■ **Situation A :** *Ceux qui apparaissent « dépassés » par les problèmes de leur enfant*
S'il n'y a pas de parents « démissionnaires », il y a des parents « dépassés ».
Cette mère de famille apparaît au rendez-vous très démunie et découragée par rapport à son enfant. Elle se sent même coupable des difficultés engendrées par son fils.

Il faut pour l'enseignant faire attention à ne pas être gagné par l'impuissance et le découragement du parent et être dans une attitude trop fataliste.
Il est important de ne pas culpabiliser ce parent et de ne pas lui faire sentir qu'on regrette son attitude. Il faut lui expliquer que les difficultés qu'elle rencontre en tant que parent ne sont pas propres à sa situation, mais sont vécues par bien d'autres parents.
Il peut être judicieux de lui indiquer dans la ville des structures type « centres sociaux », « relais des parents » qui pourrait l'aider.
Il est important qu'un enseignant, avec l'aide du chef d'établissement et des différents personnels d'éducation, sociaux et de santé, connaissent l'existence et le rôle des différentes structures ou associations fonctionnant à proximité de l'établissement qui peuvent l'aider dans son action.
Il est également important de valoriser l'action de ce parent. Dès qu'une amélioration, même minime, se fait sentir, par exemple, moins de retards sur une semaine, prendre contact avec la mère de l'élève pour la remercier de sa collaboration et la conforter dans son action éducative.

■ **Situation B :** *Ceux qui se sentent incapables de pouvoir aider leur enfant*
Ces parents ressentent bien que leur enfant a des difficultés scolaires, mais ils se croient incapables de pouvoir aider à leur résolution.
Il est dans ce cas indispensable de :

- Valoriser certains points positifs repérés chez l'enfant et montré à la famille le rôle essentiel quelle a joué dans ce cas.
- Donner à la famille des informations claires et complètes concernant ce qui se fait à l'école et lui montrer comment elle peut aider l'enfant à réussir sans avoir à « refaire la classe » le soir à la maison.
- Développer l'idée que faire participer **l'enfant à des études dirigées ou à des moments « d'aide aux devoirs »** ne remet pas en cause le rôle des parents, mais leur permet de mieux exercer leur responsabilité.
- Tout faire pour que les parents puissent comprendre qu'ils ont toutes les compétences pour accompagner leur enfant dans sa scolarité.

Il est important de montrer aux parents le « plus » qu'ils peuvent apporter aux apprentissages de l'école, sans faire « de l'école après l'école », et de leur montrer qu'ils peuvent compléter les activités menées dans le cadre des **études dirigées** où il est nécessaire d'inscrire leur enfant.

- Il n'est pas besoin d'avoir Bac+5 pour aider efficacement son enfant. L'interroger sur ce qu'il fait à l'école, feuilleter avec lui ses cahiers, l'aider à organiser, programmer son travail est extrêmement important.
- Faire réciter par cœur une leçon est un acte d'apprentissage nécessaire, mais pas toujours suffisant. Il faut demander à l'enfant de se demander à partir du texte appris « par cœur », quelles questions on peut lui poser ou lui poser soi-même quelques questions autour du texte pour lui montrer qu'il ne suffit pas de réciter le texte, mais qu'il faut **en tirer des informations**.

- Ne pas hésiter à multiplier les supports de lecture, à faire appel à son aide pour lire tel ou tel document et toujours valoriser ce qu'il fait ainsi.

Les études dirigées et l'aide aux devoirs peuvent ainsi aider l'enfant, par exemple, à mieux pouvoir interpréter un nouvel apprentissage, et à mieux comprendre comment « apprendre une leçon », facilitant le suivi par les familles.

- Pendant les vacances, il n'est pas nécessaire s'il y a des difficultés, d'en rajouter dans le travail scolaire. Il vaut mieux prévoir précisément des temps limités de travail sur des objectifs précis.
- Ne pas hésiter à présenter aux parents des stages organisés par l'Éducation nationale pendant les congés scolaires et les opérations « école ouverte » si certaines se déroulent à proximité
- Attention à certains organismes privés de « soutien scolaire ». Ils font les devoirs pour l'enfant et pas toujours avec lui, ce qui fait que l'enfant continue à ne pas maîtriser le processus, les démarches de certains apprentissages, processus, démarches dont il aura besoin dans le futur.

Dès qu'une amélioration apparaît dans les résultats scolaires de l'élève, il faut veiller à ce que l'enseignant puisse transmettre un mot, voire téléphoner aux parents pour leur dire merci et bravo pour leur collaboration.

■ Situation C : *Ceux qui sont jugés comme trop « envahissants » dans l'école*

Ces parents ont souvent le désir de piloter l'entretien et d'expliquer leurs projets futurs pour leur enfant sans écouter ce qu'a à dire l'enseignant, voire en lui coupant la parole.

Il est toujours important de rappeler **régulièrement que l'entretien a pour finalité de permettre au jeune concerné (leur enfant, votre élève)** de toujours mieux réussir.

Ainsi, l'enseignant devra s'interdire de répondre à toute question qui pourrait contrarier l'intimité de l'élève et la construction de son « jardin secret ».

Il est aussi important de ne pas laisser ces parents prendre toute la place lors du rendez-vous, mais également de ne pas trop leur faire sentir que ce qu'ils disent ne vous intéresse pas.

Il est impératif dans ce cas :

- d'avoir clairement précisé les objectifs de la rencontre ;
- de vous centrer sur la progression de l'élève par rapport aux objectifs et aux programmes nationaux
- de rassurer le parent sur le fait que le niveau de la classe est dans cet établissement parfaitement conforme aux objectifs nationaux.

Il peut être utile par rapport à ces parents, mais aussi pour les élèves, de faire intervenir dès la seconde un ancien élève de l'établissement ayant été scolarisé dans une filière sélective de post-bac pour qu'il explique comment sa scolarité lui a été utile.

Avoir une association d'anciens élèves est un atout non négligeable dans ce cas pour montrer les réussites de l'établissement.

Ce qu'il ne faut surtout pas faire lors d'une rencontre parents/enseignants

- Se laisser accaparer, déborder lors de la rencontre et ne pas pouvoir développer les éléments essentiels à communiquer.
- Adopter une attitude fataliste vis-à-vis du jeune : « *il n'y a plus rien à faire….* », « *Son frère (sa sœur) était déjà comme ça…* ».
- Se mettre en situation de se justifier systématiquement pour prouver que sur tous les points évoqués, on est le seul à avoir raison et les parents ont tort.
- Blâmer en permanence l'attitude de la famille vis-à-vis de l'école.
- Penser que l'on sera seul en capacité de résoudre tous les problèmes. Il ne faut jamais hésiter de conseiller aux parents de consulter d'autres professionnels.
- Ne jamais faire appel à des « médiateurs » possibles : délégués des parents de la classe, responsables de l'association de parents d'élèves de l'établissement.
- Apparaître comme très « ouvert » aux parents lorsqu'il s'agit de l'accompagnement de sorties ou des voyages scolaires et « fermé » lorsque sont abordées les questions concernant l'apprentissage des élèves.

Si les parents deviennent plus agressifs, il ne faut surtout pas répondre sur le même ton. Il faut maîtriser son comportement face à des débordements et reporter à une autre réunion la suite de la discussion. On peut prévoir pour cette seconde réunion, la présence d'un tiers agissant comme « médiateur ».

Enfin, toute demande de rencontre individuelle ne doit pas prendre la forme d'une **convocation**, mais être présentée par l'enseignant comme **une demande de rendez-vous**.

Il est souvent indispensable pour un enseignant de garder **une trace** d'un rendez-vous avec les parents d'un élève :

- Qui a provoqué le rendez-vous ?
- Quelles informations ont été données par l'enseignant, par la famille ?
- Quelles questions ont été laissées en suspens et doivent faire l'objet d'un entretien ultérieur ?
- Quelles décisions ont été prises et comment s'est déroulé le suivi ?
- Quelles sont les potentialités de travail en commun avec la famille ou quels sont les problèmes posés par cet entretien ?

Fiche liée **Voir fiche n°10.**

10 La lutte contre les discriminations

1. Référence de l'arrêté du 12 mai 2010

« *Le professeur connaît les valeurs de la République et les textes qui les fondent : liberté, égalité, fraternité ; laïcité ; refus de toutes les discriminations ; mixité ; égalité entre les hommes et les femmes ; les caractéristiques et les indicateurs de l'école ou de l'établissement d'exercice. Agir de façon éthique et responsable conduit le professeur à faire comprendre et partager les valeurs de la République.* »

2. Présentation de la situation

Un lycée connaît deux ruptures de stage en entreprise concernant :

- un jeune originaire de Guadeloupe à qui, chaque matin, on demandait la « carte de séjour » de ses parents, puisque étant noir, il ne pouvait venir que d'Afrique et avoir de faux papiers d'identité français ;
- un jeune garçon dans le secteur du bâtiment qui s'est retrouvé l'objet d'injures et de moqueries parce que son ami est venu le chercher à la porte de son travail et qu'ils ont été vus dans un café voisin côte à côte.

Suite à ces événements, le lycée décide d'engager une campagne contre les discriminations en s'attaquant aux stéréotypes racistes et homophobes.

3. Documents

A) « *Le ministère de l'Éducation nationale est engagé dans la lutte contre toutes les formes de discriminations, dans le cadre de la politique globale de promotion de l'égalité des chances.*

Au sein des établissements, une importance particulière est accordée aux actions visant à prévenir les atteintes à l'intégrité physique et à la dignité de la personne : ***violences racistes et antisémites, violences sexistes et homophobes****.*

L'école doit contribuer à :

- *promouvoir l'égalité entre les hommes et les femmes,*
- *faire prendre conscience des discriminations,*
- *sensibiliser au respect des différences,*
- *faire reculer les stéréotypes.*

L'évolution des comportements passe par un ***travail éducatif*** *qui s'appuie sur :*

- *l'apprentissage des valeurs de la République,*
- *les* ***enseignements****,*
- *toutes les* ***actions éducatives prévenant les atteintes à l'intégrité physique et à la dignité de la personne****.*

Le comité d'éducation à la santé et à la citoyenneté (CESC) aide à la mise en œuvre des actions éducatives. »

B) ***« La lutte contre les discriminations dans l'établissement implique toute la communauté éducative.***

Les règlements intérieurs*, depuis la circulaire de rentrée 2009, doivent mentionner le refus de toutes les formes de discrimination et les nommer clairement, ainsi que l'interdiction de tout harcèlement discriminatoire portant atteinte à la dignité de la personne. Il en va de même pour les propos injurieux ou diffamatoires.*

Les comités d'éducation à la santé et à la citoyenneté *participent à la mise en œuvre des actions éducatives dans les établissements.*

Les conseils de la vie lycéenne *peuvent initier des projets visant à encourager la tolérance, le respect de soi et d'autrui dans sa diversité.*

La Haute autorité de lutte contre les discriminations et pour l'égalité (HALDE) a mis en ligne un outil de formation, en partenariat avec le ministère de l'Éducation nationale.

La lutte contre les discriminations peut aussi s'appuyer sur des journées thématiques. Par exemple, la journée internationale des droits de la femme, le 8 mars, ou la journée de lutte contre le racisme, le 21 mars de chaque année. »

C) *« Le combat pour les valeurs d'égalité, de liberté et de respect d'autrui est au coeur de l'engagement de l'État républicain. En se dotant d'un dispositif de prévention et de veille contre les actes racistes et antisémites, le ministère de l'Éducation nationale réaffirme sa détermination à faire en sorte que l'école reste un lieu privilégié du vivre ensemble.*

Les actions menées dans les académies et les établissements scolaires sont menées en partenariat avec les collectivités territoriales et des associations agréées. Une convention a été signée en ce sens, et renouvelée en 2007, entre la LICRA et le ministère de l'Éducation nationale.

Une brochure « Agir contre le racisme et l'antisémitisme », diffusée dans tous les établissements scolaires, présente les nombreuses initiatives, ressources et dispositifs qui sont au service des acteurs de l'éducation dans le domaine de la lutte contre le racisme et l'antisémitisme. Elle donne des exemples concrets d'actions. »

Source : documents extraits du site Eduscol « *Lutte contre les discriminations* ».

4. Questions

- Quel rôle peut jouer, dans sa classe et dans l'établissement, l'enseignant pour prévenir les pratiques discriminatoires ?
- Quelles actions vous semblent les plus efficaces dans ce domaine ?

5. Quelques pistes de réponses possibles

Il est souvent nécessaire de réagir en classe contre les discriminations qui apparaissent souvent dans le cadre de la période de formation en entreprise. Selon le rapport ORSEU/EQUAL « *Difficultés d'accès et discriminations dans l'accès au stage. Le ressenti des lycéens de l'enseignement professionnel, le point de vue des enseignants et des employeurs* » concernant les difficultés d'accès aux stages, un jeune sur quatre déclare que « *le stage a été difficile ou très difficile à obtenir* ». Les premières raisons évoquées par les jeunes ayant connu des difficultés pour trouver un stage, mais également pour trouver un contrat d'apprentissage sont :

- le fait de ne pas connaître d'employeur, de ne pas avoir des relations pour en connaître ;
- l'absence de moyen de transport.

La recherche d'un stage ou d'un contrat d'apprentissage apparaît toujours plus difficile pour les garçons que pour les filles.
Les discriminations recensées dans les diverses études concernent principalement, avec quelques variations selon les secteurs, sont le handicap, la couleur de peau, le genre, et le territoire où sont domiciliés les jeunes.

La HALDE (Haute autorité de lutte contre les discriminations et pour l'égalité) souligne que « *les jeunes sont victimes de discriminations massives liées principalement à l'origine réelle ou supposée, mais aussi à la seule adresse.* »
Le rapport ORSEU / EQUAL déjà évoqué indique : « *l'influence de l'origine est double. Elle témoigne de difficultés plus grandes liées à l'apparence ou au nom ou au prénom, c'est-à-dire des difficultés liées à des motifs discriminatoires. Elle renvoie aussi à la situation sociale de ces familles où le niveau d'études des parents est plus bas, où la part des parents qui ne travaille pas augmente. Il s'agit là de difficultés de nature sociale. Les différents types de difficultés se cumulent en pratique.* »

Le rapport du conseil économique et social (CES) de juin 2008 insiste sur la discrimination liée à l'adresse du candidat à un stage ou à un emploi. Il préconise notamment d'introduire dans la loi l'interdiction de discrimination en fonction du lieu de résidence. :
« *Les discriminations en fonction de l'adresse d'un candidat sont aussi une réalité. Elles se cumulent parfois avec les discriminations liées à l'origine réelle ou supposée, mais ceci n'est pas systématique. Un candidat ayant un nom à consonance française peut se voir rejeté du fait de son adresse associée à un quartier à l'image négative. (…)*
Notre assemblée propose de prévoir explicitement, dans la loi, l'interdiction de discrimination en fonction du lieu de résidence… » (rapport du CES du 25 juin 2008).

L'enjeu est de tout faire pour favoriser l'inversion de la pratique actuelle qui vise à ce que le lycéen ou l'étudiant recherche son stage ou son contrat d'apprentissage.
Les lycées, voire les IUT, doivent avoir une **banque de stages** où ils affectent leurs élèves en fonction du diplôme préparé et du projet de chacun. Il y a là un travail important pour faire émerger de nouveaux rapports entre les établissements scolaires et les entreprises, afin que le stage où est affecté le jeune soit une **vraie période de formation en entreprise**.

La circulaire du 20 mai 2009 et la note de service du 17 septembre 2009 concernant la mise en place de **banques de stages** indiquent qu'elles ont pour rôle : « *de permettre d'assurer une plus grande équité dans l'accès de l'ensemble des élèves aux périodes en milieu professionnel prévues dans le cadre leur cursus scolaire, notamment pour la séquence obligatoire d'observation en 3e.... elle vise trois objectifs : assurer l'égalité pour tous, renforcer le partenariat avec les entreprises et préparer l'insertion professionnelle, améliorer l'orientation par une approche de la diversité des métiers.* »

Le rôle de l'enseignant face à des discriminations **avérées** lors des stages dans le milieu professionnel est important. Il doit avoir comme souci de **ne pas laisser l'élève seul** et de lui montrer ce que sont la loi et les transgressions à la loi.
Il faut donc en permanence rappeler qu'il ne suffit pas que des principes soient inscrits sur des murs ou dans des lois pour qu'ils s'appliquent spontanément. Liberté, égalité, fraternité, laïcité, justice égale pour tous restent des horizons à atteindre.

Dans les exemples présentés ici, à partir du moment où il apparaît clairement que les élèves ont été victimes de discriminations et où se sont manifestées des attitudes contraires aux dispositions légales, la démarche pourrait être :

- de demander une intervention du chef d'établissement, voire des autorités académiques vis-à-vis de l'attitude des entreprises concernées ;
- d'aider l'élève à constituer un dossier de saisine de la HALDE avec des témoignages, des faits précis,... l'enseignant, voire le chef d'établissement peut lui-même apporter un témoignage écrit ;
- de suggérer aux élèves concernés pour qu'ils sentent que l'action pour le respect de la loi n'est pas qu'un combat individuel, mais nécessite des réactions collectives de prendre contact avec des associations intervenant dans ce domaine (Ligue des Droits de l'Homme, SOS Racisme, organisations syndicales......).

Bien entendu, des dispositions doivent être prises pour que les élèves concernés ne souffrent pas dans leur cursus de l'attitude de ces deux entreprises :

- Mise en place le plus rapidement possible d'un autre stage.
- Procédures de validation adaptées à leur situation.

Toutes les discriminations ne sont pas extérieures à l'école, **certaines peuvent se dérouler en son sein** et doivent être combattues.
Attention, cependant de ne pas tomber dans une vision systématique de la discrimination qui ne rend service à personne.
Certains élèves, punis à juste titre ou ayant de mauvaises notes, arguent quelquefois de leurs origines comme cause unique de leurs difficultés et se présentent comme victimes permanentes de discriminations.

Cette attitude requiert de l'enseignant **une vigilance accrue** pour combattre les discriminations là où elles se situent réellement. Cela nécessite une **éthique** réfléchie concernant l'égalité de traitement de chaque élève en termes d'exigences et de jugements.

Le vécu de l'orientation montre que le sentiment de discriminations reste très fort chez les descendants d'immigrés. Une étude de l'INED d'octobre 2010 « *Trajectoires et origines : Enquête sur la diversité des populations en France* » montre que « *14 % des descendants d'immigrés déclarent avoir été moins bien traités lors des décisions d'orientation, soit environ trois fois plus que la population majoritaire (5 %). Ce sentiment d'injustice est particulièrement marqué chez les descendants d'immigrés originaires du Maroc ou de Tunisie (23 %), de Turquie (22 %), d'Afrique sahélienne et guinéenne ou centrale (24 % et 20%) et d'Algérie (20 %).* »

Combattre les discriminations, c'est aussi, à l'intérieur des séquences d'enseignement et quelle que soit sa discipline, **combattre en permanence les stéréotypes** concernant :

- le racisme, l'antisémitisme ;
- concernant l'égalité hommes-femmes. Vivre ensemble nécessite de reconnaître l'égalité de chacun et de ne pas voir se construire des attitudes « machistes » ;
- l'orientation sexuelle de chacun qui relève de sa vie privée, **de son jardin secret** et qui ne doit pas faire l'objet d'un quelconque jugement, ni d'une information tout azimut.

De ce point de vue, l'exemplarité du comportement des enseignements évitant un grand écart entre ce qu'on dit et ce qu'on pratique dans l'école est indispensable. Cet écart entre le faire et le dire est un facteur d'incompréhension pour les pratiques de ces valeurs et la lutte contre toutes les discriminations dans l'école.

Préserver le jardin secret de chacun. L'enseignant, le parent, l'enfant, chacun a sa part privée qu'il doit pouvoir préserver de toute intrusion même bien pensante.
Des repères explicites doivent permettre de baliser l'espace pour permettre au jeune de construire son propre espace.
Il faut admettre que l'école accompagnant la nécessaire autonomie de l'enfant et de l'adolescent soit amenée parfois à protéger l'espace privé du jeune concernant notamment son orientation sexuelle en opposition avec l'espace privé de la famille.

11 L'accueil d'élèves handicapés

1. Référence de l'arrêté du 12 mai 2010

« Le professeur connaît les valeurs de la République et les textes qui les fondent : liberté, égalité, fraternité ; laïcité ; refus de toutes les discriminations ; mixité ; égalité entre les hommes et les femmes. Le professeur est capable de contribuer, en coopérant avec des partenaires internes ou externes à l'institution, à la résolution des difficultés spécifiques des élèves. Agir de façon éthique et responsable conduit le professeur à respecter les élèves et leurs parents. »

2. Présentation de la situation

Dans le cadre de l'UPI, devenue ULIS, d'un collège spécialisé dans l'accueil des élèves autistes, le coordonnateur souhaite faire participer un certain nombre des élèves accueillis dans cette structure à quelques activités des autres classes du collège correspondant à sa classe d'âge.
Il demande donc à tous les enseignants du collège s'ils sont d'accord pour accueillir un des élèves de l'UPI correspondant à la classe d'âge de ses élèves.

3. Documents

La **loi n° 2005-102 du 11 février 2005** pour l'égalité des droits et des chances, la participation et la citoyenneté des personnes handicapées pose le principe de scolarisation prioritaire des élèves handicapés en milieu scolaire ordinaire, la scolarisation en milieu spécialisé étant l'exception.
Les articles D. 351-3 à **D. 351-20 du Code de l'éducation** précisent les modalités de mise en œuvre des parcours de formation des élèves présentant un handicap.

« À compter du 1er septembre 2010, tous les dispositifs collectifs implantés en collège et en lycée pour la scolarisation d'élèves en situation de handicap ou de maladies invalidantes auparavant appelés unités pédagogiques intégrées (UPI) sont dénommés unités localisées pour l'inclusion scolaire (ULIS) et constituent une des modalités de mise en œuvre de l'accessibilité pédagogique pour ces élèves. L'intitulé des ULIS correspond à une réponse cohérente aux besoins d'élèves handicapés présentant des :
TFC : troubles des fonctions cognitives ou mentales (dont les troubles spécifiques du langage écrit et de la parole) ;
TED : troubles envahissants du développement (dont l'autisme) ;
TFM : troubles des fonctions motrices (dont les troubles dyspraxiques) ;
TFA : troubles de la fonction auditive ;
TFV : troubles de la fonction visuelle ;
TMA : troubles multiples associés (pluri-handicap ou maladie invalidante).

→

Les ULIS possèdent trois caractéristiques qui leur confèrent une place essentielle dans l'éventail des réponses que l'Éducation nationale apporte aux besoins des élèves handicapés dans le second degré :

- *Elles constituent un dispositif collectif au sein duquel certains élèves handicapés se voient proposer une organisation pédagogique adaptée à leurs besoins spécifiques et permettant la mise en œuvre de leurs projets personnalisés de scolarisation(PPS).*
- *Elles sont parties intégrantes de l'établissement scolaire dans lequel elles sont implantées. Les élèves scolarisés au titre de l'ULIS sont des élèves à part entière de l'établissement et leur inscription se fait dans la division correspondant à leur projet personnalisé de scolarisation (PPS).*

Dans le cadre du bassin de formation et en vue d'offrir aux élèves un choix plus étendu de formations professionnelles, l'ULIS peut être organisée sous la forme d'un réseau regroupant plusieurs lycées professionnels. L'objet de l'ULIS en réseau est de mutualiser les lieux de formation possibles afin de faciliter la mise en adéquation du projet professionnel du jeune avec son projet personnalisé de scolarisation.

L'inscription d'un élève handicapé dans un établissement scolaire au titre d'une ULIS nécessite obligatoirement une décision de la commission des droits et de l'autonomie des personnes handicapées (CDAPH). L'enseignant référent prépare l'arrivée du jeune dans l'ULIS en transmettant aux membres de l'équipe de suivi de la scolarisation les éléments du PPS, notamment les évaluations scolaires. »

Source : circulaire du 18 juin 2010, BO n°28 du 15 juillet 2010.

« *Dans le secondaire, lorsque les exigences d'une scolarisation individuelle sont trop grandes, les élèves présentant un handicap peuvent être scolarisés dans une* ***unité localisée pour l'inclusion scolaire (ULIS)****. Ce dispositif s'adresse à des collégiens et lycéens qui ne sont pas en mesure de bénéficier d'un enseignement ordinaire. Encadrés par un enseignant spécialisé, ils reçoivent un enseignement adapté qui met en œuvre les objectifs prévus par le projet personnalisé de scolarisation. Il inclut autant qu'il est possible des plages de participation aux activités de la classe de référence de l'enfant, choisie parmi les classes du collège qui accueillent des élèves de sa classe d'âge.* »

Source : circulaire de rentrée 2010, ministère de l'Éducation nationale.

« **Projet personnalisé de scolarisation** *:*

C'est à partir des besoins identifiés que l'équipe pluridisciplinaire va élaborer le **projet personnalisé de scolarisation (PPS)** *de l'élève handicapé, en tenant compte des souhaits de l'enfant ou de l'adolescent et de ses parents.*

Le PPS définit les modalités de déroulement de la scolarité en précisant :

- *la qualité et la nature des accompagnements nécessaires, notamment thérapeutiques ou rééducatifs,*
- *le recours à un auxiliaire de vie scolaire,*
- *le recours à un matériel pédagogique adapté.*

→

Le PPS assure la cohérence d'ensemble du parcours scolaire de l'élève handicapé. C'est sur la base de ce projet que la commission des droits et de l'autonomie (CDA) *prend les décisions d'orientation.*

Auxiliaires de vie scolaire
Pour tout élève présentant un handicap, l'ensemble des dispositifs de scolarisation, collectifs ou individuels, permet la construction de parcours de formation au sein desquels les personnels, assistants d'éducation ou emplois vie scolaire exercent les fonctions d'auxiliaires de vie scolaire (AVS). (...)»

Source : « Scolarisation des enfants handicapés », Site Eduscol, ministère de l'Éducation nationale.

4. Question

■ Que pensez-vous répondre à la demande du coordonnateur ? Justifiez votre réponse.

5. Quelques pistes de réponses possibles

■ Il faut se garder de toute attitude compassionnelle par rapport à la scolarisation des élèves en situation de handicap.
Accueillir un élève en situation de handicap dans sa classe, ce n'est pas faire « une bonne action », c'est participer à son projet personnel de scolarisation, lui permettre de développer ses potentialités. C'est répondre à la nécessité d'accueillir dans les établissements scolaires les élèves « à besoins éducatifs particuliers ». En effet, **la loi du 11 février 2005 pour l'égalité des droits et des chances, la participation et la citoyenneté des personnes handicapées** pose le principe de scolarisation prioritaire des élèves handicapés en milieu scolaire ordinaire, la scolarisation en milieu spécialisé étant l'exception.
Ce n'est pas aider les élèves en situation de handicap de ne pas être exigeant à leur égard dans leur travail scolaire ou de les surprotéger et de demander aux autres élèves de les aider au maximum.
Il est donc nécessaire de tout faire pour développer l'autonomie, ce qui implique de lui laisser du temps pour réaliser telle ou telle activité et de ne pas faire, ou inciter les autres élèves à faire « pour lui ».

■ En même temps, accueillir un élève handicapé, c'est aussi bien connaître ses limites en tant qu'enseignant. Vous n'êtes pas compétents par rapport à tout ce qu'implique le suivi d'une scolarisation de ces élèves.
L'enseignant affecté dans une ULIS est titulaire de l'option du Capa-SH ou du 2CA-SH, la mieux adaptée au projet du dispositif.
Le CAPA-SH est le certificat d'aptitude professionnelle pour les aides spécialisées, les enseignements adaptés et la scolarisation des élèves en situation de

handicap qui concerne les enseignants du premier degré pouvant être appelés à exercer leurs fonctions « dans des écoles, établissements, services accueillant des élèves présentant des besoins éducatifs particuliers liés à une situation de handicap, une maladie.... » .

Le CAPA-SH se prépare dans le cadre d'une formation en alternance de 400 heures et comporte 7 options de spécialisation :

- Option A : élèves sourds ou malentendants.
- Option B : élèves aveugles ou malvoyants.
- Option C : élèves présentant une déficience motrice grave ou un trouble de la santé évoluant sur une longue période et/ou invalidant.
- Option D : élèves présentant des troubles importants des fonctions cognitives
- Option E : enseignants chargés des aides spécialisées à dominante pédagogique.
- Option F : enseignants chargés de l'enseignement et de l'aide pédagogique auprès des élèves des établissements et sections d'enseignement général et professionnel adapté.
- Option G : enseignants chargés des aides spécialisées à dominante rééducative.

Le 2CA-SH est le certificat complémentaire pour les enseignements adaptés et la scolarisation des élèves en situation de handicap qui concerne les enseignants du second degré susceptibles de travailler au sein d'équipes pédagogiques et éducatives accueillant des élèves présentant des besoins éducatifs particuliers liés à une situation de handicap ou des difficultés scolaires graves. Il comporte des options de spécialisation qui correspondent aux options A, B, C, D,F du CAPA-SH.

■ Vous devez avant tout vous appuyer sur le coordonnateur de l'ULIS-UPI pour bien gérer l'accueil des élèves.

Chaque ULIS est dotée d'un coordonnateur chargé de l'organisation du dispositif et de l'adaptation de l'enseignement. Cette fonction est assurée par un enseignant titulaire du CAPA-SH ou du 2CA-SH, membre à part entière de l'établissement scolaire et des équipes de suivi de la scolarisation de chaque élève handicapé.

Le coordonnateur de l'ULIS est un spécialiste de l'enseignement auprès d'élèves handicapés, donc de l'adaptation des situations d'apprentissage aux situations de handicap. En tant que tel, sa première mission est, dans le cadre horaire afférent à son statut, une mission d'enseignement face aux élèves visant à proposer aux élèves handicapés, quand ils en ont besoin, les situations d'apprentissage que requiert leur handicap. Son expertise lui permet d'analyser l'impact que la situation de handicap a sur les processus d'apprentissage déployés par les élèves, aux fins de proposer l'enseignement le mieux adapté.

Tous les élèves de l'ULIS reçoivent un enseignement adapté de la part du coordonnateur, pas nécessairement au même moment, que cet enseignement ait lieu en situation de regroupement ou dans la classe de référence. En outre, le coordonnateur organise le travail des élèves handicapés dont il a la responsabilité en fonction des indications portées par les projets personnalisés de scolarisation (PPS). Enfin, s'il n'a pas prioritairement vocation à apporter un soutien professionnel aux enseignants non spécialisés, il constitue cependant pour l'établissement une personne ressource indispensable.

■ Accueillir un élève en situation de handicap pose des questions différentes selon les disciplines concernées.
Dans le cas évoqué ici, d'une ULIS,ex-UPI accueillant en priorité des élèves à syndrome autistique, il faut savoir que la quasi-totalité des recherches menées indiquent que les jeunes scolarisés souffrant de ce type d'handicap ont souvent construit des activités très remarquables dans les domaines de l'éducation musicale, des arts plastiques ou de l'éducation physique et sportive.

■ Un enseignant susceptible d'accueillir un élève en situation de handicap pendant ses séquences d'enseignement ne doit pas se sentir inquiet. Il doit avant tout, y compris pour rassurer les élèves de sa classe, agir en professionnel qui accueille tous les élèves en âge d'être scolarisés.
Pour le faire dans les meilleures conditions possibles, il ne faut pas hésiter à aller **observer une séquence dans votre discipline dans l'ULIS ex UPI**.
Cela vous permettra d'observer le comportement de l'élève que vous accueillerez pour quelques heures, de voir éventuellement l'activité de **l'auxiliaire de vie scolaire (AVS)** qui est à ses côtés…
Ainsi, vous pourrez gérer le plus efficacement possible les moments que cet élève passera dans votre cours.

Fiches liées **Voir fiches n°33 et 38.**

12 Agir avec l'environnement de l'établissement

1. Référence de l'arrêté du 12 mai 2010

« *Le professeur connaît les mécanismes économiques et les règles qui organisent le monde du travail et de l'entreprise le système éducatif, ses acteurs et les dispositifs spécifiques (éducation prioritaire, etc.), les caractéristiques et les indicateurs de l'école ou de l'établissement d'exercice, le projet de l'école ou de l'établissement d'exercice. Le professeur est capable d'utiliser ses connaissances sur l'évolution et le fonctionnement du service public d'Éducation nationale pour recourir aux ressources offertes, de contribuer, en coopérant avec des partenaires internes ou externes à l'institution, à la résolution des difficultés spécifiques des élèves. Agir de façon éthique et responsable conduit le professeur à collaborer à la réalisation d'actions de partenariat engagées entre l'établissement et son environnement économique, social et culturel.* »

2. Présentation de la situation

La commune où est situé le collège où vous exercez votre activité d'enseignant a décidé de mettre en place un **projet éducatif local** associant l'ensemble des structures économiques, sociales et culturelles du territoire.

3. Document

Un exemple de Projet éducatif local, celui de SAINT-NAZAIRE (44)

Cinq orientations

• Favoriser l'agrégation, c'est-à-dire le passage de l'enfance à l'adolescence, puis de l'état de jeunesse à l'intégration dans l'âge adulte. Il s'agit de réinventer des rites de passage qui ont disparu dans nos sociétés, afin d'apporter une reconnaissance sociale, valoriser symboliquement, voire officiellement, une place à prendre dans la société.

• Favoriser l'appropriation de l'espace public par les jeunes. Cela implique de penser la place des jeunes dans l'aménagement de l'espace public, espace éducatif, socialisant et intergénérationnel… espaces attractifs et conviviaux.

La ville doit aussi disposer de lieux ressources spécifiques où les jeunes peuvent trouver des outils, des moyens de construire des projets, des informations et une orientation ; des espaces où les jeunes peuvent trouver une écoute, un dialogue, mais aussi apprendre à différer au travers de projets collectifs dans lesquels ils peuvent être accompagnés.

La ville doit proposer des temps festifs, dans lesquels les jeunes peuvent trouver leur place (par exemple, Street Session).

• Permettre aux jeunes de découvrir la diversité culturelle et faire l'expérience de l'altérité, gage d'une capacité à la mobilité sociale. Le développement de séjours internationaux ou de projets de relations internationales (développement de réseaux d'échanges via les villes jumelées par exemple), mais plus largement les départs en vacances, les opérations qui permettent de découvrir d'autres territoires et de mixer les publics, la circulation entre les quartiers et dans la ville, constituent des orientations concrètes d'action.

• Clarifier la chaîne des responsabilités et renforcer la coopération entre les acteurs. (…) La politique municipale a vocation à prendre en compte tous les publics et toutes les dimensions de l'action en direction des jeunes, dans une approche globale. (…)

• Renforcer l'accès des jeunes à l'information et les accompagner dans leur démarche de projet. Deux idées d'actions à développer, à destination des jeunes, mais aussi des professionnels relais d'information et d'accompagnement des jeunes. (…)

→

Le projet éducatif local, socle commun à l'ensemble des acteurs éducatifs, propose une définition commune de la **notion de réussite éducative**. *Sans mésestimer son importance, la réussite ne peut se réduire à la question scolaire.*

Dans une approche globale de l'enfant ou du jeune, elle se décline schématiquement autour de quatre axes :

• Une maîtrise des savoirs fondamentaux (lire, écrire, compter, apprendre à apprendre…), en adéquation avec les capacités et les aspirations de l'enfant ou du jeune.

• La confiance en soi et l'estime de soi qui permettent à l'enfant et au jeune, par divers détours, d'acquérir progressivement l'assurance et la sérénité indispensables à l'inscription dans les apprentissages ou la formation et à l'épanouissement personnel.

• Des compétences sociales, la capacité à vivre en société, qui permettent à l'enfant et au jeune de se situer dans le monde, de comprendre leurs droits et leurs devoirs, les règles de vie collective.

• L'adhésion à des valeurs qui font sens, aide à se prendre en main et à s'intégrer dans la société.

La réussite éducative est bien un processus dynamique, un cheminement qui conduit à former de futurs citoyens, libres et responsables de leur destin. Chaque enfant ou jeune doit ainsi pouvoir se construire, s'engager dans un parcours et des expériences lui permettant de se projeter, en exploitant les ressources de son environnement et ses propres potentialités.

■ Intégrer les parents dans des actions éducatives

Tout en veillant à ne pas être dans l'injonction à la participation, il convient de développer des actions éducatives associant les parents, particulièrement avec les plus jeunes.

■ Développer la collégialité et le travail en réseau entre les professionnels

Au-delà de la coordination technique des actions, il s'agit de développer des formes de travail coopératif au moment de la construction des projets et des dispositifs permettant un travail en réseau entre les professionnels. Cette orientation implique une bonne circulation de l'information, mais surtout un renforcement de la connaissance mutuelle des professionnels, avec des rencontres organisées de manière décloisonnée (les clubs sportifs doivent pouvoir, par exemple, évoquer les questions éducatives qu'ils rencontrent dans un cadre élargi). C'est au niveau du projet éducatif local, transversal, que doit s'organiser de manière permanente cette animation.

4. Questions

■ Quel est l'intérêt pour un collège, ses enseignants et ses élèves d'un projet éducatif local ?

■ Comment pouvez-vous en tant qu'enseignant(e), tirer parti de ce que les élèves effectuent dans le cadre du projet éducatif local ?

5. Quelques pistes de réponses possibles

Il y a deux pistes complémentaires pour améliorer la situation de l'école et la réussite des élèves :

- Rendre le système scolaire plus équitable dans son fonctionnement et son organisation en favorisant la mixité sociale et expérimentant des pratiques pédagogiques permettant de réduire massivement l'échec scolaire.
- Agir sur l'environnement éducatif global des jeunes en compensant les carences du milieu familial par l'élaboration de projets pédagogiques au niveau local avec des objectifs spécifiques et individualisés.

Cette seconde piste est celle du projet éducatif local dont le contrat éducatif local est le support essentiel.

Articuler, coordonner et équilibrer tous les services d'un territoire concernés par l'éducation de la jeunesse permet de proposer un **projet éducatif cohérent au niveau local** qui peut s'appuyer sur des contrats éducatifs locaux (CEL) qui ont pour vocation de mobiliser tous les partenaires et acteurs éducatifs pour favoriser la réussite des enfants et des jeunes, en accordant une priorité aux plus défavorisés d'entre eux.

Le contrat éducatif local, passé entre une collectivité territoriale et l'État, a pour objectif de trouver le meilleur équilibre entre le temps scolaire (qui relève de la responsabilité de l'Éducation nationale), le temps périscolaire (le temps de transport, d'accueil, de restauration, la garderie périscolaire, le mercredi après-midi), le temps extrascolaire (les soirées, les fins de semaine, les vacances).

Ce dispositif part du principe que la ville dans son ensemble est un espace éducatif et qu'elle mobilise toutes les énergies et ressources dont elle dispose pour répondre aux besoins éducatifs. C'est ainsi que peuvent se dérouler sur le temps scolaire des activités culturelles ou sportives, des actions de prévention dans le domaine de la santé, assurées par des intervenants extérieurs. Des actions hors temps scolaire, comme le soutien à la parentalité par exemple, s'inscrivent aussi dans le dispositif.

L'éducation se joue à l'école mais aussi pendant les autres temps de la vie de l'enfant et du jeune. Le PEL prend en compte tous ces moments en impliquant l'ensemble des partenaires éducatifs – parents, enseignants, acteurs de l'éducation non formelle – dans une politique globale.

Les PEL, le plus souvent, s'appuient sur les principes suivants :

- L'équilibre et la complémentarité entre les actions culturelles, sportives, scientifiques et techniques.
- L'engagement des collégiens dans le respect de leurs rythmes de vie et de leurs besoins.

- Une réponse aux questions d'organisation du temps et de la vie familiale.
- L'accessibilité de tous aux activités. Le coût ne doit pas être un obstacle pour certaines familles.
- L'implication des parents dans le parcours éducatif du jeune.
- L'implication des structures associatives locales.
- La construction de liens inter-générationnels.

Le **projet éducatif local** peut permettre à des élèves de collège :

- d'améliorer leurs résultats scolaires grâce à des actions d'accompagnement scolaire et d'aide aux devoirs ;
- de favoriser l'accès aux loisirs pendant les vacances scolaires ;
- de développer l'inventivité, les aptitudes logiques par la pratique de jeux individuels et la créativité par des pratiques artistiques
- de développer la sensibilité, la curiosité et la créativité par l'accès aux pratiques artistiques et culturelles ;
- de connaître son corps et sa maîtrise par des activités sportives ;
- de développer l'apprentissage de la vie collective par le jeu ;
- de favoriser l'adhésion aux structures associatives en développant des dispositifs facilitant l'accueil de nouveaux publics et l'accès à de nouvelles pratiques de découvrir son environnement.

Autant de démarches qui peuvent parfaitement être réinvesties en classe quelle que soit la discipline concernée.

Il y a de nombreux dispositifs qui sont structurés autour d'actions communes entre la collectivité territoriale et un collège, qui peuvent être intégrés dans le cadre d'un projet éducatif local ou d'un contrat éducatif local :

- **Le contrat local d'accompagnement à la scolarité (CLAS)** qui concerne le soutien scolaire et l'aide aux devoirs. Si le CLAS est piloté par la commune, **l'accompagnement éducatif** pour les écoles et collèges ZEP est piloté par le collège avec financement d'État. Cela étant, selon le journal *Libération* du 29 octobre 2010 : « *en Seine-Saint-Denis notamment, les communes apprennent les unes après les autres qu'elles devront mettre la main à la poche si elles veulent garder le même volume d'heures d'accompagnement éducatif …* ».
- **Le projet de réussite éducative** est selon la circulaire interministérielle du 14 février 2005 « *ni un projet scolaire, ni un projet destiné à l'ensemble des enfants d'un quartier, mais un programme d'actions spécifiquement dédiées aux enfants et aux adolescents les plus fragilisés et à leur famille vivant sur le territoire des zones urbain sensibles ou scolarisés en ZEP. Il s'appuie sur* ***un partenariat élargi à tous les acteurs concernés par la mise en œuvre d'une politique éducative à l'échelle locale***. »

■ **L'école ouverte** permet d'accueillir dans les collèges et les lycées, des jeunes (y compris des élèves des écoles élémentaires) qui ne partent pas en vacances. L'école ouverte s'adresse en priorité aux enfants et aux jeunes qui vivent dans des zones socialement défavorisées ou dans des contextes culturels et économiques difficiles afin d'essayer de compenser les inégalités qui se creusent pendant les vacances scolaires.

■ **La veille éducative** est mise en place dans les sites prioritaires de la politique de la ville, sous la responsabilité du maire, pour mobiliser et coordonner les intervenants éducatifs et sociaux, les professionnels de la santé pour repérer les jeunes en rupture ou en voie de rupture scolaire et leur proposer une solution éducative et d'insertion.

Fiches liées **Voir fiches n°49, 50 et 51.**

13 Travailler en commun avec un autre enseignant à un projet interdisciplinaire

1. Référence de l'arrêté du 12 mai 2010

« Le professeur connaît : le projet de l'école ou de l'établissement d'exercice ; le rôle des différents conseils (conseil d'école, conseil des maîtres, conseil de cycle, d'une part, conseil d'administration, conseil pédagogique, conseil de classe, conseil de discipline, d'autre part)… Le professeur est capable : de participer à la vie de l'école ou de l'établissement ; »

2. Présentation de la situation

Un enseignant de collège veut construire un projet commun avec un enseignant d'une autre discipline.

3. Documents

A) Enseignements de l'histoire des arts :
(« L'enseignement de l'histoire des arts au collège est prévu dans le cadre d'une démarche interdisciplinaire qui doit prévaloir aussi bien pour les enseignements que pour l'évaluation. Cet enseignement s'inscrit dans les connaissances, capacités, attitudes de la compétence 5 du socle commun : La culture humaniste »

(Bulletin Officiel de l'Éducation nationale n° 32 du 28 août 2008)

> ***B)*** *« Les enseignants sont responsables de* ***l'ensemble des activités scolaires*** *des élèves. Ils travaillent au sein d'équipes pédagogiques ; celles-ci sont constituées des enseignants ayant en charge les mêmes classes ou groupe d'élèves ou exerçant dans le même champ disciplinaire(...).*
>
> (Article L.912-1 du code de l'éducation)

4. Question

Quelles propositions de travail commun avec un enseignant d'une autre discipline pourriez-vous faire ?

5. Quelques pistes de réponses possibles

Il y a de multiples possibilités de travaux interdisciplinaires entre enseignants au collège et au lycée.

Certaines se déroulent dans un cadre pré établi qui pour certains niveaux et certaines disciplines revêtir un caractère obligatoire : itinéraires de découverte, travaux pratiques encadrés (TPE), projet pluridisciplinaire à caractère professionnel (PPCP) en lycée professionnel, enseignement de l'histoire des arts et enseignement intégré de sciences et technologie (EIST) en collège, approches du développement durable...

D'autres peuvent se faire à partir de propositions d'un ou plusieurs enseignants de différentes disciplines.

L'évaluation des sept compétences du socle commun implique pour la majorité d'entre elles une **approche interdisciplinaire** au travers d'enseignements communs et d'évaluations communes.

Quelques exemples de travaux communs interdisciplinaires possibles entre enseignants de différentes disciplines :

- Pour l'histoire des arts :
  - Travail en commun autour d'une peinture comme « La gare Saint-Lazare » de Monet par le professeur d'Arts plastiques, liée à une étude de *La bête humaine*, roman d'Émile Zola, par le professeur de lettres et une approche des mutations économiques et sociales du Second Empire par l'enseignant d'histoire-géographie.
  - La création artistique et le choc de la Guerre de 14-18 (entre les enseignants d'histoire-géographie, d'arts plastiques et de lettres).
  - La place de l'Espagne dans la création artistique du XXe siècle (entre les professeurs d'histoire-géographie, d'arts plastiques et d'espagnol).
  - La Révolution Française et l'Empire et la création musicale (entre les professeurs d'histoire-géographie et d'éducation musicale).

- Les pays de langue allemande et la création musicale aux XVIIIe et XIXe siècles (la place de l'Espagne dans la création artistique du XXe siècle (entre les professeurs d'histoire-géographie, d'éducation musicale et d'allemand).
- Les musiques des États-Unis au XXe siècle (entre les professeurs d'histoire-géographie, d'éducation musicale et d'anglais).
- Les représentations liées aux mythes, légendes et récits dans les différentes formes de création artistique (entre les professeurs de lettres, d'histoire-géographie, d'arts plastiques, d'éducation musicale, voire d'allemand et d'anglais)

■ Lors de voyages scolaires
- Histoire et civilisation des pays visités lors d'un voyage à l'étranger (travail mené par le professeur d'histoire-géographie, voire de lettres et le professeur de la langue du pays concerné).
- L'architecture et l'histoire d'une ville (travail mené par le professeur d'histoire-géographie, voire de lettres, et le professeur d'arts plastiques).

■ Autres possibilités
- Autour des textes fondateurs et des mythologies en 6e (professeurs d'histoire-géographie et de français).
- La musique sérielle et duodécaphonique (professeurs de mathématiques et d'éducation musicale)
- La Gymnastique rythmique sportive (GRS) : (professeurs d'éducation physique et sportive et d'éducation musicale).
- L'Énergie (professeur d'histoire-géographie, professeur de sciences physiques et professeur de technologie ou professeur d'histoire-géographie et enseignement intégré des sciences et technologie).
- Ces mots français venus d'ailleurs : par exemple, travail autour des mots français venus des langues amérindiennes suite aux Grandes Découvertes (professeurs d'histoire-géographie et de français).
- Les chants d'un pays (travail entre le Professeur d'éducation musicale et le professeur de la langue du pays concerné)
- Histoire des sciences (entre les professeurs d'histoire-géographie, de mathématiques, de sciences physiques, de sciences de la Vie et de la Terre, et de Technologie…
- Les crises économiques (entre les professeurs de sciences économiques et sociales, d'histoire-géographie, de mathématiques, et de lettres).
- L'approche du fait religieux (travail entre les professeurs d'histoire-géographie, de lettres, d'arts plastiques, d'éducation musicale, et peut-être de LV1 ou LV2).

Les thèmes présentés ici ne sont que des exemples non exhaustifs.
Le professeur de documentation, responsable du CDI, peut être avec profit partie prenante de tout projet interdisciplinaire.

Le thème du **développement durable** est par essence un thème qui nécessite un travail interdisciplinaire pour que **toutes ses dimensions** soient bien prises en compte.

De nombreuses approches interdisciplinaires sont également possibles entre enseignants de disciplines générales et enseignants de disciplines professionnelles ou technologiques dans le cadre des filières technologiques et professionnelles.

14 Être professeur principal

1. Référence de l'arrêté du 12 mai 2010

« Le professeur connaît : [...] l'organisation administrative et budgétaire des écoles et des établissements publics locaux d'enseignement ;. le projet de l'école ou de l'établissement d'exercice ; le rôle des différents conseils (conseil d'école, conseil des maîtres, conseil de cycle, d'une part, conseil d'administration, conseil pédagogique, conseil de classe, conseil de discipline, d'autre part). Le professeur est capable :... de participer à la vie de l'école ou de l'établissement ; [...] Agir de façon éthique et responsable conduit le professeur : [...] à respecter les élèves et leurs parents ; »

2. Présentation de la situation

Vous venez d'être nommé professeur principal.

3. Document

« Au sein des équipes pédagogiques, le professeur principal effectue la synthèse des résultats obtenus par les élèves. Son activité est lacée sous l'autorité et la responsabilité pédagogique du chef d'établissement ou de son adjoint. La fonction de professeur principal doit amener les élèves à préparer les choix d'orientation par la connaissance des exigences des formations et des débouchés, à partir de leur projet personnel et d'un bilan de leurs résultats scolaires. Le professeur principal assure la coordination de l'équipe. Cette mission concerne toutes les classes de la sixième à la terminale. Le professeur principal a ainsi une responsabilité particulière dans le suivi, l'information et la préparation de l'orientation des élèves. Le professeur principal avec l'équipe pédagogique fait régulièrement la synthèse de la situation de l'élève, en y associant le conseille d'orientation psychologue, le conseiller ou le conseiller principal d'éducation, l'élève lui-même et sa famille, éventuellement le médecin scolaire, l'infirmière et l'assistante sociale. »

(Circulaire du 21 janvier 1993)

4. Question

Quelles sont selon vous les principales qualités attendues d'un professeur principal ?

5. Quelques pistes de réponses possibles

Le professeur principal est nommé en début d'année par le chef d'établissement. L'importance du travail à effectuer dans l'année par le professeur principal varie selon le niveau des classes concernées : classe à orientation : 3e, 2de, Terminale ; classe où le chef d'établissement peut décider sur proposition du conseil de classe d'un redoublement : 6e, 4e ; classe où le redoublement ne peut s'effectuer qu'avec des parents : 5e, 1re.
La prime spécifique perçue par le professeur principal varie selon donc selon le niveau de classe concerné et les décisions susceptibles d'être prises à la fin de l'année.

Le rôle principal du professeur principal est d'effectuer la synthèse des observations et des remarques des différents enseignants pour présenter aux élèves et à leurs familles les résultats obtenus et les éventuels progrès à accomplir.

La présentation aux élèves se fait notamment dans le cadre de **l'heure de vie de classe**. Cette heure de vie de classe peut permettre au professeur principal de préparer le conseil de classe, d'en analyser les résultats, de travailler sur l'orientation. Elle est aussi un moment pour **légitimer et valoriser** l'action des délégués des élèves. Ceux-ci ont souvent été élus dans le cadre de l'heure de vie de classe. Elle est donc le lieu où les délégués peuvent rendre compte de leur action dans le cadre de la classe, du conseil des délégués des élèves ou du conseil de la vie lycéenne, éventuellement du conseil d'administration ou d'autres instances.
L'heure de vie de classe peut également développer le dialogue dans la classe en permettant de gérer un conflit naissant, de rappeler quelques principes du règlement intérieur de l'établissement.

La présentation aux parents d'élèves se fait lors de réunions régulièrement organisées dans l'année où le professeur principal reçoit collectivement, puis individuellement les familles pour, notamment, leur faire la synthèse des observations du conseil de classe. Le professeur principal, dans ce cadre, **intervient au nom de l'équipe pédagogique de la classe** indépendamment de la discipline qu'il enseigne. C'est important de le rappeler aux parents d'élèves, qui peuvent avoir tendance pour certains à sous-estimer l'expression du professeur principal lorsqu'il n'est pas le professeur de lettres ou de mathématiques.

Les qualités attendues d'un professeur principal sont celles qui doivent lui permettre de répondre à ses missions :

- être à l'écoute des élèves et les aider à construire leur projet personnel, notamment dans le cadre du suivi de l'information et de la préparation de l'orientation des élèves. ;
- travailler avec les familles ;
- coordonner et fédérer l'équipe pédagogique de la classe ;
- agir avec les différents partenaires de l'établissement scolaire : documentaliste, conseiller principal d'éducation, infirmière, médecin, assistante sociale, conseiller d'orientation psychologue, ……
- établir le lien avec l'équipe de direction

Le professeur principal doit donc avoir le sens du contact, savoir communiquer en langage simple des notions parfois complexes, être impartial, discret, curieux du monde du travail et de l'environnement entourant l'établissement pour mieux aider à l'orientation des élèves.

15 Le refus d'effectuer un exercice

1. Référence de l'arrêté du 12 mai 2010

« *Le professeur connaît les valeurs de la République et les textes qui les fondent : liberté, égalité, fraternité ; laïcité, refus de toutes les discriminations ; mixité ; égalité entre les hommes et les femmes ; les grands principes du droit de la fonction publique et du code de l'éducation : les lois et textes réglementaires en relation avec la profession exercée, […] les règles de fonctionnement de l'établissement (règlement intérieur…)…..Agir de façon éthique et responsable conduit le professeur à […] faire comprendre et partager les valeurs de la République ; […] à respecter dans sa pratique quotidienne les règles de déontologie liées à l'exercice du métier de professeur dans le cadre du service public d'éducation nationale, respecter et faire respecter le règlement intérieur, […] prendre en compte la dimension civique de son enseignement.* »

2. Présentation de la situation

Deux élèves de la classe refusent de chanter un « gospel », proposé par l'enseignant, car il fait référence dans ses paroles à la religion chrétienne et à la Bible, ce qui leur apparaît contraire à leurs convictions religieuses.

3. Documents

> *« Les convictions religieuses ne sauraient non plus être opposées à l'obligation d'assiduité ni aux modalités d'un examen. Les élèves doivent assister à l'ensemble des cours inscrits à leur emploi du temps sans pouvoir refuser les matières qui leur paraîtraient contraires à leurs convictions. C'est une obligation légale. Les convictions religieuses ne peuvent justifier un absentéisme sélectif par exemple en éducation physique et sportive ou en sciences de la vie et de la Terre. Les consignes d'hygiène et de sécurité ne sauraient non plus être aménagées pour ce motif… »*
>
> (Circulaire du 18 mai 2004 publiée au BO du 27 mai 2004)

> *« Les missions dévolues au service public de l'éducation ne peuvent être affectées par les comportements des élèves et notamment le contenu des programmes et l'obligation d'assiduité. »*
>
> (Avis du Conseil d'État du 27 novembre 1989)

4. Question

Comment et avec quels arguments réagissez-vous à l'attitude de ces élèves ?

5. Quelques pistes de réponses possibles :

Les réponses proposées à ce type de comportement peuvent parfaitement s'appliquer dans le cas du refus d'un élève d'étudier un tableau, une œuvre musicale à connotation religieuse, de lire un extrait de la Bible du Coran, un texte de Saint-Augustin ou de Luther, d'apprendre la théorie de l'évolution, etc.

Je propose les pistes suivantes :

■ Comme cela a été rappelé dans la fiche n° 9, **la laïcité, c'est également la prééminence de l'État sur toute autre structure notamment religieuse**.
Ainsi la prééminence de l'État s'exerce dans le domaine de l'éducation nationale, notamment par la rédaction de programmes nationaux qui s'appliquent à tous les établissements publics et privés sous contrat français.
Les enseignants doivent enseigner les programmes et les élèves, dans le cadre de l'obligation scolaire, doivent suivre et apprendre tous les enseignements correspondant à leur niveau de scolarité.
Comme le rappelle la fiche n° 41, « *Un élève ne peut en aucun cas refuser d'étudier certaines parties du programme de sa classe, ni se dispenser de l'assistance à certains cours* » (Circulaire du 15 mai 1937 confirmé à de nombreuses reprises par des décisions du Conseil d'État.)

■ Je peux être amené à évoquer des « gospels » avec les élèves, voire à leur faire en chanter quelques-uns dans le cadre d'un travail pendant le cours

d'anglais, par exemple, sur « les noirs aux États-Unis » ou d'un travail avec l'enseignant d'histoire sur « Martin Luther King ».
Ces chants ne sont pas abordés pour leur caractère cultuel, mais dans **leurs aspects culturels et historiques** et en cela les évoquer ou les chanter est parfaitement conforme au caractère laïc de l'école.
Des gospels ont pu avoir, au-delà de leurs paroles, un rôle historique, social, voire émancipateur.

■ Il est donc important de ne pas confondre le CULTUEL religieux, et le CULTUREL qui peut éventuellement s'appuyer sur des faits religieux.
Le culturel, c'est ce qui fait patrimoine : monuments religieux, musique (messe ou requiem), chants, peinture, etc.). Il appartient à tous qu'il croit ou qu'il ne croit pas. Du patrimoine des seuls croyants, les monuments religieux classés « monuments historiques » en France, « National Heritage » en Grande-Bretagne ou « Patrimoine mondial de l'Humanité » sont devenus le patrimoine commun culturel de tous, comme le sont des tableaux, au départ commande religieuse ou des musiques ou des chants dont la première interprétation s'est faite dans le cadre d'une cérémonie ou d'un édifice religieux.

Écouter un requiem de Mozart, une cantate de Jean Sébastien Bach, le *Messie* de Haendel, ne veut pas dire adhérer aux religions dont lesquelles ces œuvres se sont écloses, mais les reconnaître comme contribution au patrimoine culturel universel.

■ Religion et Science

Les sciences se fondent sur des approches précises : théorèmes, argumentaires scientifiques, démonstrations, etc.
Les sciences, même si elles font chaque année d'immenses progrès, n'ont pas réponse à tout. Ils restent des énigmes telles la création du monde, la mort….
À toute époque, les religions se sont efforcées de donner des réponses aux énigmes que se posaient les hommes.
L'enseignant doit bien séparer ce qui reste « énigme » comme par exemple, les conditions réelles de la création du monde, l'existence d'autres espèces vivantes dans d'autres univers, **dans laquelle différentes hypothèses peuvent exister**, par rapport à ce qui est scientifiquement démontré comme l'évolution des espèces dans l'histoire de la Terre, dans laquelle il n'y a pas de place pour des hypothèses contradictoires qui feraient **naître l'homme à peu près en même temps que toutes les espèces animales.**

En France, à l'inverse de ce qui existe dans certains États des États-Unis, la théorie de l'évolution n'est pas une hypothèse parmi d'autres, mais une démarche scientifique figurant dans les programmes d'explication de l'arrivée et du développement de la vie sur Terre. De la même manière que les programmes ne confondent pas astronomie, approche scientifique, et astrologie, succession d'hypothèses.

Textes sacrés et patrimoine littéraire

La Bible, les Évangiles, le Coran, la Bhagavad Gita, par exemple, sont pour différents croyants des textes sacrés, ils sont en même temps des œuvres du patrimoine littéraire de toute l'humanité.

Leurs récits ont été à maintes reprises développés dans des œuvres artistiques (peintures, sculptures, poésies,...). Les connaître permet donc de mieux comprendre certaines œuvres.

En même temps, ces textes s'inscrivent dans l'histoire :

- Tel passage de la Bible ou du Coran est la reprise d'un texte antérieur, par exemple le récit du Déluge dans la Bible repris du Livre de Gilgamesh ou la naissance de Jésus dans le Coran repris des Évangiles.
- Le rapport des religions à certains de ces textes a varié dans l'histoire : Voir le rôle de Luther et le développement d'une lecture individuelle de l'Ancien et du Nouveau Testament.

16 Présentation du règlement intérieur aux élèves

1. Référence de l'arrêté du 12 mai 2010

« *Le professeur connaît :.....les valeurs de la République et les textes qui les fondent : liberté, égalité, fraternité ; laïcité ; refus de toutes les discriminations ; mixité ; égalité entre les hommes et les femmes ; ...l'organisation administrative et budgétaire des écoles et des établissements publics locaux d'enseignement ; les règles de fonctionnement de l'école ou de l'établissement (règlement intérieur, aspects budgétaires et juridiques) ; [...] le projet de l'école ou de l'établissement d'exercice ; [...] le professeur est capable...... de se faire respecter et d'utiliser la sanction avec discernement et dans le respect du droit. Agir de façon éthique et responsable conduit le professeur : à faire comprendre et partager les valeurs de la République ; .....à respecter et faire respecter le règlement intérieur, les chartes d'usage des ressources et des espaces communs ;* »

2. Présentation de la situation

Vous devez présenter aux élèves d'une de vos classes de collège le règlement intérieur de l'établissement où vous exercez.

3. Documents

« Dans chaque école et établissement d'enseignement scolaire public, le règlement intérieur précise les conditions dans lesquelles est assuré le respect des droits et des devoirs de chacun des membres de la communauté éducative. »

(Article L401-2 du Code de l'Éducation)

« Il convient de veiller à ce que le règlement intérieur fasse l'objet d'une information et d'une diffusion les plus larges possibles auprès de tous les membres de la communauté éducative [...]. A cet égard, l'heure de vie de classe, dans les collèges et les lycées, peut constituer un moment privilégié. » (Circulaire n° 2011-112 du 1er août 2011.)

« Il ne peut y avoir de sanction « éducative » au sens plein du terme si, en amont, les règles du savoir-vivre en collectivité n'ont pas été clairement présentées, rappelées et intériorisées. Cela est particulièrement nécessaire au niveau du collège où un travail pédagogique sera réalisé autour d'une **charte des règles de civilité** *adoptée par le conseil d'administration en même temps que le règlement intérieur. Le socle commun de connaissances et de compétences, notamment par la compétence 6 « compétences civiques et sociales » aborde cet apprentissage et sa maîtrise par l'élève ».*

(Circulaire n° 2011-111 du 1er août 2011.)

4. Questions

- Comment présentez-vous le règlement intérieur de l'établissement ?
- Essayez de déterminer les règles dont on n'a pas à délibérer localement et les points qui peuvent faire l'objet d'une décision locale.

5. Quelques pistes de réponses possibles

Le règlement intérieur joue un rôle important dans la vie d'un établissement public local. Les règles présentées et les dispositions qu'il comprend concernent les élèves et tous ceux qui interviennent, quel que soit leur statut, dans l'établissement scolaire.

Le professeur est donc concerné par le règlement intérieur et doit être conscient de son pouvoir d'exemplarité face aux élèves.

Le meilleur moyen de montrer aux élèves que ce qui y est écrit s'applique réellement à tous, doit éviter de se mettre dans une situation où il apparaîtrait que l'enseignant semble penser : « Ne faites pas ce que je fais, faites ce que je dis ! ». Je pense ici à ce qui pourrait arriver concernant des retards, le port de vêtements avec des sigles inclinant au prosélytisme, le fait de fumer dans les couloirs. Cette exemplarité est d'ailleurs soulignée à plusieurs reprises dans la circulaire du 1er août 2011 sur le règlement intérieur.

« L'attitude des personnels doit avoir valeur d'exemplarité. »

Le règlement intérieur s'articule généralement autour de trois thématiques :

- Les principes généraux régissant l'enseignement public en France.
- Les dispositions réglementaires (décrets, arrêtés, circulaires) devant s'appliquer obligatoirement dans tous les établissements scolaires : par exemple, concernant le port de signes ou tenues manifestant ostensiblement une appartenance religieuse ou concernant les nouvelles modalités d'application des sanctions disciplinaires (décret du 24 juin 2011)
- Les dispositions concernant spécifiquement l'établissement : par exemple, heures d'entrée et de sortie des élèves, modalités d'accès aux locaux communs, fonctionnement des associations sportives et culturelles dans l'établissement.

Il est important de montrer lors de la présentation aux élèves des divers articles du règlement intérieur à quelles thématiques ils appartiennent (voir le tableau dans la fiche 15 : Le règlement intérieur, page 114 qui présente ce qui ressort de règles nationales et ce qui peut être défini en fonction des conditions particulières de l'établissement).
Il est ainsi clair qu'un établissement où il y a l'arrivée de cars de transports scolaires sera soumis à des contraintes différentes qu'un établissement dont tous les élèves viennent du quartier.

La « Charte des règles de civilité du collégien »

Cette charte reprend les principaux éléments du règlement intérieur sous une forme simplifiée. Elle peut donc permettre à chacun de connaître, s'approprier et appliquer les règles communes conditions du « vivre ensemble » dans le collège (voir fiche 15).

Le professeur doit, en présentant cette charte, expliquer aux élèves que le respect de ces règles doit participer à l'instauration d'un climat de vie favorable dans le collège, permettre de développer une confiance partagée entre adultes et élèves et créer un esprit de solidarité entre élèves.
Comme le dit la circulaire du 1er août 2011 : *« Par la mise en pratique de ces règles, chaque élève contribue à ce que tous soient heureux d'aller au collège et d'y travailler. »*

Le moment qui apparaît le plus opportun pour présenter le règlement intérieur est **l'heure de vie de classe** (voir sujet n° 14 : Être professeur principal). Indépendamment d'être le lieu où seront élus les délégués des élèves pour la classe, préparer et commenter les observations des conseils de classe, le professeur doit se saisir d'une heure de vie de classe pour, au nom de l'ensemble de l'équipe pédagogique, présenter le règlement intérieur de l'établissement. Ce devra être fait en tout début d'année pour que l'élève comprenne le sens de sa signature et l'engagement que celle-ci représente en lui rappelant les éléments de la progression de sa responsabilisation entre 13 et 18 ans, âge de sa majorité civile.

À 13 ans, âge où il peut siéger et voter au conseil d'établissement et au conseil de discipline du collège (classe de 5e), il peut être reconnu par la justice comme ayant une part de responsabilité importante dans un crime ou un délit grave puisqu'il peut être condamné à la prison.
À 16 ans, il peut notamment créer et gérer sa propre association (textes de juillet 2011).
À 18 ans, il est totalement majeur et responsable.
La signature de l'élève, au côté celle de ses parents, s'il est mineur, seul s'il est majeur ne doit pas apparaître comme un acte anodin. Elle est un élément de sa responsabilisation et l'aide à construire son autonomie (un des éléments de la compétence 7 du socle commun).
La présentation du règlement intérieur voté par le conseil d'administration de l'établissement peut être aussi un moment pour présenter ou rappeler le fonctionnement d'un établissement public local, notamment le fait que ceux qui y exercent ou y étudient ont leur mot à dire dans le cadre de son fonctionnement. Cela permet de valoriser la fonction de **délégués des élèves**, de rappeler que ceux-ci élisent les représentants des élèves au conseil d'administration qui se prononcent donc sur le règlement intérieur de l'établissement.
La présentation du règlement intérieur est également le moment pour montrer sa cohérence avec les principes qui régissent la République française.
Ainsi, la présentation des sanctions figurant au règlement intérieur mettra en évidence l'application par l'établissement des règles générales du Droit : individualisation de la peine, possibilité de présenter sa défense, proportionnalité de la peine à la gravité des actes…

17 Réfléchir sur la dimension civique de son enseignement

1. Référence de l'arrêté du 12 mai 2010

« Le professeur connaît : les valeurs de la République et les textes qui les fondent : liberté, égalité, fraternité ; laïcité ; refus de toutes les discriminations ; mixité ; égalité entre les hommes et les femmes ; […] Agir de façon éthique et responsable conduit le professeur : à faire comprendre et partager les valeurs de la République ; […] à prendre en compte la dimension civique de son enseignement. »

2. Présentation de la situation

Tout enseignant doit prendre en compte la dimension civique de son enseignement. Comment lui donner une réalité ?

3. Documents

« Tout professeur contribue à la formation sociale et civique des élèves. En tant qu'agent public, il fait preuve de conscience professionnelle et suit des principes déontologiques : il respecte et fait respecter la personne de chaque élève, il est attentif au projet de chacun ; il respecte et fait respecter la liberté d'opinion ; il est attentif à développer une attitude d'objectivité ; il connaît et fait respecter les principes de la laïcité, notamment la neutralité ; il veille à la confidentialité de certaines informations concernant les élèves et leurs familles.
Il exerce sa liberté et sa responsabilité pédagogiques dans le cadre des obligations réglementaires et des textes officiels ; il connaît les droits des fonctionnaires et en respecte les devoirs. L'éthique et la responsabilité du professeur fondent son exemplarité et son autorité dans la classe et dans l'établissement. » (Arrêté du 12 mai 2010)

« L'École publique ne privilégie aucune doctrine. Elle ne s'interdit l'étude d'aucun champ du savoir. Guidée par l'esprit de libre examen, elle a pour devoir de transmettre à l'élève les connaissances et les méthodes lui permettant d'exercer librement ses choix. L'école publique respecte de façon absolue la liberté de conscience des élèves. »

(Décret du 18 février 1991)

« Le professeur participe au service public d'éducation qui s'attache à transmettre les valeurs de la République, notamment l'idéal laïque qui exclut toute discrimination de sexe, de culture ou de religion (...) le professeur aide les jeunes à développer leur esprit critique, à construire leur autonomie et à élaborer un projet personnel. Il se préoccupe également de faire comprendre aux élèves le sens et la portée des valeurs qui sont à la base de nos institutions et de les préparer au plein exercice de la citoyenneté. »

(Circulaire du 23 mai 1997 relative aux « missions du professeur exerçant en collège, en lycée d'enseignement général et technologique ou en lycée professionnel »)

4. Questions

- Comment concevez-vous la dimension civique de votre enseignement ?
- Quelles thématiques pouvez-vous concevoir dans votre discipline ?

4. Quelques pistes de réponses possibles

La dimension civique de tout enseignement découle des missions confiées à l'école comme celle « *de transmettre à l'élève les connaissances et les méthodes lui permettant d'exercer librement ses choix* ».
Le développement de l'esprit critique est donc au cœur de l'acte d'enseignement et de l'apprentissage des connaissances. Il s'agit comme le rappelaient les programmes de collège de 1995 « *comprendre le monde pour ne pas le subir* ».

La dimension civique de son enseignement est étroitement liée en collège aux compétences 6 et 7 du socle commun de connaissances et de compétences *« Les compétences sociales et civiques »* *« L'autonomie et l'initiative »* qui doivent être présentes dans toutes les disciplines enseignées. **(voir Fiche 27)**

Les exemples qui vont être donnés ici ne prétendent pas à l'exhaustivité. Il s'agit dans le cadre d'un tel thématique de voir les développements possibles en relation avec les programmes de la ou des disciplines que le professeur va devoir enseigner. Certaines approches présentées pour une discipline peuvent parfaitement être réutilisées par d'autres ou faire l'objet d'une démarche interdisciplinaire.

Arts plastiques : *« Argumenter, argumenter, critiquer devant une œuvre… »* (Programmes de collège). La dimension civique est aussi présente dans le témoignage de la richesse d'une civilisation que peut représenter une peinture, une sculpture, une architecture, etc, éléments d'un patrimoine culturel légué à toute l'humanité.

Economie-Gestion : Comprendre et faire partager à d'autres les processus du fonctionnement des entreprises est un élément d'une véritable citoyenneté.

Éducation civique : *« L'objectif est de former un citoyen autonome, responsable de ses choix, ouvert à l'altérité, pour assurer les conditions d'une vie en commun ».* (Programmes de collège) La dimension civique de l'éducation civique implique que les valeurs qu'elles portent soient le plus possible liées à des pratiques et des comportements et des attitudes dans l'établissement scolaire.

Éducation musicale : *« L'élève apprend à travailler en groupe, à mettre au service d'une expression collective ses envies et ses talents »* (Programmes de collège). L'interprétation d'une chorale ou d'un orchestre symphonique montre qu'effectivement la diversité des talents et des expressions peut conduire à une harmonie. Dans un cadre interdisciplinaire, on peut également étudier les œuvres musicales « témoins de leur temps » ou « ayant fait l'histoire », mais aussi la part d'universel que recèle chaque culture, par exemple, celle des Roms (tsiganes et gitans) au travers des œuvres de Django Reinhardt et des influences présentes chez des musiciens comme Ferenc Liszt ou Isaac Albeniz.

Éducation physique et sportive (EPS) : La dimension civique est présente au EPS dans l'ensemble du travail concernant le respect et l'entretien de son corps et l'éducation à la santé. Mais, elle est également présente dans nombre d'activités effectuées dans le cadre de cette discipline comme dans l'activité d'arbitrage d'un sport collectif par un élève où les compétences suivantes apparaissent : Savoir adopter une posture, un ton, un langage technique concis, une gestuelle efficace avec autorité et dans le respect du règlement. Connaître le rôle de la loi, de la règle, de la justice. Savoir expliquer une décision et comprendre une règle.

Histoire-géographie : *« Il ne s'agit pas seulement de connaître des repères historiques ou géographiques, mais de leur donner un sens et de savoir inscrire dans un contexte* *essentiel à leur compréhension* » (Programmes de collège). La dimension civique de cette discipline peut être enrichie par des travaux interdisciplinaires qui permettront de donner plus de cohérence dans les savoirs transmis aux élèves.

Langue vivante étrangère : « *Pratiquer des langues, c'est se confronter à l'autre dans son expression, ses références, son attitude* » (Programmes de collège). La dimension civique d'une langue étrangère prend tout son sens en confrontant l'élève à des cultures différentes.
L'éducation à la citoyenneté peut être présente dans de nombreuses thématiques abordées à partir d'un texte littéraire anglophone ou d'un document iconographique qui permette à l'élève de s'exprimer en anglais, mais également l'amène à réfléchir sur le monde qui l'entoure.

Lettres : La langue française est un merveilleux véhicule pour montrer l'enrichissement produit par une ouverture sur d'autres civilisations et non sur le repli. Indépendamment des racines latines et grecques, la langue française s'est constituée comme de dit Henriette Walter de « mots venus d'ailleurs ». Un travail peut ainsi être mené par exemple, autour des noms de différents aliments venus des langues amérindiennes suite aux Grandes Découvertes, ou autour des centaines de mots de la langue française venus des langues arabes ou persanes, mais également des mots venus de l'anglais, des langues nordiques, slaves, germaniques, africaines, asiatiques ou océaniennes… Il ne faut pas oublier de signaler à l'occasion de ce travail que comme le dit Alain Rey dans la préface du *Petit Robert*, « *En parallèle, de nombreux mots français ont été adoptés par d'autres langues sous leur forme originelle ou en étant remaniés….* »

Mathématiques : L'approche mathématique permet de faire réfléchir l'élève dans le cadre d'une démarche scientifique sur ce qui est incontestable (postulats, théorèmes, démonstrations,…) et sur ce qui reste susceptible de débats, permettant ainsi de développement son esprit d'analyse des situations.

Philosophie : En montrant que des thèses apparemment contraires, en tout cas, souvent paradoxales, peuvent être raisonnablement défendues à propos d'un même sujet, l'étude de la philosophie développe l'esprit critique de l'élève. La partie du programme concernant notamment les notions de politique, de Droit, d'État, de Justice concerne directement la formation des citoyens, mais la réflexion sur ces notions n'est pas séparable d'une interrogation sur des notions plus larges comme celles de vérité, de sciences, de morale et d'art qui peuvent faire l'objet d'un travail interdisciplinaire.

Sciences économiques et sociales : Connaître les processus économiques, savoir décrypter les enjeux qui en découlent fait aujourd'hui partie de la culture nécessaire à l'exercice d'une citoyenneté active. C'est ainsi qu'avant même le lycée où cette approche sera développée, le socle commun de connaissances et de compétences (voir Fiche n° 27) définissant « *ce qu'aucun élève ne doit ignorer* *à la fin de la scolarité obligatoire…* » évoque : « *Avoir des éléments de culture politique et économique* » (compétence 5) ; « *Connaître quelques notions économiques et budgétaires de base* » (compétence 6) ; « *Se familiariser avec l'environnement économique*» (compétence 7).

Sciences de la Vie et de la Terre : La démarche scientifique est liée à la démarche de raison. Les sciences se fondent sur des approches précises : théorèmes, argumentaires scientifiques, démonstrations, etc.
Les sciences, même si elles font chaque année d'immenses progrès, n'ont pas réponse à tout. Ils restent des énigmes telles la création du monde, la mort….
À toute époque, les religions se sont efforcées de donner des réponses aux énigmes que se posaient les hommes.
L'enseignant doit bien séparer ce qui reste « énigme » comme par exemple, les conditions réelles de la création du monde, l'existence d'autres espèces vivantes dans d'autres univers, **dans laquelle différentes hypothèses peuvent exister**, par rapport à ce qui est scientifiquement démontré comme l'évolution des espèces dans histoire de la Terre, dans laquelle il n'y a pas de place pour des hypothèses contradictoires qui feraient **naître l'homme à peu près en même temps que toutes les espèces animales.**
En France, à l'inverse de ce qui existe dans certains États des États-Unis, la théorie de l'évolution n'est pas une hypothèse parmi d'autres, mais une démarche scientifique figurant dans les programmes d'explication de l'arrivée et du développement de la vie sur Terre. De la même manière que les programmes ne confondent pas astronomie, approche scientifique, et astrologie, succession d'hypothèses.

Sciences Physiques-Chimie : « *Ces disciplines ont pour objet de permettre à l'élève de comprendre les enjeux sociétaux de la science* » (Programmes de collège).

Technologie : La culture technologique, comme la culture scientifique et humaniste, est une des clés d'une meilleure compréhension du monde contemporain et des enjeux de l'avenir.

18 Comment gérer le « blog » de l'établissement scolaire ?

1. Référence de l'arrêté du 12 mai 2010

« Le professeur est conduit… à respecter et faire respecter (…) les charges d'usage des ressources et des espaces communs ;… à respecter, à sensibiliser et faire respecter les droits et devoirs en matière d'usage du numérique dans la société de l'information ; à collaborer à la réalisation d'actions de partenariat engagés entre l'établissement et son environnement économique, social et culturel. »

2. Présentation de la situation

L'équipe des enseignants de l'établissement décide de mettre en place un espace numérique de travail (ENT) avec un « blog » ouvert aux enseignants et aux élèves pour mieux personnaliser le travail des élèves et l'aide qu'il est possible de leur apporter en dehors des heures de présence dans l'établissement.

3. Document

« Un espace numérique de travail est un ensemble intégré de services numériques, choisi, organisé et mis à disposition de la communauté éducative par l'établissement scolaire. À ce titre, il constitue le système d'information et de communication de l'établissement, en offrant à chaque usager (enseignant, élève ou étudiant, personnes en relation avec l'élève, personnel administratif, technique ou d'encadrement) un accès simple, dédié et sécurisé aux outils et contenus dont il a besoin pour son activité dans le système éducatif.
Les services de mise à disposition et de gestion de ressources numériques :
• fonctionnalités d'accès à des ressources numériques mises à disposition des élèves par l'enseignant, sous une forme organisée (par discipline, par domaine disciplinaire ou transversal, par niveau, par thèmes des programmes, en fonction des progressions, etc.)
• fonctionnalités d'organisation de parcours pédagogiques (classe virtuelle…) »

(Extrait d'Éducnet, Enseigner avec le numérique)

4. Question

Quels problèmes peut poser la mise en place d'un tel blog ?

5. Quelques pistes de réponses possibles

Un blogueur a aujourd'hui loisir de mélanger sur un blog textes, hypertexte et éléments multimédias (images, sons, vidéos…) dans ses billets. Il peut aussi

répondre aux questions et commentaires des autres visiteurs du blog qu'il peut également contacter par courrier électronique.
De plus en plus d'établissements scolaires mettent en place des espaces numériques de travail et des blogs, notamment pour favoriser en collège l'acquisition par l'élève des compétences du B2i, qui est obligatoire dans le cadre de l'obtention du diplôme national du brevet (DNB).
La mise en place d'un blog dans un établissement scolaire peut poser des problèmes matériels, pédagogiques ou de gestion.

Problèmes matériels

La mise en place d'un blog implique un accès facile à ordinateur doté du modem dans l'établissement et à l'extérieur de celui-ci.
À l'extérieur de l'établissement, le problème de l'égalité d'accès à l'information peut se poser pour des élèves de familles à revenus très modestes qui ne disposent pas de connexions à domicile et qui, dans ce cas en seraient réduits à n'y avoir accès que dans l'établissement ou dans des structures associatives ou des cybercafés.
Pour résoudre ce problème et ne pas pénaliser certains élèves, un certain nombre de conseils généraux ont fait le choix d'offrir à tous les élèves de collège un ordinateur portable.
À l'intérieur de l'établissement, l'accès à des ordinateurs doit également être facilité afin d'éviter de voir des queues d'élève dans l'attente d'une disponibilité d'un ordinateur.
Cela implique également la mise à disposition pour les enseignants d'ordinateurs dans la salle des professeurs ou dans un local à proximité.

Problèmes pédagogiques

Il faut d'entrée si un blog se met en place dans l'établissement **rappeler à l'élève que ce blog reste avant tout un blog pédagogique.**
Cela signifie que les élèves doivent comprendre qu'il ne s'agit en aucun cas d'un blog personnel où ils pourraient faire n'importe quel commentaire sur questions n'ayant aucun rapport avec la vie et les activités de l'établissement scolaire.
De ce point de vue, une charte des droits et des usages de l'ENT et du Blog peut être signée par tous les élèves en début d'année. Cette charte, en relation avec le règlement intérieur, doit prévoir qu'en cas de diffamation et d'injure publique, des sanctions seront mises en œuvre, voire si cela est jugé grave, la justice pourra être saisie.
Le blog doit également être clairement conçu comme un **complément au cours et non une substitution**. Il faut rappeler aux élèves et à leurs familles **la présence irremplaçable pour des apprentissages solides de l'enseignant dans la classe** afin d'éviter des réactions du type « je l'ai gardé à la maison, il était un peu fatigué ; il peut poser des questions sur le blog au lieu d'assister au cours ».

Problèmes de gestion

La mise en place d'un blog d'établissement implique pour que celui-ci soit un outil efficace une continuité tout au long de l'année et l'implication de tous les personnels.
Souvent, après l'enthousiasme du départ, on assiste dans nombre d'établissements à une usure des personnels, voire des élèves par rapport au blog qui peut devenir source de craintes, de fatigues…
Il faut aussi analyser et prévenir les risques qui peuvent surgir de la mise en place d'un blog :

- plus grande distance entre l'école, les enseignants et un certain nombre de familles pour qui la « fracture numérique » est une réalité ;
- plus de stress pour un certain nombre d'élèves ;
- accroissement de l'écart entre les élèves mettant en péril des pédagogies différenciées personnalisées.

Il faut aussi veiller, comme l'indique le site *educnet*, à ce que la mise en place d'un ENT et d'un blog prévoit des dispositifs sécurisés pour garantir la protection des données personnelles et prévoir, ce qu'indique *educnet* n'est pas toujours le cas, que l'utilisateur d'une plate-forme de formation ou de ressources pédagogiques n'exposera pas l'utilisateur à des sollicitations commerciales non désirées.
Au-delà des difficultés qui peuvent surgir, il est fondamental durant son cursus scolaire d'apprendre aux élèves à gérer des outils informatiques afin de lui permettre de construire sa réussite scolaire, mais aussi de l'aider pour le futur à les maîtriser en connaissant leurs atouts, mais aussi leurs limites.

19 Travailler avec des associations extérieures à l'établissement

1. Référence de l'arrêté du 12 mai 2010

« *Le professeur connaît les mécanismes économiques et les règles qui organisent le monde du travail et de l'entreprise, […] le système éducatif, ses acteurs et les dispositifs spécifiques (éducation prioritaire, etc.), […] les caractéristiques et les indicateurs de l'école ou de l'établissement d'exercice, le projet de l'école ou de l'établissement d'exercice […] Le professeur est capable d'utiliser ses connaissances sur l'évolution et le fonctionnement du service public d'éducation nationale pour recourir aux ressources offertes, […] de contribuer, en coopérant avec des partenaires internes ou externes à l'institution, à la résolution des difficultés spécifiques des élèves, […] Agir de façon éthique et responsable conduit le professeur à collaborer à la réalisation d'actions de partenariat engagées entre l'établissement et son environnement économique, social et culturel.* »

2. Présentation de la situation

La commune où est situé le collège où vous exercez votre activité d'enseignant a un certain nombre d'associations culturelles, sportives et sociales qui souhaitent développer des activités péri-éducatives et travailler avec les enseignants des établissements scolaires.

3. Document

« Au-delà de la coordination technique des actions, il s'agit de développer des formes de travail coopératif au moment de la construction des projets et des dispositifs permettant un travail en réseau entre les professionnels. Cette orientation implique une bonne circulation de l'information (un site dédié aux acteurs éducatifs ?), mais surtout un renforcement de la connaissance mutuelle des professionnels, avec des rencontres organisées de manière décloisonnée. »

(Extrait d'un Projet éducatif local.)

4. Question

Comment pouvez-vous en tant qu'enseignant(e), tirer partie de ces propositions et des activités que les élèves pourraient y effectuer ?

5. Quelques pistes de réponses possibles

Travailler avec des associations existant dans l'environnement de l'établissement, faire intervenir dans l'établissement des associations complémentaires de l'enseignement public agréées par le ministère de l'éducation nationale comme, par exemple, la Ligue de l'enseignement (voir Fiche 52) doit se concevoir en terme de complémentarités et non de substitution à l'enseignement.

Il faut dans ce cadre bien clarifier un certain nombre d'éléments :

- éviter l'émiettement des activités qui ne pourraient apparaître que comme une simple liste d'activités sans sens ; bien identifier ces activités ;
- attention à bien articuler les activités péri-éducative set ce qui se fait en classe et ne pas les opposer, ce qui serait destructeur. Éviter à tout prix la cassure entre théorie dans la classe et pratique ailleurs ou entre l'ordinaire de la classe et l'extraordinaire des activités.

Toutes les disciplines peuvent être concernées. Ce travail en commun peut aussi accompagner différents projets. C'est tout le sens de l'**accompagnement éducatif** (fiche n° 49).
Les activités péri-éducatives et les projets spécifiques peuvent aussi être d'excellentes remédiations, des détours pédagogiques permettant de remettre des élèves sur les chemins de la réussite. (Voir partie C de la fiche 28.)

Elles peuvent être un **LEVIER** pour des élèves ayant des difficultés dans certaines disciplines ou pour certains exercices en :

- élargissant l'horizon culturel du jeune ;
- faisant découvrir à l'élève l'ensemble des ressources culturelles, sportives, sociales existant dans son environnement proche ;
- ouvrant au jeune de nouveaux modes de relation, de fonctionnement, différents de ceux de la classe.

Les villes sont souvent mis en œuvre des **projets éducatifs locaux** (fiche n° 50) pour faciliter les relations entre les établissements scolaires et les différentes associations ou structures culturelles et sportives existant sur leur territoire.

Le principal du collège ou son adjoint, le professeur documentaliste responsable du CDI, ou le conseiller principal d'éducation (CPE) sont souvent dans les instances de coordination du projet éducatif local.
Quels partenariats peuvent se créer ?
(Là encore, il ne s'agit pas d'une liste exhaustive, mais du rassemblement d'un certain d'actions existant dans divers collèges)

- Associations de peintres, sculpteurs, plasticiens, cinéastes et professeur d'arts plastiques.
- Chorales, conservatoire de musique, salles de concerts, ensembles musicaux et professeur d'éducation musicale.
- Salles de cinéma et professeurs de langues vivantes, de lettres et d'histoire-géographie.
- Bibliothèque municipale et professeur documentaliste et professeur de lettres.
- Responsables de musée et professeur d'arts plastiques et d'histoire-géographie.
- Associations sportives, Office municipal des sports et professeur d'éducation physique et sportive.
- Office du tourisme et bureau du patrimoine et professeur d'histoire-géographie.
- Salles de spectacles, MJC, théâtres, compagnies théâtrales et professeur de lettres.
- Associations scientifiques notamment d'astronomie, centres scientifiques et professeur de sciences de la vie et de la terre.

Souvent dans un certain nombre de villes **la maison des associations** peut fournir aux enseignants dans leur champ d'activités, la liste des associations existant dans la commune ou le groupement de communes.

Le contact avec ces acteurs est très important

Afin d'éviter que le jeune et sa famille ne confondent ce qui se fait en classe et ce qui se fait dans différentes activités sportives et culturelles, et ainsi **valoriser**

l'acte d'apprentissage dans la classe aux yeux des élèves et de leur famille, **il est important que tout enseignant connaisse les activités, les structures, les édifices susceptibles d'être en relation avec sa discipline existant dans la ville-siège de l'établissement.**
Il est également important qu'entre les enseignants et les professionnels intervenant dans ces associations ou ces structures se lient des liens de reconnaissance mutuelle entre professionnels ayant chacun leur cœur de métier.

Cela, afin d'aider le jeune et sa famille à comprendre que les activités qui sont menées dans le cadre de ces associations, de ces structures **prolongent, enrichissent, donnent du sens aux apprentissages, mais ne les remplacent pas.**

Le travail avec les associations peut être aussi interdisciplinaire et dans certaines villes qui sont souvent des archipels de quartier sans unité, peut permettre aux jeunes de s'approprier l'ensemble des richesses patrimoniales, historiques, culturelles et sportives de sa ville en la maîtrisant toute, dépassant ainsi son seul quartier.

La démarche de validation des compétences peut être également enrichie et prolongée par des activités en liaison avec des associations, des structures intervenant dans le cadre scolaire ou dans le cadre d'un projet placé sous la responsabilité d'un ou plusieurs enseignants.

Les compétences visées peuvent être, à titre d'exemple, les suivantes :

- **Activités sportives :** construire une stratégie. Rôle de l'entraînement avant une activité. L'école elle-même est un lieu d'entraînement, pas toujours agréable, avant de mettre en œuvre ses apprentissages dans le futur.
- **Activités théâtrales :** travail sur le corps et la voix. Mise en œuvre de la mémoire, du travail sur le langage et ses différents niveaux.
- **Atelier audiovisuel :** travail sur l'image. Construire un scénario. Écrire une histoire, la mettre en image, en son.
- **Voyages à l'étranger :** connaissance d'une autre civilisation. Une occasion de modifier son regard sur l'Autre. Développement de la maîtrise d'une langue étrangère.

20 L'orientation post-bac

1. Référence de l'arrêté du 12 mai 2010

« Le professeur connaît .....les mécanismes économiques et les règles qui organisent le monde du travail et de l'entreprise...le système éducatif et ses acteurs...les caractéristiques et les indicateurs de l'établissement d'exercice.... Agir de façon éthique et responsable conduit le professeur à...collaborer à la réalisation d'actions de partenariat engagées entre l'établissement et son environnement économique, social et culturel. »

2. Présentation de la situation

Un enseignant va travailler avec ses élèves de Terminale sur l'orientation post-bac. Il s'agit de présenter aux élèves les voies de formation possibles. Ce travail sera mené en liaison avec l'environnement économique et social de l'établissement, les conseillers d'orientation psychologues (COP) et le Centre d'Information et d'Orientation (CIO) dont dépend l'établissement.

3. Document

1) Réfléchissez soigneusement à ce que vous aimez et qui vous motive, tant dans les matières enseignées dans votre année de terminale que dans vos activités personnelles.
2) Soyez réaliste par rapport à votre dossier scolaire. Nombre de formations, y compris sélectives, sont accessibles avec un dossier moyen. Mieux vaut demander une formation moins prestigieuse, mais qui vous convienne néanmoins, dans laquelle vous aurez plus de chances d'être admis, que d'être refusé sur vos premiers choix.
3) À l'inverse ne manquez pas d'ambition et ne privilégiez pas forcément la proximité par rapport à la qualité de la formation.
4) Prenez en compte le coût d'une formation supérieure : il est évidemment plus lourd en formation universitaire (5 ans) qu'en BTS (2 ans). Votre famille peut – elle suivre ?
5) Prenez en compte aussi la possibilité de changer de voie. Renseignez-vous à ce sujet. Vais-je garder de crédits réutilisables dans une autre voie ou mon année sera-t-elle perdue ?
6) Si vous n'avez pas un projet précis en tête, consacrez du temps à cette question. Parlez-en avec votre famille, vos copains, votre professeur principal, des conseillers d'orientation ... Consultez les sites qui peuvent vous donner des idées sur les métiers et les formations (l'Onisep, lesmetiers.net et tous ceux que nous indiquons dans ce dossier).

(Extraits des « Questions pour choisir une filière » sur le site www.lecafepedagogique.net)

4. Question

Comment envisagez-vous votre action d'enseignant dans le cadre de ce travail des élèves sur leur orientation post-bac ?

5. Quelques pistes de réponses possibles

Une orientation réussie des élèves est une mission importante du système éducatif. Elle revêt une importance considérable à la fin du cursus du lycée.
Le travail de l'équipe pédagogique sur l'orientation post-bac commence bien avant la classe de Terminale, car les différentes procédures de **l'admission post-bac** s'effectuent dès le début du second trimestre ; l'élève doit donc s'en soucier bien avant le passage du baccalauréat.
Les élèves dès la classe de première doivent donc être informés, en relation avec la filière où ils sont scolarisés, des différentes possibilités de parcours post-bac.
L'enseignant et notamment le professeur principal de la classe doit essayer d'aider l'élève à chercher des informations, à les sélectionner, les traiter, anticiper, apprendre à choisir, à élargir l'horizon de ses choix…
Le professeur doit également faire prendre conscience aux élèves qu'ils ont le droit à un moment de leur cursus de se « tromper » et que rien n'est irrémédiable.

Les partenaires :
L'éducation à l'orientation, notamment post-bac implique de multiples partenaires qui complètent le travail de l'enseignant :

- Le conseiller d'orientation-psychologue qui assure une permanence au moins une fois par semaine dans l'établissement scolaire. Il peut intervenir au sein de la classe ou recevoir les élèves individuellement à leur demande ou à celle de l'enseignant. Le conseiller d'orientation-psychologue est rattaché à un centre d'information et d'orientation (CIO).
- Le centre d'information et d'orientation (CIO) est un centre ressources existant au sein de chaque district (regroupement de communes) où les élèves pourront trouver les documents de l'ONISEP (office national de l'information sur les enseignements et les professions) et auront la possibilité d'obtenir un rendez-vous individuel. Le CIO est en relation avec tous les services fonctionnant sur leur territoire concernés par la formation et l'insertion des jeunes
- Le Centre de documentation et d'information (CDI) de chaque établissement géré par le professeur documentaliste est aussi un espace-ressource où l'élève pourra trouver des brochures de l'ONISEP, différents magazines consacrés à l'orientation (L'Etudiant…), consulter différents sites internet, se connecter au portail « Admission Post-Bac ».

- Des intervenants extérieurs, responsables d'universités, d'IUT, de formations BTS ou de classes préparatoires, d'écoles particulières, des chambres de commerce et d'industrie, voire des chambres d'agriculture, pourront intervenir à la demande dans l'établissement.
- Le professeur peut emmener les élèves à des journées « portes ouvertes » dans des universités ou des lycées possédant des formations post-bac. Le travail avec l'université et les IUT peut être facilité si le lycée s'est jumelé avec ces établissements. Des conventions peuvent également exister entre le lycée et des grandes écoles (Sciences Po, ESSEC) et il peut bénéficier de différents dispositifs comme les « cordées de la réussite » visant à permettre aux élèves d'élargir leur choix d'orientation post-bac.
- Le professeur peut également organiser un déplacement ou conseiller aux élèves de l'effecteur dans divers salons ou forums consacrés à l'orientation.
- Il peut être également utile de mettre les élèves en contact avec d'anciens élèves qui pourront répondre à leurs questions et leur donner des exemples concrets de ce qu'ils pourront rencontrer dans tel ou tel parcours. Cette démarche peut être étendue à des parents d'élèves volontaires, et également aux personnels non-enseignants de l'établissement ATOSS (administratifs, techniques, ouvriers, sociaux, de santé) qui peuvent chacun présenter le cursus suivi pour obtenir leur emploi.

L'ensemble des actions concernant l'orientation post-bac des élèves doit s'inscrire dans le cadre du **volet orientation du projet d'établissement**, car il est prévu dans les textes régissant les lycées, qu'un volet du projet d'établissement soit consacré à l'orientation des élèves.

Concernant l'orientation post-bac, il est difficile de parler aujourd'hui comme il y a quelques années, d'enseignement supérieur « long » et d'enseignement supérieur « court ».
En effet, en 2011, la quasi-totalité de Brevets de techniciens supérieurs (BTS) et des Diplômes Universitaires de Technologie (DUT) sont suivis par une **licence professionnelle,** et souvent par un **master professionnel** (Bac+5), préparés notamment en alternance.
La voie technologique rencontre aujourd'hui un succès important. Elle est de très loin la première voie d'accès à l'enseignement supérieur.
Parmi les raisons de son succès, le fait qu'à chaque niveau, l'étudiant a à la fois un diplôme performant en terme d'insertion (BTS, DUT, Licence Pro, ...) s'il souhaite s'arrêter et la possibilité de poursuivre un cursus d'enseignement supérieur jusqu'à Bac+5 et au-delà.

Synthèse des rapports de jurys de concours sur l'épreuve « Agir en fonctionnaire de l'État »

L'ensemble des rapports des jurys de CAPES/T, CAPEPS, CAPLP, Agrégation présents sur le site du ministère de l'Éducation nationale insiste sur l'importance de bien lire l'énoncé de la question et de faire preuve de bon sens en évitant à tout prix de paraphraser le texte proposé en document.
Les rapports insistent sur la nécessité pour cette épreuve d'avoir une bonne connaissance du système éducatif, des grandes évolutions, des dispositifs récents et des problématiques actuelles. Dans plusieurs rapports sont notamment cités : la réforme des lycées, le socle commun de connaissances et de compétences, l'approche par compétences, l'enseignement de l'histoire des arts.

Les jurys indiquent que cette épreuve doit permettre aux futurs enseignants de ne pas perdre de vue la dimension citoyenne et humaine, et le respect dû à l'autre qu'il s'agisse d'adultes de la communauté éducative ou d'élèves et de prendre en considération les responsabilités d'un enseignant à l'égard des élèves et des parents ainsi qu'à l'égard de l'institution, que ce soit dans l'établissement ou hors de l'établissement dans le cadre d'activités culturelles et pédagogiques extérieures.

Ainsi, un jury dans son rapport liste les questions évoquées lors de cette épreuve :
Le principe de neutralité, les actions de partenariat, le conseil pédagogique – le conseil d'administration, la liberté pédagogique, l'obligation de surveillance des élèves, le devoir d'assiduité des élèves, le collège unique, l'autonomie des établissements scolaires, le projet d'établissement, le conseil de classe, la convention internationale des droits de l'enfant, la politique d'éducation prioritaire, le rôle des parents d'élèves dans l'école, le droit à l'image. **Autant de thèmes qui font l'objet d'une présentation dans la partie I et de fiches dans la partie II de cet ouvrage et qu'on retrouve dans les questions posées dans le cadre de cette épreuve dans de nombreux concours de recrutement du second degré.**

Comme le rappellent différents rapports, il est important que les candidats connaissent les différentes instances des établissements scolaires (conseil d'administration, conseil pédagogique, conseil d'enseignement, conseil de classe, conseil de la vie lycéenne). Elles sont parfois confondues, leur composition est souvent mieux connue que leurs rôles respectifs. Ces savoirs sont nécessaires mais non suffisants. Ils doivent contribuer à la discussion des dispositifs et institutions, et non à l'adhésion de principe aux transformations actuelles et passées du système scolaire, qui relève de l'opinion du citoyen et n'a évidemment pas sa place dans un concours de recrutement de la fonction publique.
Il est aussi souligné la nécessité de connaître les différentes missions des personnels qui travaillent dans l'établissement (conseiller principal d'éducation, conseiller d'orientation psychologue, intendant, infirmière...). La

connaissance des missions de ces personnels s'avère, en effet, indispensable pour tout professeur qui souhaite acheter du matériel ou mettre en place des activités dans le cadre de son enseignement comme des sorties ou des voyages. Tous les rapports insistent sur la nécessité pour le futur enseignant d'avoir réfléchi sur les questions posées par le développement des usages du numérique dans l'enseignement et dans la vie de l'établissement.

Exemples de questions posées lors de l'épreuve « Agir en fonctionnaire de l'État » dans différents concours du CAPES/T, CAPEPS, CAPLP, et de l'Agrégation

Les questions ci-dessous ont été posées dans le cadre de la session 2011 des concours de recrutement du second degré.
Certaines ont été posées dans différents CAPES, d'autres sont spécifiques à certaines disciplines, mais peuvent parfaitement être adaptées à d'autres.
Compte tenu de la présence des mêmes thèmes dans de nombreux sujets posés dans le cadre de cette épreuve, nous n'avons pas précisé les concours concernés. Souvent, seul le nom de la discipline changeait.

Pour chaque question, sont évoquées les fiches de la partie 2 et/ou les propositions de sujets permettant d'y répondre :

1 Un étudiant rate son examen, il part avant la fin et rend une copie incomplète. Le lendemain, vous recevez un e-mail de ses parents qui vous expliquent qu'il a des difficultés familiales personnelles graves et qui vous demandent s'il est possible d'en tenir compte dans la note.
Que faites-vous ? À qui vous adressez-vous ? Allez-vous rencontrer les parents ?

> **Pour répondre :** Sujet n° 9 : Le travail avec les familles des élèves. Dans le sujet n° 6 : Confidence d'un élève concernant sa situation personnelle.

2 Vous êtes nouvellement nommé(e) dans un collège et vous apprenez que vous avez été désigné(e) comme **professeur principal** de 5e.
En vous appuyant sur les questions ci-dessous, vous analyserez la situation donnée et vous proposerez des pistes d'action.

- Que recouvre cette fonction ?
- Quelles démarches devrez-vous entreprendre au début de l'année scolaire ?
- Quelle influence cette fonction est-elle susceptible d'avoir sur votre rapport à la classe ?

> **Pour répondre :** Sujet n° 14 : Être professeur principal ; Fiche n° 59

3 Suite à la demande formulée par l'équipe des professeurs d'anglais, un assistant d'anglais a été affecté dans votre collège. Il est amené à intervenir dans un autre établissement. Vous avez été chargé(e) de l'accueillir et d'organiser son travail dans l'établissement.

En vous appuyant sur les questions ci-dessous, vous analyserez la situation donnée et vous proposerez des pistes d'action.

- **Quelles actions envisager pour faciliter son intégration dans l'établissement et dans le système éducatif français, d'un point de vue administratif et pédagogique ?**
- **Quels autres membres de la communauté éducative sont aussi impliqués pour favoriser une réalisation efficace de ses missions auprès des élèves ?**
- **Quelles seront vos priorités pour déterminer les missions de l'assistant ?**

Pour répondre : Fiche n° 11

4 Avec les professeurs de lettres et d'histoire d'une classe de 5e, vous participez à un itinéraire de découverte intitulé « La vie quotidienne au Moyen Âge ». Il est prévu des sorties régulières dans la ville qui permettent d'exploiter les ressources locales. Le programme a été adressé aux parents et les autorisations de sortie ont été signées.

Arrivé devant la cathédrale où doit se faire l'étude d'un vitrail précis, trois élèves refusent d'entrer prétextant leur interdit religieux.

Comment, après analyse, le fonctionnaire de l'État se doit-il d'agir ?

Document : Port de signes ou de tenues manifestant une appartenance religieuse dans les écoles, collèges et lycées publics. Circulaire n°2004-084 du 18 mai 2004, JO du 22 mai 2004.

Pour répondre : Sujet n° 4 : Une atteinte à la laïcité ; Fiches n° 25 et n° 41

5 Dans le collège où vous exercez, est prévue à la rentrée l'ouverture d'une unité localisée pour l'inclusion scolaire (ULIS) pour des élèves présentant des troubles cognitifs. Le principal, le CPE et vous-mêmes êtes porteurs de ce projet qui, suite au diagnostic de l'établissement, correspond à un réel besoin. À une récréation, alors que vous traversez la salle des professeurs, vous êtes interpellé par des collègues opposés à la création de ce dispositif.

Comment, après analyse, le fonctionnaire de l'État se doit-il d'agir ?

Document : Scolarisation des enfants handicapés. B.O. n° 28 du 15 juillet 2010

Pour répondre : Sujet n° 11 : L'accueil d'élèves handicapés ; Fiches n° 33 et n° 38

6 Dans le cadre de l'enrichissement du fonds documentaire de l'établissement, un enseignant vous soumet une liste d'ouvrages dont il prescrit l'acquisition. Vous constatez qu'une grande partie d'entre eux concerne une même religion.

Comment, après analyse, le fonctionnaire de l'État se doit-il d'agir ?

Document : Recueil des lois et règlements. Ordonnance n°2000-549 du 15 juin 2000.

Pour répondre : Fiches n°9, 25 et 58

7 Vous êtes témoin, au sein de votre classe, d'une bagarre entre deux élèves, avec notamment des injures racistes à l'encontre de l'un d'entre eux.

Comment, après analyse, le fonctionnaire de l'État se doit-il d'agir ?

Document : Extrait du « Règlement intérieur dans les EPLE », Bulletin Officiel du ministère de l'Éducation nationale, spécial n° 8 du 13 juillet 2000.

Pour répondre : Sujets n° 2 : Une violence dans le couloir entre élèves et n° 7 : Violences verbales d'un élève

8 Des élèves vont chercher la photo d'un professeur sur Facebook et réalisent un article plutôt sympathique sur lui qu'ils diffusent sur le blog d'un élève. Les commentaires des autres élèves liés à cet article sont désobligeants, voire insultants.

Comment, après analyse, le fonctionnaire de l'État se doit-il d'agir ?

Document :« La diffamation et l'injure » Extrait de la rubrique juridique du site www.lecafepedagogique.net

Pour répondre : Sujets n° 18 : Comment gérer le « Blog » de l'établissement scolaire ? ; fiche n° 32

9 Dans le lycée professionnel ou vous exercez, vous participez depuis de nombreuses années, avec vos collègues, à des actions d'information sur la solidarité. À la suite d'une catastrophe naturelle, des élèves ont entrepris une collecte d'argent à l'extérieur de l'établissement, au bénéfice d'une association humanitaire, sans en parler à quiconque dans le lycée. Ayant récolté deux cents euros, ils viennent vous demander de les garder car ils ont peur de les perdre.

Comment, après analyse, le fonctionnaire de l'État se doit-il d'agir ?

Document : Circulaire n°2010-009 du 4 avril 2010 relative à la Maison des lycéens.

Pour répondre : Fiches n° 51, 52, 53

10 Au lycée où vous êtes nommé vous participez à l'accompagnement personnalisé avec un professeur de sciences de la vie et de la terre et un professeur d'histoire. L'activité a conduit à une recherche documentaire. Vous découvrez que plusieurs élèves travaillent à partir de l'ouvrage du créationniste Harun Yahya, *L'Atlas de la Création* qui a été apporté par un des élèves. Ce livre de 770 pages illustrées réfute le darwinisme et la théorie de l'évolution.

Comment, après analyse, le fonctionnaire de l'État se doit-il d'agir ?

Document : *Dispositif de lutte contre les sectes mis en place au sein de l'Éducation nationale. Circulaire n°2002-120 du 29-5-2002.*

Pour répondre : Sujets n° 15 : Refus d'effectuer un exercice ; fiches n° 9, n° 41 , n° 58.

11 Dans le cadre de séances pédagogiques au CDI, le professeur-documentaliste remarque l'absence systématique d'un élève. Il apprend par ses collègues que cet élève est très souvent absent.

Comment, après analyse, le fonctionnaire de l'État se doit-il d'agir ?

Document : *Obligation scolaire. Contrôle de l'assiduité scolaire. Site web Eduscol : http://eduscol.education.fr/cid46689/controle-de-l-assiduite-scolaire.html*

Pour répondre : Fiches n° 7 et n° 42

12 Administrateur de l'ENT, vous souhaitez mettre les ressources pédagogiques de votre établissement à disposition des élèves. Mais un enseignant refuse, en affirmant que ses cours lui appartiennent et qu'il souhaite les conserver pour les vendre à un éditeur privé.

Comment, après analyse, le fonctionnaire de l'État se doit-il d'agir ?

Document : *Droit d'auteur des fonctionnaires. Code de la propriété intellectuelle. Article L111-1.*

Pour répondre : Fiches n° 32.

13 Vous faites chanter en classe la chanson de Pierre Perret « La femme grillagée ». Cette chanson suscite la réaction de certains élèves et de certaines familles.

Comment, devant une telle situation, le fonctionnaire de l'État se doit-il d'agir ?

Pour répondre : Sujet n° 4 : Une atteinte à la laïcité ; Sujet n° 15 : Refus d'effectuer un exercice. Fiches n° 25 et n° 41 et 58

14 Vous faites écouter en classe des extraits de la messe en si mineur de Jean Sébastien Bach. Cela suscite quelques réactions d'élèves qui ne veulent pas étudier un morceau religieux catholique.

Comment réagissez-vous face à cette situation ?

Pour répondre : Sujet n° 4 : Une atteinte à la laïcité ; Sujet n° 15 : Refus d'effectuer un exercice. Fiches n° 25, n° 41 et 58

15 Vous vous rendez compte lors des séances d'écoute musicale, qu'un élève semble présenter des difficultés d'audition.
Suite à ce constat, comment et avec qui agir ?

> **Pour répondre :** Liaison avec les professionnels spécialisés dans les sujets 1 et 6 et page 15 « Être responsable ».

16 Lors d'une sortie à un concert, des élèves se montrent particulièrement insupportables et suscitent une réaction du chef d'orchestre.
Comment réagir face à une telle situation ?

> **Pour répondre :** Encadré dans Sujet n° 8 : L'organisation de voyages, de sorties et d'échanges scolaires. Fiche n° 54

17 Dans une classe d'un lycée situé en zone d'éducation prioritaire de l'académie de Z, un élève vient en cours avec l'inscription « free Palestine ». Un de ces professeurs lui demande de montrer plus de discrétion dans l'affirmation de ses opinions politiques et de revêtir le gilet léger qu'il portait lors de son entrée en classe pour dissimuler ce message au sein de l'établissement scolaire. L'élève refuse en invoquant son droit à la liberté d'expression.

> **Pour répondre :** Refus de tout prosélytisme et de toute propagande dans un établissement d'enseignement public dans les fiches 9, 41,58.

18 Vous êtes nommé (e) dans un collège qui a une section européenne. Les élèves bénéficient donc de cinq heures d'enseignement.

- **Quels sont l'intérêt et les enjeux de ce dispositif ? Que peut-il apporter aux élèves ?**
- **Quelles activités scolaires et périscolaires pouvez-vous envisager ?**

> **Pour répondre :** Partie I : encadré « Les sections européennes » dans le chapitre IV « Le collège » ; Fiche n° 55.

19 Vous êtes nommé (e) en collège, votre chef d'établissement vous propose de travailler en classe de troisième avec des collègues d'autres disciplines dans le cadre de l'enseignement de l'histoire des arts

- **Quel est l'intérêt de ce type de travail interdisciplinaire ?**
- **Dans quelle mesure cela peut-il contribuer à enrichir votre enseignement de l'espagnol ?**

> **Pour répondre :** Sujet n° 13 : Travailler en commun avec un autre enseignant à un projet interdisciplinaire ; fiche n° 24

20 Vous organisez un voyage scolaire en Espagne avec votre classe de troisième.

- **Quels sont, selon vous, l'intérêt et les enjeux des voyages scolaires à l'étranger ?**
- **Comment ce voyage peut-il s'articuler avec les cours reçus par les élèves en espagnol et dans les autres disciplines ?**

Pour répondre : Sujets n° 8 : L'organisation de voyages, de sorties et d'échanges scolaires, n° 13 : Travailler en commun avec un autre enseignant à un projet interdisciplinaire ; fiche n° 55

21 À l'issue du premier trimestre, vous devez remplir les bulletins scolaires de vos élèves de quatrième.

- **Quelle est, selon vous, la fonction de ce document ?**
- **Comment pouvez-vous l'utiliser de façon efficace ?**

Pour répondre : Fiches n° 28, n° 29

22 Vous êtes nommé (e) dans un lycée équipé de salles consacrées aux langues avec des ordinateurs, des casques, vidéo projecteur et tableau blanc interactif. Vous avez des classes de terminale.

- **Comment intégrez-vous l'utilisation des TICE dans votre enseignement ?**
- **Dans quelle mesure et quelles conditions l'utilisation des TICE permet-elle l'enrichissement culturel et l'ouverture au monde ?**

Pour répondre : Sujet n° 3 : La mise en place d'un espace numérique de travail (ENT) ; fiche n° 32

23 Vous êtes nommé (e) dans un collège rural avec un service de 18 heures. Il n'y a que 15 heures d'espagnol à dispenser. Le principal vous laisse le choix pour compléter votre service au sein de l'établissement et vous propose : soutien, présence dans le CDI, accompagnement personnalisé, ateliers en langue étrangère.

- **Que choisissez-vous, pourquoi ?**
- **En tant que professeur de langues, que pouvez-vous apporter dans cette activité complémentaire ?**

Pour répondre : Fiches n° 11, n° 35, n° 49

24 Vous êtes en lycée et vous avez des classes de seconde. Un exploitant de salle de cinéma prend contact avec vous pour vous proposer la projection d'un film en version originale espagnole.

- **Quel est l'intérêt de cette proposition ?**
- **Comment faites-vous le lien entre cette activité et vos cours ?**

Pour répondre : Sujet n° 12 : Agir avec l'environnement de l'établissement et sujet n° 19 : Travailler avec des associations extérieures à l'établissement ; fiche n° 51

25 Après un voyage scolaire, une partie des élèves y ayant participé réalise de leur propre initiative un film pour partager les moments importants de leur expérience et décident de le montrer à l'enseignant responsable du projet. Ce film est un montage de séquences filmées à l'aide de téléphones portables durant le voyage et fait notamment un portrait de chacun des participants. Devant la qualité de ce travail, l'enseignant propose de le mettre en ligne sur le site internet de l'établissement. Quelques mois auparavant, un de ses collègues avait été filmé en classe par un autre élève et la vidéo avait été mise à disposition sur internet via un réseau social. Cet élève avait été sanctionné, notamment parce qu'il n'avait pas respecté le droit à l'image de l'enseignant. Lorsque l'idée de publier le travail des élèves sur le site internet est rendue publique en salle des professeurs, un débat virulent s'engage sur l'opportunité de l'initiative.

• Qu'entendez-vous par « droit à l'image » ?

• À quelle(s) condition(s) le projet de publication du film sur le site internet de l'établissement peut-il être mené à bien ?

Pour répondre : Sujet n° 3 : La mise en place d'un espace numérique de travail (ENT) et sujet n° 18 : Comment gérer le « blog » de l'établissement scolaire ; fiche n° 32

26 Lors d'une séance de Travaux Personnels Encadrés, ce sont des élèves de la classe qui informent l'enseignant que deux d'entre eux sont absents. Ils sont sortis du lycée pour réaliser l'interview du responsable d'une association caritative de la commune, dans le cadre de leurs travaux et recherches personnelles. Cet enseignant les porte absents pour la séance.

• Pensez-vous, comme cet enseignant, que votre rôle se limite à porter absents ces élèves ?

• En quoi consiste le « devoir d'assiduité » de l'élève ?

• Pouvez-vous présenter l'« obligation de surveillance des élèves » par l'enseignant en lycée ?

Pour répondre : Fiches n° 7, 41 et 46

27 À partir d'un extrait du rapport de l'Inspection générale de l'Éducation nationale et de l'Inspection générale de l'administration de l'Éducation nationale et de la recherche : « *La contribution de l'éducation prioritaire à l'égalité des chances des élèves* » (n° 2006-076, octobre 2006), répondez aux questions suivantes :

• Montrez en quoi la mise en œuvre d'une politique d'éducation prioritaire constitue « une évolution importante de la conception traditionnelle de l'égalité républicaine ».
• En prenant appui sur plusieurs exemples de dispositifs spécifiques, vous présenterez les principaux objectifs de la politique d'éducation prioritaire actuelle.

Pour répondre : Fiche n° 4

28 À partir d'extraits de l'ouvrage de Marlaine Cacouault et Françoise Oeuvrard, *Sociologie de l'éducation* (Éditions La Découverte, 2001) concernant les lois de décentralisation et l'autonomie des établissements, répondez à la question suivante :
À partir de vos connaissances et du document ci-dessous, quels sont les objectifs de l'autonomie progressive des établissements scolaires ?

Pour répondre : Partie 1, chapitre III, paragraphes E et F ; fiches 5,6, 12, 13, 19 et 60

29 À partir de l'extrait de « *Le conseil pédagogique… une fabrique de bien commun* », de Pierre Javelas, professeur en collège (Cahiers pédagogiques, n° 458 - Dossier « Diriger un établissement scolaire », 5 décembre 2007)

> *« On peut à ce sujet emprunter à Philippe Meirieu la métaphore du presse-purée. Dans un panier de pommes de terre, chaque individu n'existe que par lui-même, et n'a d'intérêt qu'individuel, chaque pomme de terre n'ayant pas la conscience de l'existence de l'autre, sorte d'ontologie de l'objet. Dans un plat de purée, on ne peut reconnaître aucune pomme de terre pour elle-même, car c'est leur mise ensemble qui a produit plus qu'une valeur ajoutée ; elle a fabriqué un produit nouveau. Mais pour ce faire il a fallu utiliser un outil, le presse-purée. Le conseil pédagogique, c'est un presse-purée, qui fabrique du bien commun avec des intérêts individuels. […] »*

• Explicitez le rôle du conseil pédagogique.
• Pourquoi le conseil pédagogique peut-il être un lieu privilégié des actions interdisciplinaires ?
• Liberté pédagogique et conseil pédagogique sont-ils incompatibles ?

Pour répondre : Fiches 14 et 60

30 Depuis deux années, l'établissement dans lequel vous exercez s'est engagé dans le dispositif « établissement éco-responsable » initié par le conseil régional (tri des déchets, économie d'énergie…). Le vif intérêt porté à ces actions par les élèves dont vous avez la responsabilité les incite à vous demander de réaliser un projet en lien avec le développement durable.

- **À quelles conditions pourriez-vous répondre à cette demande ?**
- **Dans la mise en œuvre d'un tel projet, quels peuvent être les rôles du conseil pédagogique et du conseil d'administration ?**

Pour répondre : Sujet n° 13 : Travailler en commun avec un autre enseignant à un projet interdisciplinaire ; fiche 24.

31 Document : *Extrait du rapport de l'Inspection générale « La place et le rôle des parents dans l'école » (octobre 2006)*

« Dans la plupart des situations observées, les enseignants perçoivent l'entrée des parents à l'école comme une intrusion, notamment dans les établissements du second degré : le sentiment qui prévaut est que chacun a ses responsabilités, les enseignants à l'école, et les parents à la maison, et que si ceux-ci remplissaient correctement leurs tâches d'éducateurs, le rôle des enseignants auprès des élèves ne serait que plus aisé et plus efficace en termes de réussite scolaire.
L'élève en difficulté peut être à l'origine de vives tensions, et d'un dialogue de sourds où s'affrontent – et parfois de façon violente – deux conceptions du rapport à l'école : le parent reprochant à l'enseignant son parti pris négatif vis-à-vis de l'élève, son évaluation partiale, ou méprisante, son refus de comprendre les difficultés de l'élève, de prendre en compte les efforts qu'il a fait, etc., cependant que l'enseignant, ressentant les effets de cette angoisse parentale comme une mise en cause de sa qualité professionnelle, refusant de se voir associé à un échec scolaire qu'il impute à des causes extérieures à son cours (résultats insuffisants dans les classes antérieures, manque de méthode, d'intérêt pour l'école, manque de travail à la maison, etc.) renvoie le parent à sa propre insuffisance en tant qu'éducateur.
Tout se passe comme si l'échec scolaire, révélant une carence de socialisation, un défaut de suivi de l'élève, traduisait une rupture des principes éducatifs que devraient normalement partager l'école et la famille ; les parents sont ainsi replacés devant leur propre insuffisance, face à l'inadaptation de leur enfant au modèle éducatif proposé par l'école, sans que l'enseignant puisse se voir imputer une quelconque responsabilité dans l'échec constaté. »

- **Que pensez-vous de cet extrait ?**
- **Précisez les différents conseils au lycée où les parents sont présents.**
- **Présentez le rôle et la composition d'un conseil de classe au lycée.**

Pour répondre : Sujet n° 9 : Le travail avec les familles des élèves ; fiches n° 6, 10 et 21.

32 Devant le nombre d'élèves signalés en conseil de classe pour leurs difficultés en lecture et écriture, le principal de votre collège attire l'attention de l'ensemble de la communauté éducative sur la note citée en référence dont il a communiqué l'extrait ci-dessous. Il souhaite que l'accent soit mis sur le repérage et l'accompagnement spécifique de ces élèves dans toutes les disciplines.

Document : *Extrait de la note d'information 10-11 d'août 2010 (Ministère de l'Éducation nationale, DEPP).*

> *[...] En 2009, près de huit participants à la JAPD sur dix sont des lecteurs habiles. Un peu plus d'un sur dix rencontre des difficultés de compréhension. Les autres ont une maîtrise fragile de la lecture. L'administration des épreuves de lecture qu'offre la JAPD a connu en 2009 une amélioration très significative de sa fiabilité par le passage automatisé des tests. Ce dispositif plus moderne garantit la standardisation des conditions de passation et de correction. La qualité des données recueillies est optimale. En outre, cette nouvelle forme d'interrogation provoque de nouveaux comportements et réduit considérablement les attitudes négatives qui, jusque-là, pouvaient brouiller la mesure des performances de certains profils. Grâce à la nouvelle formule, l'évaluation de la JAPD donne une mesure plus fine du niveau d'illettrisme chez les jeunes français qui est d'environ10 % et dont la moitié est quasi analphabète.[...]*
> *29,6 % des jeunes qui n'ont pas atteint la fin du collège sont en difficulté de lecture. Parmi les jeunes en difficulté 75 % n'ont pas dépassé le collège ou un cursus professionnel court, alors que pour l'ensemble des participants à la JAPD, ces parcours ne concernent que 36% d'entre eux.[...]*

En tant que professeur de.... (discipline autre que le français), quels peuvent être vos moyens d'action et vos propositions pour remédier à ces difficultés ?

Pour répondre : Fiches n° 4, 27, 30 et 37

33 Dans le collège où vous enseignez, une enquête a été menée par l'infirmière scolaire. Cette enquête donne les résultats suivants :

- 70 % des collégiens ont consommé au moins une fois de l'alcool (4 % des élèves de sixième) ;
- 33 % fument occasionnellement, certains devant le collège dont 2 élèves de sixième ;
- 5 élèves disent consommer régulièrement du cannabis ;
- de nombreux élèves disent manquer de sommeil suite à la pratique de jeux vidéos tard dans la soirée.

Document : *Extrait de la Synthèse du Plan de prise en charge et de prévention des addictions (Ministère de la Santé et des Solidarités, décembre 2006).*

> *« [...] La notion de conduite addictive comprend à la fois les addictions aux substances psycho-actives mais également les addictions comportementales, sans substances psycho-actives. L'addiction se caractérise en effet par la dépendance, soit l'impossibilité répétée de contrôler un comportement et la poursuite de ce comportement en dépit de la connaissance des conséquences négatives. Toutes les addictions sont à prendre en compte, qu'elles soient liées ou non aux substances : tabac, alcool, drogues illicites, médicaments, ou jeu. Elles atteignent gravement ceux qui en dépendent, mais aussi leur entourage et l'ensemble de la société. Elles sont aussi souvent à l'origine de handicaps, d'isolement, de violence et de précarité.[...] »*

Quelles propositions pourriez-vous faire pour tenter de répondre aux problèmes révélés par cette étude ?

Pour répondre : Fiche n° 43 ; sujet n° 1 : Un élève s'endort en cours, manifestement en état d'ébriété

34 Le jour de la prérentrée, le principal du collège dans lequel vous venez d'être affecté(e), prenant appui sur les données ci-dessous, fait le commentaire suivant : « Dans notre département, les élèves et leurs familles privilégient les poursuites d'études qui ne nécessitent pas un éloignement. Cela se traduit dès le collège par un manque d'ambition dans les choix d'orientation à l'issue de la classe de 3e. Il convient que nous travaillions sur cette question. »

Décisions d'orientation en fin de 3e (département)	**2006**	**2007**	**2008**	**2009**
Orientation vers la seconde générale ou technologique	**52%**	**56%**	**43,2%**	**42,3%**

Document : *Conclusion du rapport sur le collège du Haut Conseil de l'Éducation – octobre 2010* (Voir pages 35 à 37 de cet ouvrage)

En tant que professeur de .... , de quelles manières pouvez-vous aider vos élèves à réfléchir sur leur orientation?

Pour répondre : Fiches n° 27,28, 29, 36, 39 ; sujet n° 5 : Aider l'élève à construire son orientation.

35 En fin de séance, vous rendez un devoir à votre classe. Un élève, dont la copie a reçu une mauvaise note, s'énerve, déchire sa feuille et lance une insulte en quittant la salle de classe avant la sonnerie.

Document : *Extrait d'un texte commun de l'AFEV (Association de la fondation étudiante pour la ville), de l'OZP (Observatoire des zones prioritaires), du CRAP (Cercle de recherche et d'action pédagogiques), de la FCPE (Fédération des conseils de parents d'élèves des écoles publiques) et de Aide et Action, intitulé « Souffrance à l'école : agissons ! » :*

> *« [...]Une situation de stress, d'isolement, de dévalorisation, de fatigue ou de peur prive de la disponibilité nécessaire pour que s'effectuent positivement apprentissages, enseignement, participation à la vie de l'établissement. Les malentendus et violences du quotidien, la difficulté pour certains à comprendre les codes de l'école parasitent les apprentissages et la vie collective. Y être attentifs, se soucier du bien – être des élèves, de leur besoin d'estime pourrait prévenir de nombreuses situations de décrochage scolaire. La souffrance est un révélateur, c'est aussi un déclencheur vers le décrochage scolaire : certains se couperont brutalement de l'école, d'autres décrocheront plus lentement, silencieusement.[...] »*

Comment un tel problème peut-il être approché au niveau du professeur, de l'équipe pédagogique ou de l'établissement ?

Pour répondre : Fiches n° 29, 30, 35, 49.

36 Un élève un peu turbulent de la classe de 4e dont vous êtes le professeur principal ne veut pas vous remettre son carnet de correspondance que vous lui demandez à la suite d'un incident survenu en cours. Il vous dit en aparté qu'il lui arrive d'être battu par ses parents et que cet incident risque de le mettre dans une situation très difficile.
Document : Extrait du guide « Enfants victimes d'infractions pénales : guide de bonnes pratiques » (Ministères de la justice et de l'éducation nationale, décembre 2003).

> *« [...]Le signalement se justifie en raison d'indicateurs d'alerte de maltraitance et de danger qui peuvent prendre plusieurs formes, dont la facilité de détection est inégale, notamment : des lésions sur le corps de l'enfant laissant présumer des violences physiques à son encontre (hématomes sur plusieurs parties du corps de l'enfant, traces de coups, de brûlures de cigarettes ou de morsures) ; des troubles anormaux de comportement (anxiété, repli sur soi...) laissant présumer des violences d'ordre psychologique (brimades répétées et disproportionnées); des signes laissant présumer des carences parentales graves (négligence de l'hygiène corporelle de l'enfant, signes de malnutrition, manque de sommeil, absentéisme scolaire injustifié ...).*
> *Chez des enfants plus âgés, les symptômes de maltraitance peuvent se manifester par des fugues, manifestations suicidaires voire tentatives de suicides, et des passages à l'acte qui sont des expressions de souffrances.[...] »*

Que pouvez-vous faire ?

Pour répondre : Fiche n° 45 ; sujet n° 6 : L'obligation de signalement

37 Votre collège dispose de deux salles équipées d'un vidéo projecteur. Le principal vous informe que le conseil général envisage de doter l'établissement de plusieurs tableaux numériques interactifs afin de compléter cet équipement. La dotation comprendrait également des manuels numériques.
Le principal vous charge de préparer un projet d'utilisation de ces outils que vous présenterez en conseil pédagogique avant la fin de l'année pour une mise en œuvre dès la rentrée suivante.
Document : Extrait de «Réussir l'école numérique», Rapport de la mission parlementaire de Jean-Michel Fourgous, député des Yvelines, sur la modernisation de l'école par le numérique, remis au ministre de l'Éducation nationale le 15 février 2010.

> *« [...]Les différents rapports montrent que les TICE augmentent la motivation des élèves, la confiance en soi, les incitent à apprendre, facilitent le travail collaboratif, améliorent les résultats scolaires et que ce sont les élèves les plus en difficulté qui en profitent le plus. Elles apparaissent comme un moyen pertinent de lutte contre l'échec scolaire et un support pouvant permettre à la France de retrouver une école dont elle soit fière. D'une manière générale, même si des efforts restent à effectuer dans certains domaines, l'équipement se situe dans la moyenne européenne dans les établissements scolaires français. Le primaire accuse cependant un très fort retard et l'obsolescence des ordinateurs demeure problématique.*

→

Pourtant, le point essentiel reste le manque d'usage : si 94 % des enseignants utilisent les TICE pour préparer leurs cours à domicile, seuls 12 % les utilisent dans un quart de leurs cours : la France demeure ainsi en dessous de la moyenne européenne pour l'utilisation du numérique en classe (21e rang) et très en retard pour ce qui est de l'utilisation pédagogique des TICE en cours (24e rang). Les freins à cette utilisation ne sont plus les mêmes que ceux répertoriés il y a quelques années : équipement, maintenance, formation et accompagnement semblent aujourd'hui, les quatre points les plus importants à régler Mais les plus forts leviers semblent la modification des programmes scolaires et l'évolution des examens.[...] »

Quelle stratégie mettez-vous en place avec vos collègues pour élaborer ce projet et quelles pourraient en être les lignes générales ?

Pour répondre : Fiche n° 14 ; sujet n° 3 : La mise en place d'un espace numérique de travail (ENT) et d'un cahier de textes numérique

38 Vous prenez connaissance du projet d'établissement du lycée dans lequel vous venez d'être affecté(e). Un des axes de ce projet concerne la promotion de l'orientation des jeunes filles vers les filières et carrières scientifiques et technologiques.

Document : *Présentation du plan Sciences et technologies à l'école (dossier de presse, 31 janvier 2011)*

« [...] Aujourd'hui les filles représentent 57, 8% des bacheliers généraux et 52, 6 % des bacheliers technologiques, toutes séries confondues. Mais les statistiques montrent que la mixité résiste mal à l'orientation. En effet, filles et garçons n'investissent pas les mêmes filières, pour des raisons psychologiques et sociales. Seulement 39 % des élèves de terminales scientifiques et technologiques (S,STL,STI) sont des filles. Cette situation se prolonge après le baccalauréat : dans les classes préparatoires aux grandes écoles, 75 % des élèves des filières littéraires sont des filles, 30 % des élèves des filières scientifiques et seulement 26 % des diplômes d'ingénieurs sont délivrés à des femmes.[...] »

Quelles actions l'équipe des professeurs de …….. peut-elle proposer dans ce cadre ?

Pour répondre : Fiches n° 36 et 39 ; sujet n° 5 : Aider l'élève à construire son orientation

39 Dans votre classe de sixième, vous identifiez trois élèves pour lesquels la maîtrise des connaissances et des compétences du socle commun n'est pas attestée pour le palier 2, notamment en ce qui concerne les principaux éléments de mathématiques et la culture scientifique et technologique.

Documents :

- *Article 9 de la loi d'orientation du 23 avril 2005 :*

> *« Après l'article L.122-1du code de l'éducation, il est inséré un article L.122-1-1 ainsi rédigé :*
> *«Art. L.122-1-1. La scolarité obligatoire doit au moins garantir à chaque élève les moyens nécessaires à l'acquisition d'un socle commun constitué d'un ensemble de connaissances et de compétences qu'il est indispensable de maîtriser pour accomplir avec succès sa scolarité, poursuivre sa formation, construire son avenir personnel et professionnel et réussir sa vie en société. »*

- *Extrait du Livret personnel de compétences, repères pour sa mise en œuvre au collège (DGESCO mai 2010)*

> *« [...]À l'école, les attestations de maîtrise des connaissances et des compétences du socle commun sont complétées en fin de CE1 pour le palier 1, en fin de CM2 pour le palier 2. Ces attestations renseignées au palier 1 et au palier 2 sont des supports structurants pour la liaison école-collège.*
> *Étant très détaillées, elles apportent des éléments d'information essentiels pour la mise en place, sans délai, de l'aide et de l'accompagnement au travail nécessaires aux élèves en difficulté scolaire.*
> *En fonction des compétences validées dans les attestations jointes au livret scolaire, les équipes pédagogiques identifient les points forts et les difficultés des élèves, et organisent la mise en place des aides nécessaires, notamment la définition des objectifs d'apprentissage prioritaires des programmes personnalisés de réussite éducative. Les compétences 1,2 et 3 sont prioritaires dans la mise en place de ces remédiations, sans pour autant négliger la lecture des autres compétences.*
> *Au collège, les professeurs s'appuieront sur les grilles de référence des programmes de l'école pour évaluer et valider au palier 2 les compétences non encore acquises. [...] »*

Comment envisagez-vous la formation et l'évaluation dans votre discipline pour ces trois élèves ?

Pour répondre : Fiches n° 27, 28 et 29

40 Sur proposition du conseil pédagogique, le chef d'établissement de votre lycée a établi pour l'année scolaire suivante un planning d'évaluation des élèves. Il a fixé l'organisation d'un baccalauréat blanc avant les vacances de printemps avec des épreuves communes à toutes les classes d'une même série. Le conseil d'enseignement qui a réuni les enseignants de votre discipline au mois de septembre a décidé la mise en place d'une progression commune pour les séries S et ES. Deux professeurs de cette discipline considèrent que cette organisation porte atteinte à leur liberté pédagogique, notamment en raison du choix de la progression, qui ne leur convient pas. De plus, la concertation qui devra se mettre en place pour l'élaboration des sujets et du barème ne fait pas selon eux partie de leur temps de service. Enfin ils disent ne pas se sentir liés par les orientations proposées par le conseil pédagogique ou par le conseil d'enseignement.

Documents :

- *Code de l'Éducation Article L.421-5*

> *«Dans chaque établissement public local d'enseignement, est institué un conseil pédagogique.*
> *Ce conseil, présidé par le chef d'établissement, réunit au moins un professeur principal de chaque niveau d'enseignement, au moins un professeur par champ disciplinaire, un conseiller principal d'éducation et, le cas échéant, le chef de travaux.*
> *Il a pour mission de favoriser la concertation entre les professeurs, notamment pour coordonner les enseignements, la notation et l'évaluation des activités scolaires. Il prépare la partie pédagogique du projet d'établissement. »*

- *Article L912-1*

> *« La liberté pédagogique de l'enseignant s'exerce dans le respect des programmes et des instructions du ministre chargé de l'éducation nationale et dans le cadre du projet d'école ou d'établissement avec le conseil et sous le contrôle des membres des corps d'inspection. Le conseil pédagogique prévu à l'article L.421-5 ne peut porter atteinte à cette liberté. »*

- *Circulaire n° 97-123 du 23 mai 1997 Mission du professeur exerçant en collège, en lycée d'enseignement général et technologique ou en lycée professionnel.*

> *« Au sein de la communauté éducative, le professeur exerce son métier avec d'autres, dans le cadre d'équipes variées.[...] La mission du professeur et la responsabilité qu'elle implique se situent dans le triple cadre du système éducatif, des classes qui lui sont confiées et de son établissement d'exercice. »*

Pour répondre : Introduction de l'ouvrage ; fiches n° 14 et 60

INDEX

LES SIGLES

AROEVEN : Association régionale des œuvres éducatives de vacances de l'Éducation nationale.
ASH : Adaptation scolaire et scolarisation des élèves en situation de handicap.
ATSEM : Agent territorial spécialisé des écoles maternelles.
ATOSS : Personnels administratifs, techniques, ouvriers, de service, sociaux et de santé.
AVS : Auxiliaire de vie scolaire (AVSI : individuel - AVSCO : collectif).
BEP : Brevet d'étude professionnel.
BOEN : Bulletin officiel de l'Éducation nationale.
BTS : Brevet de technicien supérieur.
CA : Conseil d'administration.
CAEN : Conseil académique de l'Éducation nationale.
CAFEP : Concours d'accès aux listes d'aptitude à la fonction de maître de l'enseignement privé.
CAP : Certificat d'aptitude professionnelle.
CAPA : Commission administrative paritaire académique.
CAPA-SH : Certificat d'aptitude professionnelle pour les aides spécialisées, les enseignements adaptés et la scolarisation des élèves en situation de handicap.
CAPES : Certificat d'aptitude au professorat de l'enseignement du second degré.
CAPET : Certificat d'aptitude au professorat de l'enseignement technique.
CAPLP2 : Certificat d'aptitude au professorat des lycées professionnels.
CAPN : Commission académique paritaire nationale.
CASNAV : Centre académique pour la scolarisation des nouveaux arrivants et des enfants du voyage.
CDAPH : Commission des droits et de l'autonomie des personnes handicapée (orientation).
CDDP : Centre départemental de documentation pédagogique.
CDEN : Conseil départemental de l'Éducation nationale.
CDI : Centre de documentation et d'information.
CFA : Centre de formation d'apprentis.
CIO : Centre d'information et d'orientation.
CLA : Classe d'accueil.
CLAIR : Collèges et Lycées pour l'ambition, l'innovation et la réussite.
CLEMI : Centre de liaison des moyens d'information.
CLIN : Classe d'intégration.
CLIS : Classe d'intégration scolaire.
CNACEP : Conseil national des associations complémentaires de l'enseignement public.
CNED : Centre national d'enseignement à distance.
CNRS : Centre national de la recherche scientifique.
COP : Conseiller d'orientation psychologue.
CPE : Conseiller principal d'éducation.
CPGE : Classe préparatoire aux grandes écoles.
CRDP : Centre régional de documentation pédagogique.
CSE : Conseil supérieur de l'éducation.

CTP : Comité technique paritaire.
DDASS : Délégation départementale à l'action sanitaire et sociale.
DHG : Dotation horaire globale.
DRAC : Direction régionale des affaires culturelles.
DSU : Développement social urbain.
DUT : Diplôme universitaire de technologie.
ENAF : Élève nouvellement arrivé en France.
EPLE : Établissement public local d'enseignement.
EREA : Établissement régional de l'enseignement adapté (il comprend un internat éducatif).
ESAT : Établissements ou services d'aide par le travail (ex-CAT : centre d'aide au travail).
FCPE : Fédération des conseils de parents d'élèves.
FSE : Foyer socio-éducatif.
GRETA : Groupement d'établissements pour la formation continue des adultes.
HALDE : Haute autorité de lutte contre les discriminations et pour l'égalité.
IA : Inspection académique.
IEN : Inspecteur de l'Éducation nationale.
IFE (ex INRP) : Institut Français d'Éducation, rattaché à l'École Normale Supérieure de Lyon.
IGAEN : Inspecteur général de l'administration de l'Éducation nationale.
IGEN : Inspecteur général de l'Éducation nationale.
IME : Institut médico-éducatif.
IMP : Institut médico-pédagogique.
IM Pro : Institut médico-professionnel.
INRP : Institut national de la recherche pédagogique.
IPR-IA : Inspecteur pédagogique régional-Inspecteur d'académie.
IPR-IA DSDEN : Inspecteur pédagogique régional-inspecteur d'académie, directeur des services départementaux de l'Éducation nationale.
ITEP : Institut thérapeutique, éducatif et pédagogique, s'adresse surtout aux enfants présentant des troubles importants du comportement.
IUT : Institut universitaire de technologie.
MDPH : Maison départementale des personnes handicapées (sous l'autorité du président du Conseil général).
ONISEP : Office national d'information sur les enseignements et les professions.
PAI : Projet d'accueil individualisé (s'adresse aux enfants malades).
PEEP : Fédération des parents d'élèves de l'enseignement public.
PPRE : Programme personnalisé de réussite éducative.
PPS : Projet personnalisé de scolarisation (s'adresse aux enfants handicapés).
RAR : Réseau ambition réussite.
RASED : Réseau d'aides spécialisées aux élèves en difficulté.
RRS : Réseau de réussite scolaire.
SCEREN-CNDP : Services culture, éditions ressources pour l'Éducation nationale. Centre national de documentation pédagogique.
SEGPA : Section enseignement général et professionnel adapté.
SESSAD : Services d'éducation spéciale et de soins à domicile.
STS : Sections de techniciens supérieurs.
ULIS : Unité Localisée pour l'inclusion scolaire (ex : UPI).
UNESCO : Organisation des Nations Unies pour l'éducation, les sciences et la culture.
UPI : Unité pédagogique d'intégration, en collège et lycée, est devenue ULIS depuis la rentrée 2010).

Imprimé en Espagne par Unigraf S.L.
Dépôt légal décembre 2011 - Collection 02 - Édition 01
17/1275/1